宋代出版文化

杨 玲◎著

文物出版社

封面设计　程星涛
责任印制　陆　联
责任编辑　李　东

图书在版编目（CIP）数据

宋代出版文化／杨玲著．—北京：文物出版社，
2012.5

（篑笤书院文库）

ISBN 978 – 7 – 5010 – 3442 – 0

I.①宋…　II.①杨…　III.①出版事业 – 文化史 –
研究 – 中国 – 宋代　IV.①G239.294.4

中国版本图书馆 CIP 数据核字（2012）第 073516 号

宋 代 出 版 文 化

杨玲　著

*

文 物 出 版 社 出 版 发 行

（北京市东直门内北小街 2 号楼）

http://www.wenwu.com

E-mail：web@ wenwu.com

北京联华宏凯印刷有限公司印刷

新 华 书 店 经 销

880 × 1230　1/32　印张：12

2012 年 5 月第 1 版　2012 年 5 月第 1 次印刷

ISBN 978 – 7 – 5010 – 3442 – 0　定价：40.00 元

篔簹书院文库
编委会

学术指导

饶宗颐（篔簹书院名誉院长）

编委

（以姓名拼音为序）

陈　来　　陈鼓应　　陈支平
冯达文　　葛剑雄　　葛兆光
郭齐勇　　赖永海　　林庆彰
刘笑敢　　孙家洲　　汪荣祖
汪毅夫　　王学典　　王子今
吴振武　　徐　泓　　詹石窗

主　编

王维生

编　务

柯　虹　　陈路加　　戴美玲

目　录

总　序

> 文律运周，日新其业，
> 寝则堪久，通则不乏。
> ——《文心雕龙·通变》

箟筜是竹子的雅称，书院是君子之所寓。

2009 年初夏，厦门箟筜书院落成，鹭岛遂有一处可资商量旧学，培养新知，褐橥书院文化之地。书院在筹办之初，审当下之时、明过往之势，确立"旧学商量，新知培养"的宗旨，期冀新生的书院既能承继传统，又能创新发展。在时代转型之际，构拟书院框架，无立异之心，有求真之意，运作三年多来，筚路褴褛而有条不紊。出版《箟筜书院文库》即计划中的事项，也是书院应有的题中之义。"数必酌于新声"，渠成而水到，巢筑而凤来。《箟筜书院文库》第一辑应运而生，呱呱坠地，甚可喜也。

八十多年前，商务印书馆编撰了《万有文库》。嗣后，各门类文库相继出现，成就斐然。"保存为名，启智为实，"是不少文库的理念，金匮石室也好，藏之名山也好，从四库到四部，到万有文库，中国文化的流播，渊源有自，一脉相承。

如何在众多的文库中确立一席之地，是我们编辑《箟筜书院文库》，取择文本时所考虑的主要问题。"勿为媚俗之文"，黄侃在《文心雕龙札记·通变》中写道："文有可变革者，有不可变革者。可变革者，遣词捶字，宅句安章，随手之变，人各不同；不可变革者，

规矩法律是也。虽历千载，而粲然如新，由之则成文，不由之而师心自用⋯⋯"

今后，但凡其业维新，文有经术，学能益世，通变继久之文，均会被纳入筼筜书院文库的视野。"漱六艺之芳润，储二酉之情采"，筼筜书院将倾心关注当今学界学术动态，择取海内外学者的佳构杰作，陆续编辑出版。

此外，书院开办之初，亦创立了每年一届的"海峡两岸国学论坛"。每年深秋，两岸三地，名儒耆硕、学者俊彦，齐聚筼筜，纵论古今、谈经论道、论议宏富，足以嘉惠学林，值辑成集，此亦为文库编辑所资之源。

今日，《筼筜书院文库》从无到有，可以想见，假以时日，必能蔚为大观！

厦门筼筜书院理事长　王维生
2012 年 5 月

序

王子今

　　"宋版"成为代表名贵珍稀藏书的符号，不知自何时起。清乾隆帝诗《题宋版韩昌黎文集》所谓"唐家制度传垂露，宋氏椠铅存擘窠"（《御制诗集》四集卷二九），汪琬诗《自诉四首》之二所谓"樗蒲锦背元人画，金粟笺装宋版书"（《尧峰文钞》卷四六），都反映了"宋版书"作为珍贵文化遗存为人们所宝爱的事实。施闰章诗《赠同年季沧苇侍御》写道："藏书癖宋版，列架与山垺。"（《学余堂诗集》卷一〇）前句说明了收藏界的一种文化倾向，后句则告知我们，清代民间的宋版书尚有可观的数量，藏书家获取大概并不十分困难。时至今天，当然因为又经历了多次入侵和暴动等摧残文化的急烈的社会动荡，情形已经完全不同了。

　　宋代出版事业在人们的记忆中留有宝贵印记，当然并不是因为"癖宋版"的收藏家的喜好，而首先在于这些产品的文化价值和学术价值。我们注意到，乾隆《御制诗集》四集中，收有以"题宋版某书"为标题的诗作多至 19 首。如卷二五《题宋版六经图八韵》、《题宋版五百家注韩昌黎集》，卷二六《题宋版范祖禹帝学》、《题宋版朱子资治通鉴纲目》、《题宋版前汉书》、《题宋版春秋分记》，卷二七《题宋版通鉴纪事本末》、《再题宋版九家注杜诗》、《题宋版楚辞》，卷二九《题宋版韩昌黎文集》，卷九三《题宋版周髀算经》、《题宋版周易程传》，卷九四《题五经萃室岳珂宋版五经》、

《题宋版陆宣公奏议》、《题宋版朱文公校昌黎集》,卷九五《题宋版郭忠恕佩觽》、《题宋版聂崇义三礼图》,卷九六《题宋版千家注杜工部诗史》,卷九七《题宋版尚书详解》等。从作品内容看,这位皇帝写这些诗歌,并不是在炫耀皇家藏书"列架与山垺"的富有,而是表述了真正用心体味"宋版书"的文献价值和文化品质的心得。其中《题宋版郭忠恕佩觽》有"名寓佩觽解结求"句,又说:"小学从来大学本,今文应溯古文由。"看来作者是懂得利用这些"宋版书"来增益知识,解决疑难的。

有学者指出,"汉学与宋学皆为传统学术的重要流派"。在中国学术思想史的历程中,出现过"宋学、汉学相与争鸣以及汉学与宋学相调和的局面",也出现过"汉学与宋学会通"的形势。(张岂之主编:《中国思想学说史》明清卷,广西师范大学出版社,2007 年 8 月版,下册第 680 页)有意思的是,就文化传播形式而言,汉代和宋代都分别出现了极其重要的文明成就。这就是汉代纸的发明和逐步普及以及宋代以毕昇发明的胶泥活字印刷术为标志的印刷技术的进步。宋代出版业的兴盛,自然与活字印刷术的发明有密切关系。但是要以全景的眼光说明其实现的条件,应当注意到文化的全面进步。

就我稍微熟悉一些的汉代文化生活而言,图书收藏和流通方面所表现出来的新的迹象引人注目。《后汉书·方术列传下·王和平》记载:"北海王和平,性好道术,自以当仙。济南孙邕少事之,从至京师。会和平病殁,邕因葬之东陶。有书百余卷,药数囊,悉以送之。后弟子夏荣言其尸解,邕乃恨不取其宝书仙药焉。"从王和平出行携带图书多达百余卷,可以推想其收藏文献的数量。死后随葬图书的情形,在汉代墓葬中已经多有发现。马王堆三号汉墓出土帛书《老子》、《五行》、《九主》、《经法》、《五星占》、《刑德》等,山东临沂银雀山汉墓出土竹简《孙子兵法》、《孙膑兵法》、《尉

缪子》、《晏子》、《六韬》等，河北定州八角廊村四十号汉墓出土《论语》、《文子》、《太公》、《儒家者言》等，安徽阜阳双古堆一号汉墓出土《诗经》、《周易》、《苍颉篇》、《万物》等，甘肃武威磨咀子汉墓出土木简《仪礼》等，湖北江陵张家山二四七号汉墓出土《算数书》、《盖庐》、《引书》、《脉书》等，都是墓主生前极其爱重甚至死后仍不愿舍弃的图书珍藏。《后汉书·列女传·陈留董祀妻》说，曹操曾经询问蔡邕之女蔡文姬："闻夫人家先多坟籍，犹能忆识之不？"蔡文姬答道："昔亡父赐书四千许卷，流离涂炭，罔有存者。今所诵忆，裁四百余篇耳。"蔡邕"赐书四千多卷"，应是当时私人藏书数量较多的一例。

西汉学者扬雄在《法言·吾子》中写道"好书而不要诸仲尼，书肆也"，强调应当理解和领会孔子的思想实质，而不仅仅是熟悉和爱好孔子的文字言谈。关于"书肆"，注家解释说："卖书市肆，不能释义。"《法言》中所说到的"书肆"告诉我们一个重要的文化信息：在秦始皇推行焚书之令，制定挟书之律的政策成为历史之后，民间书籍流通显现出新的形势，专营图书销售的"书肆"已经出现。

记录汉长安城地方风俗制度的《三辅黄图》一书中，说到长安有一处特殊的市场"槐市"。据《艺文类聚》卷三八引文："列槐树数百行为隧，无墙屋，诸生朔望会此市，各持其郡所出货物及经传书记、笙磬乐器，相与买卖。雍容揖让，论说槐下。"这样定时交易的图书市场，参与流通者是特定的人群。所谓"雍容揖让，论说槐下"，形容了这个特殊的市场的特殊的文化气氛。似乎"槐市"的商业色彩较为淡薄，而学术气氛相当浓烈。诗人们或以"槐市"与"杏坛"为对，或以"槐市"与"兰台"为对，也体现出这样的认识。通过东汉思想家王充的学习经历，可以看到当时洛阳这样的都市中图书市场的作用。《后汉书·王充传》记

载："（王充）家贫无书，常游洛阳市肆，阅所卖书。一见辄能诵忆，遂博通众流百家之言。后归乡里，屏居教授。"王充完成的文化名著《论衡》，在学术史上具有里程碑的意义。他的学术基础的奠定，竟然是在洛阳书肆中免费阅读"所卖书"而实现的。东汉时期还有另一位在书店读书实现学术积累的学者。《太平御览》卷六一四引司马彪《续汉书》曰："荀悦十二能读《春秋》。贫无书，每至市间阅篇牍，一见多能诵记。"荀悦后来成为著名的历史学者。他所撰写的《汉纪》，成为汉史研究者必读的史学经典。

汉代图书在市场的流通，有不同的情形。卖书的人有时候是出于特殊的目的。《后汉书·文苑传下·刘梁》写道："（刘）梁，宗室子孙，而少孤贫，卖书于市以自资。"《太平御览》卷四八五引《文士传》说，"（刘梁）少有清才，以文学见贵。梁贫，恒卖书以供衣食。"学者因为贫困不得不"卖书于市"，以求取最基本的"衣食"的资费，是历史上常见的情形。"鬻书易粟"这种精神生活消费与物质生活消费的强烈对比，透露出了某种文化史的悲哀。这里更值得我们注意的，是当时"书"可以交易于"市"并且大约可以较快销出的历史事实。

尽管汉代的图书收藏和图书市场已经远远超越前代，却又不能和宋代文献流通的形式相比。现在尚不能确知王充和荀悦在"市肆"读到的书籍是否有用纸书写的。《晋书·文苑列传·左思》说，左思作《三都赋》，"豪贵之家竞相传写，洛阳为之纸贵"。这是发生在西晋时期的事，然而为书籍流通创造良好条件的纸，却是汉代的伟大发明。汉代出现早期纸本书籍的可能性，也是存在的。

宋代出版是公认的体现文化史和学术史上一个丰收季节的标志。然而以此为主题的专门的学术论著却并不多见。特别是从文化史视角进行的考察和研究，应当承

认已有成果的内涵尤为薄弱。杨玲博士的学术专著《宋代出版文化》，可以使我们的有关认识得以充实。

杨著《宋代出版文化》分论宋代出版的时代背景、宋代出版文化概况、宋代出版介质的变迁、宋代出版中诸阶层文化生态、宋代出版物流布与文化影响等问题，可以说多方位地总结了宋代出版的时代文化条件、社会文化生态及其文化品质和文化作用。其中的创见和新知，读者可以从容品味。私意以为给我个人较多启示的，是关于出版流程、出版管理以及出版介质与出版传播方式等问题的论说。近读有学者考察宋代出版管制的论文，其中指出，"宋代出版业兴盛，统治者为了加强对思想的控制，采取了一系列的出版管制措施，主要表现在被管制书籍的类型与出版管制的方式两个方面。其一，被管制书籍的类型主要有：禁止刻印、销售议论时政、军事边机的书籍；禁止刻印、销售宗教异端等书籍；禁止刻印、销售违背儒家经义的书籍；在派别斗争中禁止刻印、流传反对派的书籍；国家垄断《历日》的印刷权。其二，出版管制的方式是；采取书稿审查制度；普遍实行违禁图书告赏法；对违禁雕印、销售、传播图书者予以惩罚"。（方宝璋、高月梅：《论宋代的出版管制》，《江西社会科学》，2012 年 3 期）相关问题，杨著《宋代出版文化》第二章"宋代出版文化概况"中的"宋代出版管理"亦曾有所讨论。

例如，《宋代出版文化》一书指出，宋代政府禁止出版的图书主要有以下六种：1. 天文图谶；2. 明教绘像；3. 边机时务，邦国机密；4. 法令、历书；5. 会要、实录；6. 党争文字。《宋代出版文化》还写道，"宋代出版管理制度包括事先审阅、事后查检、奖励检举等"。对违法雕版印卖者的法律惩处，主要有以下特点：其一，对非法出版物采取'毁版'、'毁劈'、'焚之'、'缴纳焚讫'等措施，从印版抓起，防止死灰复燃，再度翻印。其二，在宋代，县是基层司法机构，其

刑事裁决权限于杖刑，州一级受理县一级呈报的徒以上
刑事案件。科罪施刑主要有杖刑、徒刑、流放等，如
'根捉'、'行遣'、'责罚'、'杖一百'、'拘收'、'送
狱'、'流三千里'等。其三，从宋初到宋末，制裁渐
趋严厉。由宋初一般的'密切根捉'、'许人陈告'、发
展到'徒二年'；从'行遣'发展到'流三千里'；并
且增加了杖刑。从一般的'追取印版缴纳'、'缴纳焚
讫'，发展到'合行毁版'，'当官弃毁'、'当官焚
毁'、'当官劈毁'、'日下并行毁劈'，严行规定在官员
监视下当众毁版，以杜绝任何隐匿流布的可能。这些都
反映了雕印传播影响的扩大和军事、政治形势的变化使
统治者对雕印传播控制愈来愈严。其四，宋代出版法令
所制裁的对象不只局限于非法雕版者，'印造及出卖者与
同罪'，且刑狱司还根究印撰之人，可见，宋代统治者对
印书者、售卖者、撰写者同样立禁查处，严厉制裁"。论
者还指出，" 随着宋代书业出版的繁荣，皇帝的敕令已起
着越来越重要的作用。就图书刻印传播而言，诏敕的地
位显然优于相对稳定的刑法，这是因为诏敕往往是从特
定的社会状况出发的，有关书籍刻印的法律都是依据当
时社会矛盾及出版状况而颁发的，不似刑法那样属长期
固定的法规，故处理事件更及时、更有效，更能符合统
治阶级的需要"。"皇帝的敕令""起着越来越重要的作
用"，"诏敕的地位显然优于相对稳定的刑法"，体现最高
执政者的个人意志可以超越法律的情形。

　　集权政府对出版的控制，有"制裁渐趋严厉"，
"控制愈来愈严"的趋势。以较长时段为对象的历史考
察，或许也可以得到同样的认识。当然，这只是我们阅
读《宋代出版文化》一书获得的知识之一。全书提示
我们应予认识和理解的文化史信息，其实是相当丰富，
相当生动的。

　　明代学者徐𤊹《徐氏笔精》卷六《文字》有"帝
王好书"条，列举了历代君主求书爱书的故事："历代

帝王皆好典籍。秦火为万古罪人，无论已。汉兴，除挟
书律，广开献书之路。景帝募求天下遗书，藏之秘府。
武帝建藏书之策，置写书之官。成帝使谒者陈农求天下
遗书，诏刘向等校定。光武入洛，书二千余辆。后于东
观广集新书，命班固等雠校。明帝大会诸儒于白虎观，
考订群籍。灵帝诏诸儒正定五经刻石。魏道武命郡县大
收书籍，悉送平城。隋文帝遣使四方，搜讨异本，每书
一卷，赏绢一疋。炀帝观文殿构甲乙丙丁书屋。唐贞观
中，魏征、虞世南、颜师古请购天下书，选五品以上子
孙缮写，藏内库。玄宗幸东都，议借民间异本传录，以
千钱购书一卷。后唐庄宗募民献书，及三百卷者，授以
官衔。明宗令国子监校定九经，雕印卖之。周世宗锐意
求访，凡献书者悉加优赐。宋太宗下诏购募亡书，分置
书府，涉弼等并赐科名。太宗构崇文院以藏书籍，分经
史子集四库。仁宗诏中外士庶上馆阁阙书，每一卷支绢
一疋，五百卷与文资官。徽宗诏郡县访求秘书，助教张
颐进二百二十余卷，赐进士出身，李东一百六十卷，补
迪功郎。高宗南渡，献书有赏。元世祖遣使取在官书籍
版刻至京师。我太祖定鼎之后，极重儒臣，诏纂国家切
要之书。成祖诏修永乐大典，一时儒臣毕集，天下贤才
聘辟无算。凡南京文渊阁所贮古今一切书，各取一部送
京。……"所谓"帝王好书"，其实涉及不同的文化层
次：一种是喜好收集图书，即所谓"求""购""藏"
"贮"事；另一种则重视图书的整理出版传播，包括
"雠校""考订"以至"雕印卖之"等。如果汉代"正
定五经刻石"也可以看作一种特殊的"出版"，由此至
于宋代及以后出版业的大兴盛，中国出版史于文化传播
方面的意义，实在值得认真研究总结。

　　杨玲博士著《宋代出版文化》做了很好的工作，
值得学界肯定。我们也希望今后有以图书出版和文化传
播为主题的更多的学术论著面世，增益并深化我们对中
国文化史进程的认识和理解。

绪　论

　　雕版之业，始于李唐而盛于两宋。宋版书刻犹为精品，为世人所重，被誉为拱壁珠琳。其刊工之巧，内容之精，致以千年之后令人犹感墨香依旧，由是，后世爱书"佞宋"成癖者众多，这些"佞宋"成癖者，往往又都是一时代学界楚翘。这一方面是宋代出版业极盛对后世的影响，更重要的是，其背后所凝结于宋版书上时代文化精神作用的结果。故，我们可以以宋代出版业为切入点，以窥两宋社会文化及时代风貌之一斑。

一、研究缘起与方法

　　本书是笔者十年大学读书生涯的一个系统总结，也是笔者十年间辗转人文、社会科学诸多领域后，以"宋代出版"为切入点，钩沉与再考察两宋文化，试图借鉴文化哲学、文化人类学、社会学、诠释学、新闻传播学等学科的相关理论与方法，分析诠释宋代出版文化史上的一些现象。

（一）历史分析法

　　笔者的大学学习生活，是从历史学开始的。历史学是对过去发生的事情的认识、理解与解释，历史学必须是诠释的。历史事实与当下的事实不同，它在现存的状态上是不在场的，所以历史学是要通过对历史文化遗存、文献的研究而去认知与解释已经发生的事情。历史

主义则是指从历史的联系和变化发展中考察对象的原则和方法。历史主义的原则可以追溯到古代哲学家的朴素辩证法思想。作为一种历史方法论则产生于 18 世纪末，并在 19 ~ 20 世纪初在西方学界产生了深远的影响。

18 世纪，维柯的《新科学》中萌发了历史意识，之后历史学派迅速成长。19 世纪狄尔泰在施莱尔马赫所建立的一般诠释学的基础上发展了深受历史主义影响的"体验诠释学"，并用其来建构人文科学的方法论。当时，实证主义思潮盛行，实证主义的立论根据是自然科学，它要求理论的严密、明晰和合逻辑性。此时，以实证主义为旗帜的兰克学派登上了 19 世纪欧洲史学的舞台。兰克主张的在历史研究中"消灭自我"思想，产生了深远的影响，直到 1903 年布瑞就任剑桥大学近代史讲座"钦定"教授时做的就职演讲中还称"历史学是一门科学，不多也不少"。

狄尔泰的贡献在于突破了历史认识中主客二分的模式，认为历史科学可能性的第一个条件就是：我自身就是一种历史的存在，探究历史的人就是创造历史的人。伽达默尔吸收了从施莱尔马赫到狄尔泰的新的合理因素，指责狄尔泰陷入了"历史主义的困境"，他要求，必须克服自启蒙运动和浪漫主义之后便广为流传的有问题的甚至是致命的历史主义诠释学；他认为，理解总是不同理解者的"视域融合"过程。真正的历史是在视域融合中主体与客体、现实与传统、自我与他人构成的开放的统一整体即"效果历史"。伽达默尔的"效果历史"原则意在反对朴素历史主义或历史实证主义。后者强调"当下性"，要求把当下优越性的观点应用到整个过去的历史中。

诠释学的"效果历史"意识对现代西方文艺学、法学等人文、社会科学的实践都产生了重大的影响。在此影响之下的思辨的历史哲学与分析的历史哲学的分野愈加明晰，历史诠释的性质在十字路口分成两个支流。

现代分析历史哲学发端于 19 世纪晚期，英国哲学家布莱德雷《批判历史学的前提假设》一文提出历史必须有批评方法，历史知识不是盲目、消极地接受证词，而是对证词做出一种批判的解释。分析派的历史哲学把研究的重点从解释历史的性质转移到解释历史知识的性质上来。分析派面对的问题更多的是人们是怎样认识历史运动的，而不再是历史自身是怎样运动的。他们还力图以更加"科学"的方法来解释历史。

通过康德、赫德尔、费希特、黑格尔、斯宾格勒和汤因比等人的工作，思辨历史哲学作为历史哲学的一个重要分支逐渐成熟起来。思辨的历史哲学采取了两种形式来解释历史：其一是"历史规律"，它解释了历史的演变，这种规律或是"线性的"或是"形态学的"，但它们都表明历史是有一定趋势的，因为它们认为实际的历史过程不可避免，无论这个过程是定向的还是循环的；其二是"概念的解释"，可以用于解释历史进程中的每一个决定性事件。总之思辨历史哲学是历史哲学家通过抽象地先验地思想，根据臆想的概念或臆想的普遍规律对世界历史进行了描述。

总之，无论是分析的历史哲学还是思辨的历史哲学，他们的研究者都不仅要能够收集大量的丰富的历史材料和文献，而且要能够把这些材料以一定的方式合理的组织在一起，对这些文献进行尽可能客观的解读。然而历史研究面临的一个基本问题，即史料的不完整和支离片断性及历史问题的复杂性，研究者如果不想仅仅描述事情是怎样发生的，而且还要说明它为什么会发生，就要借助于解释性的叙述，或者推测性的研究结果来对历史做出说明。

历史并不会因为我们的研究而从属于我们，而我们恰恰是从属于历史的。在我们试图通过研究历史来理解自己之前，已经在所存在的情境中认知自己。与此同时，人又赋予了历史意义，人也在时时刻刻创造着历

史。在某种意义，人如何解释，历史就如何存在。

正是经过大学四年专业系统历史学的学习，笔者之后继续的研究生阶段的学习，从选题到具体研究设计，都浑具历史主义的情节。两宋在某种意义是中国文化史的顶峰，而在这个灿烂恢弘的历史时段，出版既是很重要的传播方式，其本身也是媒介技术进化链条上很重要的一环，因此笔者，首先运用历史分析法，从宋代出版切入，搜集与整理当时相关的历史文献，对这些文献尽可能客观的解读，从客观史料片段性与问题的复杂性中，试图来揭示与发现两宋的时代风貌与文化精神。

(二) 定性研究法

定性研究又被称为质性研究。20 世纪 20 年代，"芝加哥学派"通过一系列的工作，证明了定性研究对于研究人类群体活动的重要性，这些活动涉及社会学、政治学、历史学、人类学、教育学、护理学等等。到了80 年代初，一场关于研究范式（research paradigm）或研究方法论（study of methodology）的争吵在美国再次拉开序幕。对抗双方是以"定量研究（quantitative research）"与"定性研究（qualitative research）"各自为营。在这场争论的始末，不同的学者对"定性研究"的理解也不尽相同。因为与"定量研究"相比，"定性研究"所包含的内容以及它的性质、特征则异常复杂，这样就很难对定性研究作以定义性的表述。

定性研究并非仅仅源自某一种社会理论或某一种研究传统。大体来讲，定性研究就是研究者运用历史回顾、文献分析、访问、观察、参与经验等方法获得研究的资料并用非量化的手段对其进行分析、获得研究结论的方法。定性研究还更强调意义、经验（通常是口头描述）、描述等。

定性研究的起点往往始于对理解他人的关注，它自身就包含着对世界的解释性的、自然主义的方式。这也

就是说定性研究者是在事物尽可能的自然状态中去做研究，并试图根据人们对现象所赋予的意义来理解或来解释现象。研究者在做定性研究的过程中，非常清楚，这一过程会受到自身及被研究者个人的成长经历、民族、性别、种族、社会阶层等因素的影响。这样定性研究从开始就存在着一个悖论："一方面，定性研究者认为合格的、有能力的观察者能够客观地、清楚地、精确地报告他们自己对社会世界地观察，包括对他人经历的观察。另一方面，研究者坚信，现实世界中所存在他们一个真实的对象或一个真实的个体，能够以某种形式报告他或她的经历。在这样两种条件下，研究者可能将他们自己的观察与通过访问、生活史、个人经历、个案研究以及其他文献所得到的研究对象的自我报告掺合在一起。"① 这个悖论的要害在于研究者如何对文本与原文献作者的进行理解与解释，这种解释是否接近事物最原初的意义。

这样我们在做具体的社会科学研究时，进行历史分析会发现，作者及其文本本身在后来事情发展过程中，往往是不重要的，重要的是在具体的历史情境之中，对其的解释而影响的历史进程。

所以，笔者在做宋代出版的相关研究时，主要还是一种定性的研究，本书在研究宋代出版的具体流程中，对当时具有典型样本意义的个案，有做深入的分析，并讨论其对后来的影响。

笔者在后来的游学中，特别是在日本的留学，在京都大学和东京大学的图书馆里，看到大量的汉籍，有些文献甚至是我们国内已经失传的。一方面有强烈的民族与文化自豪感，一方面又很伤感。留学期间，与各国友人，特别是东亚地区同学的交流中，日常生活、仪礼、

① （美）诺曼·K·邓津主编：《定性研究：方法论基础》，风笑天等译，重庆大学出版社，2007年版本，第23页。

节庆、价值观等折射出来汉字文化圈的影响与魅力，一次次的让我震撼，也坚定了我继续以宋代出版为切入，观察彼时的文化传播与相关阶层的诸生相。

另外，笔者在之后哲学、新闻出版以及政治社会学的学习当中，且学且行，发现对一国一地无论物质层面或是制度层面的考量，最后溯源，都会指向更深层次的精神文化传统。在具体践行中，以宋代出版为切入点，还有以下几点思考：

首先，是关于文化的问题。

文化本身在在学术界历来是仁者见仁，智者见智的。上个世纪 50 年代，克罗伯和克拉克洪在《文化：概念和定义的批判回顾》中就列举了欧美对文化的一百六十多种定义。这些定义五花八门，但没有一个完全穷尽了"文化"的复杂意蕴。

其中有代表性，笔者认为比较中肯全面的是人类学学者泰勒，他说，"文化或者文明就是由作为社会成员的人所获得的包括知识、信念、艺术、道德法则、法律、风俗以及其他能力和习惯的复杂整体。就对其可以作一般原理的研究的意义上说，在不同社会中的文化条件是一个适于对人类思想和活动法则进行研究的主题"①。泰勒将文化定义为特定的生活方式的整体，它包括观念形态和行为方式，提供道德的和理智的规范，为社会成员所共有。文化是学习而得的行为方式，并非源于生物学。文化作为信息、知识和工具的载体，它是社会生活环境的映照。文化作为制度（institution）、器物与精神产品，它给予我们以历史感、自豪感，所以我们因文化而理解人的生命存在、意义和人在宇宙中的地位。文化作为人类认知世界和认知自身的符号系统，它是人类社会实践的一切成果。

---

① （美）马文·哈里斯《文化·人·自然——普通人类学导引》，顾建光、高云霞译，浙江人民出版社 1992 年版，第 136 页。

　　汉语中，文化的意识至少应当推至东周。孔子曾极力推崇周朝的典章制度，他说，"周监于二代，郁郁乎文哉"①。这里"文"已经有文化的意味。就词源而言，汉语"文化"一词最早出现于刘向《说苑·指武篇》："圣人之治天下，先文德而后武力。凡武之兴，为不服也；文化不改，然后加诛。"这里的文化，就是"文治和教化"。在古汉语中，文化就是以伦理道德教导世人，使人"发乎情止于礼"的意思。后来，直到钱穆先生，他的文化观念最接近泰勒的关于文化的定义，他们都将文化理解为一个生活经验整体，试图揭示人类生活经验真、善、美的精神特质和描述一幅文化分解图。这个意义上的文化，也就是人类生活方方面面的"活法"的具体体现。

　　就本书涉及的范围，笔者以为，文化是多维的，是社会发展过程中人类创造物的总称，包括物质技术、生活方式、社会规范和观念精神等。文化又可以分解六个层面。第一层：文化是人类的生活方式；第二层：文化既是自然的目的，又是非自然的；第三层：文化是在历史进程中不断进化的；第四层：文化的表现具有层次性和多样性的特征；第五层：文化内涵的差别是跨文化交流（interculture）的基础；第六层：文化研究是对文本进行符号学的解释。

　　也正是基于文化的这六个层面，本书层层来分析宋代的出版文化。

　　其次，文化哲学（Cultural Philosophy），是哲学的分支学科之一。侧重于以文化为本体，探究文化和人的本质、特征及其发展规律②。具体的研究中，文化哲学的研究主题主要是揭示文化模式、批判文化危机、推动

---

　　①　《论语·八佾》，朱熹：《论语集注》，四部丛刊本。
　　②　金炳华等编：《哲学大辞典》（修订本），上海辞书出版社2001年版，第1536页。

文化转型。文化哲学并非对文化现象的一般描述，而是通过对文化现象的解析，把握人的本质、人的生存方式和人的发展①。

通常，文化哲学把文化结构区分为物质文化、制度文化、精神文化三个层面。物质文化实际是指人在物质生产活动中所创造的全部物质产品以及创造这些物品的手段、工艺、方法等。制度文化是人们为反映和确定一定的社会关系并对这些关系进行整合和调控而建立的一整套规范体系。精神文化也称为观念文化，以心理、观念、理论形态存在的文化。它包括两个部分，一是存在于人心中的文化心态、文化心理、文化观念、文化思想、文化信念等。二是已经理论化、对象化的思想理论体系，即客观化了的思想。

本书在文化哲学的视域中研究与讨论宋代出版的诸问题时，其出发基点，正是文化结构的物质文化、制度文化、精神文化这三个层面。从尽可能考证与揭示物质文化层面的宋代出版业的基本概况入手，然后从制度层面讨论其基本环节、规律和管理，其作为介质革命在技术革命上的意义，最后上升到精神文化层面，探讨其中社会各阶层的精神文化以及其对汉字文化圈的发展的深度和广度的影响。这是一种层层深入递进式的研究，在文化哲学的大视域下来讨论的。

二、研究综述

"书籍是文化的载体，在世界文化发展中的作用至为重要"。② 中国文化源远流长，尤其是书的载体材料

---

① 衣俊卿：《世纪之交中国文化哲学研究述评》，《深圳大学学报》（人文社科版），2003年第1期。

② （美）钱存训：《中国古代纸墨及印刷术》，北京图书馆出版社，2002年修订版，见《前言》第Ⅺ页。

和编辑制作方法，多为中国人所发明。研究中国古代书籍制作业的黄金时代——宋代的出版与及文化哲学，不仅对文化的传播与文明的传承有重要的意义，而且涉及诸多领域与学科。

首先，从国内来看，以往前辈先贤关于宋代出版的研究，多重传统的考证史实，关于宋代出版与其文化哲学专门性研究，还比较薄弱。基于目前笔者所收集到的资料，粗略地把国内学术界对该选题的相关研究分为以下几类。

1. 史料性整合。此类研究一般多就宋人笔记和正史所载有关宋代出版情况辑佚或是对某一具体问题议论，如清末民国初年叶德辉的《书林清话》、《书林余话》，卢前的《书林别话》等，均涉及宋代出版的若干问题乃至其背后的文化背景。但由于研究者所处时代的局限性，此类研究基本遵循传统考据等方法，理论提升上有所欠缺。

2. 研究客体具化为宋代出版物或宋代出版系统。如王星麟的《宋代的刻书业》（《史学月刊》，1986 年第 1 期），李致忠的《宋代刻书述略》（《宁夏图书馆通讯》，1980 年第 2 期）等，数量较少，且内容一般多涉及背景及三大出版刻书系统，研究的客体有限。

3. 具体以地域为分类标准，研究某地区的出版刻书状况。如方彦寿的《建阳古代刻书通考》（《出版史研究》，第六辑），谢水顺的《福建古代刻书》（福建人民出版社，1997 年版），顾廷龙的《唐宋蜀刻本简述》（《中国印刷史料选辑四》），杜信孚的《江西历代刻书》（江西人民出版社，1984 年版），崔富章的《浙江的刻书与藏书》（《中国古代藏书楼研究》1999 年版）等，或对三大出版刻书系统中某一出版系统性专门研究，如何忠林的《历代家刻本脞谈》（《中国印刷史料选辑之四》），肖东发、陈慧杰的《试论坊刻在中国书史上的地位》（《中国印刷史料选辑之四》），曹之的《家刻初探》（《山

东图书馆季刊》，1984 年第 1 期）等；或对某家刻书的研究，如吴启寿的《南宋临安陈氏书籍铺考略》（《图书馆研究与工作》，1982 年第 7 期），方彦寿的《闽北十八位刻书家生平考略》，（《出版史研究》，第四辑）等。这些成果虽不乏突破与创新，但因其关注点多集中在宋代出版业的某些具体问题，较少全面系统对宋代出版业本身展开深入讨论，遂使相关研究存在一些缺陷。

4. 出版编辑史角度。如姚福申的《中国编辑史》（复旦大学出版社，1990 年版）中有专门篇章对宋代的编辑状况做一概述性阐述。周宝荣的《宋代出版史研究》（中州古籍出版社，2003 年版），也重于史实陈述。

5. 版本学研究专著。现今一些版本学相关研究中，不乏涉及宋代出版的研究成果，如戴南海的《版本学概论》（巴蜀书社，1989 年版），陈宏开的《古籍版本概要》（辽宁教育出版社，1990 年版），徐国仟的《版本学》（中国医药科技出版社，1994 年版），黄燕生的《版本古籍鉴赏与收藏》（吉林科学技术出版社，1996 年版），施廷镛的《中国古籍版本概要》（天津古籍出版社，1987 年版）等，但出于内容与体系等因素考虑，作者在讨论宋代出版的相关部分时，不仅篇幅有限，论述也多过于简略。此类论著中，李致忠先生的《宋版书叙录》（书目文献出版社，1994 年版），是一部关于宋代出版物研究的力著。它主要从版本著录的角度，对某一现存宋版书做以全面系统的考辨源流，却在讨论宋代出版规律等方面的内容着墨较少。

6. 科技史的相关论著。如香港中文大学教授潘铭燊在芝加哥大学图书馆学院攻读博士学位期间的论文《宋代图书印刷史》（*Books and Printing in Sung China*），张秀民的《中国印刷史》（上海上民出版社，1989 年版），魏隐儒的《印刷史话》（《中国科技史论丛》，上海科学技术出版社，1988 年版），罗树宝的《中国古代印刷史》（印刷工业出版社，1993 年版）等论著中也有

关于宋代出版技术或概况性研究，这些也为我们打开不少思路。

7. 研究汉籍的流布的学者，也有关注宋代出版物在域外的传播状况，如早期的黄尊宪的《日本国志》、杨守敬的《日本访书志》，董康的《书舶庸谭》，傅增湘的《藏园群书经眼录》，20 世纪 90 年代以来的彭斐章的《中外图书交流史》（湖南教育出版社，1998 年版），王勇主编的《中日汉籍交流史论》（杭州大学出版社，1992 年版）等也有涉及宋代出版物，但多是对中外图书交流现象的考述，对其背后诸多相关文化因素的分析研究稍显不是。

8. 相关的文化精神层面的研究也有涉及到宋代出版的，如马茂军和张海沙的《困境与超越：宋代文人心态史》（河北教育出版社，2001 年版），彭清深的《宋明刻书文化精神之审视》（《故宫博物院院刊》，2001 年第 4 期），章宏伟的《出版文化史论》（华文出版社，2002 年版），杨渭生的《两宋文化史研究》（杭州大学出版社，1998 版），但此类研究数量相对较少。

9. 研究媒介技术的专著或文章中，也有涉及宋代出版的，如清飏的《媒介技术的发展与宋代出版传播方式的变革》（《浙江大学学报》人文社科版，2001 年 5 期），葛桂录、陈冰的《论中国文化向世界传播的主要途径》（《淮阴师专学报》，1997 年第 2 期）。

此外，就目前笔者所搜集到的资料，国际汉学界目前还没有对宋代出版专门性研究。相关内容主要是在一些科技史、图书学馆学、交流史等领域有所涉及。

1. 科技史方面

（1）李约瑟的《中国科学技术史》第 5 卷第 1 册《纸和印刷》，即 Tsuenhuin Tsien, *Paper and Printing*, in Joseph Needham, *Science and Civilisition in China*, Vol. 5, Part I（Cambridge University Press, 1985；revised 3rd edition, 1988），涉及宋代出版的物质技术条

件研究。

（2）E. V. E. Bretchneider，*History of Brotaanical Discoveries（Leipizig）Berthold Laufer*，Sino – Iranica（Chicago，1919）对造纸原料的分析时，对宋代出版物所用的纸有一定的研究。

（3）*Chinese Handmade Paper*，by Floyd A. Mclure. Edited with a preface by Elaine Koretsky. Newton，Pa.：Bird & Bull Press，1986. 麦克吕尔主要研究对象是中国的古纸，尤其对手工造纸的详细过程研究颇深。在他的这本《中国手工制纸》中有关于宋代造纸流程的讨论。

（4）卡特（Thomas F. Carter）《中国印刷术的发明及其西传》（吴泽兑译，商务印书馆，1991 年版），是国外比较早的研究中国印刷术的专著，也有部分章节谈到宋代的出版印刷情况。

（5）美籍华裔学者钱存训以英文写作的 *Written on Bamboo and silk*（《中国古代书史》），最先由美国芝加哥大学出版社 1962 年出版，列为《芝加哥大学图书馆学研究丛书》之一，后来在 1975 年香港中文大学出中文版。1980 年，东京法政大学出日文版。该书资料丰富，有相关篇章从印刷史和科技史的角度对宋代出版的一些问题进行讨论。

（6）法国戴仁的《中国的读书写字和木板印刷》（《法国汉学》第二辑，清华大学出版社，1997 年版），也有所论及。

2. 图书馆学方面。如长泽规矩的《图解书志学入门》（汲古书院，1976 年发行）和《刻本汉籍分类目录》（汲古书院，1986 年第三刷发行）等在涉及图书目录分类法时，借鉴宋代目录学所取得的成就时，谈到了宋代的出版盛况。

3. 交流史方面。如大庭修《典籍》（《中日文化交流史丛书》，大修馆书店 1996 年 5 月发行），木宫泰彦《中日文化交流史》（胡均年译，商务印书馆，1980 年

版）等对日本现存的宋代出版物有所研究。但比较多的
是关注与著录存在于日本的汉籍，未能揭示以汉籍作为
中间媒体而存在于中日文化关系之中的许多复杂现象和
本质。

三、宋代社会与中国传统文化

五季战乱之后，宋开辟了我国出版史上的第一个辉
煌时代。其雕镂地区之广，出版机构之普遍，出版种类
和卷数之多，都是空前的。探究宋代出版崛起的原因，
有必要在大的历史背景下先考察宋代文化在中国文化传
承中的的地位与影响，且作为宋代出版业繁荣之文化语
境的宋代社会，有着不同于中国历史上其他文化时期的
独特文化内涵与特征。

对于宋文化的高度发达，宋当时的学人大儒已经有
了一定的自觉意识，若理学的集大成者朱熹道①：

> 国朝文明之盛，前世莫及。自欧阳文忠
> 公、南丰曾公巩与公（苏轼）三人，相继迭
> 起，各以其文接明当世，然皆杰然自为一代之
> 文。

近世国学大师王国维先生在《宋代之金石学》中
枚举宋人的种种文化成就后，有一评价②：

> 天水一朝人智之活动与文化之多方面，前
> 之汉唐，后之元明，皆所不逮也。

---

① （宋）朱熹：《楚辞集注》，上海古籍出版社 1979 年版，第 300
页。

② 王国维：《王国维遗书》第 5 册，《静安文集续编》，上海书店
1983 年版，第 70 页。

此外陈寅恪先生研究宋代职官制度，也被宋代文化魅力所倾，赞其①：

> 华夏民族之文化历数千载之演进，造极于赵宋。后渐衰微，终必复振。

所谓"华夏文化"，应指的是中华本土文化，也即是陈寅恪先生一直所强调与提倡的民族本位文化。宋代的"造极"，也就是宋代文化达到了民族本位文化的高度成熟与定型的时期。此观点，也已成为学术界的一个公论，后来的一些学者，包括二位先生的学生，著名宋史专家邓广铭先生也曾讲过②：

> 宋代是我国封建社会发展的最高阶段。两宋期内的物质文明和精神文明所达到的高度，在中国整个封建时期之内，可以说是空前绝后的。

从宋以降至现代已有许多学者对宋文化的发达进行肯定，并有美溢之词。从文化发生学的角度考察，不难发现，宋朝是中国古代社会文化变迁的一个重要时期：自宋始，中国封建社会中的经济形态、政治体制、学术思想、文化意识诸方面皆呈现出与宋前社会不同的世相并为后世所继承。

---

① 陈寅恪：《宋史职官志考正序·陈寅恪序》，载《金明馆丛稿二编》，上海古籍出版社1980年版，第245页。

② 邓广铭：《谈谈有关宋史研究的几个问题》，《社会科学战线》，1986年第2期。邓先生的此观点，有可以商榷的地方。王、陈二位先生所讲的"文化"，应该是涵指精神文明的范畴，并没有延展到物质文明。事实上，通过做以考古与历史的研究，可以看出元、明、清三朝的物质文明是超越了宋代的。

　　当然，从纵的向度来看，宋代具有鲜明的远承汉唐的时代特点。换言之，宋代社会所发生的某些重大转折，其生变的因素中唐就业已呈现。然而，历史的发展从来不是平铺直叙的，而是在发展过程中会有不少关节点①。宋代正处于这样一个历史发展的关节点上：远从汉代，近从唐中叶开始的一系列社会转化，到宋代才得以完成并形成基本格局。

　　日本学术界，许多研究者将中国宋以后的历史划归为"近世"时期。认为唐宋之际是中国历史上的一个大变动时期，以提出"唐宋变革"的日本学者内藤虎次郎（号湖南）为代表。1910 年，内藤湖南在日本《历史与地理》第 9 卷第 5 号上发表《概括的唐宋时代观》，提出唐和宋在文化的性质上有显著差异。唐代是中世纪的结束，而宋代则是近世的开始。他说："由于过去的历史家大多以朝代区划时代，所以唐宋和元明清等都成为通用语，但从学术上来说这样的区划法有更改的必要。不过，为了便于讨论，在这里暂且按照普通的历史区划法，使用唐宋时代一词，尝试综合说明从中世转移到近世的变化情形。"② 其后，宫崎市定在继承内藤湖南观点的基础上又进一步指出古代、中世、近世的三分法亦适用于东洋史，即从世界史的角度重新解释"近世"概念，认为宋以后是中国的近世文艺复兴时

---

　　① 郭争鸣、郭学信：《试论宋代文化的历史地位》，《聊城师范学院学报》（哲学社会科学版），2001 年第 5 期。
　　② 内藤湖南：《概括的唐宋时代观》，译文载刘俊文主编：《日本学者研究中国史论著选译》，中华书局 1992 年版，第 10 页。内藤湖南先生所说的"从学术上"重新划分中国从中世转移到近世的变化，大致是受了欧洲人的传统分期法的影响，即所谓"西洋史上古、中古、近代的正统分期法，是文艺复兴时代的产物"。而日本史学界在相当长的时期内，对中国历史的分期问题一直墨守着"三分法"，即分为"古代"、"中世"及"近世"（或称为"上古"、"中古"及"近代"）三段。内藤湖南对中国历史的时代划分是：上古（至后汉中叶），中世（中古，从五胡十六国至唐中叶），近世（前期：宋元；后期：明清）。

代。第二次世界大战后，日本史学界对中国历史的研究
有了新的变化和反思，特别是马克思主义历史观被日本
史学界运用到中国史的研究中，"由于马克思主义历史
观的兴起，把中国史纳入世界史普遍发展这一所谓世界
史的基本法则适用于中国史，宋史研究这一领域也不例
外"。①

　　近代欧洲汉学研究之父，著名汉学家艾蒂安·白乐
日（Etienne Balazs）认为：中国封建社会的特征到宋代
已发育成熟，而近代中国以前的新因素到宋代已显著呈
现，研究中国封建社会中承上启下的各种问题，宋代具
有决定性的意义。也正是基于对中国宋代这一历史地位
的认识，白乐日在 1950 年接受费正清的邀请到哈佛大
学东亚研究中心做访问学者之后，萌生发起"宋史研究
计划（Sung Project）"的预想②。

　　其他欧美的汉学家，如艾周思（Joseph Adler）、柏
清韵（Bettine Birge）、贾纳德（Daniel K. Gardeer）等
也有一些论见。对于国外史学家在有关中国历史分期法
的正确与否姑且不论，单就他们把宋代作为一个新的历
史发展期而言，无疑也是宋代在中国文化发展史上的重
要地位的一个佐证。

---

　　①　宫泽知之：《唐宋社会变革论》，译文载《中国史研究动态》
1999 年第 6 期。宫泽知之的此观点具体到"唐宋变革论"则表现在提升
了社会经济史在论证唐宋社会变革过程中的地位，也就是说为了论证中
国史也和西方世界一样发展，检验封建制被视力占有关键位置的论证。

　　②　据目前笔者所收集到的资料白乐日的"Sung Project"，目前已完
成的项目有：（1）白乐日和科莱特·帕特（Colette Patte）：《〈宋会要〉
目录：食货、职官、刑法、舆地》。（2）白乐日：《11 世纪末的中国商业
中心图》，该图据 1077 年、1076 年的商业税统计编制完成，集中代表白
乐日的抱负和研究方法，被布罗代尔描绘为"可以设想出来的最令人惊
讶的经济图之一"。（3）《宋史研究·纪念白乐日》，于白乐日逝世后据
他制定计划时编写的《概论—综述》完成，包括制度、军事、外交史、
人口和漕运方面的论文。（4）吴德明（Yves Hervouet）：《宋代书目》，
白乐日撰写了一百多个条目。全书包括五百多个书目提要，从日本京都
大学三千多种宋史著作中选出。

人类社会的发展是与文化的演进密切相联的。宋三百年间，社会文化变迁的内涵和特征是十分显明的。梳理其脉络，可以置宋代出版于一宏厚的精神文化土壤，加深对其理解与把握。

（一） 文化权力对政治权力的侵蚀

太祖太宗平五代十国之乱后，面临最紧迫的问题就是重新建构国家权威并使赵宋的政治秩序获得合法性，接着就是"恢复与重建知识、思想与信仰世界的有效性，以教育和考试培养阶层化的知识集团，建立制度化的文化支持系统，以重新确立思想秩序"。[①] 历经太祖到真宗的六十余年间，以"崇文"为手段，通过对礼制的恢复与建设，宋王朝确认了权力天赋的的正当性，也获得了士人的认同。同时政治秩序在重建与权衡中，对"文治"的相对迷信，不断让度部分权力，直接导致文化权力对政治权力的侵蚀。最突出的表现为：

其一，宋的"文人政治"是历史上最彻底的。

宋太祖于建隆三年（962 年）密镌一碑，立于太庙寝殿之夹室，谓之誓碑。平时用销金黄幔遮蔽，门钥封闭甚严。太祖命令，唯太庙四季祭祀和新天子即位时方可启封，谒庙礼毕，奏请恭读誓词。届时只有一名不识字的小黄门跟随，其余皆远立庭中，不敢仰视。天子行至碑前再拜，跪瞻默诵，然后再拜而出，群臣及近侍皆不知所誓何事。北宋的各代皇帝"皆踽故事，岁时伏谒，恭读如仪，不敢泄漏"[②]。直到靖康之变，金人将祭祀礼器席卷而去，太庙之门洞开，人们方得看到此碑。誓碑高七八尺，阔四尺余，上刻誓词三行：一为"柴氏（周世宗）子孙有罪不得加刑，纵犯谋逆，止于

---

① 葛兆光著：《中国思想史》第 2 卷《七世纪至十九世纪中国的知识、思想与信仰》，复旦大学出版社 2004 年版，第 170 页。
② 《宋稗类钞》卷一。

狱中赐尽，不得市曹行戮，亦不得连坐支属"；一为
"不得杀士大夫及上书言事人"；一为"子孙有渝此誓
者，天必殛之"。建炎年间，武义大夫曹勋自金遁归，
被扣留在金的徽宗还让他转告高宗，说："艺祖（宋太
祖）有誓约藏之太庙。"①

赵宋诸帝基本都执行了太祖的此项政策，故从根本
制度上保证了文人士大夫的政治地位，也为文人凭借其
文化话语权，在政治权力领域扩张其文化权力提供了
可能。

其后，太宗皇帝就曾说过："先皇帝创业垂二十
年，事为之防，曲为之制，纪律已定，物有其常。谨
当遵承，不敢逾越。"② 宋廷规定，"由枢密掌兵籍、
虎符，三衙管诸军，率臣主兵柄，各有分守"③。分守
各地的禁兵由朝廷委派"率臣"管理，他们负责管理
分属三衙（殿前司、侍卫马军司、侍卫步军司）的这
些禁兵的镇戍、征战等事宜。然而率臣皆听命于枢密
院、宰相和皇帝，三衙无权指挥。在枢密、三衙、率
臣三者之中，枢密院"掌军国机务、兵防、边备、戎
马之政令，出纳密令，以邦佐治"，④ 与中书对掌文武
二柄，号为"二府"，但是地位却远不如宰相。宋代
的宰相是正一品，而枢密使却只有从一品或正二品，
而且枢密使一职在宋代也常为宰相所兼，如仁宗时有
吕夷简、高宗时有范宗尹，而到了南宋宁宗开禧年
间，宰相兼枢密使则成为定制。宋代的宰相、参知政
事（即副宰相）的担任者均为皇帝心腹，且多为进士
出身，是典型的文官，绝无武将出身者，而宋代的枢
密院又常常为中书省（即宰相）所制。这些都证明了
在中央最高权力机构中，不但政治权，乃至军事权也

---

① 《宋史》卷三七九《曹勋传》。
② 《续资治通鉴长编》卷一七，开宝九年十一月乙卯条。
③ 《宋史》卷一六五《职官二》。
④ 同上。

为文人所控制。可以说在封建秩序所能接受和允许的权力分割模式下，文人士大夫所能实现的"治国平天下"的理想在宋代得到最大的实现，从而形成了文化权力对政治权力开始了一步步侵蚀的局面。

　　不仅如此，就是在枢密院内部，按规定，其正使、副使都只能由文官担任。后来随着时局变化，尤其是两宋之交的战争时期，也由武将担任枢密使或副使，但这都是不得已而为之，实非宋廷所愿。一等战事平息，又恢复到了"以文制武"的局面。而三衙，据《宋史·职官六》载，其主要职责有两项：一是负责军队的训练和日常管理；二是在皇帝出行或举行祭祀大典时，担任警戒工作。三衙的长官，按规定，各设都指挥使、副都指挥使、都虞侯各一人。这些人在宋初还不时领兵出征，但后来就一般不再出征，且他们还不能参政，"见大臣必执挺趋庭，肃揖而退"。① 三衙将帅，虽大多出身武将，但却从来不从能将、宿将中选拔，而一般选用才能平庸或新近任职的将领。而且选将标准也不是武功卓著、善于带兵，而是忠诚老实、一心为主。这样的武将，虽没有设置专门的文官来节制，但是其反叛的机会和可能性却也是微乎其微。另外，三衙之长官已是宋代武将之极品，但却只有区区五品，在文官任职的枢密使面前只能俯首贴耳。

　　至于率臣，一般包括安抚使、经略使及经略安抚使、都部署、部署（后改称总管）、钤辖、都监、监押等，即宋代武将的绝大多数，他们就专门负责带兵打仗。这些统兵官均为临时委派，彼此之间无严格的统属关系，便于朝廷控制。在北宋初期，部署、钤辖、都监等都是专职武将，而太宗以后就逐渐形成了以文官任统兵官，督率武将的定制。哲宗朝刘挚就曾说过："祖宗之法，不以武人为大帅，专制一道。必以文臣为经略，

① （宋）汪藻：《浮溪集》卷一，四部丛刊初编集部影印本。

以总制之，武人为总管，领兵马，号将官，受节制，出入战守，唯所指挥。国家承平百有二十余年，内夕无享，以期制御功泽得茸道初。"①

"国之大事，在祀与戎"，自从《左传·成公十三年》首次以文本的形式讲到军事权力对一个国家的战略发展的重要意义以来，中国历代莫不把兵者作为"国之大事，死生之地"。宋代直接让文官介入军事领域，并且直接掌管最高军权，可见文化权力外延张扬之一斑。

其二，文化中心与政治中心的割裂。

东京汴梁一直是政治权力运作的中心。因赵氏立国后，实行的"重文轻武，重内轻外，重心防而轻国防"治国方略，使变法与复辟拉锯式胶着争斗，造成一系列长久的政治动荡、时局变幻莫测。在汴梁，喜欢批评政治的"毛病"使文人士大夫在京城的政治漩涡中备受煎熬。故政治之都难以成为文化之都，离东京汴梁不远的西京洛阳，依旧是全国的文化中心。

由于会聚司马光、邵雍和二程等学者、名流，洛阳成为一个政治批评和道学阐发的中心，差异仅仅是朝野之分了。当时"司马文正公以高才全德，大得中外之望，士大夫识与不识，称之为君实，下至闾间匹夫匹妇，莫不能道司马。故公之退十有余年，而天下之人日冀其复用于朝"。② 这些在野的暂时远离权力中心的士大夫，一直在寻常读书人中有着深远影响。司马光罢官回到洛阳之后，编写完成了中国第一部编年体通史《资治通鉴》。欧阳修的《新唐书》和《新五代史》初稿，也基本上是在洛阳编成的。撰写《梅花诗》、《先天图》的邵雍，中年后定居洛阳。再加上理

---

① （明）黄淮、杨士奇编：《历代名臣奏议》卷二三八，上海古籍出版社1989年版。

② （宋）王辟之著：《渑水燕谈录》卷二，江苏广陵古籍刻印社，1995年影印本。

学的勃兴，各地学子仰慕二程理学，许多人负笈千里，前往洛阳求学，杨时与游酢的"程门立雪"更凸显了二程的显赫和洛阳的文化中心地位。于是"这个足以与政治中心相抗衡的文化中心的存在，吸引了一批学者与文人"。①

这些学者与文人在洛阳聚集，张扬自己的道德理想，远离"政术"，他们通过书院讲学，出版文集与经典，传播自己的思想，在社会的不同阶层获得了很大的认同度。在当时相对较为宽松与自由的言论环境之中，议论之风大行，从而在事实上造成了一种相对独立的言论空间。这种言论空间加速了文化中心与政治中心的脱离，表征了洛阳士大夫以知识文化来与国家分庭抗礼，最终造成了文化权力对政治权力的侵蚀。

（二）经济伦理思想的演变

义利之间，本末孰重，一直是中国传统经济伦理思想的一个核心讨论命题。宋代社会即有生产方式变化的新动向，又有现实统治政策与传统主流非正式制约的冲突，文化权力对政治权力的侵蚀，同时又由于宋代所面对的历史特殊性，这些都导致了宋代的义利、本末思想的演变与讨论且影响深远：宋代社会知识分子对义利思想的认识体现了我国封建社会义利思想认识的最高水平，宋以后各朝代的社会时贤仅仅是在其基础上发展并没有多少理论上的突破。也使得"宋代兴起，中国好像进入了现代，一种物质文化由此展开"，② 这种物质文化是其纷繁灿烂的精神文化的基础。

---

①　葛兆光著：《中国思想史》第二卷《七世纪至十九世纪中国的知识、思想与信仰》，复旦大学出版社，2004 年版，第 185 页。

②　黄仁宇：《中国大历史》，三联书店，1997 年版，第 128 页。

1. 义利之辩

人类社会关于义利之间关系的探讨不是与来俱有的，而是一定社会发展的产物。首先，义利之辩往往是社会生产方式变化的结果，如在春秋战国以前，尽管人们对社会财富观、人生观有一定的认识，但"义"、"利"的观念还没有明确形成。直到春秋末期，封建生产方式初见端倪，并且在财富积累方面要比原有的奴隶制生产方式更为便利、有效的情况下，新的生产方式的要求挣脱旧制度的束缚，新兴地主阶层产生，迫切需要相应的思想武器，于是，义利之辩随之产生。其次，微观经济主体的经济行为普遍脱离非正式制约的道德行为规范。例如，中世纪的欧洲，人们的经济行为由于受到基督教神学的高度统治，因此一些商业中高息借贷行为正义与否，往往以基督教的教义来判定。如 11 世纪高息借贷的高额利润，引发了宗教内部的义利之争，最终由教皇下令把高利贷视为卑劣的行为，从事高利贷者将会受到宗教惩罚，才给这场争辩划上句号。由此我们可以看到只有在这两种情况下，一定历史时期的知识分子才会广泛的开展关于义利之间关系的争论。

赵宋三百年间，社会的发展同时具备了上述两种因素，且加上其文化特征，共同作用导致了宋代在义利思想认识上达到一定高度，其经济伦理思想更是得到完善与充实。

宋以前义利观的传统，主要是以孔孟义利思想为基础的儒家"贵义贱利"论①。孔子的义利思想如下：首

---

① 儒家的"贵义贱利"论是在春秋末期，孔子总结了奴隶社会解体过程中出现的有关义利思想后，提出了"义主利从"学说，奠定了儒家义利思想的基础。此后，孟子在战国时期，继承了孔子的义主利从思想并结合其自身的仁政学说对其进行了发展，形成了儒家传统的"贵义贱利"论。

先，主张"君子喻于义，小人喻于利"①。这是传统儒家"义主利从"论的最基本最主要论点。这种传统的儒家义利思想实际上蕴涵着奴隶社会末期和封建社会萌动时期社会等级制度与伦理之间的微妙关系。其次，主张"见利思义"②。这是指当君子采取一种求利的行动时，首先想一想这种利本身以及求利的方式是否符合礼义。再次，"因民之所以利而利之"③。这是孔子从"小人喻于利"的认识出发，认为在使用小人时，不可一味用暴力强制，而要"利之"，即允许他们获得一定的经济利益，使他们对劳动或工作感兴趣，从而使生产活动取得好的效果。最后是"义以生利"的思想。孟子的义利思想则是在继承了孔子的义利思想后并结合了其"仁政"学说加以发展，发展了儒家的"义主利从"思想。孟子的"义主利从"思想与孔子的思想相比更加彻底。孔子"罕言利"，但不是不言利。而孟子则极端到直接讲"何必言利"④。孔孟的义利观构成了传统儒家义利思想的核心，此后来的许多儒家学者，都遵循着这一传统。也正是这些思想的影响，使儒家经济思想具有典型的伦理色彩。

到了宋，以司马光、富弼等为代表的保守派继承了儒家传统义利观。此外朱熹和陆九渊等大儒，在孔孟正统义利观的基础上，又以"理学"、"心学"对其进行了进一步的阐述和发展。

朱熹主要把"理学"中的核心概念"天理"与义利观结合，认为"义利之说乃儒家第一义"。⑤ 他讲

① 《论语·里仁》，朱熹：《论语集注》，四部丛刊本。
② 同上。
③ 《论语·尧曰》，朱熹：《论语集注》，四部丛刊本。
④ 《孟子·梁惠王上》，（清）阮元校刻十三经注疏本，中华书局，2004 年版。
⑤ 《晦庵先生朱文公文集》卷二十四，《与延平李先生书》，四部丛刊初编集部，上海书店，1989 年版。

道，"仁义根于人心之固有，天理之公也。利心生于物我之相形，人欲之私也。循天理，则不求利而事无不利。循人欲，则求利未得而害已随之"。① 朱熹的义利观和欲望论是建立在"天理"论、心性论基础上的，因而更具有道德的理性主义色彩，更加强调道德的自我完善和自我修养。他对待人们物质生活问题上，重视社会道德价值和人的理性自觉，这样，相对孔孟传统的义利观，应该说是有更为积极的。此外他还把合乎天理的"利"、"欲"和"义"等同起来，强调其同一性②。

而陆九渊则把"心学"中的"本心"与义利思想相关联。陆氏与朱熹经济思想的共性是以伦理道德为一

① 《孟子集注》卷八。此外对于求富的问题，朱熹也把它同"天理"、"天命"联系起来。他在注解孔子"富而可求"的思想时说："设言富若可求，则虽身为贱役以求之，亦所不辞。然后有命焉，非求之可得也，则安于义理而已矣。"在对待贫富的态度上，他认为："处贫难，处富易，人之常情，但人当免其难"，又说，"圣人之心，浑然天理，虽处困极，而亦无不在焉，其视不义之富贵，如浮云之无有，漠然无所动于其中也"。朱熹基本上没有脱离孔孟的"安贫乐道"的说法。这是对儒家传统义利思想的继承，但是有些变化：朱熹也并不是完全不谈财利，而是坚持把财利问题纳入其天理、人欲之变的界限之内，认为符合"天理"的财利可以讲，而且应该讲；从人欲出发的财利则不应当讲。他认为，只要是为了"为民兴利而除害"、"盖富国强兵之类"（《朱文公文集》卷五十一），不可不讲利。他反对的是以剥削民众以自肥的私利。在对待个人获取财富的原则和途径问题上，朱熹倡导儒家"见利思义"、"先义后利"，认为对于"天理之公"的国家和人民的利益，非但不应否定，还应该加以宣传，而对于"人欲之私"的利己之心，则应受到道德和伦理的规范和限制。关于欲望论，朱熹主张："存天理，灭人欲。"这里所谓的人欲，就是指不顾"天下之公"，而只顾"一己之私"的私欲。天理人欲之分，即是公私之分。这样的私欲才是与天理对立，而不能并存于天地之间的。正是在"人欲"这个问题上，朱熹提出了道心和人心，天命之性和气质之性的不同概念和差别。

② （宋）黎靖德编：《朱子语类》卷六十八，王星贤点校，中华书局，1986年版。朱熹曾说："利是那义里而生出来底，凡事处制得合宜，利便随之，所以云'利者，义之和'，盖是义便兼得利。"

切经济活动的基点和价值评判标准。陆九渊的义利思想是与其欲望论紧密联系的。其欲望论主张"寡欲论"，源于孟子的"养心莫善于寡欲"。陆九渊曾说："将以保吾心之良，必有以去吾心之害。吾心之良，吾所固有也。……故欲良心之存者，莫若去吾心之害。……夫所以害吾心者，何也？欲也，欲之多，则心之存者必寡，欲之寡，则心之存者必多，故君子不患夫心之不存，而患欲之不寡，欲去则心自存矣，然则所以保吾心之良者，岂不在于去吾心之害乎！"① 这与传统的义利观是一致的其不同主要是在义理与富贵问题上。陆九渊首先强调要"辨志"。所谓"辨志"，就是义利之辨，公私之辨，即辨察一个人的行为和动机是在于"义"，还是在于"利"。而人必须是以"义"来立志，把"义"作为一切行动的规范。其次，他强调利义对立，认为"私意与公理，利欲与道义，其势不两立"②，"人家的兴替在义理，不在富贵"③，即把"义"与"利"尖锐的对

① （宋）陆九渊著：《陆象山全集》卷三十二《善心莫善于寡欲》，中国书店出版社，1992年3月版。从这段话中我们可以看出，陆象山的欲望论是围绕着"存心去欲"和发明"本心"展开的，"道不外求，而在自己本身，为道之道，就在于存心、养心，求放心"（《陆象山全集》卷十一，《与李宰书》）。首先，他认为善良的心是人所固有的，"良心正性，人所均有"（《陆象山全集》卷十三，《与郭邦瑞书》），"义理之在人心，实天之所与，而不可泯灭焉者也。"（《陆象山全集》卷三十，《拾遗》）在这里，他直接继承了孟子的性善论的思想，认为人心原本是好的，善的，人的本心就是仁义理智，就是人的内在的良知。其次，他把"存心"和欲望对立起来，认为"害吾心者，欲也"，"欲去，则心自存矣"。再次，他主张"以道制欲"，认为君子应该是存心寡欲，做到存心、养心、求放心，"以道制欲，则乐而不厌，以欲忘道，则惑而不乐。"（《陆象山全集》卷二十二，《杂著》）由于其义利观与欲望论具有紧密的联系，因此由于陆九渊持有上述欲望论，自然其义利观主张淡泊名利，贵义贱利。

② （宋）陆九渊著：《陆象山全集》卷十四《与包详道》，中国书店出版社，1992年版。

③ （宋）陆九渊著：《陆象山全集》卷十二《与刘伯协》，中国书店出版社，1992年版。

立起来。他还把义利作为区分君子和小人的标准。他认为，"君子义以为质，得义则重，失义则轻"①。

朱、陆二人的义利观，凸现了宋代文人士大夫在社会生产方式变革初见端倪的情况下，与自身制学相契合，对传统儒家义利思想的求变。

此外宋一代二朝始末，诸多社会民族矛盾穿梭其中，又文化自由空间相对较大，各种学术流派争鸣，一些反传统的义利思想不断涌现出来，与儒家正统"贵义贱利"主流思想相对抗。这些反传统义利思想的思想家，主要以李觏为代表。

李觏早期义利思想主要集中在论证求利的合理性和利与义的统一性②。李觏思想的成熟阶段时期的义利思想主要是：其一，对传统批评的更加犀利。早期，李觏只是曲折地反对"贵义贱利"，到了成熟阶段，则对其进行正面的批判。他强调："利可言乎？曰：人非利不生，曷为不可言？欲可言乎？曰：欲者人之情，曷为不

---

① （宋）陆九渊著：《陆象山全集》卷十三《与郭邦逸》，中国书店出版社，1992年版。

② 关于言利的合理性问题，首先，李觏认为"夫礼之初，顺人之性欲，而为之节文者也"（《礼论第一》），这就是说李觏认为人们追求物质财富的欲望是自然的，为了满足这种欲望而进行的社会经济活动而求利，是礼仪产生的基础。李觏在其《礼论第一》中对礼义产生于物质生活的全过程进行了较为详细的论述。这种分析方法是对荀子的思想的一种继承和发展，其进一步阐明了利欲作为礼义的基础的地位，人们为了解决饮食布帛、饥渴寒暑等物质生活的需要，进行各种社会生产活动，必然导致礼义的应运而生。因此，李觏不仅把礼义从抽象的理论说教中，还原为实在的经济生活，而且明确地指出：没有利欲这个前提条件，就没有礼义的起源，伦理纲常也就不能赖以生存了，从而有力地论证了利欲的合理性。而关于义利统一性的认识上，为了论证利与义的统一性，李觏在理论上提出了自己的新的解释。他把经济生活纳入到了礼的内涵，认为物质财富本身也是礼义的组成部分。他把社会生活最基本的衣食等物质条件，与那些在封建时代视为神圣的纲纪伦常共同作为礼的基本内容，而且还突出地把前者放在首位。礼与经济生活密切结合了，利与义统一起来。重视现实，发展经济，已经成为礼义本身的内在要求了。

可言？"① 他还指出，利欲是人的本性，言利是正常的，
不准言利是"贼人之生，反人之情"②，并公开否定孟
子"何必言利"③ 的说教，认为这是一种偏激的言论。
其二，把义利同国富问题联系起来。李觏针对"儒者之
论，鲜贵不义而贱利，其言非道德教化则不出诸口"④
的情况，指出为顺应人的欲望，满足欲望而进行的追求
物质利益的经济活动对"富国"的促进作用。他认为，
物质财富是整个社会生活的基础，无论是人们的衣食主
行，还是政治、军事、外交等都离不开"利"即财富。
其三，在批判义利问题的同时还批判尊王贱霸思想。宋
代反对改革的势力，往往用"贵义贱利"的思想作为
反对富国主张理论武器，而用"尊王贱霸"的主张作
来反对强兵。而李觏要求变革，以改变宋的积贫积弱，
实现国富民强，这样他必然在对传统义利思想的批判
中，也要对尊王贱霸思想进行审视。首先李觏对"王
道"与"霸道"做出了新的解释和说明。他指出"王"
和"霸"只是对人的一种称号，而不是指人所实行的
那个道的名目。所谓"霸"就是诸侯的称号，而不是
天子的称号。道有"粹"与"驳"之区别，但其称号
却是不变的。通常，人们看到古代王者之道纯粹，于是
就把诸侯之道纯粹也说成是王道；看到古代霸者之道驳
杂，于是就把天子之道驳杂说成是霸道，这显然是悖谬
之论⑤。李觏基于这种王与霸的认识对社会现实进行了
批评，认为宋朝更应该讲"利"，强兵富国。

① （宋）李觏撰：《直讲李先生文集》卷二十九《原文》，四部丛
刊初编集部，上海书店，1989 年版。
② 同上。
③ 《孟子·梁惠王上》，（清）阮元校刻十三经注疏本，中华书局，
2004 年版。
④ （宋）李觏撰：《直讲李先生文集》卷十六《富国策第一》，四
部丛刊初编集部，上海书店，1989 年版。
⑤ （宋）李觏撰：《直讲李先生文集》卷三十三《常语下》，四部
丛刊初编集部，上海书店，1989 年版。

总之，随着新经济因素的产生，宋代的经济伦理思想也发生了变化，有反传统的倾向，公开"言利"的论点不断涌现。当时的"义利之辩"，在本质上是传统与反传统的并行，且"义利"的争论又往往与"王霸"的孰是孰非相关连。

2. 本末思想的演变

"重本抑末"，是中国古代源远流长，影响深远的传统经济观念。早在先秦时期，管子学派首先提出了区别"本业"与"末业"的主张，并力倡"禁末"。此后，许多思想家、政治家进一步发展了"重本抑末"思想并明确指出："使其商工游食之民少而名卑，以寡趣本务而趋末作"，是开明君王的"治国之政"。①秦汉大一统帝国建立之后，工商业发展，但崇农抑商、重本轻末的思想却更加严重起来。如汉高祖时，曾明令商贾不准衣丝乘车、携带兵器。到了汉武帝时期，又进一步在经济上采取一系列抑制工商业的举措，形成了一套完整的"抑末"体系，以工商为末业的观念被普遍地接受下来。此后，历代统治者在制定经济政策时，无不遵循"重本抑末"这一经济伦理原则。

"重本抑末"思想是自给自足自然经济和小农思想意识的产物。随着社会生产力的提高，生产社会分工的发达，商品经济和商品交换的繁荣，传统的"重本抑末"的经济观念必将受到冲击与否定，这是经济发展的客观规律。宋代正处于这样一个"农本工商末"受到否定、商品经济观念发生明显转化的时期。这个转化，既是建立在宋代商品经济前所未有发展的基础之上的，同时也是与宋代政府为适应商品经济发展而采取的放任商业发展的政策与措施密不可分的。

首先，尽量减少过去为经营商业而设置的种种限制

---

① （战国）韩非著：《韩非子·五蠹》，盛广智译评，吉林文史出版社，2004年版。

和障碍，使其在尽可能广泛的范围内自由发展。如打
破了城内坊市制度和城郭的限制，准许在居民居住区
（坊）和贴近城郭的地带经营商业，扩大了商业的经
营范围；制定了征商税则，打破了宋朝建立前各地为
商品疏通设置的种种障碍，扩大了商品在全国的流通
范围。其次，保护商人利益，严禁官吏对商贾横征暴
敛。《宋刑统》中对于侵犯包括商人在内的私人财产
的处罚规定相当严重，如"诸夜无故入人家者，笞四
十，主人登时杀者勿论"；有敢于"烧人舍屋及积聚
之物而盗者，计所烧减价，并赃以强盗论"；"恐吓
取人财物者，准盗论，加一等"。为了约束官吏对商
品市场的勒索，建立了"书市买牌"制度，对于非法
滞留和搜查商人的官吏，也有明文的处罚条例①。再
次，为商人外出交易提供方便条件。如北宋中期发行
了世界上最早的纸币——交子，方便了商业的发展；
为方便商人外出采购，北宋政府在汴京设立官营的汇
兑机构——便钱务，商人可在便钱务用现钱兑换成汇
票，到外州凭汇票兑钱。

　　宋所采取的放任商业发展的政策与措施，一方面促
进了宋代商品经济的进一步发展，另一方面则提高了商
业和商贾的社会地位，使传统的"重本轻末"、"农本
工商末"的观念受到猛烈冲击。它改变了过去人们那种
诸如"耕读为本"、鄙弃商人的社会心理，贵义贱利的
道德观念以及"荣宦游而耻工贾"、"君子不言利"的
虚伪价值观念，使宋人的社会经济观念发生了明显转
化。对此，清人沈垚在《贵席山先生七十双寿序》中，
有这样一段精彩的论述，他说："宋太祖乃尽收天下之
利归于官，于是士大夫始必兼农桑之业，方得赡家，一
切与古异矣。仕者既与小民争利，未仕者又必先有农桑

---

　　① 叶坦：《商品经济观念的历史转化》，《历史研究》1989 年第 4
期。

之业方得给朝夕，以专事进取，于货殖之事益急，商贾之势益重。非父兄先营事业于前，子弟即无由读书以致身通显。是故古者四民分，后世四民不分。古者士之子恒为士，后世商之子方能为士。此宋、元、明以来变迁之大较也。天下之士多出于商，则纤啬之风益甚。"① 作为一个乡试屡次不第的知识分子，沈垚用语未免有些偏激，但这段文字向人们传达出的宋代社会各阶层对商业利润的竞相追逐以及宋代商人社会地位的提高这一社会现象，是历史的实情。因而，在这一时期的文献记载中，出现了所谓"夫四民交致其用，而后治化兴，抑末厚本非正论也"，② 以及士农工商"皆百姓之本业"③ 的论点，对传统的农本工商末的观点进行了公开的否定。

当然，作为一个历史转折时期，宋代经济伦理观念呈现出一种参差并存、新旧交汇的特点，但从中国封建社会"本末"观念的演变路程看，宋代无疑是一个重要的转折时期。诚如叶坦先生所言，明清时代的商品经济观念，大多可以溯源到宋代，是对宋人的思想观念的承继与发展，宋以后激进的思想家及其见解并不乏见，但并没有超过宋人④。可以认为，有宋一代开启了商品经济伦理的新起点。

（三）政治体制的演变

从政治体制的演变看，宋代是中国封建社会由"皇

———————————

① （清）沈垚撰：《落帆楼文集》卷二四，丛书集成续编本，（台）新文丰出版公司，1989 年。

② （清）叶适：《习学记言序目》卷一九，丛书集成续编本，（台）新文丰出版公司，1989 年。

③ （南宋）陈耆卿：《嘉定赤城志》卷三七，宋元地方志丛书影印本，（台）大化书局，1987 年。

④ 叶坦：《商品经济观念的历史转化——立足于宋代考察》，《历史研究》，1989 年第 4 期。

权—吏员"体制向"皇权—士大夫"体制彻底转型并得以确立的时期,由此使得其政治文化为之一新。

中国封建社会的皇权—官僚专制体制,自战国至明清,有两种基本的运作方式,即"皇权—吏员"体制与"皇权—士大夫"体制。

"皇权—吏员"体制成形于战国时代,发展于大一统的秦代。战国时代以法家学说为理论指导的变法运动,在很大程度上造就了一个专事社会管理的技能型官吏群体——文吏。当时,日益高度复杂化的公共事务,大都由这些训练有素的技能官吏完成,而主张绝弃文学智术,"以法为教"、"以吏为师"的法家,更是把培植技能官吏作为变法的要务。所以,在法家理想的官僚体制下,精熟法律条例之吏员真正地成了行政职事的承担者。由法家理论和变法运动造就的秦帝国大一统的中央集权官僚专制政体,更是以文吏为骨干,而儒生则受到压抑、排斥。"焚书坑儒"事件的发生,无疑宣告了儒生与文吏的对立,以知识分子群体的衰颓和文吏政治的全盛而告结束①。

汉王朝是政治体制上"以儒术饰吏术"的转折时期。自汉高祖设立博士,文帝举贤良对策,知识分子开始以不同方式进入朝廷。尤其是汉武帝"罢黜百家,独尊儒术",开明经入仕之途,学士、儒生就源源不断地进入汉廷,以经术润饰吏治,为时君所器重。当时朝廷每有大事,或官府每决大狱,无不援引经义以折衷是非,汉代亦由此开始了"皇权—吏员"体制向"皇权—士大夫"体制的社会转型。但汉政是"霸王道杂之",因此在官僚政治体制中,文吏与儒生共同参政。虽然在两汉四百年的发展过程中,文吏与儒生处于从对立到交融之势,"儒通文法",亦儒亦吏的"学者"与

_____

① 阎步克:《秦政、汉政与文吏、儒生》,《历史研究》1986年第3期。

"官僚"式的士大夫由此诞生，但终汉之世，文吏与儒生仍然有别①。

曹魏明帝太和二年（228年）的"尊儒贵学，王教之本也……申敕郡国，贡士以经学为先"的诏令②，虽使儒生作为孝廉之举的主要对象得到了制度上的认可，但在魏晋南北朝的门阀政治下，"文化、官位与族姓再度紧密结合，形成了一个封闭的士族名士集团"③。换言之，真正意义上的"皇权—士大夫"体制仍然没有建立起来。

科举选官制度是知识分子进入"皇权—官僚"专制体制的保障。肇端于隋、确立于唐的科举选官制度，在一定程度上打破了世族门阀垄断仕途的特权，为广大知识分子入仕为官开辟了道路，它使汉武帝时代以独崇儒术为契机而开始出现的"皇权—士大夫"体制之雏型进一步明朗化。然而由于唐代的科举选官制度还处于完善阶段，科举取士的人数与应举者的比例尚相差悬殊，因此，由科举之途进入"皇权—官僚"专制机构者微乎其微。也就是说，到唐代，中国封建社会典型的"皇权—士大夫"体制仍然没有确立起来。

宋发展了唐代的科举制度，进一步抬高了科举选官的地位并对科举制度本身进行了多方面的变革。变革的内容有：废除唐时由当朝显贵"公荐"举人的惯例，禁止称考官为师门、恩门，自称门生；实施复试、殿试、封弥、誊录、锁院等制度，扩大别试范围。通过这些改革，在很大程度上确保了科举考试的客观性与公平竞争，限制了势家子弟对科场的控制与垄断，削弱了门第血统关系在科举考试中的地位，扩大了寒俊庶士及第仕进的机会，使科举取士向整个地主阶级及至"布衣草

---

① 阎步克：《秦政、汉政与文吏、儒生》，《历史研究》1986年第3期。

② （晋）陈寿撰：《三国志》卷三《魏书三》。

③ 阎步克：《士大夫阶层的形成》，《文史知识》1989年第9期。

泽"敞开了大门。这样，唐代那种"朝廷选官，须公
卿子弟为之"的情形①，到宋代便转化为"取士不问家
世"的趋势，一大批中小地主出身的士人得以通过平等的
考试跻身仕途。在改革、完善科举制度的同时，宋代还
不断扩大科举录取的名额，而且宋代进士录取后，不必
再像唐代那样经过吏部诠试，一经科举及第，即可直接
授官。这样，就使科举出身的士人阶层成为从上到下各
级官吏的最基本来源。总之，以科举制度，广大普通地
主知识分子跻身于统治阶级行列，成为各级官僚。宋代
科举制度的发展和完善，把古代中国的文人政治推向了
极致，并使从汉代出现的，延续了一千余年的"皇权—
士大夫"体制最终得以确立起来。

　　综之，在中国的大历史中，宋代的经济、政治、思
想文化诸方面都发展到新阶段，开启了中国封建社会发
展的未来之路。

---

　　① 《新唐书·选举志》，中华书局，2000年版。

第一章

宋代出版的时代背景

　　宋代的雕版印刷术在某种意义上讲是空前绝后的，由此开创了中国历史上出版业的第一个黄金时代。这个黄金时代，除了我们在绪论中已经分析过的宋代整个文化在中国传统文化中的地位之外，还有哪些因素对宋代出版的发展有利？这也是本章所要讨论的主要内容。

第一节　宋代出版的物质基础与技术要素

一、生产力的发展

　　"政治、法律、哲学、宗教、文学、艺术等的发展是以经济发展为基础的"。[①] 所以，从根本上来看，宋代生产力的全面发展，为宋代的出版奠定了物质基础。

　　法国年鉴学派的第二代领袖人物布罗代尔的"长时段（Long Duree）"概念，对于全面综合分析与理解某一特定时代的历史很有裨益。布罗代尔在《地中海与菲利普二世时代的地中海世界》一书中，首次提出了划分历史时间的三种标准：缓慢而近乎不动的自然史时间，

　　[①]　恩格斯：《致瓦·博尔吉乌斯的信》，《马克思恩格斯全集》39卷，人民出版社，1974年版，第199页。

这包括了地理、生态环境等的变迁；有节奏而缓慢的社会史时间，包括了经济、社会、人口、文化等结构性或局势性的变动；快速多变的事件史时间，主要指政治、军事、外交等事件的更迭变化等。1958 年，布罗代尔在《经济、社会、文明年鉴》杂志上发表了《长时段：历史学与社会科学》一文，完整地提出了"长时段"概念。他认为，历史时间远非是单一的，而是多元的，有着不同的节奏的。政治、军事、外交等事件变动的节奏显然与人口、经济、社会阶层等变动的节奏有很大的差异。传统史学只注意前者的变动，但是这种变动只是历史的表面层次。真正有意义的历史研究应是以经济、人口、社会结构、文化等历史的深层运动为对象，这种运动是潜隐的，慢节奏的，常常是周期性的，但决定着历史的总方向。长时段的研究即是以这些运动为对象的。布罗代尔认为，我们还须考察以世纪、数世纪为单位的历史。正是在这种时段中，我们才得以看清人口结构、经济结构、社会结构、文化结构等的形成、持续和转变，从缓慢的结构运动到稍快的局势变化中，人们把握历史的真正运动①。

通过对大量考古资料的研究，可以发现宋代生产力的发展水平已达到了中国封建社会前所未有的地步②。

宋代人口至大观年间（1170～1110 年）已达两千余万户，总人口首次超过 1 亿，为汉唐的两倍（唐代全国户口最多时为一千二百余万户）③。在古代社会里人口的增减也是衡量经济发展的一个尺度。另一方面，与刻书相关的行业如刻书需要木板，于是就有伐木和锯板工；需纸，就有了造纸工人；需要笔墨，就有了制笔和制墨

---

① （法）布罗代尔：《长时段：历史与社会科学》，《资本主义论丛》，顾良等译，中央编译出版社，1997 年版。

② 徐吉军：《论宋代文化高峰形成的原因》，《浙江学刊》，1988 年第 4 期。

③ 同上。

工；需要发行，于是就有了长、短运输工人和书商。于是，人口优势在这个行业的发展中显示出一定的作用。这便是出版业为什么在两宋达到顶峰的原因之一。

宋政府还鼓励农民开垦荒地。漆侠先生统计，宋垦田数目在 7.2 亿亩左右①。农业生产工具的改进，种子、肥料的广泛利用，单位面积产量的提高都使得农业生产得到极大发展。这样不仅出现了商品粮生产基地，而且经济作物的生产也空前扩大，形成一些经济作物专业产区和从事种植经济作物的专业农户。

宋代的官私手工业也有了很大的发展，其规模、分工、工匠的数量及产品的数量和质量方面都大大超过前代。火药、罗盘、活字印刷的发明以及胆铜法的成熟使用都在宋代发明，这些都是宋代手工业生产力发展的标志。另外、采掘、冶炼业、造船业、纺织业、陶瓷业等也都冠称于世。

在农业和手工业发展的影响下，宋代的商业和城市经济也得到了极大的发展。宋代商业的发展，使其商品经济表现形式出现了新变化：其一，包买商的出现；其二，农产品专业产区和农村专业户的形成；其三，出现专业性生产的市镇②。另外城市的坊市格局已经被打破，城市经营时间也大大放开，几乎是通宵达旦，人们可以到处设店、肆，商业活动场所也比前代有所扩大。

手工业劳动者以雇工的形式出现，在中国起源较早，他们与雇主之间本来就是一种契约性的经济关系，这一点与奴婢不同。在商品经济不发达的自然经济状态下，这种契约性的关系只是一种偶发现象。两宋时期，这种格局为之一变，不但婢仆劳动雇佣化，传统的零星的雇佣劳动也应商品经济发展的要求而在生产和服务行

---

① 漆侠：《宋代经济史》上册，上海人民出版社，1987 年版，第 60 页。

② 孙克勤：《宋代商品经济论析》，《云南民族学院学报》，1993 年第 1 期。

业蓬勃发展起来，雇工成为两宋社会经济活动中的一支重要力量。此外大量的前代"部曲"①摆脱了"私属"的身份，成为国家的编户齐民，取得与主户平等的社会地位，可以自由支配自己的劳动力。这些都为宋代出版业发展提供了大量的劳动力。

此外，宋代也是我国古代城市化进程中非常重要的一个时期。中国历史上有两个重要的城市形成时期：一是原始社会末期至春秋战国时期，春秋战国时形成高潮。一是唐末至两宋，两宋时形成高潮②。

两宋时期，城市规模不断扩大。汴梁城周宋初为20.4 里，真宗大中祥符九年（1016 年）扩建，新城为101 里③。南宋临安城在唐景福二年（唐 893）城周已达 70 里④。随着城内人口规模的扩张和工商业的发展，出现了"侵街"现象。尤为甚者，旧的城池已经无法容纳迅速增长的人口，城市的空间范围突破城垣的限制，在城市外围形成了称为"草市"的新居民区。为此，政府作出新的规划。真宗大中祥符元年（1008 年），"置京新城外八厢。真宗以都门之外，居民颇多，旧例惟赤县尉主其事，至是，特置厢吏，命京府统之"。⑤除都城外，其他许多城市也在不断扩展。苏轼道出草

---

①　两宋以前，直接农业生产者主要是均田制下的自耕农以及地主庄园的农奴（部曲）。自耕农虽相对来说有一定的独立人格，但在封闭的自给自足的自然经济条件下，他们不可能产生多少债的关系。而封建官府繁重的课役负担，有时更多的自耕农弃役逃走，逃走后又不得不投奔地主，成为地主庄园的衣食客、浮客、浮户、隐户等，与奴婢的地位相差无几，所谓"依托强豪，以为私属"，且"皆注家籍"，失去了独立的户籍和国家的法律保护，与地主具有严格的人身依附关系，称为"部曲"。在《唐律疏议》、《唐律释文》中都有明确规定。

②　吴晓亮：《宋代城市化问题研究》，见《宋代经济史研究》，云南大学出版社，1994 年版。

③　《宋史》卷八五《地理一》。

④　（宋）潜说友：《咸淳临安志》卷十八，（台）大化书局，1987 年影印版。

⑤　《宋会要辑稿》兵之三、四。

市现象的普遍："本朝承平百余年，人户安堵，不以城小为病。兼诸处似此城小人多，散在城外，谓之草市者甚众。"①此外这些新的城区基本上是工商业集中的地方。如临安"城之南、西、北三处，各数十里，人烟生聚，市井坊陌，数日经行不尽，各可比外路一小小州郡"②。这表明城市的经济功能已经延伸到了城外。

除了原有的都城、州府县治城市外，宋代还出现了为数众多的经济型城市——镇市。经济型镇市的成长，表明了中国古代城市的发展开始发生了质的变化。镇市普遍崛起于工农业生产比较发达或者商业繁荣的地区，其经济结构以工商业为主，承载着商品生产和商品流通的任务，这些地方人口密集，商品交换频繁，吸引了众多的工商业者。大多数镇市的经济发育程度可和一般的州县城市相媲美，甚至一些镇市超过了州县。如鄂州城"市邑雄富，列肆繁错，城外南市亦数里，虽钱塘、建康不能过，隐然一大都会也"③。

不唯量的扩张，宋代城市的结构也发生了深刻的变化，其经济功能大为增强。宋代的都市格局由封闭式转变为开放式，居民区、商业区和娱乐区相混合，宵禁逐渐废弛，出现了繁华的夜市。"当时都市制度上的种种限制已经除掉，居民的生活已经颇为自由、放纵，过着享乐的日子"④。城市不仅是人口和财富的集结地，更是人们向往的文化中心。

宋代生产力的发展给出版业带来了巨大的影响。手工业的发达为出版业的物质条件提供了准备。而商业的

---

① （宋）苏轼：《东坡文集》卷六十二《乞罢宿州修城状》。
② （宋）灌圃耐得翁：《都城纪胜·坊院》，中国文史出版社，1999年版。
③ （宋）陆游：《入蜀记》卷四，江苏广陵古籍刻印社，1995年影印本。
④ （日）加藤繁：《中国经济史考证》第一卷，商务印书馆，1959年版。

繁荣则使宋代出版物大批进入社会流通领域成为可能，作为政治、文化及手工业中心城市的发展，是出版业得以发达的更为直接的条件。

二、宋代出版的工艺技术要素

雕版印刷术从发明到宋，刻书的基本物质条件与技术都趋于成熟。这主要表现在纸、墨质量及工艺水平的提高与刻书的书写艺术和刻印技巧都更加完善。

（一）纸

纸是雕版印刷的四大要素之一，造纸业的发展必然会影响到印刷业的发展。

宋代的造纸原料，品种繁多，以此来划分，主要有三大类。桑皮纸主要产在北方，而嫩竹间麦曲、稻杆之纸多出自江浙一带，楮纸和藤纸则多在江南，四川①。除这三大类之外，还有剡溪藤纸，沿海的苔纸。纸名亦甚繁多，如藤白纸、竹白纸、黄麻纸、白拳纸、鸡林纸等。

米芾的《评纸贴》中有关于桑皮纸的记载："河北有桑皮纸，白而慢爱，糊浆锤成，佳如古纸。"② 从中可见北方的桑皮纸以白、滑为特点。从整个北方地区来看，陕西的纸产量应为最多。如凤翔、眉县一带，"今人以纸为业，号纸户"③。成州之纸也是有一定产量的，从而能"旁赡内郡"④。河中府也是另一产纸要地，天圣四年（1026 年），李湘言："河中府每年收买上京诸般纸约百万。欲乞今后于河南出产州军收买。"⑤

两浙造纸业也很发达，其中以温州所产为最佳："温州作蠲纸，洁白紧滑，大略类高丽纸。东南出纸处

① 《文房四谱》卷四，《说郛》卷一八《负暄杂录·纸》。
② （宋）米芾《评纸贴》。
③ 《西台集》卷一三，《朝议大夫贾公墓志铭》。
④ 《陇右金石录》，卷四《广化寺记》。
⑤ 《新安志》卷二《上供纸》。

最多，此当为一焉。自余皆出其下，然所作至少。政和以来方入贡，权贵求索浸广，而纸户力已不能胜矣。"①《元丰九域志》还记载了两浙贡纸除温州外，还有杭州、务州、衢州藤纸和越州纸，凡五洲。当时，两浙所造纸成色较佳，大批外运。沈括曾言"两浙笔纸三暖船"，入汴河上京②。

江南造纸业以歙州为盛。歙州山多，产楮、藤且其水"清澈见底，利于沤楮。故纸之成，振之似玉雪者，水色所为也"③。五代时已产澄心堂纸，到宋时，造出广幅大纸为贡纸，"宣敕大纸，其数甚多"④。另外，池州也产贡纸，宋学士制用池州楮纸，又称"白麻纸"。池州纸与歙州池都较为"轻细"，但在市场上大受欢迎，是川纸价钱的三倍。

四川的造纸业也很发达。费著的《蜀笔谱》云："天下皆以木肤为纸，而蜀中乃尽用蔡伦法。笔纸有玉版、贡余、经屑、表光"。⑤又云"广都纸有四色"：一曰假南山，二曰假紫，三曰清水，四曰竹纸，皆以楮皮为之。其视浣花溪纸最精洁，凡官私簿契，书卷图集文牍，皆取给于是。《东坡志林》载："用纸取布头机余经不受纬者治作之，故名布头笺，此纸冠天下"。⑥南宋时，印制纸币多用四川纸，"物料即精，工制不苟，民欲为伪，尚求难之"，至咸淳时，命每年运送 2000 万张⑦。

另外蒲圻、潭州、福州、饶州等地也多产纸。

---

① 《说郛》卷二〇，钱康公《植跋简谈》。
② （宋）沈括《梦溪笔谈》，卷二二。
③ 《新安志》卷二《货殖》。
④ 《续资治通鉴长编》卷七六，大中祥符四年六月甲子。
⑤ （元）费著撰：《蜀笺谱》，见黄宾虹编《中华美术丛书》，北京古籍出版社，1998 年影印本。
⑥ 《东坡志林》，卷一一。
⑦ 《续通典》卷七《钱币》。

此时的造纸工艺也有了新的发展。技术上普遍使用一种被称为"水碓"的设备，这样就使生产效率得到提高①。另外还用黄柏染纸避蠹，如"嘉祐四年二月置馆阁编定书籍官，别用黄纸印写正本，以防蠹败"②。绍兴十四年（1114 年），"诏诸军应有刻板书籍，并用黄纸一帙，送秘书省"。③ 这种用防蠹纸的印书工艺为后世所不及，到清代唯广州、佛山尚能用黄丹造万年红，作为书籍衬纸，以防虫蛀。

宋代的纸质高洁白、种类齐全并且大量生产，提高了印书的质量与书籍的保存时间，这些都使出版的发展在工艺技术上有了可能。

（二）墨

墨是印刷术的一个必要前提④，尤其是雕版印刷对墨有一定特殊要求：墨质上乘、易着色、不变色、不褪色等。

北宋的汴京、河东、太行、王屋、济源、唐州，南宋的临安、绍兴、金华、衢州、常山、歙州均是产墨中心。总的来说，河北的制墨技艺与质量都为上乘。苏易简论墨，"大约易水者为上"⑤，此即指易州（今河北易县）。名震江南的制墨大家李超父子，就是从易州逃移而去的。宋初，易州"进墨五百锭入翰林院"⑥。后来易州陷于契丹，易州墨道不显于世。但又有真定、汴京、京西、河东之墨从北方崛起。南方制墨业则以安徽歙州墨为最。这里即产佳纸，又出名墨。歙州制墨始自

---

① 刘炜主编，杭侃著：《中华文明传真——两宋卷》，商务印书馆（香港），上海辞书出版社，2001 年版，第 73 页。

② 《续资治通鉴长编》卷一八九，仁宗嘉祐四年二月丁丑。

③ 建炎以来系年要录》卷五一。

④ （美）卡特《中国的印刷术的发明与它的西传》，吴泽炎译，商务印书馆，1991 年版，第 37 页。

⑤ 苏易简《文房四谱》卷五。

⑥ 《太平寰宇记》卷六七《易州》。

唐末易水李超、李廷珪父子。他们避战乱逃至南方，见当地黄山"多美松"，有充足的制墨原料，故居留此地①。李氏墨名扬天下后，支脉源源，带动起歙州的一个手工业门类，"世出墨工，多佳墨"②。

宋代不特墨工造墨，士大夫亦喜造墨、藏墨、品墨，闲暇时有出墨较胜负的风气。苏轼曾言："近世士大夫多造墨，墨工亦尽其技。"③

造墨最基本的材料是松烟与桐油的油烟，而松烟尤佳。赵希鹄曾言："北墨多用松烟，故色青；南墨用油烟，故墨色纯黑。"④其实南墨有用松烟者，北墨也有用油烟者。元丰间，张遇供御墨，用油烟入麝脑金箔，谓之"龙香剂"⑤。沈括还创用延安一带的石油烟煤为墨，名曰"延州石液"，其"黑光如漆，松墨不及"⑥。北宋的墨除了制作原料与方法上多种多样外，为了使墨色浓，还加入秦皮、朱砂、地榆、五倍子、绿矾等；为了气味馨香，用藿香、零陵香等。

宋代因有官私生产大量好墨，给印书带来了极大的方便并提高了印刷品的质量，所以刻印好书籍的字黑而有光，而且开卷有书香袭人。书香中最主要的成份就是墨香。

纸墨是印刷的基本原料，与印刷图书的质量、成本利润关系极大。宋代生产了大量的好纸佳墨，故能供应各种印刷物之用。后人对宋版书的评价是校、刻、写、印、纸、墨皆精，这也从一个侧面反映了宋代出版的印刷、造纸、制墨等工艺，都达到了很高的水平。

---

① 《渑水燕谈录》卷八。
② （宋）庄绰《鸡肋编》卷上。
③ 《春渚纪闻》卷八《桐华烟如点漆》。
④ 参见（宋）赵希鹄：《洞天清录》。
⑤ （清）陈元龙《格致镜原》卷三十七。
⑥ 《梦溪笔谈》卷二十四《杂志一》。

（三）成熟的刻板技术

唐末，刻版印刷的相对普及，使得图书制作业有了很大的发展。书肆充满了各种启蒙读物、阴阳、历书。五代，冯道、毋昭裔开始组织印制儒家经典，尤其是冯道等组织的大批量印刷"九经"，这为宋代印刷业在版刻技术方面打下了良好的基础。

以存世的宋刻本来看，其刻书已形成特有的风格，且"宋版书的印刷技艺，后来无以加复，现代活字印刷的中文书籍，不能与之相比"①。宋代刻书的工艺流程是先写后刻，刻成书版，印时以纸覆其上，略加水湿，用棕扑轻打，使无字处凹下，有字处凸，然后用墨刷轻刷，一次一张。

制版所用的木料，通常是梨木。木板首先要精制打磨，截成两叶大小的形状和尺寸，薄厚以结实为准。写版之前，在版面上刷一层糨糊、粥汤或胶质，使版面便于吸纳字迹。书稿先有专业人员写在薄而透明的纸上，"北宋蜀刻经史及官刻监本诸书，其字皆颜、柳体，其人皆能书之人，其时家塾书坊，虽不能一致，大都笔法整齐，气味古朴"②。书稿写好之后，刻工把其乘版面未干之前，贴在版上，稿纸正面与板相接，字成反体，又因稿纸极薄，笔画明晰可辨。将纸揭去开，墨书字迹仍留版上，然后刻工便用不同型号的刻刀开刻，将版面上无字迹的部分全部削去，字便凸显而出。若某部分刻错，也可挖去，嵌以小块木片，重新刻之。印时，先用墨刷涂板，再将纸覆其上，略加水湿，再用棕扑轻打，用无墨之干刷在纸背拭过，字迹便刊印于纸上。印好后，装订时，主要以蝴蝶装为主；宋末也开始出现包背装。

---

① （美）卡特著，吴泽炎译，《中国的印刷术的发明与它的西传》，商务印书馆，1991年版，第37页。
② 《书林清话》卷二。

宋时，政府对出版印刷非常重视，一方面通过各级政府，向民间提供印刷范本，而且还颁布一种刻书的格式，向民间推广。蔡澄记载之"尝见骨董肆古铜方二三寸。刻选诗或杜诗、韩诗二三句，字型反不知何用，识者曰，此名书范，宋太祖初年，颁行天下刻书之式"①。

纸、墨、刻印是雕版印刷的三大要素，宋代出版印刷业的繁荣，得力于这三个方面的共同发展，互相促进。同时，这三种技术因素的成熟，也是与社会因素密切相关，尤其是政府对出版的重视和开放有关。由于政府对印刷业的开放政策，致使民间印刷十分活跃，形成了汴京、杭州、福建、四川、江西等几个印刷业较集中的地区，雕版印书的种类大增，经、史、子、集以及农业、技艺、医学等书都曾大量印刷。丰富的实践进一步推动了科学技术的发展，在这样的良性循环机制促进之下，盛唐出现的雕版印刷发轫局面，至宋仅仅经过一百年的发展，就形成了一套完整、纯熟的雕版印刷技术和较为完备的宋版书的印刷样式。宋代之所以成为出版业的黄金时代，其印书工艺的成熟以及隐藏于其后的社会机制，为之提供了深厚的支持。

第二节　国家文化政策的倾斜

"宋代的文化，在中国封建社会历史时期之内，截至明清之际的西学东渐的时期为止，可以说，它是已经达到了登峰造极的高度"②，而这种宋代文化高峰的形成与国家政策密切相关。这种国家政策也深深作用于出

① （清）蔡澄：《鸡窗丛话》，转引自孙毓修《中国雕版源流考》，上海商务印书馆，1933 年版。
② 这是邓广铭先生为陈植锷的博士学位论文做序时谈到的，详见陈植锷著《北宋文化史述论》的"序引"，中国社会科学出版社，1992 年版。

版业。主要表现为以下三方面。

一、礼士崇文

首先，统治者在政治上提高士人的地位，始终坚持"尊重文士，以文治国"的政策。宋开国之君赵匡胤把"重文轻武"作为既定国策。他曾立有三条戒规，要求后代继皇位者世代遵守，其中一条便是不杀士大夫。宋太宗深知"王者虽从武克定，终须用文德致治"，① 后来"以文化成天下"②。仁宗时，大臣蔡襄也说："国家既平四方，追鉴前失，凡持边议，主兵要，内有宥密而外方镇，多以儒臣任之。武臣剟去角牙，磨治壮厉，妥处行伍间，不敢亢然自较轻重。然则今天下安危大计，其倚重儒臣乎！"③ 所以宋王朝基本上都遵循了重士人的政策。尽管也有苏轼"乌台诗案"等事件，但通常情况下，士人批议朝政得失，最严重的处罚是贬职流放，决不致招来杀身之祸。如苏轼"辄加谤训，至形于文字"④，攻击熙丰变法和宋神宗而被下狱，但不久就被释放了。这种现象，正如明末清初著名学者王夫之所说的"自太祖勒不杀士大夫之誓以诏子孙，终宋之世，文臣无殴刀之辟"！⑤

其次，南北两宋的当政者还注意提高知识分子的物质生活水平。当时，宋初，因战争破坏，民不聊生，所以"士大夫俸入甚微，簿、尉月给三贯五百七十而已，县令不满十千，而三分之二又复折支茶、盐、酒等"，⑥所入寥寥无几，可谓艰窘甚矣。一旦经济复苏好转，统治者就实行许多提高士大夫物质待遇的政策，有多次下

---

① （宋）李昉等编：《文苑英华·序》，中华书局1966年影印版。
② 《续资治通鉴长编》卷二三，太宗太平兴国七年十月癸亥。
③ 《宋文鉴》卷八七《送马承之通判仪州序》。
④ （宋）方勺：《泊宅编》卷一。
⑤ （清）王夫之：《宋论》卷一。
⑥ （宋）王栐：《燕翼诒谋录》卷一。

诏为证。如景德三年（1006 年）五月丙辰，诏"赤、畿知县，已令择人，俸给宜优。自今两赤县，月支见钱二十五千、六斛；米麦共七斛；畿县七千户以上，朝官二十千、八斛，京官二十千、五斛；五千户以上，朝官二十千、五斛，京官十八千、四斛；三千户以上，朝官十八千，京官十五千、米麦四斛；三千户以下，京官钱十二千、米麦三斛"①。四年九月壬申，又诏："并建庶官，以厘庶务，宜少丰于请给，以各励于廉隅。自今文武，宜月请折支，并给见钱六分，外任给四分"②。从此之后，宋代士大夫不再为衣食过于担忧，"国朝待遇士大夫甚厚，皆前代所无"③，所以石介赞赏说："古之养士也薄，今之养士也厚。"④

国家的礼士崇文政策，大大吸引了社会各阶层人们希望通过读书而取得功名，并使士人队伍不断扩大，这在客观上促进了文化事业的进步，促进官、私、坊三大刻书出版系统在宋代正式形成。

二、完善科举

科举制度的进一步改革与完善，激发了各阶层求取功名而倾心学术、潜研诗文的浓厚风气，整个社会对图书的需求量大增，极大地刺激了宋代出版业的发展。

隋废九品官人制，设进士、明经、秀才等科取士，实开我国科举取士之先河。唐承隋制，考科虽有增加，但仍以明经、进士为主。考试分乡试与制举两类，参加选送应试进士科的举人，必须请达官显贵向中央主持科考的礼部官员推荐，方有录取选用的资格。从中不难看出，唐虽行科举，但其选送方式、选送权及选举对象有多重限制。宋建国后，吸取前代经验，改革完善科举制

---

①② （宋）王栐：《燕翼诒谋录》卷一。

③ （宋）王栐：《燕翼诒谋录》卷五。

④ （宋）石介：《徂徕石先生文集》卷九。

度，决定不以门第高低衡量，只需文章合格皆可录取后量才使用，并增加了取士的名额。《文献通考》对取士的人数和时间有较为详细的记载："太祖建隆二年进士十一人……三年进士十五人，榜首马适。太祖淳化三年，进士三五三人，诸科七七四人……"① 经过一些学者的统计，宋代科举取士人数，远远超过唐代，元明清三代也望尘莫及。具体而言，两宋通过科举共取士115427 人，平均每年 361 人。年均取士人数约为唐代的 5 倍，元代的 30 倍，明代的 4 倍，清代的 3.4 倍②。另据香港中文大学李弘祺先生研究与统计，在宋代全体文官 14860 人中，前三十年科举及第的官员为 7833 人，占总数的 52.71%③。

此外，统治者为了对多次科举考试而未中者表示关心照顾，而特赐其"特奏名"。"开宝三年，诏礼部贡院阅贡士及诸科十五举以上终场者，具姓名以闻。至是籍到司马浦等一百六人，并赐本科出身"，④ 此为"特奏名"恩赐之始。顾炎武后来也言："元佑初知贡举苏轼、孔文仲言：'今特奏取，已及四五〇人……计前后恩科命官几千人矣。'"⑤ "特赐"后来形成了制度。

宋代科举制度的完善与改革，使得社会对各种经典、类书及应试之书的需求迅速猛增，从而使出版刻书投资人增多，进而客观上促进了宋刻的发展⑥，使其走向商业化道路。

此外，科举制度的改革与完善及士人应举受到鼓

---

① 《文献通考》卷三十二《举士》。

② 张希清：《论宋代科举取士之多与冗官问题》，载《北京大学学报》(哲社版)，1987 年第 5 期。

③ 李弘祺：《宋代的社会阶级与社会地位》，1985 年杭州国际宋史学术讨论会论文。

④ 《文献通考》卷三十《举士》。

⑤ (清)顾炎武：《日知录》卷十七《恩科》。

⑥ 刘国钧著，郑如斯订补：《中国书史简编》，书目文献出版社，1982 年版，第 65 页。

励，都促进了教育事业的发展。宋朝在京师设有太学、律学、宗学、武学、算学、道学等，在地方设有州学、府学、军学、县学。而分布在各地的书院，往往请名家执教，成为一个地区的最高学府，其中有名的书院有江西庐山白鹿书院、衡州石鼓书院、长沙岳麓书院、商丘应天书院等。宋代书院盛极一时，计203余所①，这远非汉、唐、五代可相比。更最重要的是，这些书院不仅藏书丰富，也大量刻板印书。此外，民间的私人办学也很发达，不少的农、商大户都办有自己的家族私学，以培养自己的子弟。在这种官私盛学的背景下，全国形成了浓厚的读书风气，尤其南宋时期文化底蕴深厚与富庶的浙闽一带，更是涌现出了不少经学士人，据有人统计，南宋宰相六十二人内，浙江二十人，江西、福建合十八人②。故洪迈称："七闽，二浙与江之西东，冠带读书，翕然大肆，人才之盛，遂甲于天下。"③ 教育的发达，学生人数的增加必然引起书籍需求量的增长，进而促进雕版印刷事业的发展。凡教育发达的地区，雕版印刷事业也很发达，这几乎成了一种规律，也反映了教育与雕版印刷事业的密切关系。

三、重视图书藏刻

宋"承五代抢攘"之后，"经籍文物荡然流离，仅及百年，斯道几废"④。立国后，统治者十分重视文化遗产的整理和图书的藏刻活动，要求各地积极藏刻重要图书。太祖乾德四年（966年）就曾言"夫教化之本，治乱之源，苟非书籍，何以取法"。⑤太宗于太平兴国

① 参见章柳泉：《中国书院史话》，教育科学出版社，1981年版。
② 徐吉军：《论宋代文化高峰形成的原因》，《浙江学刊》，1988年第4期。
③ （宋）洪迈：《容斋随笔》卷五。
④ （宋）程俱：《麟台故事·沿革》，上海书店，1984年版。
⑤ 《续资治通鉴长编》卷二十五，雍熙元年正月壬戌。

九年（984 年）诏曰"……遗编坠简，当务询求，眷言
经济，无以如此！宜令三馆以开元《四部书目》，阅馆
中所缺者，具列其名；于待漏院出榜诰示中外：若臣僚
之家，有三馆缺者，许诣官进纳。及三百卷以上，其进
书人送学士院引验人材书札，试问公理。如堪任职官
者，与一子出身亲儒墨者，即与量才安排。如不及三百
卷者，据卷帙多少，优给金帛。如不愿纳官者，借本缮
写毕，却以付之"。① 真宗时，也多次下诏"购求逸书"
"广献书之路"②。此后，宋之历代统治者都积极奉行
该政策。这极大地调动了民间献书的积极性，使得宋代
国家藏书的数量与增长速度方面远远超过了唐代，到北
宋末增长到 73877 卷，南宋末达 119972 卷③。

　　宋代统治者重视图书的收集并在其具体的收藏政策
上有倾斜，势必会引起士大夫的藏书兴趣，这就扩大了
对图书量的需求，促进了宋代的出版事业的发展。

　　同时，宋统治者也注重书籍的刊刻出版工作，皇帝
经常视察主持刻书的国子监、崇文院等机构，并对编修
官、修书人给予金帛器等奖励。宋初，书籍刻板并不太
多，经部诸注疏尤缺。淳化五年（994 年），兼判国子
监李至上书奏请太宗，始令崔颐等校刊④。景德二年
（1005 年），真宗到国子监书库，问祭酒邢昺现有多少
书版，昺曰"国初不及四千，今十余万，经史正义皆
具，书版大备"⑤。真宗天禧元年（1017 年）九月，
颁"国子监经书更不增价诏"，曰："曩以群书，镂于
方版，冀传函夏，用广师儒，期于四方，固靡言利。将
使庠序之下，日集于青襟，区域之中，咸勤于素业。敦

　　① （宋）洪迈：《容斋随笔》卷七。
　　② 《宋会要缉稿》崇儒四之一五。
　　③ 姚广宜：《宋代国家藏书事业的发展》，《河北大学学报》（哲社版），2001 年第 2 期。
　　④ 《宋史》卷二六六《李至传》。
　　⑤ 《续资治通鉴长编》，卷六十，景德二年五月戊辰。

本抑末，不其盛欤。其国子监经书更不增价。"① 该诏表明了统治者发展刻书业的很重要的一个原因是推广儒学，抑制旁门邪道②。

在政府鼓励刻书出版政策的影响下，除中央机关中的国子监、崇文院、秘书监、司天监等刻书外，各地大小官衙、教育机关，如茶盐司、转运司、安抚司、提刑司、左廊司、裒司、仓台、计台、漕台、漕廨、漕院、学官、学舍、太医局等，都风行刊版印书，除儒家经典重籍外，还遍刻史书、子书、医书、算书、类书和唐、宋名家诗文集、文选等。宋政府还组织刊刻了卷帙繁多、工程浩大的释藏、道藏及著名的四大类书。凡此等等，无不反映了统治者对图书藏刻的重视。正是这种国家政策的倾斜，促进了宋文化的发展和繁荣，从而使书籍需求量和流通量增加，故"刻版印书事业之由创始而渐盛行"③。

第三节　宋代出版的内在动因与助力

一、学术发展与社会风尚

学术活动的发展是宋代出版的内在动因，倡导读书的社会风尚则是其非常重要的一种助力，而学术发展与社会风尚二者又是互相促进的。

从考察学术自身发展来看，文化转型对于社会进步的意义像对于人的发展意义一样深刻和重大，这是由于社会的进步与个体的发展是密不可分的。而且，社会就是由一个个的个体交往关系的相对固定化而形成的。马克思和恩格斯在《德意志意识形态》中指出，"事情是这样的：以一定的方式进行生产活动的一定的个人，发

①　《宋诏令集》卷一五〇《国子监经书更不增价诏》。
②　王星麟：《宋代的刻书业》，《史学月刊》，1986 年第 1 期。
③　邓广铭：《宋代文化的高度发展与宋朝的文化政策》，《历史研究》，1990 年第 1 期。

生一定的社会关系和政治关系。经验的观察在任何情况下都应当根据经验来揭示社会结构和政治结构同生产的联系，而不应当带有任何神秘和思辩的色彩。社会结构和国家总是从一定的个人生活过程中产生的"①。从这样的基点出发，文化转型对于人的发展和社会进步具有同样重要的作用和意义。一方面，一种新的文化模式一旦战胜并取代传统的文化模式，就会为社会的发展带来极大的活力。新文化模式所具有的文化精神原本内含的超越性和革命性会从根本上剔除已经成为个人活动和社会进步的桎梏的旧的文化要素和体制障碍。另一方面，新的文化模式的确立会从根本上改革不合理的旧体制，从而为社会的运行提供一种新的合理性②。

　　宋代是中国古代学术史上非常重要的一个转型期。宋儒对汉唐训诂、辞章治学的思变，在治学门径上另辟蹊径，专言义理，进而也引起社会风尚发生变化。宋学在一定意义上作为一种新的文化模式，其所具有的议论、怀疑、创新和开拓的精神使宋一代二朝的整个社会风貌为之一变，也一直引领着社会风尚的转变方向。而这种社会风尚的变化，又在整个社会价值取向上鼓励更多更广阔的阶层崇尚文化与读书，使其志于学问的人大大超过前代，从而又促进了学术的发展。因此总的来看，宋代的学术发展与社会风尚是一个互动、互相促进的一对关系。当然，在此关系之中，二者并不是完全对等的，学术发展的主动性与影响力更强一些。此外，宋代学术发展和社会风尚互相影响的一个副产品，就是在整个社会范围内对"求学问道"的最基本工具——图书的需求大大增加，使宋代出版业蓬勃发展所需求的市场成为可能。

---

　　①　《马克思恩格斯选集》第 1 卷，人民出版社，1995 年版，第 71 页。

　　②　衣俊卿：《文化哲学——理论理性和实践理性交汇的文化批判》，云南人民出版社，2005 年版，第 152 页。

二、宋代出版的内在动因

政治稳定，经济发展和知识分子地位的提高，使得两宋的学术活动得到空前的发展，成为宋代出版的内在动因。

"北宋时代除去云燕十六州是在契丹的范围不计外，凡是宋家的土地，都有学术可言；到了南宋，便文化也随武备同时南迁，长江一带，上自四川，下至闽浙，成为政治领域，也就是文化的领域"①。也正如塞奥得所说，此时"儒学有了新的学术成就"②。

宋学是一个十分宽泛的概念，从横的方面讲，它相当于包括哲学、宗教、政治、文学、艺术、史学以及教育在内的具有划时代意义的赵宋一朝之文化；从纵的方面讲，它是中国儒家传统文化在 11 世纪初期兴起的一个新流派，一种跨越时代的文化模式③。横的方面，如，唐枢的《宋学商求》和黄宗羲《宋元学案》里讲的"横渠之学"、"明道之学"、"伊川之学"、"金陵之学"、"涑水之学"、"魏公之学"、"乖崖之学"、"安定之学"、"希夷之学"、"云溪之学"等④。不仅指当前意义上所说的哲学家张载、程颢、程颐、孙复、石介、王安石，而且也包括今来看是史学家的司马光、政治家韩琪、教育家胡瑗，而陈抟（希夷）、种放（云溪）二人，则是被儒者斥为"异学"的道教徒。

纵的方面，若《四库全书总目提要》之《经部·总叙》里讲："国初诸家，其学征实不诬，及其弊也

---

① 夏君虞：《宋学概要》下篇《宋学之以地名派者》，商务印书馆 1934 年影印本。
② Source of Chinese Tradition , Volum1 , Clumbia University Press, 1960, complied by Wm. Theodore Bary, P. 383.
③ 陈植锷：《北宋文化史述论》，中国社会科学出版社 1992 年版，第 151 页。
④ （明）唐枢的《宋学商求》，北京图书馆 1994 年，缩微胶卷。

琐。要其归宿，则不过汉学、宋学两家互为胜负。"这里的"国初"，指清初。"汉学"指两汉的训诂之学。《宋学渊源记》里的跋道："汉儒专言训诂，宋儒专言义理，原不可偏废"，① 由之可见，在学术源流上，宋学上承儒学之全盛时期——汉，下开近代学术革命之前夜——清，是一跨越朝代限制的的庞大的学术体系，且自身也在不断的发展之中。

学术昌，则文化兴。两宋的科学技术、文化艺术以及历史、哲学等著作都十分丰富。北宋初年，政府组织人力，编纂了《太平御览》、《文苑英华》、《册府元龟》、《太平广记》四大著名的类书。而后，思想方面，有《朱子语类》、《二程全书》等广为流传的著作。史学方面有薛居正等人的《旧五代史》，欧阳修等人的《新唐书》、《新五代史》，司马光的《资治通鉴》和郑樵的《通志》等巨著。文学方面，出现了欧阳修、苏轼、陆游、辛弃疾等巨匠所创作的大量诗文作品，无论是在数量上还是在质量上都达到了历史的高峰。金石方面，有《集古录》、《金石录》等著作。科学技术方面，毕升发明了活字，苏颂等人发明了"水运仪象台"。医学上出现了《开宝本草》、《铜人俞穴针灸图经》等重要著作。宗教方面也刊行了大部头的佛经和道藏。

这些文化学术的发展，是出版业发展的内在动因，形成了对图书的社会需求，推动了图书出版事业的发展；而图书出版事业的发展，又给更多从事学术文化活动带来了便利，形成了更大的图书社会要求，这也是宋代雕版印刷业繁荣的一个重要原因。因此，学术活动的发展是宋代出版繁荣的内在动因。

三、宋代出版的助力

英国的功能主义学派是文化人类学的一个重要流

① 见江藩著：《宋学渊源记》之伍崇曜所作跋。上海书店，1983年版。

派。它的代表人物布罗尼斯劳·马林诺夫斯基有一个重
要的观点，就是文化必须满足社会的整体需要①。宋代
学术活动纷繁，书院与州县学盛行，教育重心下移，趋
向平民化，文化传播日益迅速，整个社会洋溢着一种对
知识的渴求气氛，这一切都使得倡导读书成为新的社会
文化的重要内容。社会对读书的推崇是宋代出版发展的
一个巨大的助力。

　　早在宋初，太祖言："帝王之子，当务读经书，知
治乱之大体。"② 他不仅自己喜好读书，而且也要求大
臣们读书。宰相赵普就"初以吏道闻，寡学术，上每劝
以读书，普遂手不释卷"③。宋太宗也曾对臣下多次
说："他无所爱，但喜读书。"④ 又说："夫教化之本，
治乱之原，苟非书籍，何以取法。"⑤ 太宗每日都有固
定的读书时间："辰巳间视事，既罢，即看书，深夜乃
寝，五鼓而起，盛暑永昼未尝卧。"⑥在《太平御览》
即将完成前夕，即太平兴国八年（983 年）十一月，下
诏"日进三卷，朕当亲览"⑦。宰相宋琪等劝道"穷岁
短晷，日阅三卷，恐圣躬疲倦"⑧。太宗却说："朕性
喜读书，开卷有益，不为劳也。此书千卷，朕欲一年读
遍，因思学者读万卷书亦不为劳耳。"⑨ 这样，太宗在
一年内，读完了这部千卷大书，且"凡诸故事可资风教
者悉记之。及延见近臣，必援引谈论，以示劝戒"。⑩

---

①　夏建中：《文化人类学理论学派——文化研究的历史》，中国人
民大学出版社，1997 年版，第 131 页。
②　（宋）司马光《涑水记闻》卷一。
③　《续资治通鉴长编》卷二八，太祖雍熙四年十二月庚寅。
④　《续资治通鉴长编》卷三二，太宗淳化二年闰二月戊寅。
⑤　《宋会要辑稿》崇儒四之一五。
⑥　《续资治通鉴长编》卷二五，雍熙元年十月
⑦　《续资治通鉴长编》卷二四，太平兴国八年十一月庚辰。
⑧　同上。
⑨　《续资治通鉴长编》卷二四，太平兴国八年十二月戊申。
⑩　南宋蜀刻本《太平御览》卷首引《国朝会要》。

太宗读书，目的非常明确，即从中求教化之本，取得借鉴，"王者虽以武功克定，终须用文德致治。朕每退朝，不废观书，意欲酌前代成败而行之，以尽损益也"。①

真宗"听政之暇，唯务观书"。②曾在两年半之间，读完十一经和宋以前的正史③。"景德四年（1007 年）十月癸亥，上谓辅臣曰：'朕每因暇日阅《君臣事迹》草本，遇事简，则从容省览；事多，或至夜漏二鼓乃终卷'。④真宗读书是"博观载籍，非唯多闻广记，实皆取其规鉴。谈经典必稽其道，语史籍必穷其事，论为君必究其治乱，言为臣必志其邪正"。⑤真宗还专门作《劝学文》来提倡社会的读书之风⑥。

仁宗"圣性好学，博古通今"。⑦宋英宗也好读书，宋神宗则要原司马光讲读史书。甚至后来的几个"短命"皇帝——孝宗、度宗、恭宗——也都爱好读书，擅于诗词书画。

宋代不仅历朝皇帝爱好读书，倡导读书之风，并且朝野的官僚、士子也都喜爱读书，以劝学为重，王安石

---

①　《宋朝事实》卷三《圣学》。

②　《青箱杂记》卷三。

③　《玉海》卷三〇有真宗通读经史日程的两条材料。详细记载了宋真宗在大中相符七年（1014 年）到天禧元年（1017 年）通读《周礼》、《仪礼》、《公羊传》、《榖梁传》、《孝经》、《论语》、《尔雅》、《周易》、《尚书》、《春秋》、《诗经》等十一经和《史记》、《汉书》、《后汉书》、《三国志》、《晋书》、《宋书》、《南齐书》、《梁书》、《陈书》、《后魏书》、《北齐书》、《周书》、《隋书》、《唐书》、《梁史》、《后唐史》、《后晋书》、《后汉史》、《后周史》十九史。

④　《玉海》卷五四。

⑤　《续资治通鉴长编》卷八五，大中相符八年十二月己亥。

⑥　《古文真宝》卷首有载真宗的《劝学文》：富家不用买良田，书中自有千钟粟。安居不用架高堂，书中自有黄金屋。出门莫恨无人随，书中车马多如簇。娶妻莫恨无良媒，书中有女颜如玉。男儿欲遂平生志，六经勤向窗前读。真宗的此《劝学文》，里边也包含着士人凭借读书来实现人生的一些具化的终极理想，在之后的明清士子中广为流传，也成了封建时代读书励志的经典谚语。

⑦　《东轩笔录》卷三。

知鄞县时，以兴学为重，明州文风为之一振。滕宗谅守湖州时，首建学校，延名儒胡瑗为教授，"东南文物之盛，以湖为首称"。① 当时"东南之士，莫不以仁义礼乐为学"。⑩ 范仲淹出官广东时，"更定学宫，咸言嗣是番为衣冠聚"。③ 杨简知富阳县时，针对"民多服贾而不知学"的情况，"兴学养士，文风益振"。④ 而普州一带，"士人官员退而里居者无倦于教育……占籍为士者多于民……士雅素而笃学"。⑤ 这样，在整个社会上层的倡导之下，两宋三百年间，读书之风大盛。"今吴、越、闽、蜀、家能著书，人知挟册"。⑥ 吴郡"师儒之说，始于邦，达于乡，至于室，莫不有学"⑦。宁波之学者"鼎撑角立，雨戴笠，宵续灯，互相过从，以资改错，书带之草，异苔同岑，其亦盛哉"！⑧ 绍兴"自宋以来，益知向学尊师择友，南渡以后，弦诵之声，以屋相闻"。⑨ 福州"学校未尝虚巷里"，"城里人家半读书"⑩。四川"庠塾聚学者众"，"文学之士彬辈出"。⑪ 眉州"其民以读书为业，以故家文献为重。夜燃灯，诵声琅琅相闻"。⑫

整个宋的社会风尚是大力提倡读书，这在当时的一些民谣中也多有反映，如"人人尊孔孟，家家诵诗书"等⑬。还有宋的蒙学课本，《神童诗》中也言"满朝朱紫贵，尽是读书人"，"天子重贤豪，文章教尔曹，万

---

① 《万历湖州府志》卷五《风俗》。
② （宋）欧阳修：《居士集》卷二五《胡安定先生墓表》。
③ （元）袁桷：《清容居士集》卷二四。
④ 《宋史》卷四〇七《杨简传》。
⑤ 《宋本方舆胜揽》卷六二《普州》。
⑥ （宋）叶适：《水心别集》卷八。
⑦ 《宋文鉴》卷七九，张伯玉《吴郡州学六经阁记》。
⑧ （清）全祖望：《鲒埼亭集》外编卷一六《同谷三先生书院记》。
⑨ 《康熙会稽县志》卷七八《风俗记》。
⑩ 《淳熙三山志》卷四十。
⑪ 《宋史》卷八九《地理志》。
⑫ 《宋本方舆胜揽》卷五三《眉州》。
⑬ （宋）陈付良《止斋文集》卷三。

般皆下品，唯有读书高"。这些都从另一个角度表明了当时人们的一种社会价值取向，这也是"重读书"思想深入人心的反映。有读的要求，必须是要求图书的数量成倍增加，这是宋代出版能迅速发展的社会基础和外在的一个重要原因。

第二章

宋代出版文化概况

第一节　宋代图书出版系统

宋代刻书出版事业空前发达一个重要表征就是出现了从中央到地方的若干刻书出版机构、单位和个人，官刻和私刻同时并重，在全国形成了庞大的刻书出版网络。

宋代的刻书出版机构，按照资金来源与经营性质，可分为官刻、私刻和民间刻三大系统。

所谓官刻是指宋朝中央的各殿、院、监、私、局；地方各州（府、军）郡、县，各路茶盐司、安抚司、提刑司、转运司、漕司、公使库、仓台、计台；各州学、府学、军学、郡斋、郡庠、学宫、学社，各县斋、县学、各地书院等机关单位，大多数都不是专门的刻书出版机构，但又普遍用宋朝的公款来刻书，通常称他们所刻之书为官刻本。

所谓私刻是指私宅、家塾和书铺、书坊、书肆等，以个人之力所刻的书，通常称之为私刻本和坊刻本。尤其坊刻专以刻书为业，遍布大江南北，对文化的传播起了很大的作用。

所谓民间刻书，按其投资来源，既非公款，亦非私家之资，而是靠民间集体融资而成，如某些寺院、道观、祠堂所刻之书，大多用募捐或家族积累等手段所筹集到的资金用来刻书，就属民间刻的这种性质。

宋代刻书机构，如图 2—1 所示①。

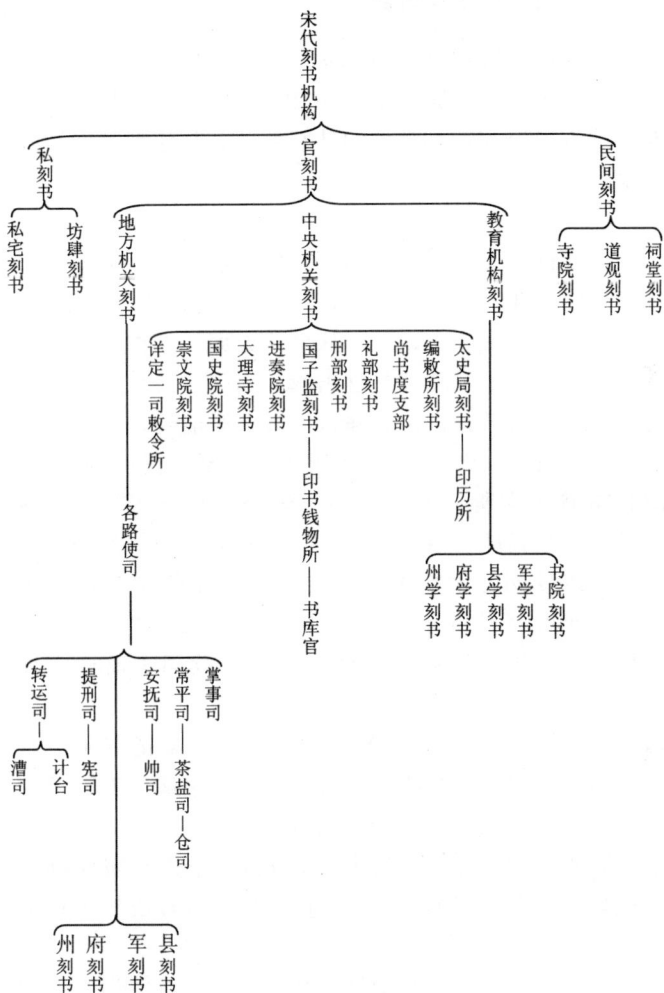

宋代刻书机构

私刻书　官刻书　民间刻书

私宅刻书　坊肆刻书

地方机关刻书　中央机关刻书　教育机构刻书

寺院刻书　道观刻书　祠堂刻书

详定一司敕令所　崇文院刻书　国史院刻书　大理寺刻书　进奏院刻书　国子监刻书——印书钱物所——书库官　刑部刻书　礼部刻书　尚书度支部　编敕所刻书　太史局刻书——印历所

州学刻书　府学刻书　县学刻书　军学刻书　书院刻书

各路使司

转运司——　提刑司　安抚司　常平司　掌事司

漕司　计台　宪司　帅司　茶盐司——仓司

州刻书　府刻书　县刻书　军刻书

图 2—1

① 该图出自李致忠先生的《宋代的刻书机构》一文，刊登在《北京出版史志》第 11 辑，北京出版社 1998 年。

一、官方刻书出版

宋代的官府刻书，地域面广、刻书单位多、刻书范围广①，情况较为复杂，故本书的研究侧重于中央政府、地方政府和官办学校的某些部分，其他则可能涉及较少。

（一）国子监刻书

宋建国初期，就十分重视对历代典籍的收集与整理。建隆元年（960年），设立了集贤院、使馆、昭文馆等机构于崇文院中，专门从事这方面的工作。此后不久，对历代典籍就陆续整理出版。而国子监在当时，作为国家的最高教育机构，除行使教育职能外，还兼事刻书。淳化五年（994年），判国子监李至上言："国子监旧有印书钱物所，名为近俗，乞改为国子监书库。"② 而且该单位具体"置书库监官，以京朝官充。掌印经史群书，以备朝廷索赐予之用，及出鬻而收其直以上于官"。③ 哲宗元佑五年（1090年），礼部言："其他书籍欲雕印者，纳所属申转运使、开封府牒国子监选官详定，有益学者，方许镂版……凡不当雕印者，委州县监司国子监觉察，从之。"④ 我们从以上文献记载中不难看出国子监的四大职能。其一，作为国家最高教育及管理机关代表皇帝发布有关教育的政令；其二，刻印书籍，即所谓"掌印经史群书"，相当于中央直属印刷总厂；其三，发行图书；其四，作为出版管理机构审查全国图书。

太祖出身行伍，开始只是利用文士，对儒学并不太看重。太宗则既有打天下的经验，也有坐天下的实践，

---

① 卢贤中：《古代刻书与古籍版本》，安徽大学出版社，1995年版，第25页。
② 《宋史》卷一六五《职官五》。
③ 同上。
④ 《续资治通鉴长编》卷四百四十五，哲宗元祐五年七月戊子。

从切身经历中初步认识到"武功克敌，文德致治"的
道理，开始注重儒家经典的整理与雕版工作。到真宗
时，宋立国已四十余年，除了北方的辽、西北的西夏未
被统一外，南方早已全部归服，于是用"文德"来巩
固这种统一，儒家的思想就愈加重要，所以真宗亲自撰
《文宣王赞》，歌颂孔丘是"人俗之表"，孔学是"帝道
之纲"，又作《纯儒术论》，刻书立于国子监："儒术污
隆，其应实大，国家崇替，何莫由斯！"① 他认为只有
把儒学作为统治的指导思想，国家就不会"崇替"了，
才能长治久安。此外，随着儒学地位的提高，科举内容
也做了相应调整。宋初的科举取士，其内容不完全是经
术和诗赋策论，有时还加试刑律。真宗认为加刑律，是
促使"循良之吏"不读经书而专门去务刑名；而诗赋
策论，则阻碍了士人探讨"无常""六经"。于是下诏
明令规定，之后的科举考试，一律以儒家经典为据，诸
子不符合儒学者一律禁用。国子监刻书，正是顺应形
势，首先从儒学经典开始雕刻。北宋国子监大规模的刻
印经书有四次：第一次，从太宗端拱元年（998 年）至
淳化五年（994 年），刻完"五经"（《诗经》、《周易》、
《尚书》、《仪礼》、《春秋左氏传》）。第二次从太宗淳
化五年到真宗咸平四年（1001 年）刻完七经（《周
礼》、《礼记》、《春秋公羊传》、《春秋谷梁传》、《论
语》、《孝经》、《尔雅》）。第三次从真宗景德二年
（1005 年）至大中祥符七年（1014 年）补刻讹误经版。
第四次，从真宗天禧五年（1021 年）开始，《长编》
载："令国子监重刻经书印板，以本监言其岁久刓弊故
也。"②。太宗淳化元年（990 年）二月赐诸路印本《九
经》，真宗景德二年（1005 年）六月赐殿前都指挥使高
琼《九经》，嘉祐七年（1062 年）四月赐夏国《九

---

① 《宋史》卷二百八十七《陈彭年传》。
② 《续资治通鉴长编》卷九十七，真宗天禧五年五月辛丑。

经》，英宗治平年间又赐夏国《九经》等，均取自国子监，可见国子监刻印书之多。

史书可为统治者提供经验教训。仁宗曾经对辅臣讲·"宋、齐、梁、陈、后魏、北齐、北周书，罕有善本，可委编校官精加校勘。"① 所以国子监对刻印史书也很重视。如，国子监所校刻的"十七史"，其印刻工作大致在四个阶段有条理、有计划的进行。第一阶段，从太宗淳化五年（994 年）至真宗咸平二年（999 年）校刻《史记》、《汉书》、《后汉书》。第二阶段，以真宗咸平三年（1000 年）至仁宗天圣元年（1023 年）校刻《三国志》和《晋书》。第三阶段，从仁宗天圣二年至仁宗嘉祐三年（1058 年），校刻《南史》、《北史》、《隋书》。第四阶段，从仁宗嘉祐四年（1059 年）到神宗熙宁五年（1072 年）左右，校刻《宋书》、《南齐书》、《梁书》、《陈书》、《魏书》、《北齐书》、《周书》。欧阳修等修撰的《新唐书》是在嘉祐五年（1060 年）刻印的。《新五代史》是在诸史书中刻印最晚的一种，约刻印于熙宁五年（1072 年）以后。除了《十七史》外，北宋国子监还刻印过《资治通鉴》、《七十二贤赞》等其他史学著作。

据王国维《五代两宋监本考》，"国子监刊书，若《史》《汉》三史，若《唐书》，若《资治通鉴》，若诸医书，皆下杭州镂版，北宋监本刊于杭州者殆居泰半"②，如《周礼疏》、《仪礼疏》、《春秋公羊传疏》、《春秋谷梁传疏》、《孝经正义》、《尔雅疏》、《论语正义》、《书义》、《新经诗义》、《周礼新义》、《史记》、《汉书》、《后汉书》、《宋书》、《南齐书》、《陈书》、《梁书》、《魏书》、《北齐书》、《国书》、《新唐书》、

---

① 参见江少虞《事实类聚》。
② 王国维《五代两宋监本考》见《王国维遗书》，上海古籍出版社 1983 年版。

《资治通鉴》等均在杭州镂版。据孟元老《东京梦华录》等文献记载，北宋时汴京的刻书业也很发达，"州桥西大街"、"潘楼街里瓦子"、"场子东从行裹角"、"相国寺资圣门前"、"寺东门大街"等处，"皆有买书籍、玩好、图画、今曲之类"①。为什么国子监舍近求远去杭州镂板开印呢？叶梦得曾言："今天下印书以杭州为上，蜀本次之，福建最下，京师比岁印板殆不减杭，但纸不佳。"②可见由于国子监刻书必须讲求质量，而当时杭州地区的刻书出版，无论是物质条件还是技术力量均领先于他处，所以北宋监本多在杭州镂板。南宋时，称北宋监本为"旧京本"、"京师印本"、"京都旧印本"、"汴京本"，南渡后已极难得了。

靖康二年（1127 年），金兵攻陷汴京，北宋灭亡，开始了南宋的偏安时期。岳飞被害后，绍兴十三年（1143 年），就在钱塘县他的旧宅（今昭庆寺东）修建国子监。当时监书多缺，于是就取临安府、湖州、衢州、台州、泉州、四川等地所刻书版，放在监中，为监版，可见通常所说的"南宋监本"，并非都是由国子监自己制版。绍兴五年（1135 年），尚书兵部侍郎王居正言："四库书籍多缺，乞下诸州县已刊刻书版，不论经史子集小说，各印三峡，赴本省。系民间，官给纸墨工赁之值"。③后来"监本书籍者，绍兴末年所刊也。国家艰难以来，固未暇及。九年九月张彦实待制为尚书郎，始请下诸道州学取旧监本书籍，雕版颁发。从之。然所取者率多残缺，故胄监《六经》无《礼记》，正史无《汉书》"。④二十一年（1151 年）五月高宗谓秦益公言："监中所厥之书亦令次第镂板，虽有重费亦所不惜也。"⑤由是经籍复全。绍兴二十六年（1156 年）三月，

---

①《东京梦华录》卷三。

②《石林燕语》卷八。

③④《建炎以来朝野杂记》卷四。

⑤《建炎以来朝野杂记》卷四。

诏令各级考试，"并试刑法，令国子监印造《礼部韵略》、《刑统律文》、《诏兴敕令格式》，并从官给"①。嘉定十六年（1223年），诏令刊修经板，《鹤山集·六经正误序》对此有记载②：

> 柯山毛居正义甫期于经传，亦既博览精择。嘉定十六年春，朝廷命胄监刊定籍，司成，谓无以易。义甫驰书币致之，尽取六经三传诸本，参以子史字书、选粹文集，研究异同，凡字音切毫厘毕校，儒官必叹，莫有异辞。旬岁间刊修者凡四经，乃犹以工人惮烦，诡窜墨本，以给有司，而版之误字实未尝改者十二三也。继欲修《礼记》、《春秋三传》，义甫以病目移告，事遂中辍。

由此可见，这次刊修六经，由毛居正校正，因病中缀，仅修四经。校勘虽毫厘必较，由于刻书工人怕麻烦，"诡窜墨本，以给有司"，有不少错字未加改正。

国子监在刻印经史的同时，也大规模地组织了子书、字书、医术、农书、历书、算书等图书的刊印。

子书，如真宗景德二年（1005年）刻《庄子》、仁宗景祐二年（1035年）刻《荀子》、《文中子》等，神宗元丰三年（1080年）刻《孙子》、《吴子》、《六韬》、《司马法》、《尉缭子》、《李靖公问对》等，徽宗政和七年（1117年）刻《亢仓子》等。

医书，如太祖开宝六年（973年）校刻《卢氏详定本草》，太宗淳化三年（992年）校刻《太平圣惠方》，仁宗天圣五年（1027年）校刻《黄帝内经素问》、《难经》、《巢氏病源候论》、《铜人腧穴针灸图经》，仁宗庆

---

① 《宋会要缉稿》选举四之二九。
② （宋）魏了翁《鹤山集·六经正误序》。

历年间（1041～1048年）刻有《庆历普救方》，仁宗嘉祐二年（1057年）刻有《千金翼方》、《金匮要略》、《伤寒论》等，神宗熙宁二年（1069年）校勘《外台密要》、《甲乙经》，哲宗元祐八年（1093年）校刻《黄帝针经》，徽宗政和四年（1114年）八月校刻勘《政和圣济经》，高宗绍兴二十一年（1151年）复刊《太平惠民和济局方》。

　　字书，如雍熙三年（986年）和端拱二年（989年），太宗下诏颁定校勘过许慎《说文》和《雍熙广韵》，并特别指出："宜遣雕隽，用广流布"。①景德四年（1007年），真宗"颁校定切韵诏"，并"令崇文院雕印，送国子监依九经书例实施"②。

　　农书，如真宗景德二年（1005年）十月，"成《景德农田敕》五卷，庚辰上之，令雕印颁行，民间咸以为便"③。天禧四年（1020年）"四月二十二日，利州转运使李防，请雕印《四时纂要》、《齐民要术》二书，付诸路劝农司，以勉民务"④。

　　其他如类书、集部之书也多有镂版。

　　国子监刻书内容极广，四部皆备，据王国维《五代两宋监本考》，著录北宋监本六九种，南宋监本六七十种，二者相加，约一百四十种。又据清毕沅《续资治通鉴》、徐松《宋会要辑稿》等书记载，尚有《述六艺箴》、《承华要略》、《授时要录》、《祥符降圣记》、《唐六典》、《御制文集》、《阴阳地理书》、《冈角集占》、《孟子》、《道德经》等一大批书未包括进去。可见国子监是宋代中央官刻的主体和代表，具有国家标准读本的意义和作用。

　　真宗天禧元年（1017年）"上封者言：国子监所鬻书，其直尤轻，望念增定。'帝曰：'此固非为利，正

―――――――――

① 《宋大诏令集》卷一五〇《颁许慎说文诏》。
② 《宋大诏令集》卷一五〇《颁校定切韵诏》。
③ 《续资治通鉴长编》卷六一，真宗景德二年十月乙巳。
④ 《宋会要辑稿》职官四二之二。

欲文籍流布耳。'不许"。① 哲宗元祐初，监本加价出售，陈师道曾记载："伏见国子监所卖书，向用越纸而价小，今用襄纸而价高。纸既不迨，而价增于旧，甚非圣朝章明古训以教后学之意。臣欲乞计工纸之费以为之价，务广其传，不亦求利，亦圣教之一助……诸州学所买监书系用官钱买充官物。价之高下，何所损益。而外学常苦无钱，而书价贵，以是在所不能有国子之书，而学者闻见亦寡，今乞只计工纸，别为之价，所冀学者益广见闻，以称朝廷教养之意。"② 哲宗很快采纳了陈师道的建议，恢复了只收工本费的书价制度。元祐三年（1088年），为便民购买，官方又下令刊刻医书小字本，以降低成本。《铁琴铜剑楼藏书目录》记载《仲景全书四种》有元祐三年牒文云：

> 中书省堪会：下项医书册数重大，纸墨价高，民间难以买置。八月一日奉圣旨：令国子监别作小字雕印，内有浙路小字本者，令所属官司校对，别无差错，即摹印雕版，并候日，广行印造，只收官纸工墨本价，许民间请买。奉敕如右，牒到奉行。

绍圣元年（1094年）六月二十五日，哲宗再次令国子监刊印小字医书，便民购买。

国子监所刻之书，校勘认真，纸墨精良，又多请名人上版，极具书法价值，且书价也很便宜，购买相当方便，受到藏书家的青睐，很快成为藏书家的插架之珍。当时，只要有足够的资金，很快就可以藏书万卷。如眉山孙氏就是以"市监书万卷"为资本，成为藏书家中的

① 《续资治通鉴》，卷三十三，真宗天禧元年九月癸亥。
② （宋）陈师道《后山集·论国子卖书状》，见《后山居士文集》上海古籍出版社，1984年版。

佼佼者①。潞州张仲宾家产巨万，居全路之首，后来不惜重金，"尽买国子监书"，自办学校，子孙大多成才②。

宋代中央的官刻本还有崇文院于咸平三年（1000年）刻印《吴志》三十卷，天圣二年（1024年）刻印《隋书》八十五卷，天圣七年（1029年）刻印孙奭《律文》十二卷、《音义》一卷，宝元二年（1039年）刻印贾昌朝《群经音辨》七卷。

此外，秘书监及其某些下属机构也经常校刻书籍。宋代秘书监的主要职能是掌管古今经籍、图书、国史、实录、天文、历数等事。其下属的太史局专掌天文，测定历法。当时，太史局设有"印历所，掌雕印历书。南渡后，并同隶秘书省，长、贰、丞、郎轮季点检"③。可见秘书省内设有专门的印书机构，从事历书的雕印。除历书外，还有天文、数学方面的书籍。如元丰七年（1084年）就刻印过《张邱建算经》三卷，王昔通《缉古算经》一卷。德寿殿曾刻印过刘球《隶韵》十卷，有"御前应奉沈亭刊"七字，叶德辉认为沈亭可能是御前供奉的刻字工人，是专为皇帝刻书的，而德寿殿刻的书只供皇帝使用，不得对外④。左廊司局于淳熙三年（1176年）刻印《春秋经转集解》三十卷。在刻书后所刻的印记中说：

> 淳熙三年四月十七日，左廊司局内曹掌典奏。王桢等奏闻：《壁经》、《春秋》、《左传》、《国语》、《史记》等书，多为蠹鱼伤牍，不敢备进上览，奉敕用枣木椒纸各造十郭，四年九月进览，监造臣曹栋椒梓，司局臣郭庆验牍。

---

① （宋）魏了翁《鹤山集·眉山孙氏书楼记》。
② 《河南邵氏闻见录》卷十六。
③ 《宋史》卷一六四《职官志四》。
④ 参见叶德辉《书林清话》。

可见上书是专为宫廷印制的，而左廊司局又是专供皇帝藏书、刻书的机构。其次如修内司、太医局也刻了不少书，但都不如国子监、秘书省刻得多。

（二）各路使司刻书

宋承唐制，为了便于中央对地方的控制，把唐时全国的十五道均改为路，各级设采访使。当时全国划分为京东路、京西路、河北路、河东路、陕西路、淮南路、江南路、荆湖南路、荆湖北路、两浙路、福建路、西川路、峡路、广南东路、广南西路等十五路。宋元丰年间，又分天下为二十三路，宣和时则有二十九路。宋代地方政府的建制主要是州和县两级，在州之上设路一级的建制，实际上属于中央派出机构，并且在诸路内设置各类使司，负责掌管该地区的政治、经济等方面的重要事物。这些使司既有实权，又有资金保障，在中央政府的倡导之下，纷纷从事雕印书籍，依据其刻印单位性质不同，其书也可以称为某盐司本、安抚使本、漕司本、转运司本、仓台本、计台本等。现将各路刻书情况作一概述①：

两浙路东路茶盐司：熙宁二年（1069 年）刻印《外台秘要》四十卷，绍兴三年（1133 年）刻印《资治通鉴》二百九十四卷。绍兴六年（1136 年）刻印《事类赋》三十卷，绍兴年间刻印《周易注疏》十三卷，《周礼疏》五十卷，《尚书正义》二十卷，《唐书》二百卷。南宋光宗绍熙三年（1192 年）刻印《礼记正义》七十卷。这些书至今仍有流传。

两浙西路茶盐司：绍兴二十一年（1152 年）刻印《临川王先生文集》一百卷。

两浙东路安抚司：乾道四年（1162 年）洪氏刻

① 本部分各路使司具体刻书情况，主要参见：江澄波、杜信孚编《江苏刻书》之宋元时期部分，江苏人民出版社 1993 年版；莫友芝《邵亭知见善本书目录》；陈振孙《直斋书录解题》；杨晏平《宋代江西的刻书》，《文献》1991 年第 3 期；傅增湘《藏园群书题记》。

《元化长庆集》六十卷。

浙东庚司：刻印《桑世昌兰亭考》十二卷。

浙右漕司：刘敏士刻《刘牧易数钩隐图》三卷，附《遗论九事》一卷。

浙西提刑司：绍兴六年（1136 年）刻印《作邑自箴》十卷。

淮南路转运使司：宣和七年（1125 年）刻印《稗雅》二十卷。

淮南东路转运使司：淳祐十年（1251 年）刻印《徐积节孝先生文集》。

淮南漕廨：嘉定八年（1215 年）王大昌刻《汉兵志》一卷。

福建转运司：绍兴十七年（1147 年）刻《太平圣惠方》一百卷。

潼州转运司淳熙十三年（1185 年）刻印大字本《三国志》。

建安漕司：绍兴二十三年（1153 年）黄𬮭刻印其父《东观余论》二卷，开庆年（1259 年）汤汉刻《西山先生读书记》甲集三十七卷，乙集十六卷，丙集八卷。

福建漕司：吴坚刻《胡子知言》二卷，《张子语录》三卷，后录三卷；《龟山先生语录》六卷。

荆湖北路安抚司：绍兴十八年（1148 年）刻印《建安实录》二十卷。

湖北茶盐司：庆元二年（1196 年）重刻《汉书》一百二十卷。

广西漕司：绍圣三年（1096 年）刻印王叔和《脉经》十卷。

江东仓台：淳熙七年（1180 年）刻印洪适《隶续》二卷。

江西计台：淳熙八年（1181 年）钱佃刻印《荀子》二十卷。

江西计台：嘉定四年（1211 年）刻印《春秋繁露》十七卷。

江西漕台：淳熙九年（1182 年）尤口刻印荀悦《申鉴》一卷，邱宗卿刻印《吕氏家塾读诗记》三十二卷。

江西提刑司：嘉定五年（1212 年）刻洪迈《容斋随笔》十六卷，《续笔》十六卷，《三笔》十六卷，《四笔》十六卷，《五笔》十卷。

江西仓台：淳熙七年（1180 年），刻印《陆氏续集验方》。

江西转运司：淳熙十二年（1185 年），刻印《本草衍义》二十卷。

广东漕司：宝庆元年（1225 年）刻印《新刊校定集注杜诗》三十六卷。

江东漕院：绍定四年（1231 年）赵普湘刻卫湜《礼记集说》一百六十卷。

由上观之，在各路使司刻本中，以两浙，江西最多。

（三）公使库本

公使库最初是"太祖既废藩镇，命士人典州，天下忻便，于是置公使库，使遇过客，必馆置供馈，欲使人无旅寓之叹……承平时，士大夫造朝，不赍粮，节用者犹有余以还家。归途礼教如前，但少损"①。后来李心传在《建炎以来朝野杂记》中也有记载："公使库者，诸道监帅司与边县州军与戎帅皆有之。盖祖宗时，以前代牧伯皆殄于民，以佐厨传，是以制公使钱以给其费，惧及民也。然正赐钱不多，而著令许收遗利，以此州郡得自恣。若帅宪等司又有抚养备边等库，开抵当卖熟药，为所不为，其实以助公使耳。"②

---

① 《挥麈录》卷一。
② 《建炎以来朝野杂记》卷十七。

宋代在苏州、吉州、明州、沅州、舒州抚州、台州、信州、泉州、鄂州共设有十个公使库，其主要任务是接待过往的官员，专供公使厨传。"厨传"是饮食住行的总称，公使库不仅要为公使提供饮食住行的方便，还要承担其所需的一切费用。其职能大体相当于今天政府官办的宾馆或招待所。其资金来源在宋代之前，由百姓负担，宋代以后，则由国家专门拨款。总的来看，公使库具有雄厚的经济实力，加上公使库官员及客寓官吏闲暇时间又很充裕，种种优越条件，为其大量刻印书籍提供了方便，所以公使库也就成为地方官刻的主要机构。另一方面，刻书又是公使库找财源的有效手段之一，如苏州公使库王琪刻杜甫诗集就是一个很好的例证。

宋代的杜甫诗集版本比较复杂，苏舜钦、王洙、刘敞、王安石等人都曾整理过杜集。其中王洙用力最勤，他在整理过程中，不仅参酌众本，而且还将杜诗分为古近两体，按时间先后进行编排。可见王洙整理过的杜集在宋代是收录杜诗最完整的一个本子。嘉祐四年（1069年），王琪约请何琢、丁修在王洙整理的基础上又作了进一步的修订，并经裴煌补遗后，刊版行世。王琪在此书的后记中言①：

> 原叔（王洙字）虽自编次，余病其卷帙之多，而未勘布，暇日与苏州进士何君琢、丁君修得原叔家藏及古今诸集，聚于郡斋而参考之，三月而后已。义有并通者，亦存而不敢削，阅之者固有浅深也。而吴江邑宰河东裴君煜，取以复视，乃益精密，遂镂于版，庶广其传。

王琪刻本毫无疑问是杜集的第一个刻本，也是此后

① 万曼：《唐集叙录·杜工部集》。

所有杜集的祖本。大出版家张元济先生曾经指出："自后补遗、增校、注释、批点、集注、分类、编韵之作，无不出于二王（王洙、王琪）之所辑梓。"[①] 就学术价值而言，王琪为整理杜集和镂版之功而流芳于文化史；就经济价值而言，王琪因刻印杜集而获利不少，王士祯对此有专门评价[②]：

> 宋王琪守州，假库钱数千，大修设厅，既成，漕司不肯破除。琪家有杜集善本，即俾公使库镂版，印万本，每部直十钱，士人争买之。既赏省庠，羡余以给公厨，此又大裨帑费，不但文雅也。

王琪刻印杜集，不仅还清了千缗旧帐，且有不少剩余。

公使库利用刻书这种手段，积累了不少资金，反过来又促进了公使库刻书事业的发展。公使库还利用手中的权力和财力，在地方上网罗了一批技术高明的刻工，如明州刻工蒋辉因伪造会子而入台州监狱，台州太守唐仲友竟利用职权之私，放出蒋辉，让其为公使库刻《荀子》等书[③]。会子是国家会子局印行的一种纸币，其印刷工艺比一般图书要复杂的多。蒋辉既然能伪造会子，可见其技术之精。当时和蒋辉一起为台州公使库刻书者有18人，清黎庶昌翻刻宋台州公使库大字本《荀子》，版心就有蒋辉等十八人的姓名[④]。除了台州公使库外，苏州、吉州、明州、沅州、舒州、抚州、舂陵、信州、泉州、鄂州、婺州等地方公使库都刻过书，其中尤以抚州公使库刻十二经最为著名，刻印的质量都达到了很高的

① 万曼：《唐集叙录·杜工部集》。
② 《居易录》卷七。
③ 《晦庵集·按唐仲友第三状》。
④ 参见张振铎编著《古籍刻工名录》，上海书店出版社，1996年版。

水平。

　　公使库刻书的数量虽然很大，但流传下来的并不多，现据有关文献，将公使库刻印的书籍分述于下①：

　　《六一居士集》五十卷，宋欧阳修撰，宣和四年（1122年）吉州公使库刻本。

　　《吴郡国经续记》三卷，宋朱长文撰，元符元年（1098年）苏州公使库刻本。

　　《杜工部集》二十卷，唐杜甫撰，嘉祐四年（1059年）苏州公使库刻本。

　　《续世说》十二卷，宋孔平仲撰，绍兴二十八年（1158年）沅州公使库刻本。

　　《大易粹言》十二卷，宋方闻一编，淳熙三年（1176年）舒州公使库刻本。

　　《颜氏家训》七卷，北齐颜之推撰，淳熙七年（1180年）台州公使库本。

　　《礼记注》二十卷，东汉郑玄著，淳熙四年（1117年）抚州公使库刻本②。

　　《礼记释文》四卷，唐陆德明撰，淳熙四年（1177年）抚州公使库刻本。

　　《周易》十卷，魏王弼，晋韩康伯注，淳熙四年（1177年）抚州公使库刻本

　　《春秋经义集解》三十卷，西晋杜预著，淳熙四年（1177年）抚州公使库刻本。

---

　　①　本部分公使库刻书概况主要参考了瞿镛《铁琴铜剑楼藏书记》；张金吾《爱日精庐藏书志》；杜信孚、漆身起《江西历代刻书》，江西人民出版社，1994年版；杨绳信《中国版刻综录》，陕西人民出版社，1987年版。

　　②　公使库本中以抚州公使库所刻"十二经"最为著名。其《礼记郑注》，据《中国版刻图录》"框高20.2厘米，广14.7厘米，十行，行十六字，注文双行，行二十四字。白口，四周双边。宋讳缺笔至慎字，卷末有淳熙四年（1177年）抚州公使库刻书人衔名七行"，另据《黄震日抄·威淳九年修抚州六经跋》云："知当时刻有六经三传，至咸淳时又添《论》、《孟》、《孝经》以足十二经之数。"

《经典释文》三十卷，唐陆德明撰。淳熙四年（1177年）抚州公使库刻本。

《春秋公羊经传解诂》十二卷，《释文》一卷，东汉何休撰，《释文》，唐陆德明撰，淳熙年间（1174~1189年），抚州公使库刻本。

《春秋经传集解》三十卷，西晋杜预注，唐陆德明释文。淳熙年间（1174~1189年），抚州公使库刻本。

《略例注》一卷，唐刑璹撰，淳熙年间（1174~1189年），抚州公使库刻本。

《荀子》二十卷，淳熙八年（1181年）台州公使库刻本。

《濂水集》十六卷，李复撰，淳熙九年（1182年）信州公使库刻本。

《传家集》八十卷，宋司马光撰，淳熙十年（1183年）泉州公使库印书局刻本。

《资治通鉴》二百九十四卷，宋司马光撰，绍兴三年（1133年）两浙东路荣盐司公使库刻本①。

《资治通鉴考异》二十卷，宋司马光撰，绍兴二年，两浙东路茶盐司公使库刻本。

《贞观政要》十卷，唐吴兢撰，宋婺州公使库刻本。

《资治通鉴》目录三十卷，宋司马光撰，绍兴二至三年，两浙东路茶盐司公使库刻本。

《白氏长庆集》七十一卷，唐白居易撰，宋平江公使库刻本。

《孔丛子》三卷，旧题秦孔鲋撰，宋明州公使库刻本。

《花间集》十卷，淳熙十四年（1187年）鄂州公使库刻本。

---

① 此本为宋时建本、鄂本、蜀本的祖本。宋元丰监本《资治通鉴》久佚，此本为流传世诸刻中唯一的宋本。

凡公使库刻印的书籍，在版本学上称为公使库本。

（四）州（府、军）县刻书

据前人的著录和现有的传本可知，宋代几乎各州（府、军）县之政府均有刻书，现将其刻印书籍情况略述于下①。

《大隋求陁罗尼》（经）一卷，咸平四年（1001年）苏州军州刊。

《备急总效方》四十卷，绍兴二十四年（1154年）平江府刊②。

《嘉泰普灯录》三十卷，嘉泰四年（1204年）平江府刊。

《营造法式》三十六卷，绍定年间（1228—1233年）平江府刊。

《张司业集》八卷，《附录》一卷。淳祐四年（1244年）平江府署刊。

《鹤山文集》一百卷，淳祐十一年（1251年）平江府刊。

《琴川志》十五卷，嘉定三年（1210年），常熟县刊。

《笠泽丛书》四卷，《补遗》一卷，政和元年（1111年）吴江县刊。

《国语》二十一卷，天圣七年（1029年）江阴军刊。

《五代会要》三十卷，乾道七年（1171年）江阴

---

① 本部分州（府、军）郡、县刻本主要据：陈振孙《直斋书录解题》；莫友芝《邵亭知见善本书目》；傅增湘《藏园群书经眼录》；江澄波、杜信孚、杜永康编《江苏刻书》，江苏人民出版社，1993年版；罗树宝《中国古代印刷史》；杜信孚、漆身起《江西历代刻书》，江西人民出版社1994年；《浙江刻书文献》见《历代刻书概况》，印刷工业出版社1991年版，第529页。

② 傅增湘《藏园群书经眼录》称："此书字抚欧体，刊工陈忠见敝藏水经注及明州本书选补版中，写刻既工，印尤精妙，桑皮莹洁，墨采静穆，真希世之珍也。"

军刊。

《建康实录》二十卷，嘉祐三年（1058 年）江宁府刊。

《八朝事迹编类》二卷，绍兴二十年（1160 年）建康府刊。

《三朝名臣言行录》十四卷，洪州豫章郡刊。

《于湖居士文集》四十卷，洪州豫章郡刊。

《五朝名臣言行录》十卷，洪州豫章郡刊。

《浔阳志》十二卷，淳熙三年（1176 年）江州浔阳郡署刊。

《南康志》宝庆年间（1225～1227 年）南康军署刊本。

《仪礼经传通解续》十五卷，嘉定十五年（1222 年）南康军刻本。

《上饶志》十卷，嘉泰年间（1201～1204 年）信州上饶郡署刻本。

《饶州志》二卷，嘉定年间（1208～1224 年）饶州鄱阳郡署本刻本。

《新建图经》，天圣元年（1023 年）新建县署刊。

《浮梁县志》咸淳六年（1270 年）浮梁县署刻本。

《仪礼经传通解》三十七卷，《续》十五卷，嘉定十年（1217 年）南康道院刊正集，嘉定十五年（1222 年）南康军刊续集。

《北山小集》，四十卷，乾道六年（1170 年），湖州官廨刊。

以上是州、（府、军）县政府的一些刻本，其内容丰富，涉及经、史、子、集各部，尤其其地方志的刊刻是一大特点。

（五）州（府、军）学郡、县学刻本

宋代重视教育，各级政府都办有学校，称为州学、府学、军学、郡庠、学宫、学舍、县斋、县学。其中很多书院和学校大都有学田，经费充足，人才济济，可以

精校细勘，又是读书讲学、培养士子、崇尚传统文化的地方，所以也多从事刻书。在古籍版本中，有所谓州军学本、郡庠本、郡府学本、县学本、学官本、学舍本、书院本等，就是各类学校所刻印的古籍版本。这些学校刻印书籍的范围主要是选择供学生阅读的经、史、子、集以及各家对上述书籍的注释和校勘本，此外也选印些历代及当代名家的诗文集等。现据有关资料①，将宋代各地方学校的刻印本简列于下：

1. 州学、军学的刻本

这一级的刻印分布面也很广，如果加在一起，其数量也是很大的。如：

黄州州学绍兴十七年（1147 年）刻印王禹偁《小畜集》三十卷。

婺州州学绍兴十七年（1147 年）刻印苏洵《嘉祐集》十六卷。

抚州州学绍兴二十二年（1152 年）刻印谢过《竹友集》十卷。

南剑州州学绍兴二十七年（1157 年）刻印孙甫《唐宋论断》三卷。

庐州州学刻印《孝肃包公奏议集》十卷。

扬州州学乾道二年（1166 年）汤修年刻印沈括《梦溪笔谈》二十六卷。

潭州州学刻印《贾谊》新书十卷。

严州州学淳熙十三年（1177 年）印《唐柳先生集》四十五卷，《外集》、《附录》各一卷。

台州州学嘉定年间刻印林师箴《天台前集》三卷。

福州州学开庆元年（1259 年）刻印《西山真文忠公读书记》甲集三十六卷，乙集二十卷，丁集八卷。

---

① 主要依据：沈德寿《抱经楼藏书志》；丁丙《善本书室藏书志》；陆新源《仪顾堂题跋》；张秀明《中国印刷史》，上海人民出版社，1989 年版；罗树宝《中国古代印刷史》，印刷工业出版社，1993 年版；李致忠《历代刻书考述》，巴蜀书社，1990 年版。

衢州州学刻印《三国志》六十五卷。

赣州州学张之纲刻《文选》六十卷。

江阴军学天圣七年（1029 年）刻印韦昭注《国语》二十一卷，《宋库国语》音三卷。

宣州军学绍兴十年（1140 年）刻印梅圣俞《宛陵集》六十卷。

惠州军学学绍兴二十一年（1151 年）刻印《眉山唐先生文集》三十卷。

建昌军学乾道初刻印黄裳《演山集》六十卷。

兴化军学乾道七年（1171 年）刻印王溥《五代会要》三十卷。

邵武军学刻印廖刚《高峰集》二卷。

抚州军学淳熙二年（1175 年）刻印《谢幼槃集》十卷。

泉州军州学淳熙三年（1176 年）刻印沈与求、沈忠敏，《龟溪集》十二卷，淳熙八年（1181）刻印《禹贡论》、程大昌《演繁露》六卷。

全州军州学淳熙十二年（1185 年）刻印《集韵》十卷。

象州军州学刻印慕容彦逢《离文堂集》十五卷。

高邮军学绍熙三年（1192 年）刻印秦观《淮南集》十卷，《后集》六卷，《长短句》三卷。

建昌军学南丰县主簿林宇冲庆元六年（1200 年）刻印《乐书》二百卷。

兴国军学嘉定九年（1216 年）刻印杜预《春秋经传集解》三十卷，附陆德明《音义》五卷。

武冈军学嘉定十七年（1224 年）刻印《司马光文集》八十卷。

临江军学绍定六年（1228 年）刻印《朱文公校昌黎先生集》四十卷，《外集》十卷，端平元年（1234年）刻印张洽《春秋注集》十一卷。

袁州军学淳祐三年（1243 年）刻印《程公说春秋

分纪》九十卷。

邵武军学咸淳七年（1271 年）刻印补修后的《廖刚高峰集》十二卷。

安陆军学淳熙三年（1176 年）刻郑獬《郧溪集》二十八卷。

2．郡庠本

泉南郡庠韩仲通绍兴元年（1131 年）刻《孔氏六帖》三十卷。

吴兴郡庠绍兴八年（1138 年）刻《新唐书·纠缪》二十卷。

宜春郡庠绍兴三十年（1160 年）刻《唐卢肇文标集》三卷。

永州郡庠乾道元年（1165 年）刻柳宗元《柳州集》三十卷，《外集》一卷。

扬州郡庠乾道二年（1166 年）刻沈括《梦溪笔谈》二十六卷。

临汀郡庠乾道三年（1167 年）刻晁说之《嵩山文集》二十卷，《钱塘韦先生集》十八卷。

温陵郡庠乾道四年（1168 年）刻蔡襄《忠惠集》三十六卷。

临汝郡庠乾道五年（1169 年）刻徐积《节孝语录》一卷。

高邮郡庠乾道九年（1173 年）刻秦观《淮海集》四十九卷。

蕲春郡庠淳熙三年（1176 年）刻王莘《王先生集》八卷。

泉州郡庠淳熙九年（1182 年）刻《潜虚》一卷。

东宁郡庠嘉泰元年（1201 年）刻龚颐正《芥隐笔记》十卷。

衢州郡庠咸淳九年（1273 年）赵淇刻《四书朱子集论》二十六卷。

赣州郡庠陆壑刻《佃埤雅》二十卷。

零陵郡庠刻《唐柳先生外集》一卷。

严陵郡庠刻宋袁枢《通鉴纪事本末》四十二卷。

3．郡、府本

临安府学绍兴九年（1139 年）刻贾昌朝《群经音辨》七卷。

严州府学淳熙二年（1175 年）刻袁枢《通鉴纪事本末》二百九十卷。

平江府学乾道六年（1170 年）刻《韦苏州集》十卷，《拾遗》一卷。

泉州府学端平元年（1234 年）刻《真德秀心经》一卷。

镇江府学咸淳元年（1265 年）刻《说苑》二卷，淳熙二年（1175 年）刻聂崇义《新定三礼图集注》二十卷，宝祐四年（1256 年）刻《唐实录》二十卷。

池州郡学庆元五年（1199 年）刻《胡简铨忠简先生文选》九卷。

池州郡学绍熙二年（1175 年）张釜刻其祖纲《华阳集》四十卷。

洪州豫章郡学刻印朱熹《论语集义》三十四卷。

信州上饶郡学刻印蔡沈《书传问答》一卷。

齐安郡学刻宋夏竦《集古文韵》五卷。

姑孰郡斋乾道六年（1170 年）刻洪遵《洪化集验方》五卷；乾道七年（1171 年）刻李柽《伤寒要旨》一卷，《药方》一卷；乾道八年（1172 年）刻杨侃辑《两汉博闻》十二卷。

九江郡斋淳熙二年（1175 年）刻欧阳忞《舆地广记》三十八卷。

池阳郡斋淳熙八年（1181 年）刻《文选注》六十卷。

南康郡斋淳熙十一年（1184 年）刻朱端章《卫生家宝产科备要》八卷。

严州郡斋淳熙十四年（1187 年）刻陆游《新刊剑

南诗稿》二十卷。

寻阳郡斋广元六年（1200 年）刻郭璞《輶轩使者绝代语释吕国方言解》十三卷。

筠阳郡斋嘉泰四年（1204 年）刻米芾《宝晋山林集拾遗》。

新安郡斋泰四年（1204 年）刻《皇朝文鉴》一百五十卷，《目录》三十卷。

滁阳郡斋嘉定四年（1211 年）刻《皇朝文鉴》一百五十卷，《目录》三十卷。

当涂郡斋嘉定十年（1217 年）刻朱熹《四书章句集解》二十八卷。

衡阳郡斋嘉定十一年（1218 年）刻胡寅《致堂读书管见》三十卷。

建宁郡斋嘉定年间刻徐天麟《两汉会要》七十卷，宝庆二年（1226 年）刻徐氏《东汉会要》四十卷。

严陵郡斋绍定元年（1228 年）刻魏野《钜鹿东观集》十卷等。

莆田郡斋淳裕九年（1249 年）刻《后村居士集》五十卷。

4. 县学与学宫本

贵溪县学淳熙十年（1183 年）刻印林铖《汉隽》十卷。

汀州宁化县绍兴十二年（1142 年）刻《群经音辩》七卷。

黄岩县学淳熙元年（1174 年）刻张九成《横浦心传录》三卷，《横浦日新》一卷。

象山县学淳熙十年（1183 年）刻林铖《汉隽》七卷。

华亭县学庆元六年（1200 年）刻《陆士衡集》十卷，《陆士龙集》十卷。

昆山县学淳祐十一年（1251 年）刻《玉峰集》三卷，《续》一卷。

永福县学宝祐五年（1257 年）刻徐自明《宋宰辅编年录》三十卷。

泉州县学宫淳熙四年（1177 年）刻穆大昌《禹贡山川地理图》二卷。

漂阳学宫嘉定三年 ·(1210 年）刻《开元无宝遗事》二卷。嘉泰十一年（1220 年）刻陆游《渭南文集》五十卷。

富川学宫端平三年（1236 年）刻朱鉴《诗传遗说》六卷。

衢州学宫淳祐四年（1244 年）刻杨伯岩《六帖补》二十卷。

5. 书院本

宋代书院兴盛，创办者或为官府或为私人，一般都选择风景区或名胜之地作为院址，由当时著名的学者讲学其间，以研习儒家经典为主，采用个别钻研、互相问答、集众讲解等相结合的方式进行教学，对中国传统的学术思想不仅进行弘扬，也起到了发展作用。书院在刻书上，校勘一丝不苟，普获后世学者评价甚高。据各家著录可知，宋代许多书院都刻过书①，枚举一二，列于下：

白鹿书院淳熙六年（1179 年）刻印朱熹编《论孟要义》。

白鹿书院宋末刻印朱熹《四书》。

梅溪书院淳熙十四年（1187 年）刻印王庭珪《卢溪先生集》五十卷。

白鹭州书院刻印班固撰，颜师古注《汉书》一百二十卷。

白鹭州书院刻印范晔撰，李贤注《后汉书》九十

---

① 参见：钱曾《读书敏求记》；杨绳信《中国版刻综录》，陕西人民出版社，1987 年版；魏隐儒、王金雨编著《古籍版本鉴定丛谈》，印刷工业出版社，1984 年版；程焕之编《中国图书论集》，商务印书馆，1994 年版；毛春翔《古书版本长谈》，上海人民出版社，1977 年版。

卷，刘绍撰《志》三十卷。

象山书院绍定四年（1231 年）刻印袁燮撰《絜斋家塾书钞》十二卷。

龙溪书院淳祐八年（1248 年）刻印陈淳著《北溪集》五十卷，《外集》一卷。

婺州丽泽书院绍定三年（1230 年）刻印司马光《切韵指掌图》二卷。

泳泽书院淳祐六年（1246 年）刻印朱熹《四书集注》十九卷。

竹溪书院宝祐五年（1257 年）刻印方岳《秋崖先生小稿》八十三卷。

建安书院咸淳元年（1265 年）刻印《朱文公文集》100 卷，《续集》七卷，《别集》十一卷。

以上五个方面对州（府、军）县刻书做了一个梗概的描绘，很不全面，虽则如此，也能说明宋代学校刻书占的比重不少，是整个宋代刻书出版事业的一个重要组成部分。

总之，通过对上述宋代官方刻书的考察，可以看出官刻在整个大的出版系统中具有非常重要的地位。当然这与官方在文化、经济的方面的相关出版资源非民间可比有关。另外，从国家的角度对图书的编辑出版的重视，是有一定的政治目的，也略见赵氏政治统治技术和士人的价值取向一斑。

宋初，平五代十国之乱后，遗留下来的一大批故国旧臣的从去、留用问题是对赵氏统治能力的一种考验。太祖审时度势，在"以文化成天下"的旗帜下，网罗一大批知识分子为之编撰图书，同时也解决了故国旧臣的问题：对其更是以高官厚禄收买，以便转移其视线，销磨其反骨，使之老死于书丛之中，正如吴任臣《十国春秋·南唐》所说："当时诸降王死，多出非命。其故臣或宣怨言，太祖俱录之馆中，俾修《太平御览》等书，丰其廪饩，诸臣多卒老于中。"这样一方面销磨掉

故国旧臣的复国之心，又向天下士子展示了新朝新君的
浩浩皇恩，加快了赵宋政权天授合法性的进程，可谓一
举三得。

二、私人刻书出版

两宋，伴随着雕版印刷事业的欣欣向荣，私人的刻
书出版亦如雨后春笋，层出不穷。私人刻书主要由私人
出资刊刻，出版物归属于私人所有的一种出版行为。

私人出版的图书，通常称为私刻本，私刻本又可分
为家刻本、家（书）塾刻本和坊刻本。家刻本是个人
雇请工匠或出资由刻书作坊刻印的书，大多刻自己或祖
先的著作。其刻印的目的，主要是为了传播、扬名或纪
念，因此这类书往往以赠送为主，有时也通过销售而收
回部分成本，单纯为营利的情况是不多的。在个人经济
宽裕的情况下，家刻本的刻板、用纸、印刷、装潢等，
往往都十分考究。因此，在家刻本中的善本很多。家塾
刻书与家刻（又叫私宅）本在概念与性质上都没有多
大的区别，只是有些版本学著作为了叙述的方便，才把
它们分开来介绍。在中国古代封建社会里，官僚、地
主、富商大贾常常在自己家里设学校，称为家塾，聘师
教授自己的子女。被聘的教师未必有什么科第功名，但
往往德高望重，具有真才实学。他们在教书的过程中，
常常就自己的志趣所长，或著述，或校勘，或整理，注
释旧籍，依靠主人的财力，也兼事刻书。但大多数家塾
本所刻的内容是向本族家塾学生提供学习和阅读的书
籍，多为儒家经典，启蒙读物以及名家的诗文集等。这
类刻本除满足本族需要外，也往往销售一大部分来补充
家塾的经费。

坊刻则是专门从事书籍印刷制作的工作坊所印的
书，有自己的印刷所，根据其规模大小，长期雇佣一定
的刻版匠、印刷匠和装订工。有的书坊以自家的人员为
主，再吸收一些学徒。很多印书作坊的主人，本身就精

通刻板、印刷技艺。有的书坊主人，不但精通刻板技
艺，也能从事编校书籍，往往编撰、出版、发行集中于
一坊一肆。坊刻本常常名目新、刻印快、行销广，使整
个宋代文化显得十分活跃。为了降低成本，增加利润，
印刷技术的改革往往就出在坊刻这一类人中。

（一）私宅家塾刻书

这一类刻本中，北宋所印的书流传甚少，而南宋时
期刻本流传最多，刻家也多。①

四川广都费氏进修堂刻有大字本《资治通鉴》二
百九十四卷。

临安进士孟琪于宝元二年（1039 年）刻《姚铉文
粹》一百卷。

金台岳氏于庆历六年（1046 年）刻《诗品》三卷。

建邑王氏世翰堂于嘉祐二年（1057 年）刻《史记
索隐》三十卷。

瞿源蔡道潜墨宝堂于绍兴二十二年（1143 年）刻
《管子》二十四卷。

清渭何通直万卷堂于绍兴二十五年（1146 年）刻
《汉隽》七册。

麻沙镇水南刘仲吉于绍兴三十年（1160 年）刻
《新唐书》二百五十卷，乾道年间刻《增广黄先生大全
文集》五十卷。

麻沙镇南斋虞千里于乾道五年（1160 年）刻《王
先生十七史》、《蒙求》。

吴兴施元之三衢坐啸斋于乾道八年（1172 年）刻
王灼《颐堂先生文集》五卷。

锦裭张监税宅于淳熙元年（1174 年）刻刘桓宽

① 参见：瞿镛《铁琴铜剑楼藏书目录》；傅增湘《藏园群书经眼
录》；王重民撰《中国善本书提要》，上海古籍出版社，1983 年版；《浙
江刻书文献》见《历代刻书概识》（印刷史料选辑之三），上海新四军历
史研究会印刷印钞会编，印刷工业出版社，1991 版；谢水顺、李政著
《福建古代刻书》，福建人民出版社，1997 年版。

《盐铁论》十卷。

武镖游孝恭德棻登俊斋于淳熙三年（1176 年）刻《三苏文粹》六十二卷。

廉台田家于淳熙七年（1180 年）刻《颜氏家训》七卷。

吉州东岗刘宅梅溪书院于淳熙十四年（1187 年）刻王庭珪《卢溪先生集》五十卷。

建安魏仲立宅刻印《新唐书》二百二十五卷。

建安刘日新宅于开禧元年（1205 年）刻王家传《童溪易传》三十卷。

吉州周少傅府于嘉泰元年（1201 年）刻《文苑英华》一千卷。

祝太府宅于嘉熙三年（1239 年）刻祝穆《方舆胜览前集》四十三卷，《合集》七卷，《续集》二十卷，《拾遗》一卷。

建宁府麻沙镇虞叔异宅刻《括异志》十卷。

蜀中秀岩山堂于宝祐四年（1256 年）刻《增修互注礼部韵略》五卷。

建安刘叔刚宅刻《礼记注疏》六十三卷，《附释音毛诗注疏》二十卷。

建安王懋甫桂堂刻《宋人选青赋笺》十卷。

眉山文中刻《淮海先生文集》二十六卷。

眉山程舍人宅刻《东略事略》一百三十卷。

姑苏郑定刻《重校添注柳文》四十五卷。

钱埔王叔边家刻《前汉书》一百二十卷，《后汉书》一百三十卷。

婺州市门巷唐宅刻《周礼郑注》十二卷。

婺州义乌酥溪蒋宅崇知斋刻巾箱本《礼记》五卷。

婺州东阳胡仓王宅桂堂刻《三苏文粹》七十卷。

刘氏学礼堂于嘉定十六年（1223 年）刻《履斋示儿编》二十三卷。

隐士王氏取瑟堂于南宋初刻印《中说》十卷。

毕万裔宅富学堂刻《李涛经进六朝通鉴博议》十卷。

胡元质当涂道院于乾道九年（1173 年）自刻《左氏摘奇》十二卷。

杭州净戒院刻唐赵蕤《长短经》十卷。

严陵詹义民于嘉定五年（1212 年）刻《欧公本末》四卷。

茶陵谭叔端刻《淮南鸿烈解》二十一卷，《精选诸儒奥论策学统宗前编》五卷，《后集》八卷，《续集》七卷，《别集》五卷。

建安蔡子文东塾之敬室于治平三年（1066 年）刻《邵子击壤集》十五卷。

建溪三峰蔡梦弼家塾于乾道七年（1171 年）刻《史记》一百三十卷。

建安陈彦甫家塾于庆元二年（1196 年）刻叶菜《圣宋名贤》一百卷。

梅山蔡建侯行文家塾于庆元三年（1197 年）刻《百家注资治通鉴详节》一百二十卷，《李学士新论林尚书尺牍》十六卷。

建安黄善夫家塾于绍熙年间刻《史记正义》一百三十卷，庆元元年（1195 年）刻《前汉书》一百二十卷。

建安刘元起家塾于庆元年间刻《汉书注》一百二十卷。

建安魏仲举家塾于庆元六年（1200 年）刻《五百家注音辨昌黎先生文集》四十卷，《外集》十卷，《别集》一卷。

建安曾氏家塾刻《文场资用分门近思录》二十卷。

建安虞氏家塾刻《老子道德经》四卷。

鹤林于氏家塾刻杜预《春秋经传集解》三十卷。

蔡琪家塾刻《汉书集注》一百三十卷。

此外，还有刻印《隶续》等书的尤袤，刻印《南轩集》的朱熹，刻印《九经》等书的廖莹中等。仅国

图所藏的私宅和家塾本就有近二十来家。从上可以看出私宅和塾刻本就内容而言，经、史、子集皆有；就地区而言，多分布在浙江、福建、江西、江苏、四川等地，据《天禄琳琅书目·茶晏诗》言：两宋诗家刻书以"赵、韩、陈、岳、廖、余、汪"七家最有名。其中，赵指长江赵淇，韩指临邛韩醇，陈指陈解元陈起（陈氏当列为坊刻），岳指岳珂，廖指廖莹中，余指建安勤有堂余氏，汪指新安汪纲。以下则通过对朱熹、陆子遹、廖莹中的刻书情况作以考察。

朱熹，字元晦，又字仲晦，号晦庵，别称紫阳。徽州婺源人，侨寓福建建阳。朱熹一生在学术上颇有建树，他不仅是一位著名学者，也是一位杰出的出版家，其刻书目的有二：一是传播文化，二是谋生。朱熹的友人张栻曾写信劝阻朱熹说："比闻刊小书版以自助……虽是自家心安，不恤他说。要是于事理，终有未顺耳。"① 朱熹则说："别营生计，顾恐益猥下目。"② 可见朱熹把刻书当作较为清高的谋生之道。

朱熹刻过《周易》、《尚书》、《诗经》、《春秋左传》、《论语》、《孟子》、《大学》、《中庸》、《礼记》、《论孟精义》、《近思录》、《南轩集》、《献寿记》、《永城学记》等。此外，他还帮助别人刻过不少书。朱熹刻书重视选择底本，反复比较，确定之后，请书法较佳的书工认真抄写，校多无讹后才予以付梓。刻好版后，还要多次进行校勘，一旦发现错误，让刻工立即改之。绍熙二年（1191年）朱熹在临漳主持刻印"四经"、"四子"，由于在刻印过程中出现错误，他立即找刻工改之③：

　　　　向在彼刊得四经四子，当时校刊自谓甚仔

① （宋）张栻《南轩集》卷二一。
② 《朱文正公文集·别集》。
③ 《朱文正公集·答藤德章》。

细，今观其间，乃犹有误字，如《书·禹贡》
'厥贡羽毛'之'羽'误作'禹'字，《诗·
下武》'三后在天'之'三'误作'王'字，
今不能尽记，或因过目，遇有此类，幸令匠人
随手改正也。古《易》音训最后数版有欲改
易处今写去，所欲全换者两版，并第三十四版
之本行五字。此已是依原版大小及行字疏密写
定，今但只令人依此写过，看令不错误，然后
分付匠人，改之为佳。

可见朱熹刻书态度认真严肃，与当时一些坊间的滥
刻，形成鲜明的对比。

《南轩集》是著名学者张栻的文集，张栻与朱熹、吕
祖谦在南宋时并称"东南三贤"。《南轩集》在当时已有
多种刻本流传，但比较而言，以朱熹刻本为优。别本主
要收录了张栻早期不成熟的"少作"，朱本除了收录"少
作"之外，还收录了不少别本未发现的作品，别本往往
随便填补文中空字，朱本则保持本来的面目，暂付阙如。

朱熹参与刻书活动，事必躬亲。在刻《礼记》时，
书工一时难觅，朱熹为此还焦虑数日，由于他常与书工
打交道，对于书工人甚为熟悉，对他们也很有感情，还
写诗来歌颂，如《晦庵集》里曾有诗，《赠书工》曰：
"平生久耍毛锥子，岁晚相看两秃翁。却笑孟尝门下士，
只能弹铗傲东风。"①

朱熹直到晚年，仍坚持刻书。当时"《中庸章句》已刻
成，尚须修一两处，以《或问》未罢，亦未欲出，次第更一
两个月可了。大抵日困应接，不得专一功夫，今又目盲，
尤费力尔。不知天意如何，且留得一只眼，了些文字以遗
后来，亦是一事。今左目已不可治，而又颇侵右目矣"②。

---

① 《晦庵集》卷十。
② 《朱文公集·答林德久》。

朱熹作为一位著名学者，既要读书、讲学和著述，还要接待不少来访者，在"日困应接"之暇，仍刻书不缀，实属不易，再加上晚年左目失明，其困难之大，可想而知。

陆子遹，山阴人，是宋代著名的刻书家与藏书家。其父是陆游，他继承父志，喜欢藏书，更喜欢刻书，所刻主要是陆游的著作，如《剑南诗稿》、《渭南文集》、《老学庵笔记》等。陆游本人生前亦曾在严州刻过《剑南诗稿》二十卷，陆游死后，《续稿》六十七卷由子遹刻完。《渭南文集》刻于南宋宁宗嘉定十三年（1220年），凡"游"字皆缺末笔，遇宋讳，或缺笔，或云"某某庙讳"。明弘治年间无锡华珵铜活字体，即据此本排印。《老学庵笔记》是陆游晚年退隐镜湖之后的著作。此书陆游生前并未刊行，直到宋理宗绍定元年（1284年）才由陆子遹印行。《直斋书录解题》谓子遹曾刻其祖父陆佃《尔雅新义》于严州，《徂徕集》陆子遹刻于新定。《严州新定续志》又言："郡有经、史、诗文、方书八十种，中有《巨鹿东观集》一目，绍定元年陆子遹知严州时与潘阆《逍遥集》、杨朴《东里集》同刻，子遹后序对三氏诗歌造诣，推崇备至"，①可见陆子遹刻书不少。

至于陆子遹刻书质量如何，所得资料甚少，只知《渭南文集》一书中有刻工陈彬、吴椿、董澄、金滋、马祖、丁松年、徐珙、邵亭、刘昭、马良等，皆当时杭州地区良工，一生刻书不少②，由此可推，陆子遹的家刻本，从刻工到校勘、装订理应都是不错的。

廖莹中，号群玉，邵武人，书室名"世綵堂"，登科为贾师宪之客。常为太府丞，知某州"③，又"贾师宪选十三朝国史、会要、诸杂说，如曾慥《类说》例，

---

① 参见《严州新定续志》。
② 参见张振铎编著《古籍刻工名录》，上海书店出版社，1996年版。
③ 参见《志雅堂杂钞》。

为百卷，名《悦生堂随钞》，版成，未及印，其书遂不传。其所撰授引多奇书。廖群玉诸书则始开景福华编，备载江上之功，事虽夸而文可采。江子远、李祥父诸公皆有跋。'九经'本最佳，凡以数十种比较，百余人校正而后成。以抚州草钞纸，油烟墨印造，其装池以泥金为签。然或者惜其删落诸经注，反不如韩、柳文为精妙。又有《三礼节》、《左传节》、《诸史要略》及建宁所开《文选》。其后又欲开手节《十三经注疏》，姚氏注《战国策》、注东坡诗，皆未及入梓，而国事异矣"①。在廖莹中所刻的群书当中，以《九经》，韩、柳二集秀雅绝作。廖氏为了刻好韩愈、柳宗元的文集，亲自较订，一丝不苟，"相传刊书时用墨皆杂泥金麝香为之，此本为当时初印，纸宝墨光，醉心悦目"②。韩、柳二集各卷末刻有篆书的"世綵廖氏刻梓家塾"八字，版心下刻"世綵堂"三字③。

　　廖莹中除刻《九经》、《三礼节》、《左传节》、《诸史要略》、韩柳文之外，还有《论语》和《孟子》。《天禄琳琅续编》卷八《论语》一函三册："何晏集解，每卷末有'盱郡重刊廖氏善本'方印或亚字形。廖氏即廖莹中，世所传'世綵'，最为佳刻也"；又《孟子》："赵歧注，每卷末亦有'盱郡重刊廖氏善本'各种印。"④另外据《梧州府志》记载："姜泓，似字巢云，善画花鸟，得徐黄遗意。又精于鉴赏。宋末以诸生游贾秋壑之门，博学多才，一时名重。与廖莹中极友善，廖氏世綵堂所刻书，皆姜所校刊"⑤。可见廖氏所刊之书，不仅纸墨精良，校勘之人也是饱学之士。

-----

① 参见《志雅堂杂钞》。
② 《持静斋书目》卷四《韩昌黎集》。
③ （清）莫友芝撰：《藏园订补郘亭知见传本书目》，傅增湘订补，傅熹年整理，中华书局，1993年版。
④ 《天禄琳琅续编》卷八。
⑤ 《梧州府志·艺术传》。

宋代家刻除了朱、陆、廖之外，蜀广都费氏、麻沙镇刘仲吉、建溪蔡梦弼、建安黄善夫、魏仲立、刘叔刚、眉山程舍人、姑苏郑定之等所刻的书，也为后人所宝爱。通过对以上二家的剖析，可知后人为什么把宋代私家刻本当作善本看待，何以如此宝重宋代私家刻本。

（二）坊刻书

"坊"是书坊的简称，指以刊印销售书籍为业的手工业作坊，又称为书肆、书林、书堂、书棚、书铺、书籍铺等。凡由书坊刊印的书，统称为坊刻本。书坊起源于唐代中、后期，最有名的是四川、淮南一带的历书、字书、小学及迷信读物。到了五代，印书的地域有所扩大，印书的内容也由民间读物发展到刻印经史一类著作，但其规模仍然很小。到了宋代，由于政府的提倡，大量印刷历代经典，因而也刺激了坊刻的发展，而最为明显的是印书为业的作坊，在一些地区很快发展起来，形成几个印刷中心。其中最著名的是福建的建阳、建安，浙江的临安，四川三地。

从当时的地缘上看，"古者江南不能与中土等。宋受天命，然后七闽、二浙与江之东、西，冠带诗书，翕然大肆，人才之盛，遂甲于天下"①。从中不难看出这三大刻书中心深厚的文化土壤，从而使得"南宋时，蜀、浙、闽坊刻最风行"②。

1. 福建的坊刻本

福建刻书，始于五代，兴盛于两宋。叶梦得曾言："福建本几遍天下。"③ 当时是："五经四书泽满天下，世号小邹鲁"④。叶昌炽的《藏书记事诗》中也言："建宁书本满人间，世历三朝远百蛮。"在闽国王氏和后来吴越忠懿王钱俶在位时期，福州百姓特别信佛，为宣扬佛法，不惜

① 《容斋四笔》卷五，《饶州风俗》。
② 参见陆心源：《仪顾堂题跋》。
③ 《石林燕语》卷八。
④ 《嘉靖建阳县志》（天一阁藏明代方志选刊），上海古籍出版社，1964年版。

遗力。这种信佛的风气，一直影响到宋代，故在北宋时期，福州一地竟刻了两部佛藏（《崇宁藏》、《毗卢藏》）和道藏。从中也可见其人力、物力之富盛。但北宋福州盛极一时的刻书事业，到南宋时大都衰落，起而代之为建宁书坊。

建阳县与建宁府附郭的建安县，是南宋坊刻的中心之一。建阳地处闽北武夷山区，盛产竹子和榕树，竹易造纸，榕易雕版，具有发展刻书业的天然优势。宋时，建阳的印本书籍被列为"土产"、"书籍行四方"。建阳县西70里的麻沙、水南、崇化及长平等地，书坊林立，尤其麻沙、崇化两坊，号为"图书之府"。麻沙镇因其书坊多而集中，被称作"书棚镇"。刘克庄的《后村居士录》记载："建阳两坊（指麻沙、崇化）坟籍大备，比属弦诵。"《建阳县志》也有记载"书市，在崇化里，比屋皆鬻书籍，天下商贩者如织，每月以一、六集"①。可见刻书业在建阳地方经济中的重要地位。而供科举夹带用的书，又"百倍经史"。熊禾又说："书籍高丽、日本通"②，这也反映了建本产量之多，行销之广，不仅在国内无远不至，还行之今日的朝鲜和日本。根据有关资料③，现将建阳、建安两县的书坊汇记如下：

建宁府黄三八郎书铺

建宁书铺蔡琪纯父一经堂

建安万卷堂

建安刘之问

建安江仲达群玉堂

建安虞平斋务本书堂

---

① 嘉靖《建阳县志》卷三。

② （宋）熊禾《同文书院上梁文》。

③ 参见黄虞稷《千顷堂书目》；陆心源《皕宋楼藏书志》；谢水顺著《福建古代刻书》福建人民出版社，1997年版；方彦寿《建阳古代刻书通考》见《出版史研究》叶再生编1998年第2期；谢水顺，《略说福建的刻书》、《历代刻书概括》、《印刷史料选辑》之三，上海新四军历史研究会印刷印钞分会编，印刷工业出版社，1991年版。

建安庆有书堂

建阳崇化陈八郎书坊

麻沙刘仲立

麻沙刘智明

麻沙刘将仕宅

麻沙刘通判宅

建安余恭礼宅

建康余唐卿明经堂

建安余彦国励贤堂

余氏广勤堂

建安余仁仲万卷堂

余靖安勤有堂

…………

从一些文献记载和目录书的著录来看，建安建阳书坊的刻书内容主要是经、史、子、集各类，还有一些民间日用书和启蒙书，可惜流传下来的只是其中的一小部分。一般宋刻经、子书名前有纂图、互注、重言、重意标题者，大都出于坊刻，以供士人帖括之用。如《纂图附释音重意重言互注尚书》、《纂图互注荀子》等。在以上的书坊中，最有名的是余氏各书坊。从北宋起，余氏世代就以刻书印刷为业。叶德辉对此有专评，余氏勤有堂，"居于建阳县之书林，于他处购造纸料，印记'勤有'二字，纸版俱佳，是以建安书籍盛行"①。又言"宋刻书之盛，首推闽中，而闽中尤以建安为最，建安尤以余氏为最，且当时官刻书亦多由其刊印"②。

据《余氏宗谱》③，余氏先祖余祖焕，于南北朝时始居闽中，到宋初已传到十四世，徙居建安书林，从事刻书。余氏最早使用的堂名为万卷堂，其他较为有名的

———————

①②《书林清话》卷二。

③ 肖东发《建阳余氏刻书考略》，见《历代刻书概况》，印刷工业出版社，1991年版，第90页。

是勤有堂、励贤堂、双桂堂等，而"勤有堂"名称一直使用到明末。余氏历宋元、明营业长达五六百年之久，这在世界出版史上也是极其少见的。余氏刻书最兴旺的时期是南宋，有余恭礼、余唐卿、余彦国、余氏广勤堂、余靖安（静庵）、余仁仲等六家。而其中最有名的，刻书最多、最快，行销最广的是余仁仲万卷堂。他刻印的书中最具代表性的是《九经》，如淳熙七年（1180年）刻《尚书精义》五十卷、绍熙四年（1193年）刻《春秋谷梁传》十二卷等，都是很有名的版本。另外还刻有《周礼》、《礼记》等。余氏其他诸家有余恭礼于嘉定九年（1219年）刻《活人事证方》十卷。余唐卿明经堂宝祐元年（1254年）刻《类证普济本事方》十卷，《后集》十卷。余靖安勤有堂则继承了余氏祖上的堂名，最有名的刻本是《古列女传》①。余靖安这一支传至理宗时的余文兴，不但继承了勤学堂的老字号，且自称勤有居士。

建安、建阳其他各家书坊刻印的情况大体是②：建宁府黄三八郎书铺，于乾道元年（1165年）刻《韩非子》二十卷，乾道五年（1169年）刻《广韵》五卷。建阳麻沙书坊于绍兴十年（1140年）制《曾慥类说》五十卷，绍兴二十三年（1153年）刻《皇宋事实类苑》七十八卷，又刻《论学绳尺》十卷，《十先生奥论》四十卷。蔡琪一经堂于嘉定元年刻《汉书》一百二十卷。建宁府陈八郎书铺刻《贾谊新书》十卷，建安江仲达群玉堂刻《回澜文鉴》十五卷。

福建其他书坊还有：武夷詹光祖月屋书堂于淳祐年间刻《资治通鉴纲目》五十九卷。南剑州雕匠叶昌于绍兴三十一年（1130年）刻程俱《班左海蒙》三卷。

---

① 肖东发《建阳余氏刻书考略》，见《历代刻书概况》，印刷工业出版社，1991年版，第93页。

② 参见杨绳信《中国版刻综录》，陕西人民出版社，1987年版。

  福建刻本称为"闽本"、"建本"、"建安本",建阳麻沙镇所刻的书,称为"麻沙本"。"麻沙本"因为粗制滥造,志在图利,误文脱简,触目皆是,在当时的评价不高。且"麻沙本"多用柔木刻板,字划容易损坏模糊,又用本县的土竹纸印书,颜色发黑,纸质暗薄。因为内容与材料形式都有一定的问题,所以给人感觉不佳。但建本品种繁多,成本低廉,几遍天下,因此流传到现在的宋版书,以建本为多,自然其中也不乏刻书精美与有学术价值的作品。

  2.江浙坊刻书

  江浙一带刻书地区遍布临安、吴兴、绍兴、衢州、婺州、明州、台州、严州各地。其中当首推临安。1967年,浙江瑞安县仙岩的慧光寺佛塔里,发现了一部北宋初刻的《大悲心陀罗尼经》,经卷尾有"明道二年十二月日太中,大夫尚书兵部侍郎致仕上柱国赐紫金鱼袋胡则印施"两行文字①。胡则,字子正,浙江永康人,北宋端拱二年(989年)进士,曾知永嘉郡。该经本书法隽秀,镂梓精美,墨印清晰,是早期浙江雕版印刷品中的精品。宋人叶梦得就曾言"今天下印书,以杭州为上"②。慧光寺藏经的发现证实了叶氏所论决非妄言,同时也说明了在宋代的刻书业中,杭州所占的重要地位。其实早在唐五代时,杭州就出现了不少刻本,在这个基础上,造就了一批刻板、印刷的能工巧匠,到了宋代,其刻印技艺更加成熟,居全国之冠。北宋时,国子监的很多书籍,都由汴梁送往杭州开雕,从而又促进了杭州印刷业的进一步发展。到了南宋,杭州成为首都,成为人文荟萃,商旅云集的江南第一都会。随着政治地位改变所带来的一系列的变化,使杭州的刻书事业处于

———————

  ① 严佐之《古籍版本学概论》,华东师大出版社1989年版,第27页。

  ② 《石林燕语》卷八。

十分优越的地位，印刷业更加蓬勃的发展起来。

南宋时，京城临安（杭州）不仅官刻，私家刻书风起云涌，还书坊林立。其名称也较多，称为"经铺"、"经坊"、"经箱铺"、"经书铺"、"书箱铺"、"文字铺"等①。他们刻印的书籍，内容十分广泛，不但有经、史、子、集及各种儒林著作，也有各种医书、技术书、话本及民间读物和佛经。杭州书籍铺有名可考者甚多②：

临安府棚北大街陈解元书籍铺；

临安府北睦亲坊南陈宅书籍铺；

临安府洪桥子南河西岸陈宅书籍铺；

临安府鞔鼓桥南河西岸陈宅书籍铺；

临安府太庙前尹家书籍铺；

临安府众安桥南街东贾官人经籍铺；

临安府修文坊相对王八郎家经籍铺；

钱塘门里东桥南大街郭宅经铺；

保佑坊前张官人经、史、子文籍铺；

行在棚南街前西经坊王念三郎家；

杭州沈二郎经坊；

杭州猫儿桥河东岸开笔纸马铺钟家；

太学前陆家；

铺塘王叔边；

钱塘俞宅书塾；

杭州大隐坊；

临安府中瓦南街车开印输经史书籍荣六郎家；

杭州积善坊王二郎；

桔园亭文籍书房；

① 张秀民《中国印刷史·宋代》，上海人民出版社，1989 年版。

② 参见严佐之：《古籍版本学概论》华东师范大学，1989 年版；崔富章：《浙江的刻书与藏书》见黄建国，高跃新主编《中国古代藏书楼研究》，中华书局，1999 年版；杨绳信《中国版刻综录》陕西人民出版社，1987 年版。

临安赵宅书籍铺；

临安李氏书籍；

…………

其中一些字号是从东京开封迁到杭州的。如荣六郎家原住东京大相国寺东，随着北宋的灭亡而南迁杭州，继续从事刻书事业。当时由东京迁来的书坊，可能不止荣六郎一家。在杭州诸多书坊中最有名的要算陈起父子。陈起，又名陈彦才，字宗之，号芸居，是南宋临安最著名的出版家，"能诗，凡江湖诗人皆与之善，尝刻《江湖集》以售"①。陈起的书坊位于临安棚大街睦亲坊南，坊内藏书处名芸居楼，楼内书堆积如山。陈起酷爱读书，能写一手好诗，有《芸居乙稿》行世。陈起当时与许多读书人建立了良好的关系，他的书坊成了文人学士的学术活动中心，南宋诗人刘克庄曾诗赠陈起："陈侯生长繁华地，却似芸居自沐黛。炼句岂非林处士，鬻书莫是穆参军。雨檐兀坐忌春去，雪屋清淡至夜分。何日我闲君闭肆，扁舟同泛北山云。"其他如郑斯立、黄祐甫、周文璞、俞桂、徐从善、周端臣、朱继芳、黄文雷、危慎、吴文英、释庭芳等数十人都与之有深交。此外，陈起还经常赠书予无钱购书之文士。

陈起刻书内容，归纳起来，主要有两大类：第一，唐诗别集。王国维先生对陈起刻书评价甚高："今所传明刊十行十八字本唐人专集、总集，大抵皆出陈宅书籍铺本也。然则唐人诗集得从流传至今，陈氏刊刻之功为多。"②清光绪二十一年（1895年）元和江标辑《唐人五十家小集》，均据陈起刻本翻刻。第二，宋江湖诗人作品集。陈起刻印发行的办法是收集一批，刻印一批，发行一批。据《永乐大典》所录③，有《江湖集》、

---

① 参见方回：《瀛奎律髓》。

② 王国维《两浙古刊本考》，见王国维著《王国维遗书》，上海古籍书店，1983年版。

③ 参见《永乐大典》，中华书局影印本，1986年版。

《江湖前集》、《江湖后集》、《江湖续集》、《中兴江湖集》诸部。《四库全书》共著录了《江湖小集》和《江湖后集》。《江湖小集》收有 62 家作品，《江湖后集》收有 49 家作品，二者之和，计 111 人。另《四库全书总目·江湖小集提要》言："且洪迈、姜夔皆孝宗时人，而迈及吴渊位皆通显，尤不应列之江湖，疑原本残缺，后人掇拾补缀，已非陈起之旧矣。"陈起死后，其子陈续芸继刻印卖书籍。

杭州的坊刻本，除陈氏外，第二要数临安府太庙前尹家书籍铺了，其刻有《钓矶立谈》一卷，《渑水燕谈录》十卷，《北户录》三卷，《茅亭客话》十卷，《述异记》二卷等。其他书籍铺的刻书情况，因年代久远，著录甚少，故记载很少。如王念三郎家刻印过《金刚经》，荣六郎家经史书籍铺，于绍兴二十二年（1152年）重刻《抱朴子》；钱塘门里东桥南大街郭宅经铺刻《寒山拾得诗》一卷。杭州大隐坊于政和八年（1118年）刻《重校正朱肱南阳活人书》十八卷。

江浙的坊刻，除了杭州外，越州、婺州、明州、衢州、严州等地，也都有一定数量的坊刻本。其他书坊有①：

婺州市门巷唐宅；

婺州义乌青口吴宅桂堂；

义乌县酥溪蒋宅崇知斋；

婺州东阳胡仓王宅桂堂；

东阳崇州余四十三郎宅；

……………

其他书坊无明确记载的，是私人刻还是坊刻已很难考。

3. 四川及其他地区的坊刻

四川经济、文化素称发达，自古即有"天府"之誉。中唐以后，益州逐渐成为全国政治重心之一，加上

---

① 杨绳信编《宋元版刻综录》，陕西人民出版社，1987 年版。

蜀地山林茂密，木材丰富，纸张品种很多，这些都是发生雕版印刷的有利条件，所以唐五代时期，四川一直都是刻书的中心。五代时，毋昭裔："出私财营学宫，立黉舍，且请后主镂板，印九经，由是文章复兴。又令门人孙逢吉、勾中正书《文选》、《初学记》、《白氏六帖》，镂版行世。"① 北宋建立时，"会艺祖好书，命使尽取蜀文集诸印本归阙，忽见卷尾有毋氏名，以问欧阳炯，炯曰：'此毋氏家钱自造。'艺祖甚悦，即令以板还毋氏。是书其时遍于海内"②。

由于蜀刻技术先进、刻功精良，太祖在开宝四年（971年），派人到成都主持开雕《大藏经》，就是著名的《开宝藏》。《开宝藏》多达5000多卷，它的刊刻充分显示了北宋初期四川地区刻书的实力。北宋蜀刻的中心在成都。南宋时，蜀中又相继刻印了《太平御览》、《册府元龟》等大型类书，其刻书中心已逐渐移至成都西南的眉山。眉山刻书很多，最著名的是井宪孟所刻的七史。《郡斋读书志》对之有记载：

> 嘉祐中，以《宋》、《齐》、《梁》、《陈》、《魏》、《北齐》、《北周》舛谬亡阙，始诏馆职仇校。曾巩等以秘阁所藏多误，不足凭以是正，请召天下藏书之家悉上异本，久之始集。治平中，巩校定《南齐》、《梁》、《陈》三书上之。刘恕等上《后魏书》，王安国上《北周书》。政和中，始皆毕。颁之学官，民间传者尚少，未几，遭靖康丙午之变，中原沦陷，此书几亡。绍兴十四年，井孟宪为四川漕，始檄诸州学官求当日所颁本。时四川五十余州皆不被兵，书

---

① 任臣《十国春秋·毋昭裔传》。

② 孙毓修《中国雕版源流考》，上海商务印书馆1933年，第23页。

颇有在者，然往往亡阙不全，收拾补缀，独少
《后魏书》许卷。最后得宇文秀蒙家本，偶有
所少者，于是七史遂全，因命眉山刊行。

　　这就是眉山七史。因为字大如钱，又称为蜀大字
本。眉山七史，每半页九行，印本多模糊，有人称它为
邋遢本。明洪武时，取天下书版入南京国子监，则成为
南监本的一员，元时有修版。嘉靖、万历、崇祯有补
版，所以又称眉山七史为三朝本。至清代尚存江宁藩
库，后因藩库失火，版始毁灭。眉山七史书版前后经七
百余年，可以说是刻书史存在时间最长的一种。
　　四川的坊刻本五代至两宋都很发达，但可考者甚
少。如万卷堂刻《新编近时十便良方》，崔氏书肆刻
《南华真经论》等①。另外成都附近的广都县以产楮皮
纸、竹纸而成名，费著的《蜀笺谱》里有记载，蜀中
经、史、子集多用广都纸传印。由此可知，广都的坊刻
本显然不止一家。
　　此外，在江西有新喻吾氏刻《增广太平惠民和剂局
方》十卷，德兴董应梦集古堂绍兴三十年（1160 年）
刊《重广眉山三苏先生文集》八十卷等②。在秦中者，
有咸阳书隐斋。在晋中者，河津王氏取瑟堂刻《中说
注》十卷，汾阳博济堂刻《十便良方》四十卷③。湖南
长沙、广东潮州、广西柳州、象州等地，在南宋时，也
都有印书作坊。可见南宋的坊刻本几乎遍布全国各地。
在南宋杭州坊刻本中，荣六郎家就由汴京迁去，据北宋
时汴京的繁荣状况尤其大相国寺周围书坊林立，可见其
坊刻书也很发达。宋张择端的《清明上河图》中，就

　　① 顾廷龙：《唐宋蜀刻本简述》见《装订源流社补遗》，中国书籍
出版社，1993 年版。
　　② 参见杜信孚：《江西历代刻书》，江西人民出版社，1994 年版。
　　③ 刘纬毅：《山西古代刻书考略》，见《历代刻书概况》，印刷工
业出版社，1991 年版。

有当时的书坊，这也成为古代坊刻的宝贵资料。

总之，宋代私人刻书出版的两大块：家刻和坊刻各有千秋，折射出不同社会阶层的文化价值取向。

家刻更多的体现了一种士人知识阶层对"立言求不朽"的追求。后来赵翼讲得比较精辟："历朝以来，宋史最繁。且正史外又有稗乘杂说，层见叠出。盖其时士大夫多尚名誉。每一巨公，其子弟及门下士必记其行事，私相撰述，如《王文正公遗事》、《丁晋公谈录》、《杨文公谈录》、《韩忠献遗事》及《君臣相遇传》、《钱氏私志》、《李忠定靖康传信录》、《建炎进退志》、《时政记》之类，刊刻流布。而又有如《朱子名臣言行录》之类，扬光助澜，是以宋世士大夫事迹传世者甚多，亦一朝风尚使然也。"①

不仅史书如此，其他著作众多的原因亦如此。郑樵著书千卷，唯恐亡佚不传，他说："樵暮龄余齿，形单影只，铅椠之业甫就，汗简之功已成，既无子弟可传，又无名山可藏。每诵白乐天'恐君百岁后，灭泯人不闻。赖中藏秘书，百代无湮沦'之句，未尝不呜咽流涕。"②他抱着书稿，千里迢迢，从福建莆田老家跑到临安献给皇帝，以求藏之秘阁。他在给皇帝的信中写道："奈秋先蒲柳，景迫桑榆，兄弟沦亡，子姓亦殇。唯余老身，形影相吊。若一旦倏先朝露，则此书与此身，俱填沟壑，不唯有负于平生、亦有负于明时。谨缮写十八韵、百四十卷诣检院投进。"③可见郑樵献书的目的是为了"百代无湮沦"，避免"此书与此身，俱填沟壑"，也就是为了传之久远，流芳千古。这种价值取向是儒家的历来传统，不过宋人尤为突出。在这种价值取向的主导之下，私家刻书精勘精审，写、刻、印的每个环节都力求尽善尽美，后世传本多为善本。

———————

①《陔余丛考卷》卷十八《宋人好名誉》。

②③《夹漈遗稿》卷三。

　　与坊刻对应的是宋代市民文化的勃兴和市民意识的觉醒。宋代随着城市商品经济的发展，经济伦理思想有了新的变化，商品意识在宋代城市社会中滋长和蔓延，并无孔不入地向社会生活的每一个角落渗透，这些都是培育市民阶层的温床。坊市合一、宵禁废弛，作为城市社会主体的市民阶层表现出旺盛的生活热情和欲望，创造出带有明显商品化色彩的都市文化生活。正如日本学者加藤繁在《中国经济史考证》中所说："当时（宋代）都市制度上的种种限制已经除掉，居民的生活已经颇为自由、放纵，过着享乐的日子。不用说这种变化，是由于都市人口的增加，它的交通商业的繁盛，它的财富的增大，居民的种种欲望强烈起来的缘故。"① 正是市民阶层的"颇为自由、放纵"的生活和种种强烈的欲望，导致了新的都市风情、文化娱乐的产生，催生了市民意识的形成。这些都在相当的程度上改变了人们的生活方式。

　　适应市民文化的发展需要，书坊印行了大量的通俗读物，如各种酬世大全、医卜星相、农工杂技等应用性较强的书籍，出版了大批为官府私家刻本所不齿的话本小说、杂唱变文等俗文学书籍。仅医书一种，福建一地就有庆元二年（1196 年）武夷安乐堂刻本、万卷堂刻本《新编近时十便良方》四十卷；种德堂刻本《杨氏家藏方》二十卷；勤有堂刻本《增注太平惠民和济局方》三十卷；庆有余刻本《伤寒明理论》三卷等。

　　此外，坊刻经营者为了降低成本，利于竞争，在改良技术上自比官刻积极主动，成为印刷技术改良的主要推动者和传播者，譬如活字印刷、套印、石印、书籍插图等。

三、民间刻书出版

　　民间刻书，主要指寺、观祠堂的刻书，其资金来

　　① （日）加藤繁：《中国经济史考证》第一卷，台湾华世出版计 1981 年 9 月版。

源，有时也由国家出资，但大多数是寺观自己募集资金和家族祠堂集体捐资刻书。故其既非官刻，也非私刻，而是介于二者之间的一种民间集体刻书形式。

北宋神宗时，"福州东禅等觉院住持慧空大师冲真于元丰三年庚甲岁谨募众缘，开雕大藏经一付"①，全藏共 6108 卷，1440 部，分装 580 函，收书量大大超过了《开宝藏》，因卷帙浩繁，且又为民间刻书，所以费时久长，直至宋崇宁二年（1103 年）方始完工。这套《福州东禅寺大藏》，又称《福州藏》、《东禅藏》、《崇宁藏》或《崇宁万寿藏》。

政和年间，苏州释庆善刊《西汉诏令》十二卷。庆善，俗姓林名虑，字德祖，福建福清人，"绍兴四年始登进士，敕授常州，迁扬州、擢河北西路提举学事，除开封府左司录。时府尹以佞幸进，有所不乐，遂纳禄去，归隐苏州大云境，自号大云翁"②，后刊《西汉诏令》。

徽宗政和三年（1113 年），福州蔡俊臣、陈询等组织刻经会，在开元寺僧本悟的主持下，历四十余年，于南宋绍兴二十一年（1151 年），又刻成一部大藏经，世称《开元藏》或《毗卢大藏》。

南宋绍兴二年（1132 年）起，由王永从及其弟、侄眷属和主持释宗鉴、净梵等主持，在湖州思溪园禅院雕印大藏经，世称《思溪园觉藏》，共 5480 卷。孝宗淳熙二年（1175 年），安吉州思溪法宝资福禅院又雕印大藏经，世称《思溪资福藏》。共 5704 卷。理宗绍定四年（1231 年），由藏主法忠，功德主清圭，沙门德璋、志清等共同主持，在平江府碛砂延圣院开刻大藏经，世称《碛砂藏》，共 6362 卷。这些佛典大藏的雕印，均有寺僧主持完成，具有强烈的民间宗教色彩。

---

① 李致忠：《宋代的刻书机构》，见《北京出版史志》第 11 辑，北京出版社，1998 年版。

② 江澄波编：《江苏刻书》，江苏人民出版社，1993 年版，第 8 页。

　　绍兴二十七年（1157 年）姑苏景德志刊《翻译名义集》七卷。此书由景德志普润大师法云编，前有绍兴丁丑周敦熙序。每半页六行，注双行，行二十字，大字约占小字四版心有开经人名字。内有"信人钱开张浩答四恩有三"、"马圭开报四恩"、"宋太尉宅施钱十四贯"等言①，由此不难看出其资金主要来自信人之募集捐助。

　　此外，严陵赵氏祠堂于嘉定十四年（1221 年）刻印了《复斋易说》六卷，是为宋代集休资金刻书之明证，其也带有明显的民间色彩②。

　　民间的刻书出版是官刻和坊刻的一种补充，它多刻一些规模宏大、卷帙繁多的大部头的书籍，具有慈善、积功德的色彩。

　　总之，综观宋代三大图书出版系统的基本概况，官、私、民刻书籍在具体刻印方面不存在孰优孰劣的问题，而只是不同的特点、风格和价值取向问题。三者共存于同一个时空，谁也不能压倒或取代谁，在促进文献的生产和消费，促进学术文化的继承、发展和传播上都有同等的历史性贡献。三者的存在满足了不同层次的社会需求。官府刻书由政府出资，可以不必考虑市场问题。家刻也多是出于弘扬学术或传播先贤手泽为目的，不在于牟利。书坊作为经营单位，自应以牟利为前提。不论在刻书内容和类型上，还是在服务对象上，三者的相互补充，正是社会需要的结果。

第二节　宋代的报纸出版

　　我国的新闻传播事业，肇始于三代，《左传·襄公

---

　　①　江澄波：《江苏刻书》，江苏人民出版社 1993 年版，第 9 页。
　　②　李致忠：《宋代的刻书机构》见《北京出版史志》第 11 辑，北京出版社，1998 年版。

十四年》师旷引《尚书·夏书》称："每岁孟春，遒人以木铎循于路。"早在夏、商、周时期，就曾有这样一种被称为"遒人"的政府官员，摇动木铎，巡行于各地，既宣达政令，又进行必要的采风。这是我国新闻事业的最原始形态。到了魏晋，"布告"与"露布"成为主要传播媒体①。"新闻"一词最早出自于唐代神龙年间孙处玄的"恨天下无书以广新闻"一句②。但直到南宋，赵升在《朝野类要》中才第一次把"新闻"一词和报纸联系起来使用，他说："共有所谓内探、省探、衙探之类，皆私衷小报，率有漏泄之梦，故隐而号之曰'新闻'。"③

在唐代，产生了以书面方式传播新闻的载体——进奏院状报。尽管其与现代报刊相比，它还比较原始，不够完善，且只流传于封建官僚和士大夫阶层中，但它已具备了现代报刊的许多特点。唐中期，开始在一些边疆地区建立藩镇，设置节度使。随着藩镇势力的日益发展，各节度使纷纷在京设立办事机构，开始称邸④，后称进奏院，其负责人称进奏官，他们创办进奏院状，自行采集信息，为其地方长官传送有关朝廷政事动态和各项消息的书面报告，称为进奏院状，它是一种和后来宋代的邸报相类似的新闻传播媒体⑤。目前我国存在的最早的原始状态报纸就是敦煌唐归义军的《进奏院状》，

① 所谓"布告"，即《三国会要》中经常提到的"布告天下"的政府文告，以固定地方悬挂与张贴为主。露布则主要是帛或木板，"露面宣布，欲四方速知"。

② 《旧唐书》卷一九二。

③ 《朝野类要》卷四。

④ "邸"本来是指古代朝觐京师的官员在京的住所，早在战国时就出现了，也有人说始于西汉。颜师古说："郡国朝宿之舍，在京师者率名邸。邸，至也，言所归至也。""邸"后来作为地方高官驻京的办事机构，为传递沟通消息而设。

⑤ 方汉奇等著：《中国新闻事业简史》，中国人民大学出版社，2000年版，第5～10页。

它是唐僖宗时期由驻地在沙州的归义军节度使张淮深派驻朝廷的进奏官发回沙州的，现藏于英国伦敦不列颠图书馆①。

　　唐代还另有中央朝廷编发的官报，当时的文献常把报纸叫报、报状、状、条报、杂报。《文苑英华》二五四唐王建《赠章州郑大夫》："报状拆闻知足雨，赦书宣地喜无囚。"说明当时的报状已包括"天气通报"一类的内容了。韩愈的弟子孙樵在未当官前"于襄汉间，得数十幅书，系日条事，不立首末。其略曰：某日皇帝亲耕藉出，行九推礼。某日百僚行大射礼于安福楼南……如此，凡数十百条"。孙樵误解为当时的事情，有人从长安回来，孙樵想对证一下，被逐条推翻。后来有认识这种物件的告诉他说："此皆开元政事，盖当时条布于外者。"孙樵后来得到《开元录》，一对比，条条都合。其《经纬集·读开元杂报》接着说："及来长安，日见条报朝廷事者，徒曰今日除某官，明日授某官，今日幸于某，明日畋（打猎）于某，诚不类数十幅书。"他感慨的是今日的政事不如开元时有礼文精神了，至于条报的形式、使用条报的制度倒一如既往——说明早就有通报性质的报纸了，只是影响不算大，孙樵这个外省书生就不知道它为何物。

---

　　① 现存英国大不列颠图书馆、编号为 S1156 的唐归义军进奏院状，是写于887 年，由归义军节度使派驻朝廷的进奏官张夷发往沙州（即敦煌）的报状，报道了独自领导民兵收复瓜沙十一州的张义朝的侄儿张淮深——沙州归义军节度使的特吏向朝廷请求赐给旌节的经过。有的专家研究了它的款式、内容、发行途径，判定它是一份手抄报纸。在没有别的出土品打破记录之前，它是世界上现存的最古老的第一张报纸。发行它的机关就是进奏院——这到了宋代就是赫然的事实了。这种邸吏状比正式的公文传递要快、带有情报消息的特质。《旧唐书》上那段有名的李元素与李师古两节度使在德宗去世前发生争端的故事，都是以各自的"邸吏状"为根据的。李师古说："近得邸吏状，具承圣躬万福。李元素岂欲反，乃忽录遗诏以寄。"但很快正式通知下达：顺宗继位——李元素获知的邸吏状是准确的。

学术界普遍认为这种条报或杂报的前身是古老的记录帝王生活的"起居注"。随着人们对国事的关心渐渐流向社会，变成条报、杂报。

随着我国出版印刷技术的提高，新闻传播事业到宋代有了突飞猛进的发展：除了官办的"朝报"外，还出现了民办的"小报"；不管是"朝报"还是"小报"，都是由手写新闻跨入批量印刷阶段；北宋末期和整个南宋，报纸从内容到形式都出现了平民化趋势，在东京、临安等大都市里，报纸已沿街售卖①。

关于宋代报纸的种类和性质，学术界的看法历来有所争议②。笔者则从宋代报纸出版主体出发，认为其可分为三大门类：第一类，是以"进奏院状报"为主体演变发展的官方主流传媒，它是一种正式的官报；第二类是"邸报"，它是介于官方和民间之间的一种报纸，具有双重特征；第三类是"小报"，是一种以载新闻与时事政治素材为主的不定期的民办小报。

一、"进奏院状报"

宋初，由于完整的封建国家中央集权体制还没有完全形成，所以在官制上基本沿用了唐朝及五代十国时期的旧制，"逐州就京师各置进奏院"，归各州自行管辖。当时，全国有 250 多个州，设在首都的各州进奏院，最多的时候在 200 个左右③。宋初的进奏院负责官员称之

---

① 周宝荣著：《宋代出版史研究》，中州古籍出版社，2003 年版，第 91 页。

② 陈玉申等学者认为，"邸报"：在政府中枢部门统一管理下统一发布的正式官报（参见《寻根》1998 年第 6 期），与之相对应的是民间"小报"，并且持"邸报"、"朝报"、"邸抄"、"进奏院状"、"状报"是"邸报"别称的观点。而倪延年等先生，则考证"邸报"只是"进奏院状"的一个分支，不能单独构成一个报的种类。（参见《中国古代报刊发展史》，东南大学出版社 2001 年版。）

③ 方汉奇主编：《中国新闻事业通史》（第一卷），中国人民大学出版社，1992 年出版，第 63 页。

为"进奏知后官"。因宋太祖忙于攻灭割据诸国，所以
尚用得着诸路将军，故而州镇有权，州镇派驻京师的进
奏官也很有地位，有的可以官至御史大夫①。这些进奏
官除了代各自州镇将领向朝廷转呈公文、奏章及军情动
态外，当然也必须把京城所发生的事情，尤其是朝廷发
布的政治新闻、官员任命事项以及中央政府罢黜官吏的
公告等内容收集整理后，向其直接的顶头上司——州镇
将领汇报，它们就是宋初的"进奏院状报"。这些由进
奏官们编写的早期的宋朝"进奏院状报"，可以说和唐
朝的进奏院状报一样，是朝廷公报内容的摘要及部分京
师政治、社会新闻的混合物。由于它们具有工作环节
少、传递速度快的特点，所以使朝廷感到有耽误政令传
递和泄露国家秘密的弊端。于是进行了一场彻底改革宋
初进奏院体制的活动，形成了具有宋代特色的进奏院及
其编写进奏院状报的运作机制。

1. "进奏院状报" 称谓辨

宋一代二朝，关于"进奏院状报"的称谓，多有
变化，也给后来的学者带来诸多研究上的不便，所以有
必要在研究宋代的"进奏院状"报之前，对其称谓源
流变化进行分析梳理和辨别。

总的看来，宋代报刊还处于滥觞时期，没有固定的
形制，故宋乃至后来的明朝及清朝前叶的中国古代报
刊，与同时期图书那样具有明确的、单一的题名这样的
水平相差甚远，所以仍然处于固定的专有名称的状态。
从目前现有文献的著录来看，以"进奏院状报"为主
体代表的宋代官报，通常有四类称谓。其一，是以编印
发行的机构来称谓的，如进奏院状报、进奏院状报状、
进奏院报、进奏官报、进奏报、进奏院月报、进奏院朝
报、准都进奏院递报、准进奏院官报及其省略称谓"官

---

① 朱传誉：《宋代传播媒介研究》，载于《先秦唐宋明清传播事业
论集》（台湾），商务印书馆，1988 年版，第 160 页。

报"等。其二，"进奏院状报"在相当大的范围内得到
人们的认可后，逐渐习惯了对其的简称，把"进奏院报
状"这一称谓中的的"进奏院"名称略去掉，直接呼
为"报状"。这在现存的文献中有很多的记录，这从另
一方面反映了"进奏院报状"这一事务逐渐趋向社会
公认。其三，通常在宋诸帝的诏书及在朝的大臣之间，
多称其为"朝报"或"进奏院朝报"。此类称呼是强调
"进奏院状报"的政府属性。其四，作为"进奏院状
报"一个分支的"邸报"。它的性质较为复杂，稍后，
对其进行专述。

（1）以编印发行机关来称谓的"进奏院状报"等称谓
在宋人笔记中多有著录。如宋祁的《景文集》多处记载：

> 臣某言：今月八日得进奏院状报，圣体康
> 复，已于二月二十三日御延和殿，亲见群臣
> 者。（卷三十六）
> 臣某言：得进奏院状报，今月八日，皇兄
> 汝南郡王薨谢，追封濮者。（卷八十五）

徐梦莘辑《三朝北盟会遍》卷五九引《逢虏记》：

> ……余云都统更宜多方擘划措置，事不可
> 缓，退谒林经略。林云："今日偶得进奏官报，
> 某落职与（于）远小处监当。莫已是罪人，
> 只今交割便行。"某云："经略更承受得何处
> 文字，若止是进奏报，未得朝廷简子，岂便可
> 交割离任。且更细审之，方当边事之际，但恐
> 擅离，朝廷怪讶愈不便"。

洪迈的《容斋随笔》卷四载：

> 进奏院报状，必载外谢上，或监司到任

表，与夫庆贺表一篇。凡朝廷除郡守，先则除
目。但云，某人差知某州替某人，及录黄下吏
部则前衔。后拟云某官姓名，宜差知（或权
知）某州军州兼管内劝农营田事，替某人到任
或资阙（或六年满），仍借紫徘候回日，欲依
旧服色。外官求致仕，则云，某州申某官姓
名，为病祈致仕，或两人三人。后云，某时已
降敕，命各守本官致仕，今不复行。

（2）关于"进奏院状报"简称的一些著录，也在现
存的文献中多有见，这也从另外一个侧面反映了"进奏
院状报"在当时社会中是一件较为普遍认可的社会事务。
《宋会要辑稿·刑法》二之三〇记载：

仁宗皇祐四年（1052 年）九月十七日，
诏："访闻者诸州进奏官，近日多撰合事端誊
报，煽惑人心，及将机密不合报外之事供申，
今后许经开封府陈告。……本犯人特行决配，
同保人等第断遣。同保觉察告首捕获，亦与免
罪酬奖。监官不举觉，致有败露，当行冲替降
官。仍今后只得以枢密院送下报状供申，逐处
施行。

郑刚中《北山文集》卷二十《慰潘义荣书》中言：

某顿首再拜：中间新除，虽尝与士大夫相
庆，未遑具书以庆也。继得乡问，知先朝议贵体
中不平，意谓如往年饮食不美，旋即平复。见报
状，忽有赐葬钱之诏，惊悼失匕，礼当走慰。而
州县尘埃，日书薄书流转，舍人有以厚贷之否？

《宋史》卷三一九《刘奉世传》中称：

神宗熙宁三年（1070年），初置枢密院诸房检详文字，以太子中允居吏房。先是进奏院每五日具体本报状上枢密院，然后传之四方。而邸吏辄先期报下，或矫为家书以入邮置。奉世乞革定本，去实封，但以通函誊报。诏从之。

（3）称"进奏院状报"为"朝报"，来凸现其政府属性的。

《三朝北盟会编》卷一六二，孙觌在辩受伪楚官策状中称：

臣在宿州，见朝报，有官僚言章，称受伪楚官爵。与商议论，有如孙觌、李擢者，奉圣旨散官安置。伏念臣自靖康元年八月和州召还……所有请假官牒，见在中书后省学士院阁门御史台可以照验，即不曾受官爵，及预议论。今行遣远方，实负天下之至冤。

《靖康要录》卷十五载：

钦宗靖康二年（1127年）二月十三日：是日，百官赴秘书省，士庶赴东垛楼，军民赴大晟府，僧道赴西垛楼，集议推戴张邦昌事。……初百官集秘书省，莫知议何事。临晨有卖朝报者，并所在各有大榜揭于通衢，云金人许推赵氏贤者。其实奸伪之徒假此以结百官，使毕集也。

（4）关于对"邸报"的记载，非官方的文本多见著录，如《欧阳文忠公文集》卷一四六载：仁宗至和二年（1055年）在所撰《与王君贶书》言：

某启：日思奉问，则后事益多端倪。但见

邸报，知已礼上，秋冷道途，贵眷各安。

张世南的《游宦纪闻》卷三载杨万里致周必大函中称：

> 某近得报，知阁下释位去国，而莫知风帆所止。……近读邸报，得感事诗"去国还家一岁新，凤山锦水更登临，别来奄触几百站，险尽山川多少心。何处闲人无藉在，不防冷眼看升没"。

我们通过对宋"进奏院状报"称谓的考辨，基本可以澄清，"进奏院状报"及其各种省略或流变而来的称谓，都是指是以之为主体演变发展的官方主流传媒，是同一种事物。由当时的官设机构进奏院派人从京城六曹抄录的公文，经检查，报宰相审阅通过后，再下行到进奏院，然后报行四方的官报，而不是指宋代不同种类的报纸。

此外，从"进奏院状报"称谓的不同，也比较清晰的表现出一种流变关系。从唐延续下来使用的"进奏院状报"一词，在具体的使用过程中衍生出进奏院报、进奏官报、进奏报、进奏院月报、准都进奏院递报、准进奏院关报等。又因"进奏院状报"是由朝廷发布的，所以就有了"进奏院朝报"之称，再从之又有了其简称"朝报"。总之这些称谓都强调了它的政府属性和内容的权威性，反映了其官方主流传媒的一些特征。

2. 进奏院状报的运作机制

宋朝的"都进奏院"是中国历史上第一个代表中央政府行使新闻发布管理权的职能机构①。宋初太平兴国七年（982 年），起居郎何保枢向太宗上书，呈请改革沿袭唐进奏院的管理体制，建议设立"都进奏院"，

---

① 倪延年：《中国古代报刊发展史》，东南大学出版社，2001 年版，第 65 页。

对各州镇在京师的进奏官进行管理。太宗采纳其建议，在相国寺行香院，集中各州进奏知后官，选其中150人，授"进奏官"之衔。同年十月正式设立"都进奏院"，原各州镇进奏院的房子，由三司统一管辖。三司据进奏官的资历、才能，分授管一个或两三个州镇的进奏通报事项。并有明确规定，承发文字只能在进奏院办公地点进行，所有公文一律不得带回住处，以免公文泄漏。"都进奏院"就成为统一管理进奏院的机构，其最高长官为"监进奏院"。因全国所设州镇甚多，而进奏官又由最初的150人减到120人，所以在事实上，一般一个进奏官往往分管几个州镇的进奏事务。这样宋的进奏院管理体制与前朝一个州镇对应一个进奏院有质的区别，具有中央集权统一管理的性质。

宋待进奏院的直接上级主管机构是"银台司"，其主要职能是"掌受天下奏状案牍"，即负责收受各州镇地方向皇帝上呈的文报。各州镇的文报由役传兵丁专程送到京城后，首先报呈到分管该州镇进奏通报事务的进奏院，由进奏院转呈银台司，再由银台司上传至"通进司"①。银台司和通进司的负责长官都称为给事中，属门下省管辖。由此形成了一个有序的文报传呈体系：各州镇→京城→分管该州镇事务的进奏院→银台司→通进司→门下省→皇帝。这是地方文报上传的路径和程序。

进奏院状上报之后，是"每五日一写，上枢密院，定本供报"②，即进奏院把各地上呈的奏章及皇帝对奏章的批复等内容，整理成"进奏院报状"的初稿，每五天编成一期，上报到枢密院；由枢密院审定甚至修删后，再退回都进奏院，由各进奏院的关于抄写发报。比依此制度，严格认真执行，进奏院报状的定稿本，就具

---

① 通进司的职能是"掌收银台司所领天下章奏案牍，阁门在京百司文武近臣表疏"。（《宋会要辑稿·职官》二之二六）
② 《宋会要辑稿·职官》二之四五。

有定期抄写、定期发行的性质。但在具体的操作过程
中，一些进奏官通报消息心切，半路拦截有新闻价值的
宫廷动态、皇帝谕旨等消息，不经过枢密院审定就自行
抄写、发报所属的州镇长官；另一些则办事拖拉，也不
能达到五日一报。因此，这种五日一发的定本誊报制度
在实际中并没有得到有力的执行。

　　乾道六年（1170），因有人上书，认为进奏院状报
"由门下后省编定，给事中判报"的做法"不合旧制"，
故左右司请奏"向来定本之弊，皆非累朝令格之制"，
"欲望特降指挥，令进奏院一遵祖宗旧制。隶门下后省，
令本省录合报事件，付进奏院报行，庶几朝廷命令之出，
天下通知，允合公议"①。由于门下省左右司官员的反复
申诉坚持，孝宗下诏"进奏院依旧隶门下后省，合传报事
件，令本省录合报事件，付本院报行，余依已降指挥"②。
由之，"进奏院状报"的下行路径基本形成："门下后省
编定，请给事判报，方行下都进奏院，报行天下。"③

　　总之，宋各州镇的文报由驿传兵丁专程送达京城
后，首先报到分管该州镇进奏通报事务的进奏院，由进
奏官转呈银台司，再由银台司转呈通进司，银台司和通
进司的负责官员给事中报门下省，再由门下省转呈皇
帝，形成了一个各地动态、边情消息由全国州镇向中央
朝廷上报的运行机制。这些经过诸多环节呈报给皇帝的
奏章或案牍、表疏，经皇帝批阅后，除留中不出者外，
由门下后省编定进奏院状报的底本，然后报由门下省派
驻的给事中判报后，下发到都进奏院，再由集中在都进
奏院办理通报事宜的进奏官，分别抄报给所分管的州镇
将领官吏，形成了中央政府公报"进奏院状报"的编
辑、审稿、发布、抄写到下发的一个完整、通畅的运作

------

　　① 《宋会要辑稿·职官》二之五一。
　　② 《续资治通鉴》，孝宗乾道九年三月二十一日。
　　③ 《建炎以来朝野杂要》卷四。

机制。这样的上行下传构成了"进奏院状报"的循环运行机制，实际上也就是宋朝政府的官方新闻传播的运行体制。这种官方的媒体的运作机制的完善是空前的，并且对之后的明清也产生了深远影响。

二、民间小报

宋代的小报起源于北宋中期进奏官们在报状之外"别录单状"，到北宋末年已成为一种专业①。尽管当时的官报——"进奏院报状"，由朝廷及其下设的政府机构编印并按规定程序下发到全国各地，达到通报消息、传达政令的目的，占绝对统治地位，是主流媒体。但到了北宋中晚期后，宋与周边少数民族冲突日益严重，本朝内党禁屡起，政局动荡，人们关切时局，对社会政治新闻的需求增加，再加上朝廷公文经常泄露，这些都诱发了民间报纸——小报的出现。

太宗端拱二年（989年）五月，"史馆年当馆旧例，差知书库刘襄抄录报状，供应攒日历。今缘宣命，不能抄录诸州杂报，窃虑有误编修"②。这里的"诸州杂报"，显然是与作为官方主流媒体的"进奏院报状"不同，是脱离其之外的运行体制的媒介。它不仅行于当时，而且已经被国家图书馆——"史馆"，作为史料来收藏。但由于其民间编辑发行决定其在官方的文本中权威性比"进奏院报状"弱很多。"圣朝编年，谓之日历。唯纪报状，略叙敕文……"③"唯"字明确传达出，朝廷规定修撰"日历"，"只能"以"报状"为依据，小报自然不在其列。

这些小报的内容与官报有一定的相近之处，但同时由于其读者对象主要是基层官吏和民众，所以

① 朱传誉：《宋代传播媒介研究》，见《先秦唐宋明清传播事业论集》，台湾商务印书馆，1988年版。
② 《宋会要辑稿·职官》一八之七八。
③ 《续资治通鉴》卷十七，太宗淳化五年四月。

除了一些朝廷消息外，还有相当一部分是人们关心的问题，诸如战争、奏章等。总的看来，有如下几个大类：

1. 皇帝的诏书

小报报道的首要焦点仍是"上意"，一国最高统治者的最新动态。"诏书"是具有法律效应的国家意志，自然也就成为这些小报的重要内容。这又分三种情况，其一是小报与朝廷意旨一致，准确向民间传达皇帝的各种诏书、政令。其二是皇帝已明文诏告天下，但小报未经枢密院核发，就抢先刊载，保持了新闻的时效性。如高宗绍兴三十一年（1161年），"近闻内降诏旨，未经朝廷放行，而外人已相告语，是皆通进司泄漏之过"①。此外，小报的经营者审时度势，根据当时读者关注的热点，顺乎民意，假借皇帝诏书之名，来吸引读者。时人周麟之在《论禁小报》一文中就讲道："方陛下颁诏旨，布命令，雷厉风行之时，不无小人诪张之说，眩惑众听，如前日所谓旧臣之召用者，浮言胥动，莫知从来。臣尝究其然，皆私得之小报。"连高宗也在诏书中说："朕偃兵息民，帝王之盛德。讲信修睦，古今之大利，是以断自朕志，决讲和之策。故相秦桧，但能赞朕而已。岂以其存亡，而有谕定议耶？近者无知之辈，遂以为尽出于桧，不知悉由朕衷。乃鼓唱浮言，以惑众听，至有伪造诏令，召用旧臣，献章公车，妄议边事，朕实骇之。"② 此事件是，秦桧死后，主战派希望其政治主张得到实现，所以不惜在小报刊登伪撰诏书，制造高宗即将召用主战将领张浚的新闻，来形成舆论压力，从而影响高宗改变继续与金人讲和的政策。但结果不但没有取得预想的效果，反而促使高宗下了另一份诏书来申明讲和之策是他自己的主张，彻底使主战派希望破

---

① 《宋会要辑稿·职官》二之三二。
② 《续资治通鉴》卷一百三十一，高宗绍兴二十六年三月丙寅。

灭。这个利用小报这种民间途径来试图影响政局的失败事例，也从另一个方面反映出小报在民间已经有相当的影响力。后来徽宗大观四年（1110年）十月，小报上也刊载过一份痛责前宰相蔡京的伪诏，这也在一定程度上反映了人心向背。

2. 官员的奏章

官员的奏章也是读者所关注的热点，从中也可以揣测朝廷的政策方向，所以也自然成了小报所刊载的重点。以至于徽宗宣和三年（1121年）九月下诏："臣僚章奏疏不许传报中外……内敕黄行下臣僚章疏，自合传报，其不係敕黄行下臣僚章疏，辄传报者，以违制论。"① 徽宗明令对传报者的处罚措施，反映了当时出现一定数量没有经过皇帝的批示传臣僚奏章于民间小报的事件。光宗绍熙四年（1193年）六月，臣僚言："朝廷大臣之奏议，台谏之章疏，内外之封事，士子之程文，计谋密划，不可漏泄。今乃传播街市，书坊刊行，流市四远，事属未便……"②

3. 相关国家政治、军事的评议与预测

皇帝多下诏不许官报发表此类消息，"侬智高寇岭南，诏奏邸毋得辄报"，③ 但这类消息正是官吏百姓们关心的内容，当然也是小报的绝佳题材。高宗绍兴三年（1133年），大理寺言："臣僚章疏，议论边计事理要害，不许奏报。"④ 大理寺之所以向上提出这种建议是因为小报已经刊载过"议论边计事理要害"的内容。

还有官吏的任免，属国家政治生活中生动鲜活的内容，也是小报乐于报道的。这类消息的来源，多出自进奏官，"小报出自进奏院，盖邸吏辈为之

---

① 《宋会要辑稿·刑法》二之七九。
② 《宋会要辑稿·刑法》二之一二五。
③ 《宋史·吕溱传》。
④ 《宋会要辑稿·职官》二之四八。

也。比年事之疑者，中外未知，邸吏必竟以小纸书之，飞报远近，谓之小报。如今日某人召，某人罢去，某人迁除……"①

4. 关于各类社会新闻的报道

小报对社会新闻的报道，主要是灾祥事项、边境战事及传闻不实之事。孝宗乾道六年（1170 年）八月，中书门下省言："近来进奏官……将传闻不实之事，便行传报。"②仁宗庆历八年（1048 年），秘阁校书知相州杨孜言："自余灾祥之事，不得辄以伪题亲识名衔，以报天下。如违，进奏官吏并科违制之罪。"③到了光宗绍熙四年（1193 年），臣僚言："访闻有一使臣及阁门院子，专以探报此等事为生。或得之于省院之泄漏，或得之于街市之剽闻，又或意见之撰造。"④由之也可见，这些从"省院"传出、从"街市"中听到以及民营报人"撰造"的内容，都是读者乐于了解的事项，所以也是小报的主要内容。

宋的民间小报，为保证内容的时效性，专门雇有觇探人到处探听消息，收集新闻线索。觇探人往往以厚贿相诱，从进奏官处套取机密。当时有人"专以探报此等事为生。或得之于省院之泄漏，或得之于街市剽闻，又或意见之撰造……省、部、寺、监、知杂司及进奏官即传播，坐获不赀之利"⑤。

宋代这种民间报纸在社会上的公开出售，标志着其走向完全的社会化、公开化、经营化和普及化。这也是民间报纸区别于朝廷官报的一个鲜明特征。并且这种普及令当时的统治者对这种官方媒体外的民间的传播很是吃惊，孝宗于淳熙十五年（1188 年）正月下诏："近闻

---

① （宋）周麟之《海陵集》卷四《论禁小报》。

②《宋会要辑稿·职官》二之五一。

③④《宋会要辑稿·刑法》二之下。

⑤《宋会要辑稿·刑法》二之一二五。

不逞之徒，撰造无根之语，名曰小报，传播中外，骇惑
听闻。今后除进奏院合行关报已施行事外，如有似此之
人，当重绝配。"且规定，"所受报官吏取旨施行，令
御史台弹劾，临安府常切觉察"。①

宋代这种民间报纸从北宋初年开始出现萌芽雏形，
发展到北宋末年，其间经历了约 200 年的发展历程，到
南宋时期基本成熟。这个基本成熟的标志就是它的内容
的新闻性和发行的社会性。当然这与宋文化环境相对宽
松的大历史背景和成熟的雕版印刷技术是分不开的。此
外它能发生的原因与坊刻繁荣的因素有异曲同工之处：
其文化背景宋代市民文化的勃兴和市民意识的觉醒。

三、邸报

1. 邸报的双重特征

宋的邸报是官方主流媒体"进奏院状报"的一个
分支，具有官报的性质，但在内容上又与宋代小报有很
多类似之处，是介于进奏院状报和宋代小报之间，具有
双重性特征。

（1）是"进奏院状报"的一个分支

"进奏院状报"由于其主要是报道朝廷的官吏任
免、皇帝起居动态、朝廷的活动、边事战报等内容，而
且是按规定的等级、部门传发，因此其传播范围十分有
限，主要受众是官吏，而非百姓。官吏最关心的信息，
是有关官员的任免。宋承唐制，守内虚外。牧守为放逐
之地，被贬逐到京外的官员，都很关心朝廷的动静，希
望在报上看到他们内调的消息。北宋党争激烈，在野派
自然关注执政派的举动。到了南宋，言官不能尽职，国
政取决于清议，太学生关心时事，自然也是借报纸获知
朝政情况。因此"进奏院状报"显然满足不了大众的
需要。而小报由于权威性和地域性的局限，也不能达于

---

① 《宋会要辑稿·刑法》二之一二三。

江湖。这样邸报这种具有双重性质的媒体就有了很大的生存空间和社会需求。

宋代邸报是出于诸路、州、郡进奏吏的，作为具有中央政府公报性质的"进奏院状报"的一个支流而出现的官报。具体来说，"恭维国朝置进奏院于京师，而诸路州郡亦各有进奏吏，凡朝廷已行之命令、已定之差除，皆以达于四方，谓之邸报"①。"邸报"属于二级新闻传播，后来被作为整个古代报纸的统称，但当时还只是进奏院状报的一个分支，是在进奏院状报传抄过程中派生出来的②。宋代邸报最早是在范仲淹的一封信中提到的。范仲淹在陕北守边时，写给秦凤经略安抚招讨使韩琦的信中道："顷接邸报，某有恩命改职增秩，诚为光宠。第朝廷本欲吾辈来了边事，今径原全师败没，无应援之效，而特进爵，天下岂无深议。"③ 这之后，不少当时人的诗文集中，都曾提到邸报。如宋本《王荆公文诗》卷二十五有《读镇南邸报》篇；《东坡集》内有"坐观邸报谈迁叟，闲说滁山忆醉翁"的诗句④。

宋代邸报的内容，前人概括为"朝廷政事设施、号令、赏罚、章表、辞见、朝谢、差除、注拟"等⑤。从宋代传播情况看，不止如此。见于宋人记载的，还应包括皇帝的诏旨与起居，官吏的任免，臣僚的章奏，战报，刑罚，新近颁布的法令条例，三省枢密、六曹、寺、监、司的宣礼符牌以及根据皇帝或宰辅的意见，要求条布报行的有关材料。它的读者大多为朝野的官员和士大夫知识分子。

---

① 《宋会要辑稿·刑法》之一二五。
② 王洪祥主编：《中国新闻史》，中央民族学院出版社，1988 年版，第 45 页。
③ （明）陆树声：《长水日抄》卷一，中华书局，1985 年版。
④ 见《小饮公瑾舟中》，《苏轼集》，卷二十九《诗一百十六首》，中华书局，1982 年版。
⑤ 《宋会要辑稿·职官》二之五一。

邸报的稿件，是由进奏官们从门下省的阁门司等政府部门抄录下来的，各路州郡进奏吏发行的，与"进奏院状报"有许多相同点①。"邸报"虽取材于进奏院状报，但也有自身的一些特点，它不是全文照抄进奏院状报，而是选用或摘录部分内容。邸报的抄录过程，是选择和采集的过程。因此，在传抄、传播过程中，宋代邸报和进奏院状报的内容等方面在地方和中央的影响是不一样的。邸报的传播内容、新闻性和传播范围等往往超出"进奏院状报"的范畴，可见二者之间有着差别。虽然宋代邸报取材于进奏院状报，却又有着自身的特点：

邸报的传播内容有时超出进奏院状报的范围。因为其经过各进奏官吏的层层抄录，故难免出现此类情况。汪应辰《与朱元晦书》写道："见邸报有旨引见而未报登对之日"，而作为中央政府公报的进奏院状报，是不可能不提及"登对之日"的。此外，邸报并不是全文照抄进奏院状报中的诏令章奏，而是摘录或选用，甚至摘录得非常简单。

邸报的新闻性较强。它所传播的朝廷"已定之差除"，在时间上已超过进奏院状报等官文书的到达。所以范仲淹在给秦凤经略安抚招讨使韩琦的信中，有"候文字到日，须上章陈让"的语句，意指见到邸报"改职增秩"的消息时，还没有收到正式的官文书。

与"进奏院状报"相比，邸报的传播范围较为广泛。范仲淹"在西夏日，邸报至"②，郑刚中"被旨出使，中道读邸报"③，可看出宋代封建统治集团官员的所在地，均能见到邸报。《宋会要辑稿》所谓"达于四

---

① 黄卓明：《中国古代报纸探源》，人民日报出版社，1983 年版，第 51 页。

② 《范文正公集》卷十九。

③ （宋）郑刚中：《北山文集》卷九《与兵部程侍郎书》，丛书集成初编本，中华书局，1985 年版。

方"，也提供了明证。这是邸报属于在进奏院状报传抄
过程中的产物的必然结果。

　　总的看来，与"进奏院状报"相比，邸报更能反
映当时的社会面貌。具有中央政府公报性质的进奏院状
报，由于朝廷派了大员"提辖诸道进奏院"，同时设有
"监进奏院官"，管理严密，一般来说，很难背离朝廷
的宣传意旨。可是，各级地方政权所设的进奏吏，与设
在京师的并有朝廷任命的进奏官相互勾结，从而出现违
反纲纪的情况。这是缘于，在封建统治集团内部，基于
利益冲突，在一定的条件下，会存在矛盾这种矛盾，必
然反映到邸报的内容上来。

　　因此，宋代的邸报具有进奏院状报的一些特征，但
并非等同于进奏院状报，仅属于进奏院状报的一个分
支。也就是说，它是在进奏院状报的传抄中派生出来
的，具有官方媒体的性质。

　　（2）邸报与小报的共性

　　尽管从传播性质上来看，宋代小报属于民间报纸，
但宋代邸报与小报在传播内容、传播范围、摘录群体等
方面，具有许多共同之处。

　　宋代邸报和宋代小报的内容上，皇帝的诏令都占有
非常重要的地位，"朝廷之差除，台谏百官之奏章"等
官吏的任免信息或臣僚的章奏等时事性政治材料。此
外，二者都涉及皇室的起居等生活信息。如邸报内容的
有关记载，郑刚中《北山文集》卷九载《与兵部程侍
郎书》："某再拜，某去冬被旨出使，中道读邸报，知
执事者将还朝，窃自慰喜。"官吏任免事项和大臣们的
奏疏占二者内容的大部分。

　　与进奏院状报相比，宋代邸报和宋代小报的传播范
围和受众面都较广。进奏院状报的读者为当朝的达官显
贵，发行和传播受到极大的限制。宋代邸报的读者主要
为朝野的官员和士大夫知识分子，较进奏院状报更广
泛；宋代小报读者的范围比邸报的更宽一些、大一些，

但基本上仍然是各级官员和士大夫知识分子①。此外，有关宋代邸报和宋代小报的记载，如《宋会要辑稿》所谓邸报"达于四方"，宋代小报"传播中外"等，也证实了二者的传播范围比较广泛。

宋代邸报和宋代小报的新闻性都较强。邸报所传报的朝廷"已定之差除"，在时间上已超过进奏院状报等官文书的到达，很大程度上减少层层审查的过程，邸报的内容也就有较强的时效性。如李心传《建炎以来朝野杂记》的记载：八月十六日，朝廷宣布原任四川宣抚使的安子文调任观文殿学士知潭州，而在同月二十一日，安子文就在广德军见到邸报登载这一消息了。宋代小报的内容避免了进奏院的官吏的层层审查，可刊播更多时效性强的信息，故此有人称谓"宋代小报"为"新闻"。"其有所谓内探、省探、衙探之类皆私衷宋代小报，率有漏泄之禁，故隐而号之曰新闻"②，这就是明证。

此外，宋代邸报和宋代小报的发行人，大都为进奏官（邸吏）、使臣（地方各军州郡临时派驻首都承受文字的官员）、在省寺监司等政府机关工作的官员。

宋代邸报是进奏院状报的一个分支性报纸，它源于进奏院状报，但又与之有所不同。宋代邸报具有官报的性质，与进奏院状报内容大多相同，是进奏院状报层层传抄和摘录的产物。此外，其发行、印刷方式等方面与进奏院状报也存在许多相同之处。从这方面讲，宋代邸报属于进奏院状报的范畴。但是，宋代邸报的内容有时超出了进奏院状报的范围，其新闻性较强，也说明了它与进奏院状报有所不同。宋代邸报并非完全与宋代小报相对。邸报的传播内容很多是等同于宋代小报的；其读

---

① 方汉奇：《中国新闻事业史》，中国人民大学出版社，1992年版，第112页。

② 《朝野类要》卷四。

者大多为朝野的官员和士大夫知识分子，这与宋代小报的读者面也是相仿的；此外，与进奏院状报相比，二者的新闻性和时效性较强，传播速度较快，朝野的官员和封建士大夫知识分子都很欢迎。但是，二者仍然存在性质方面的差异，前者属于官报，后者属于民报。因此宋代邸报具有双重性特征，既具有进奏院状报的官报性质，又有着宋代小报的某些民间报纸特征。

2. 邸报的基本特性

邸报作为宋代一种重要的传播媒体，其内容也已具有了新闻传播的集纳性与综合性、宣传性与教化性、报道性与议论性以及记录性与史料性等特点，其中尤以与时政的关联性、集纳性与宣传性更具特色，从而使宋代的邸报与近代官报有了一定的相似之处，有了新闻报纸的特性。

（1）与时政的密切关联性

邸报的最主要的任务之一就是传达朝廷的各种政令，因而在某种意义可以称之朝廷的喉舌。正因为如此，朝廷对邸报的审查异常严格。自北宋以来，便已有"定本报状"制度①，这样是为了保证——从统治中心看来，不仅要求对各地官员只能发出整齐划一的情报和信息，严令禁止不同的声音，以防止统治集团内部的混乱，促使官员们"一心"为朝廷效力，而且从统治者的立场来看，舆论控制的成败直接关系到社会的稳定，稍有疏忽就会引发强烈的不满情绪，破坏整个社会的团结与和谐，因此，邸报审查制度也愈加严格。这也反映

---

① 这种"定本报状"制度，"其奏报等文字，经监官签书定本，方许传报"（《续资治通鉴长编》卷四九九，元符元年六月甲申），也就是说，监进奏院官负责初审，之后"合传报事"再由"给事中点检"（《文献通考》卷六十《职官考》），可以视为二审，然后送交两府终审，视为三审。当然，多数情况下，终审只是流于形式，但特殊时期例外。如此层层把关审查，决不是仅仅因为邸报的质量等邸报本身的问题，而是为了监督邸报是否刊载有"不合适宜"或是"违反规定"的内容。

出了邸报与时政具有密切的关联性。

对于邸报所披露的诸多时政问题，官员们还可以献计献策，以求能实现其"治国平天下"的政治理想。王之望曾根据邸报所述事实上书朝廷："臣近见邸报臣僚箚子，自夏至秋，浙东一路濒海之郡三遭风水，甚至民间以木筏搬载，湍急之处庐舍飘荡，禾稼不以早晚，或秀而未实，或实而未收，侵淫损害，所余亡几。在法：水伤去处，差官检视，蠲减田租，似闻州县之吏，恐为己累，惜不加恤，惟惧朝廷之得闻也。欲望先委浙东监司及诸郡守臣询闻著实被水去处，分差清强官检视，定其高下，减免税租，并行下诸路监司郡守觉察，或有灾伤，先期从实奏上，庶几不敢欺隐，奉圣旨依奏。"① 面对浙东的自然灾害，王之望根据从邸报了解的情况，结合国家的相关法规，出谋划策，并为皇帝所采纳。如果邸报没有报道水灾的消息，就很难集思广益，这不能不是邸报所发挥的重要作用。由此可见，官员们是可以对邸报发布的情报发表自己的意见和建议的，只是是否为朝廷采纳则具体事件情况不一。

总之，宋朝士大夫非常关注邸报的内容，成为他们关心国事的最直接表现。邸报是他们参与"挑剔"政务得失的重要参考资料，最根本的原因是因为邸报与时政有密切的关联性。

（2）信息的集纳性与综合性

邸报的报道面较为开阔，信息量也较前代丰足，从朝廷重大的政事活动、廷议奏对，到皇帝的言行起居，皆一一涉及包容。其版面内容则包含了册命、制书、印启、官诰、敕、牒、谱、状中的诸多信息及其他信源渠道所得的信息，既有册书、诏书、敕书中从皇亲国戚到不同级别之官员任免之报道，又有制书、牒等从帝王到官府上行下或平行往来之政事内容，更有进奏官从三省

---

① 《汉滨集》卷七《条奏温州水灾后措置事件奏议》。

六部、枢密院自行采集的信息，可见，集纳性与综合性
是邸报的非常重要的一个特性。

　　宋代邸报所集纳的主要内容包括以下六个方面：第
一是皇帝的书诏谕旨。皇帝的手诏旨令等文字不同于一
般的公文，而是来自最高统治者的最新的信息和情报，
自然是位列邸报首位的重要内容。第二是皇帝的起居活
动，这是位列邸报次位的新闻内容。帝王"龙体"如
何，往往是事关国运的大事，因此也是进奏官及时采
集，臣民极为关注，邸报及时报行天下的重要信息。宋
代的政事信息属于皇帝言行方面的，有帝王的起居活
动，这些活动由起居郎、起居舍人负责记录，其中的一
部分也为邸报采用。起居表作为官文书，由监司每月初
一向皇帝进呈。按宋制，"起居表先送京城都进奏院，
届时经合门投进"。① 因而，进奏官有着极好的信源条
件，可提前掌握皇帝的行止安排，及时关注并报道有关
祭祀宴享、临幸引见等朝廷大事和皇帝言行方面的信
息，这样也就能方便快捷的在邸报上有所反映。第三是
有关官员的迁授降黜，这是官报中数量最多的内容，如
毕仲游《西台集》卷一一《与晁学士》记载"睹进奏
院报状，恭审有实录检讨之命，继又闻有史院编修之
除"等。第四是朝臣的章奏谢表及各部门的宣札符牒。
其中，朝臣章表是宋代官报中篇幅最长，所占版面也最
多的内容。这些史实在宋人的笔记小说中多有著录。如
汪应辰《文定集》卷一五《与李运使书》有"垦田之
议，顷于邸报中见之"等。第五是战事信息，这是朝廷
对官报控制最严的内容，也是读者民众最关心的内容。
第六是刑罚和法令条例。如王明清《挥麈后录》卷二：
"孙叔易进为先人言：大观（徽宗年号）中，自南京教
授差作试官，回次朱仙镇，阅邸报，吴侔兄弟以左道伏
诛。"苏轼《东坡续集》卷五《与王元直书》："黄州真

---

　　① 《宋会要辑稿·刑罚》二之二九。

在井底，杳不闻乡国信息……每见一邸报，须数人下狱得罪"；《宋稗类抄》卷六"岭南监司有但中庸者，一日有朝士同观邸报，见岭南郡守以不法被劾，朝旨令但中庸根勘"等等，都是报状中所刊发的有关"伏诛"、"下狱得罪"、"不法被劾"之新闻内容的实例。有关法令条例及礼仪、制度等，也是官报常予以传报的内容。

从邸报的主要内容可以看出，其集纳并综合了宋代社会信息和自然信息的方方面面，其中有大量朝廷政治、军事之类的社会信息，也有官文书中的许多信息，还有进奏官自行采集的信息。

（3）内容的宣传性与教化性

宋代邸报的传报活动是一项具有明确目的的官方新闻传播活动，它以一定的传播手段或方式去充分履行自己的职责，通过筛选报道材料和不同报道方式展示并释放其作为朝廷舆论工具的独特职能，因此它具有很强的宣传性以及政治和教化功能。"所谓宣传，是指宣传者（团体代言人）通过传播媒介传播信息，以左右和影响公众思想行为以及社会舆论的一种对策"①。宋代邸报传播内容的宣传性与教化性主要体现在三个方面。

首先，"庶几朝廷命令之出，天下通知"，及时为读者提供朝廷的政令信息，直接起到传播政策，宣传法律，传递规范的作用。如邸报所刊发的有关皇帝的诏旨，朝廷的政令措施及礼乐法度等内容，就起到了及时帮助读者了解朝廷法令条文、政策决策，稳定社会秩序，协调社会行动等反映政治、表达政治、服务政治的宣传作用。宋代邸报的这种以方针、政策为传播内容的政治宣传，是以垂直为特征的、自上而下的纵向宣传活动，因而覆盖面较横向传播广，读者也相对较多。

其次，通过传播内容的优化及不同的报道方式，直

---

① 邵培仁、叶亚东：《新闻传播学》，江苏人民出版社，1995 年版，第 63 页。

接或间接对读者的思想施加影响。这是因为，宋代邸报
所报道的内容往往是进奏官从许多信息和材料中经过筛
选，并"具事目进呈"，经封建中枢部门审阅"定本"
后才予以发报的，这些得以传播的内容自然是符合统治
阶级利益的，它将意识形态一点一滴地渗透到人们的灵
魂深处，巧妙地利用一切形式为自己服务，因而成为封
建政治制度的宣传工具。此外，邸报还对军情战报及自
然灾害等现象采取缓报或不报的方法，从而引导舆论，
使传播内容达到统治者所希望的政治目标和宣传效果。
如对于战事内容，邸报往往传报的是"灵旗所指，一方
尽平"、"丑虏归穷……河陇晏清"之类战功赫赫的胜
利消息，对战事失利、兵变、起义、谋反等不利于巩固
封建统治的消息则严加控制，不许传报；对旱涝灾害、
蝗灾及地震、日蚀等自然灾害或异常天象，仁宗以前限
制不多，仁宗以后，因社会动荡不安，时有小规模的兵
变、起义，为避免有人借灾异之事"转相煽惑"、"起
狂妄之谋"，遂不予宣传。如仁宗庆历八年（1048年）
密阁校书知相州杨孜言："进奏院逐旬发外州军报
状……积习因循，将灾异之事悉报于天下，奸人赃吏游
手凶徒喜有所闻，转相煽惑，遂生观望。京东逆党未必
不由此而起狂妄之谋。况边禁不严，细下往来。欲乞下
进奏院……灾祥之事，不得辄以单状伪题亲识名衔以报
天下。如违，进奏院官吏并乞科违制之罪。"① 可见，
宋代官报对可传播什么内容，不可传播什么内容，采用
怎样恰当的时机及时传播什么内容或延时传播什么内
容，都以是否符合封建政治之需要为标准，具有很强的
政治宣传性。

最后，通过"朝廷擢用才能，赏功罚罪，事可
惩劝者"之内容的传报，教忠教孝，宣传和灌输封
建纲常思想，间接表达集权统治者的政治观点，进

① 《宋会要辑稿·刑罚》二之二九，引秘阁校书相州杨孜言。

而引导受众的行为。读者为求得"擢用",博取功名,往往从邸报刊载所赏所罚中触类旁通,知何可为而何不可为,从而死心塌地地效忠于朝廷,成为封建统治秩序和封建统治阶级利益的积极维护者。当然,像这一类的传播内容属于隐蔽的宣传活动,其"勉励"目的是潜在的,内含、隐藏在事件中,但又为读者所易于领会的。

这种赏罚劝惩的宣传教化作用往往会成为统治阶级一厢情愿之事。如王辟之《渑水燕谈录》言北宋官员读报事:"直史馆孙公冕文学政事有闻于时,而赋性刚明……每得邸吏报状则纳怀中,不复审视。或诘其意,曰:'某人贤而反沉下位,某人不才而骤居显官,见之令人不快耳。'"《宋稗类抄》卷六叙南宋朝官读报事:"岭南监司有但中庸者,一日有朝士同观邸报,见岭南郡守以不法被劾,朝旨令但中庸根勘,有一人辄叹曰,此郡守必是权贵所主,问何以知之,曰,若是孤寒,必须痛治,此乃令中庸根勘,即是有力可知。同坐者无不掩口。"陈师道《后山丛谈》载张咏读邸报知寇准遭倾陷被贬为江州司马的情景:"乘崖在陈,一日方进食,进奏院报至,且食且读,既而抵案恸哭,久之哭亦止,复弹指骂晋久之,乃丁晋公逐莱公也。"又《续资治通鉴》卷七九哲宗元祐元年(1086年)二月庚寅条载王安石读邸报知其政敌司马光出任宰相之状况:"以门下侍郎司马光为尚书左仆射兼门下侍郎……入对光,再拜,遂退而视事。王安石时已病,弟安礼以邸吏状示安石,安石曰:'司马十二丈作相矣!'怅然久之。"在封建集权的统治下,官场腐败,吏治黑暗,很难有开明的政治、公平的刑律和公正的擢才用人之机制,因而,官报所报之任免伏诛,时有充位者不才,怀才者不遇及司法者不正的现象。这样的内容在一些读者那里不唯"见之令人不快",闻之"无不掩口",读之"怅然久之",

且令"赋性刚明"者，"每得邸吏报状则纳怀中，不复审视"，"或诘其意"，或"弹指詈骂久之"，更毋论教化臣民，"勉励天下之为吏者"了！而这样的宣传效果虽然只发生在一部分邸报的读者中，但却是统治者所不希望看到的，也是他们所不能料到的。从新闻宣传的角度看，我们可以从这些古代传播的实例中发现，新闻宣传效果的构成因素是复杂的、众多的，而宣传对受众的意见和行为所产生的影响也是多方面的，既有正面效果，又有反面效果；同时也可以发现，在新闻的宣传活动中，受传者并不是被动的反应者，他们在信息接受中往往是有目的、有需求的主动行动者。这也提示我们，一种传播行为不一定会改变别人的态度和行为，而新闻宣传也不等同于公文的"指挥"，不具法令性的约束力，对此，传播者应引导人们认知的取向，避免加深鸿沟的反效果。

在宋代，人们对邸报的资料性和史料性已有了一定的认识，并开始将其用于修纂史籍，或有目的地予以保存。如吴曾《能改斋漫录》卷一："公家自祖宗朝至熙宁中，报状皆全也。"此"公"，即仁宗时人宋敏求，他学识渊博，藏书颇丰，且十分重视宋代官报的史料价值，主动收集了从宋太祖、太宗直到宋神宗时期的所有的报状藏于家中，这可谓是中国最早的集报活动了。

报刊传播学理论告诉我们，集纳性与综合性是报纸不可或缺的主要功能之一①，而宣传性更是新闻传播活动的一个重要特色。就传播内容而言，信息的集纳性和宣传性是宋代邸报区别于官文书及其他各类文献资料，进而嬗变为中国最早的、具有一定近代色彩的新闻纸的重要因素。

---

① 邵培仁、叶亚东：《新闻传播学》，江苏人民出版社，1995年版，第109页。

第三节　宋代出版的特点

一、宋代出版业的特点

概观宋代的出版情况，其特点如下：

（一）出版刻书地域分布极广

北宋刻书之地可考者，不过 30 余处，而南宋刻书之地据《中国印刷史》"南宋刻书地域表"的统计①，共约 183 处。以两浙东西路 48 处为最多，次为江南东西路 37 处，荆湖南北路 28 处，福建路 22 处，淮南东西路，四川路各十七八处，广南东西路最少，大致可以看出各地刊书概况。当时号称烟瘴之地方的柳州、鲁州及孤悬海外的琼州，绍兴癸亥（1143 年）也刊有《初虞世必用方》，这比近人所说海南岛在十六七世纪出版书籍要早四五百年。南宋的雕版印刷，非常普及，几乎遍布全国各地。

总之，在福建、江浙、四川、汴京等出版刻书中心的带动之下，两宋出版刻书地域成网状分布，有点有面，点面结合。

（二）三大出版系统鼎足而立

就刻书出版系统而言，宋代的官方、私人、民间三大出版刻书系统鼎足而立，互为补充。唐五代时期，由于雕版印刷术处于初级阶段，刻印技术还不成熟，刻家更是屈指可数，官刻、家刻发展缓慢，三大系统尚未形成。到了宋代，随着政治、经济、文化的空前繁荣，再加上政府的大力提倡，三大系统迅速发展，尤其是官方出版刻书系统后来者居上，在三大系统中占着主导地位，并对以后的历代官方的出版影响深远。

在第一节的宋代出版概况中，我们对宋代官方刻书

---

① 参见张秀民：《中国印刷史》，上海人民出版社，1989 年版。

出版的内容、种类等特点多有介绍，这里则对坊刻与家刻的刻书业特点也要略作说明。

　　从内容与用途方面来看，宋代的坊刻书主要有以下诸多特点。第一，坊间多刻较流行的经史百家名著和诗文集。这类书籍在官刻、私刻中也很多，但前二者多重版本之精确，因而也在某种程度上有拘谨保守之弊。而后者在刊印这类书时，往往有不同程度的加工，如添制插图，增印汇刻各种汪疏索隐等等。第二，多刻日常使用之参考书、医书、类书、便览等。这些书是各种通俗流行之书，广收博采，分门别类，名目繁多，而日常所用的农桑医算之书，则更是生活必备。所以凡此类书，销售不滞，书坊多喜刻之，如《古今事实类苑》、《具家必备》等书数朝而版不绝。第三，多刻童蒙读物，学习应用的字书、词书等工具书。这些书如《千字文》、《百家姓》等在普及文化、启蒙教育方面有着重要的作用。而科考之书，更是利大，书坊趋之若鹜。第四，多刻民间诗歌、小说、戏曲等通俗文学作品。这类作品应是坊间刻书中最富有价值的。自有坊肆以来，这类作品就不断问世，且日渐繁荣。如杭州棚北大街睦亲坊的陈道人书籍铺大量刻印过唐人诗歌及宋代江湖诗人的作品。临安中瓦子街张家书铺刻印过的《大唐三藏取经诗话》等。第五，刻一些违反封建政策的禁书。这些书在官刻系统中是绝对不可能雕版刊行，在家刻中也极少。而书坊则在市民大众喜好的刺激下，为了赢利或竞争，有时也敢刻印些违反封建政策的禁书。

　　宋代的私家刻书也有自己不同于官刻与坊刻的特点。主要是：其一，家刻不以赢利为目的，而是为了满足各人的某种需要。一般有为读而刻，如五代末，宋初之的刻书家毋昭裔等；为藏而刻，刻书主人往往是藏书家，对书有特殊的感情，如尤袤等；为发表个人著述而刻，如陆子遹等。其二，家刻注重书的内容与形式，多精校，故也多出善本。家刻的荣誉感极强，十分注意维

护自己的声誉，所以一般都不惜工本费，校、刻、印多比较精良。其三，家刻书内容丰富多彩，四部皆备，既不象官刻单一，也不象坊间无所不刻。

总之，宋代刻书出版系统三足鼎立，家刻、私刻、坊刻均有长足的发展。

（三）出版物品种繁多，内容十分广泛

宋代的出刻书业，不仅分布广、单位多，而且具备了充足的力量，达到了完全成熟的技术水平，能够适应当时的社会需求，提供越来越多的图书品种。而这又首先表现在大型图书的编刻上。宋代所刻的几部佛藏，都在五六千卷以上。除此而外，经部的《十二经正文》、《十二经正义》、《十二经传注》；史部的《十七史》、《十七史蒙求》、《通典》、《资治通鉴》；类书如《太平御览》、《册府元龟》、《文苑英华》、《太平广记》等，都是大部头的书。这使得知识似乎又一次恢复了庄严意义，而印刷术的发达，也使知识传播更加方便，知识风气在社会上愈加昌盛①。

宋代的刻书不仅规模大的很多，而且内容广泛，经史子集的种类齐全。总的来看刻书内容，以经、史为主，兼刻医书、文集。大量刻印经史著作的原因有二：其一，是统治者通过大量刻印经史著作，强化人们的大一统思想，从而巩固自己的统治。其二，经书是士子飞黄腾达、一举成名的敲门砖，拥有广大的读者基础。刻书者获利甚多，政府也可因之增加财政收入。

宋代对经史类的出版，其更深层次的缘求在于赵宋立国之后，在逐步确立其权力天赋合法性的过程中，与士人知识阶层愈加相融，实行崇文抑武的政策，建立其文化制度系统，这些都从统治的角度需要教育和考试培养阶层化的知识集团，当然离不开最基本儒家的经典和

---

① 葛兆光：《中国思想史》第二卷《七世纪至十九世纪中国的知识、思想与信仰》，复旦大学出版社，2004 年版，第 175 页。

通古今、明教化的史籍。

此外，士人文臣在编辑出版经史典籍之时，也处处彰显自己的政治理想和时代精神追求。譬如神宗时司马光，就承上意，"鉴于往事，有资于治道"①，而修撰《资治通鉴》，在形式上虽是"奉旨"而修，但是其结果却充分体现了他作为士人的"道统"观念和作为文臣的治国理念。《资治通鉴》的卷首开篇即言：②

> 臣闻天子之职莫大于礼，礼莫大于分，分莫大于名。何谓礼？纪纲是也；何谓分？君臣是也；何谓名？公、侯、卿、大夫是也。夫以四海之广，兆民之众，受制于一人，虽有绝伦之力，高世之智，莫敢不奔走而服役者，岂非以礼为之纲纪哉！是故天子统三公，三公率诸侯，诸侯制卿大夫，卿大夫治士庶人。贵以临贱，贱以承贵。上之使下，犹心腹之运手足，根本之制支叶；下之事上，犹手足之卫心腹，支叶之庇本根。然后能上下相保而国家治安。故曰：天子之职莫大于礼也。

从这段"礼"、"分"之论中，不难窥见司马光作为一个读书人在内心所具有的承袭传统"道统"的观念和重视政治伦理与政治道德的使命感。在《资治通鉴》卷末，司马光将他编辑此书的目的和文臣情怀再次抒发③：

> 臣常不自先奉敕编集历代君臣事迹，又奉圣旨赐名《资治通鉴》，今已了毕者。伏念臣性识愚鲁，学术荒疏，凡百事为，皆出人下。

---

① （元）胡三省：《新注资治通鉴序》，上海古籍出版社，1987年版。
② 《资治通鉴》卷一。
③ 《资治通鉴》卷二百九十四，世宗睿武孝文皇帝下显德五年戊午。

独于前史，粗尝尽心，自幼至老，嗜之不厌。
每患迁、固以来，文字繁多，自布衣之士，读
之不遍，况于人主，日有万机，何暇周览！臣
常不自揆，欲删削冗长，举撮机要，专取关国
家兴衰，系生民休戚，善可为法，恶可为戒
者，为编年一书。使先后有伦，精粗不杂，私
家力薄，无由可成……晋畛重念臣违离阙庭，
十有五年，虽身处于外，区区之心，朝夕寤
寐，何尝不在陛下之左右！顾以驽蹇，无施而
可，是以专事铅椠，用酬大恩，庶竭涓尘，少
裨海岳……臣之精力，尽于此书。伏望陛下宽
其妄作之诛，察其愿忠之意，以清闲之燕，时
赐有览，监前世之兴衰，考当今之得失，嘉善
矜恶，取得舍非，足以懋稽古之盛德，跻无前
之至治。俾四海群生，咸蒙其福，则臣虽委骨
九泉，志愿永毕矣！

可见，司马光在修撰《资治通鉴》，在致用层面，
"鉴前世之兴衰，考当今之得失"①，以为治国之资鉴。
它除了在史学理论和文献学意义上，将"几或泯矣"的
编年体史籍推进到一个新的高度，开创了通鉴体史书，
后世一再续作，形成了"通鉴学"。更重要的是承载了赵
宋两朝以司马光为代表士人知识阶层的历史观念、道德
观念和政治观念，这些观念深厚而沉重，且影响深远。

宋代从官方到民间都非常重视医书，其原因有三：
第一，两宋皇帝都十分重视医学。宋代皇帝诏令搜求名
方，校勘医书，颁行医书的次数之多，在中国历史上是
罕见的。如《太平兴国六年十二月讼求医书诏》中说：
"宜令诸路转运司遍指挥所管州府，应士庶家有前代医
书，并许诣阙进纳。及二百卷以上者，无出身与出身已

---

① 司马光：《进资治通鉴表》。

任职官者亦与迁转，不及二百卷，优给缗钱赏之。"①
先秦两汉隋唐的一些医学著作，如《黄帝内经素问》、
《难经》、《巢氏诸病源侯论》、《灵枢》、《太素》、《甲
乙经》、《广济》、《外台秘要》、《千金要方》、《千金翼
方》、《金匮要略伤寒论》、《外台秘要》等医学的经典
著作之所以今天还得以流传，主要靠宋代官私的镂板印
行。第二，宋代医学出现不少总结性成就，在外科、小
儿科、妇产科等方面均有长足的进步发展。国家有专门
的考试制度来核选医学人才。很多学者都有医学著作，
如沈括的《沈氏良方》，郑樵的《本草成书》等。宋代
医学研究的兴盛，为雕版印刷提供了大量的书稿。第
三，医书为大众所需要，易卖利大，自然医书的刊刻量
就很大。

（四）刻书数量巨大

宋代的刻书业物质基础雄厚，技术条件成熟，其刻
书量非常巨大。一方面，根据一些专家学者所计算统计
的现存宋版书来见其当时刻书之一斑。据日本《朝日新
闻》1977 年 6 月 28 日报道，日本研究古典文献的专家
阿布隆一教授经过大量的调查，统计目前现存宋版书
为：日本藏 890 多部，620 版种；中国大陆有 1500 多
部，1000 多版种；台湾有 840 部，500 多版种（但不包
括《大藏经》之类的书）②。另外，张秀民先生的《中
国印刷史》中估计："宋代刻本当有数万部。明权相严
嵩被抄家时，中有宋版书籍 6853 部。传至今日，国内
外所传不过 1000 部左右，内今台湾约存 200 部，又多
为残本或复本。"③ 宋代的刻书量统计不易，另一方面，
也可考察《宋史·艺文志》，据其当时书目、卷数之规
模，从侧面角度来看宋代之刻书量。《宋史·艺文志》

---

① 《宋大诏令集》卷二百一十九《讼求医书诏》。

② 参见姚伯岳《版本学》，北京大学出版社，1993 年版。

③ 张秀民：《中国印刷史》，上海人民出版社，1989 年版，第 3 页。

载："宋初有书万余卷……太祖、太宗、真宗三朝3327部，39142卷。次仁、英两朝1472部，8446卷。次神、哲、徽、钦四朝，1906部，26289卷。"① 可见北宋刻书业的发达，其刻书量非常可观。

靖康之乱后，宣和馆阁之储，荡然靡存，南宋移都临安后，乃建秘阁省，颁献书之赏，在全国搜访佚阙，于是四方之藏，稍稍复集，日益以富。"当时类次书目，得44486卷。至宁宗时续书目，又得14943卷……盖以宁宗以后，史之所未录者，仿前史分经、史、子、集四类而条例之，大凡为书9819部，119972卷"② 。这说明到了南宋时，经过三大刻书系统的共同努力，使南宋藏书数量较北宋增加了3017部，40095卷。

总之，雕版印刷业到宋代得到空前的发展，并呈现出刻书地域分布广，三大刻书系统鼎足而立，刻书品种繁多，内容广泛，数量巨大的特点。

二、宋代出版物的特点

刻书是人类的重要活动之一，它的风格面貌，反映着当时的政治、经济状况和文化风尚。而书籍校勘的精粗、开本的大小、版式的规制、纸张的优劣、墨色的好坏、字体的风格、刀法的精拙、装帧的特点等，对于版刻年代的考定，对于研究当时的社会风气都很有裨益。

1. 宋版书的印纸与用墨

过去人形容宋版书的纸是"白而硬"、"洁白厚纸"、"纸质晶莹"等③，多认其为白麻纸、黄麻纸或竹纸。近年据专家分析鉴定，认为过去所说的白麻纸或黄麻纸，只是以形似而言。宋代随着文化事业的发达，用纸量越来越大，用麻纸不但昂贵，而且不能满足社会需

---

① 《宋史》卷二〇二《艺文志》。
② 同上。
③ 毛春翔：《古书版本常谈》，上海人民出版社1977年版，第33页。

要，所以多就地取材，用桑树皮、柏树皮、竹子造纸。因此，宋版书的用纸，尽管名色很多，但就材质而言，多数纸都是皮纸和竹纸。

宋版书用墨质量较高，墨色香淡。高濂曾说："宋人之书……用墨稀薄，虽着水湿，燥无湮迹，开一种书香，自生异味"①。孙从添的《藏书纪要》也记载，南北宋刻本"墨气香淡"。由之，我们也不难理解许多宋版书，保存至今，仍然纸质洁白柔韧，墨色如新，与其用高质量的纸、墨关系密切。

2. 宋版书的装帧

书籍的装帧与书籍的制作材料和制作方法有着密切的关系。用竹、木简和缣帛所制作的书，其装帧形式只能是卷轴式的。到了采用纸张书写，仍有很长一段时期沿用卷轴的形式，今天存在的数以万计的敦煌遗书，都是卷轴形式，就是有力的证明。但是用纸写书毕竟与用缣帛写书不同，纸虽具有缣帛的柔软，但缺乏缣帛的坚韧，来回卷舒，不但检索文字不方便，也容易断裂，所以进入唐代以后，卷轴装就逐渐经旋风装向经折装等册页形式过渡。"唐人藏书皆作卷轴，其后有叶子，其制似今策子。凡文字有备检用者，卷轴难数难舒，故以叶子写之"②。

宋代版印大盛，制作书籍技术由手写变为雕版印刷，这样书籍制作技术的改革势必影响到书籍的装帧形式。于是出现了蝴蝶装与包背装，把册叶装帧技术向前推了一大步。"秘阁书籍皆宋元所遗，无不精美，四周向外，虫鼠不能损"③，这指的就是蝴蝶装，其装帧方法是将一版版印好的书叶，以印字的一面为准，面对面地相对折齐，形成版心在里，四周朝外的形式。然后把

---

① （清）高濂：《遵生八笺·燕闲清赏笺》。
② 《归田录》卷二。
③ 《明史》卷九十六《艺文志》。

诸多如此折好的书叶，均从反面版心处相互粘连，再用一张厚纸对折之后粘于书脊作为书衣或叫作书皮，最后将上下左三面裁齐，一书就算装成。表面看，这种装帧形式似现在的精装书，但翻开后，书叶朝两面分开，状似蝴蝶展翅欲飞，故称为蝴蝶装。

包背装的特点是将书叶无字的一面，面对面地折叠，版心向外，书叶左右两边版框外的余幅向着书背。然后将如此叠好的若干页书叶戳齐，在余幅上打眼，用纸捻钉起，裁齐，再用一张厚纸对折，用糨糊粘于书背。这种装帧形式，从表面上看很像蝴蝶装，但一打开已不是两个单页像蝴蝶翅膀展开，而是合页装订的正面文字了。

我们今天所能看到的宋版书，多数已由后人改装成线装形式，已很难看出宋版书的装帧面貌。但仍有少部分保持原装，因此了解宋版书的特点，有助于版本的辨识与考定。

3. 版式

宋代刻书，继承了古代卷轴装的形式，前期多白口，四周单边；书之首行，小题在上，大题在下，序文、目录和正文不分开，互相连属。发展至后期，虽然亦多白口，但多左右双边，上下单边，少数四周双边。

由于版印书籍受一块一块书版的制约，同时考虑到装订形式和使用的方便，于是在一版中间的书口上，饰以鱼尾。在鱼尾上方刻字数，上下鱼尾间刻有书名、卷次、页码，下鱼尾下方刻刻工姓名或斋、堂、室名。官刻书多在卷末刻有校勘人的衔名，家刻、坊刻本多在卷本刻有刻书题记或牌记。

为了方便读者翻阅，在版框边栏左上或右上角刻有篇名卷次的小框，是为书耳，由建阳书坊首创，也多见于建本。南宋时，刻书技术趋于成熟，坊刻最先采用黑口，有细、粗之分。

另外，版框内界行的疏密往往与刻书单位或个人的

财力雄厚与否有关。如两浙东路茶盐司所刻，多是行宽字大，原因是财力充裕。有些家刻、坊刻行狭字密，是因为财力不敷。另外也有其他原因，咸淳元年（1265年）吴革刻印朱熹《周易本义》，每版只有六行，是因为出自对朱熹理学的崇信。

　　4. 宋版书的字体

　　宋承五季之乱，在其刻书兴起之时，苏、黄、米、蔡四大家的书法尚未形成，而刻书字体需要凝重端庄的楷字，因此唐代诸大家的字也就作为模仿的对象而应用于刻书。张应文言其"大都书写肥瘦有则，佳者绝有欧、柳笔法"①。谢肇淛说："凡宋刻有肥瘦两种，肥者学颜，瘦者学欧。"②

　　总的看来，北宋早期多用欧体，其字瘦劲秀丽，字形略长，转折笔画细有角。之后，流行颜真卿字体，颜体字雄伟朴厚，字形肥胖，有骨有肉。进入南宋后，多用柳公权字体，柳体字笔画挺拔有劲，横轻竖重，起落顿笔，过笔略细。从地区看，各地所宗字亦有不同。四川宗颜，福建学柳，汴梁、两浙崇欧，而江西则兼有之。

　　简字易写、易认、易刻，受到刻工与读者的欢迎，因此南宋刻本中有简字流行。如国、兴、无、与、礼、乱、尽等。这些简字约定俗成，各书大致相同。

　　5. 宋版书的避讳

　　避讳是中国古代封建社会特有的制度，始于周，成于秦，盛行于唐。发展至宋代，避讳更加谨严。"时君之名则命为御史，若先朝帝名，即改名为讳，是为庙讳"③。《宋刑统》卷一〇规定"诸上书若奏事，误犯宗庙讳者，杖八十"④，可见其严。宋以轩辕黄帝为远

---

　　① 参见（明）张应文：《清秘藏》。
　　② （明）谢肇淛《五杂俎》。
　　③ 参见（宋）程大昌《演繁露》。
　　④ 据宋版《附释文互注礼部韵略》卷首。

祖，同时还须避"轩辕"二字，是为暗讳。

宋代的这种避讳习俗，反映在刻书上，尤其反映在官府刻书上，就出现了许多讳字。通常的避讳方法是：凡遇当今御名，多以镌刻小字"今上御名"的方式回避；遇到庙讳，多以缺笔方式回避，个别时，也有以改字、缺字、删字、去偏旁等方式回避。一般主要是胤、炅、恒、祯、曙、顼、煦、佶、桓、构、慎、惇、扩、昀等字，随时间推移而避。这对于考定宋版书的年代帮助良多。

一般来说，官府所刻，避讳非常严格，而家刻、坊刻就较松，甚至混乱。尤其所刻佛经，宋讳有的避，有的不避，但却保存了唐讳。而且有些士大夫为了表示对祖先的尊敬，也实行家讳。再者，后世翻刻宋版书者，不但行款字数一如之，且讳字照翻，这更需要我们用科学的态度，利用与考察之。

第四节　宋代出版流程及其规律

两宋图书的制作进入印本时代，刻书业发展迅猛，出版业中编辑、校对、雕版、印刷等书籍出版工序已有明显分工，今存的有些宋版书上，除印有作者和编者姓名外，还有雕版人和校对人姓名，这些都直接影响了书籍的编辑出版的诸多环节，使之出现了许多新的变化。研究宋代的出版有必要对其具体出版流程做以考察。

一、编辑

（一）近代意义上编辑的出现

在编辑出版学中，通常将没有编辑参与而形成的传播关系称为自然传播，而有编辑参与而形成的传播关系则是编辑传播。宋代是雕版印刷的黄金时期，编辑出版业在宋代正式形成。它结束了中国历史上长期存在的以自然传播为主的状态，进入了编辑传播为主的新时期。宋代编辑业的形成，其根本原因在于宋代雕版印刷的广泛使用。这样使得诸多形式的文化传播进入编辑传播的时期。

宋代的编辑在新的传播形式下，出现了许多自己的新特点：

首先，宋代编辑大多是兼任制，官方出版业的编辑多由官员兼任，直接委以官职；家刻和坊刻出版机构的编辑则由藏书家、出版人兼任。如李昉、扈蒙、徐铉、宋白等人于太宗太平兴国七年（982 年）九月，奉旨编辑的《文苑英华》一千卷，同时修编小说总集《太平广记》五百卷。而太宗时，李昉的官职是户部侍郎，又擢参政知事拜平章事，加监修国史。扈蒙则召拜为中书舍人，复翰林学士，转户部侍郎、工部尚书，他们都不是专任编辑。南宋最著名的编辑家陈起，也是集编书、刻书、卖书于一身的。虽然宋代官方也已有了部分专职的编修人员，或称编辑史官、礼官，如李昉带职主持编修时，其手下就有一批专职的编修、编辑人员。但在整个宋代，编辑人仍是以兼任为主的。这是符合宋代建立在手工业基础上的出版业的实际情一况的，当时客观上并不需要专任编辑。

其次，宋代编辑工作体制尚不十分完善。由于经常翻印古籍，所以那时的编辑也常从事编纂和校雕。在宋代这一由自然传播为主向编辑传播为主的转折时期，编者与作者、编辑和编纂，仍有界线不明之处，如宋代官方出版机构的编辑业务，就是以校雕、编纂为主的，这是由于古代编辑业务与现代相比仍处于初级阶段。但宋代的这些编纂校雕工作却有了与宋以前质的不同，即其编辑业务是与出版有关的，并且是以传播为目的。所以，他们的工作大多仍属于编辑工作。如《太平广记》书成后，于太平兴国六年（981 年）正月奉旨雕版，可惜当时认为非后学急需，被贮版于太清楼，何时付印，

已无可考。但据清吴骞所藏，许自昌刻本中提到的"经
陈仲鱼依宋本手校一过"等语，可知曾有过宋刻本①。
到了南宋，《文苑英华》也曾得以雕版印行，现在已知
的版本有南宋嘉泰年间周必大刻本。编辑与出版已经密
切相连。

　　再次，宋初，编辑出版大多以翻刻前代著作为主，
当代作品一般不予受理，所以新作大多是自费出版，或
以传抄形式流传，再由编辑出版家加以编选刻印的。但
到了南宋，这种情况得到了较大改观，许多当代著作，
也纷纷被编辑出版了。

　　以北宋杭州官刻本为例，据现存资料可知，当时编
辑出版的历代文学作品，主要有《白氏文集》七十二
卷、《楚辞》十七卷、《韩昌黎先生集》四十卷，外集
十卷等等，而宋当代文学作品，已知的则有苏轼的《东
坡坡集》（东坡六集）② 等有数的几部。苏轼两度在杭
为官，政绩卓著，杭民感其德而又爱其诗文，"盖杭本
当坡无恙时已行于世矣"。③ 其他杭州当代诗文大家之
作，除了少数外，大多就无此殊荣了。私刻和坊刻的情
况，也大体相似，仍以北宋杭州一地的私刻本为例，有
临安进士孟琪宝元二年（1039 年）刻印的《文粹》一
百卷（北宋姚铉编）及将作监李用章刻的《韩诗外传》
④，至于宋当代文学的编印记录就很少见了。

　　到了南宋，情况起了明显的变化。就官刻来说，仍
以临安府（杭州）编辑出版的文学作品为例，历代的
有《乐府诗集》一百卷、《西汉文类》四十卷、《文粹》

―――――――――

　　① 魏隐儒：《中国古籍印刷史》，印刷工业出版社，1988 年版，第
65 页。
　　② 参见顾志兴：《浙江出版史研究》，浙江人民出版社，1991 年
版，第 20～28 页。
　　③ 《直斋书录解题》，卷十七。
　　④ 参见顾志兴：《浙江出版史研究》，浙江人民出版社，1991 年
版，第 31～32 页。

（唐文粹）一百卷、《白氏文集》七十一卷；宋时人的著作则有苏轼的《东坡集》，朱熹的《晦庵先生文集》一百卷，续集十一卷、别集十卷，陆游的《渭南文集》五十卷及吕颐浩的《吕忠穆集》。两者在数量上，已呈相当之势。坊刻和私刻编辑出版宋当代文学作品，更呈上升之势。

以坊刻为例，南宋著名书商兼编辑出版家陈起在翻刻历代文学作品外，编辑出版了大量宋当代文学作品。从流传下来的印本和有关文献看，陈起编辑出版的唐人诗集的数量就至少近二十种，故当时诗人周端臣在《挽芸居》诗中，就称其"诗刊欲遍唐"。① 王国维在《两浙古刊本考》中也认为："今日所传明刊十行十八字本唐人古集、总集大抵皆出陈宅书籍本也。然则唐人诗集得以流传至今，陈氏刊刻之功为多②"。但陈起的真正贡献，则在于把主要精力放在了编辑出版宋当代诗人的诗集上。他曾为当时流落在江湖一带的诗人逐个编了诗集，予以出版。他又将这些作品汇集一起，出资刻印了一部卷峡浩繁的总集"江湖集"。以后，又有《江湖前集》、《江湖后集》、《江湖小集》等问世，作者多是当代作家，不少还是南渡后刚去世甚至当时仍健在的诗人，故有"南渡后诗家姓氏，不显者多，赖是书以传"之说③。

最后，到宋代尤其是到了南宋，诸编辑人的编辑业务，编辑思想已有了一定的进步。一是，已经注意到了编者与作者的合作与互助这一编辑最基本的社会联系。在编辑传播中，编辑必须依靠作者不断为自己提供作品，否则就无法完成编辑出版读者所需要的读物这一社

---

① 《江湖后集》册三，周端臣《挽芸居》。
② 王国维：《两浙古刊本考》，见《王国维遗书》第11册"五代两宋监本考"卷四。
③ 《四库全书总目》一百八十七卷，中华书局，1965年版，第1701页。

会职责。从著名编辑人陈起的诗集《芸居乙稿》、《芸居遗诗》及有关记载中，可以发现，宋代的编辑人已与作者有了十分密切的交往。与陈起有诗书往来的作者就有 30 多人，"凡江湖诗人，皆与之善"①。许棐《陈宗之迭寄书籍小诗为谢》称："君有新刊须寄我，我逢佳处必思君。"刘克庄《赠陈起》诗云："雨槽兀坐忘春去，雷屋清谈至夜分。"② 编者、作者谈诗论文，互通诗书，确实交情甚笃。由于编者与作者长久保持了这样一种密切的友谊，所以作家们也乐意将诗稿交付编一行编印出版。陈起出版了很多时人作品，从未感到稿源匮乏，就得力于作者的支持。

二是，宋代编辑人已经开始主动向作者约稿了。这从南宋著名诗人赵师秀《赠卖书陈秀才诗》中，可见端倪。诗云：

四围皆古今，永日坐中心。
门对官河水，檐依柳树阴。
每留名士饮，屡索老夫吟。
最感书烧尽，时欲借检寻。

赵是"永嘉四灵"之首，在江湖诗人中享有盛名。据许棐《梅屋杂著·跋四灵诗选》称，叶适选四灵诗，"芸居不私室，刊遗天下"。又据浙江古籍出版社《永嘉四灵诗集·前言》，叶适选四灵诗确为陈起所编印刊行的。

那么，在古书环绕，今籍四围，酒香拂面的书铺中，陈起"屡索老夫吟"，显然是为了编辑刊刻之用了，用今天的眼光看，类似编辑出版家向作者约稿组稿。陈起与诸作者对坐清谈甚多，故"屡索"二字，

① （清）朱彭：《南宋古迹考》卷下《寓居考·陈宗之居》。
② （元）方回：《瀛奎律髓》卷四十二，寄赠类刘克庄《赠陈起》。

显然已非一人一时偶而为之了。

宋代编辑出版业的这些新特点，使得宋代的编辑出版业在质上不同于前代，不仅有了近代意义上专职编辑出版家，而且其编辑业务、编辑思想已有了进步。

（二）编辑专门机构——书局

宋代不仅出现了近代意义上的编辑出版业，还有专门行使编辑职能的书局。宋代的书局是官方组建的图书编辑机构，就时间而言，有临时性和常设性两种：临时性书局为专编一书而开，书成罢局。开设的时间一般在三五年或十年左右，最多不超过二十年。常设性书局为编某系列图书而设。这些图书种类多，连续性强，不可毕其功于一役，所以编某一部出版物的时间一般都在百年以上。

目前可考的临时性书局主要有五代史书局、太平御览书局、太平广记书局、译经院、文苑英华书局、册府元龟书局、新唐书书局、太常因革礼书局、资治通鉴书局、经义书局、鲁卫信录书局、议礼局、编修敕令所等。常设性书局有会要所、玉牒所、日历所、国史实录院等①。

上述书局有的是为编修某部书籍而设，如宋代可考最早的五代史书局，是"开宝中，诏修梁、唐、晋、汉、周书，卢多逊、扈蒙、张澹、李昉、刘兼、李穆、李九龄同修，（薛）居正监修"②，"七年闰十月甲子书成，凡百五十卷，目录二卷"③。由此可知，五代史书局始开于开宝六年（973 年）四月二十五日，薛居正监修，参与编修者有卢多逊、扈蒙、张澹、李昉、刘兼、李穆、李九龄等 7 人。其任务是编纂梁、唐、晋、汉、周五代国史。到开宝七年（974 年），十月书成罢局，

---

① 曹之：《宋代书局考略》，《河南图书馆学刊》1995 年第 3 期。

② 《郡斋读书志》卷五。

③ 《玉海》卷四十六。

历时 19 个月。该书原称《五代史》或《梁唐晋汉周
书》。后欧阳修《五代史记》出，称为《新五代史》，
则薛史改称为《旧五代史》。

有的因政府的一些职能需要而成立的。如玉牒所编
纂皇室宗谱；译经院是专门的官方翻译、编辑佛教典籍
的临时机构，其工作人员分为译主、证义、证文、书字
梵学僧、笔受、缀文、参译、刊定、润文官等；还有设
置在枢密院后厅的鲁卫信录书局，其任务是汇编宋辽之
间的盟誓、礼币、仪式、聘使等外交资料以备考核；秘
书省管辖的会要局，主要是编纂历代的政治、法律、军
事、经济制度，来为当朝决策提供借鉴。

总的看来，宋代的这些专门图书编辑书局的数量
多，总计约 60 所以上。凡官方每修一书，照例都要设
局。书局是官方修书的基本组织形式。"国朝会要，自
元丰三百卷之后，至崇宁，政和间，复置局修纂。宣和
初，王黼秉政，罢修书五十八所"①。可见，单在宣和
年间关闭的书局就有 58 所，若加上没有关闭者，总数
当在百所以上。此外，书局修书的内容非常广泛，经史
子集，四部皆备。经部如熙宁八年（1075 年）王安石
等修《三经新义》；史书除了会要、日历、实录、正
史、编年、仪注、敕令各书之外，还有不少宝训、圣
政、方志、书目方面的图书；子集类不胜枚举。《宋
史·艺文志》著录方志 200 余种，其中大部分都是官方
设局编纂的。

宋代书局的大量编辑修撰工作，培养了一批专业的
编辑出版人才，迎来了宋代编辑出版业欣欣向荣的
局面。

（三）编辑出版业呈现欣欣向荣的局面

宋代的编辑出版业的繁荣与当时的经济、政治、文
化背景是分不开的，但对其直接作用、影响最大的是宋

---

① 《容斋随笔》卷十三。

代刻书业的发展。许多编辑出版史专著，如姚福申的
《中国编辑史》、方厚枢的《中国出版史话》等均把宋
时的编辑出版业分为官、民、私三大系统①，而这又与
宋代刻书业的三大系统基本一致。

　　从书籍的产生过程来看，是先著书立说，之后进行
编辑校正，随之刻印，最后出版发行。所以编辑出版与
刻书是同一过程的不同阶段，彼此相辅相成，相互影
响。编辑出版工作得到很大的发展，开辟书源、书籍的
刻印才能扩大规模。而书籍的刻印规模扩大，又会产生
对编辑出版的需要。总之，宋代刻书业的鼎盛直接影响
其编辑出版业，使之呈现出欣欣向荣的局面。

　　首先，是四大类书的编辑出版。《太平御览》是宋
太宗见前代类书"门目纷杂，失其俗次，遂诏修此
书"②。始于太平兴国二年（977 年）二月，历时六载
余，于太平兴国八年（984 年）十二月成书。原名为
《太平总类》，修成前一日，"帝每听政之暇，日读《御
览》三卷"，有故或缺，即补上，虽隆冬短景必及其
数③，用一年时间才读完，故改称《太平御览》。其书
"杂取经史传记小说，自天地事物，迄皇帝王霸分类编
次"④。李昉、扈蒙、李穆等编辑者取《周易·系辞》：
"凡天地之数五十有五"之说，分全书为五十五部，部
下分类，计有五千三百六十三卷；有些类又附类。由此
足见诸编者驾驭资料之能力，使如此庞杂内容条理清
楚。其引用古籍，今天十有七八已亡佚，故为后人辑录

　　① 姚福申《中国编辑史》，复旦大学出版社，1990 年版；方厚枢
《中国出版史话》，东方出版社，1996 年版。二书均把出版业分为政府主
办与民营出版业。此外，高文学的《宋代编辑繁荣的原因》（《河南大学
学报》1992 年第 7 期）一文，把宋代编辑出版分为官、家、坊三大系
统。
　　② 《挥麈余话》卷一。
　　③ 《太平御览》卷首，中华书局，1960 年版。
　　④ 《玉海》卷五四。

佚书的重要宝库。

《太平广记》是由于太宗不满足于从经史百家中辑录前代典籍，还要从野史、小说中吸取"鉴照今古"的经验，但因"编秩既广，观鉴难周"，故在诏修《太平御览》的同时，又命令李昉等人编修《太平广记》。该书于受命后第二年，即太平兴国三年（978年）八月编成，又过三年，于六年（981年）正月雕版印行。后书版收藏于太清楼，当时未广为流通，但外间已有传本，南宋时也曾翻刻。《太平广记》最大特点是该书专收汉至宋初的野史、传记、小说等书内的故事。《四库全书总目》称其为"小说家之渊海"①。

《文苑英华》，太平兴国七年（982年）九月，太宗以为"诸家文集其数至繁，各擅所长，蓁芜相间"②，故决定续修诸文集。费时五年余，于雍熙四年（987年）十二月修成《文苑英华》，参加编辑修撰者先后有二十多人，如李昉、扈蒙、宋白、吕蒙正、苏易简、宋湜等。其书板勘后，尚未颁行，毁于宫城大火。南宋孝宗时，周必大向帝上书："秘阁有藏本，然舛误不可读"，又命人"御前校正书籍"，但因仓促，校勘者为稍习文墨之人，往往妄加"涂注"③，故其质量下降不少。

《册府元龟》是一部集历代名臣事迹、治乱兴衰为一编的史料性类书。其书初编于真宗景德二年（1005年）九月，至大中祥符六年（1013年）八月，历时八年成书。先后受命参与编修者二十人，由王钦若、杨亿总其事。编书之始，原名为《历代君臣事迹》，书成时由真宗自定名为《册府元龟》。元龟，即大龟，其甲可占卜之用。书名之意是指其内容皆可作为君臣鉴戒。该

---

① 《四库全书总目提要》卷一四二。
② 《玉海》卷五四。
③ 《平园续稿》卷十五。

书取材严格，只限于"正经"、"正史"和部分子书中有关君臣事迹，凡小说、杂史等概不收。后世，诸家多用其点校正史，成果颇多。

其次，当时不论官府还是民间，都很重视经史医书的编辑出版。如国子监编校《五经正义》、《七经义疏》，重新出版刻印《九经》。贾公彦修撰《仪礼识误》等。史书编校方面，官家主要集中于《史记》、《汉书》、《后汉书》、《三国志》、《晋书》、《唐书》、《隋书》、《宋书》、《梁书》、《陈书》、《魏书》、《齐书》等方面。医书则有贾黄中的《神医普救方》千卷，翰林医观院的《太平圣惠方》一百零一卷等。其它各类子书的编辑出版更是不胜枚举。

此外，对宗教书籍也有由政府组织编辑出版。"宋太祖开宝四年，敕高品、张从信往益州雕大藏经版"，"太宗太平兴国八年，成都先奉太祖造大藏经，版成奉上"①。雕版 13 万块，校勘工程庞大，是继唐开元后对佛教经典的又一次大规模编纂，也是我国历史上第一次雕印《大藏经》。太宗时，徐铉等开始编校道藏，真宗大中祥符五年，王钦若等在徐的基础之上，编出《宝文统录》道藏 4359 卷，张君房继之，成《大宋天宫宝藏》4565 卷。徽宗崇宁年间，又命刘道元校定《道藏》，增至 5387 卷。于政和六、七年（1116、1117 年间）送福州万寿观，令福州知州黄裳招工雕版，远送京师，名《万寿大藏》，此为最早的道藏刻本。

最后，从编辑出版系统自身来看。政府的编制书籍的规模远远超过前代，其图籍遍及所有学科门类。建设了一支庞大的图书编辑、校勘、出版工作的队伍。民间书坊或专门接受委托雕印业务，刻印和售卖书籍，或有自己的刻工和印刷工匠，并聘人编辑新书，印刷出售。还有的坊肆主人本身就是藏书家，而且兼事编撰、刻

---

① 《佛祖统记》卷四十三。

印、售卖业务，集编撰、出版、发行于一坊一肆之中。
这些都无不反映了宋代编辑出版业的欣欣向荣。

总之，由于刻书业与编辑出版业息息相关，我们通
过对宋代出版的研究，是可以对宋代编辑出版史上的诸
多问题进行深入的考察和研究的，遗憾的是这一工作目
前学术界研究的深度和广度还不够。

二、校勘

校勘，亦称"校雠"、"校订"。1989 年版的《辞
海》给校勘的定义是：指同一书籍，用不同的版本和有
关资料或翻译的原文相互核对，比勘其文字、篇章的异
同，以订正误。这一般是指狭义的校勘。广义的校勘，
除包括狭义校勘的内容外，还要"辨章学术，考镜源
流"。换言之，就是还要对该书及其作者进行学术史的
研究。所以，校勘不仅是编辑出版中非常重要的一个环
节，而且通过对其的考察揭示一时代的文化精神风貌。

宋代的校勘活动，是与其出版系统相对应的，从大
的方向，也可分为官方的馆阁校书和私家校雠。

（一）馆阁校勘

宋初沿唐、五代旧制，设昭文馆、史馆和集贤
院，收藏管理古今典籍图书，简称"三馆"。又增置
秘阁以藏三馆书籍真本及书画，故有"馆阁"之称。
元丰改制后，国家藏书机构转为秘书省，建制虽有变
化，而"馆阁"一称却沿用下来。北宋馆阁汇集了后
周、荆南、后蜀、南唐、吴越以及后汉诸国的藏书，
又经过历朝帝王反复下诏募求，广集民间佚书，缮写
校雠，形成了一个相当完备的典籍资料库。同时，随
着出版业的兴盛，馆阁也成为国家整理颁印图书典籍
的重要部门之一，而校勘活动自然也是馆阁的一项非
常重要工作。

宋代由朝廷组织，以馆阁人员为主要力量，以馆阁
藏书为主要资料，对历代正史、重要诸子书以及医药等

方面的重要典籍进行了全面校勘，并刊印颁行 ① 。这些版本不仅在当时具有权威性，影响广泛，也是后来历朝翻刻相关书籍的首选底本。

1. 馆阁校勘的特点。

北宋馆阁的图书典籍整理由于正处于图书流通方式产生重大变化、文化中心逐渐向民间转移的历史转折点上，因而不仅在校勘的学术发展中占有一席之地，也构成了我国古代由专门的国家藏书机构主持典籍整理的最后一个巅峰。宋代馆阁的校勘工作不仅在学术史上和编辑出版史有非常重要的地位，而且也形成一些自己的特点。

（1）校书人选

宋诸帝一直慎选馆阁校书的人选，从而形成了一直素质非常高的校书队伍，这往往为后世学者所称赏，因此"专家校书"之说在学术界得到了相当程度的认同②。然而，囿于故实，学术界对宋代馆阁校书存在总体评价过高的倾向，对其人员构成的认识也有一定偏差。事实上当时参与校书活动的人员中虽然确实包括了如欧阳修、曾巩、沈括以及苏轼和"苏门四学士"在内的大量宋代著名文人学者，但这些人在进入馆阁之时，却尚未功成名就。这样，在严格意义上来讲，认为宋馆阁校书时"专家"校书之说也就值得商榷一二。

当时，由于工作对象和工作目的的不同，馆阁校书可以分为三个层面：即馆阁官员的日常校雠；因清理补充馆藏或提供宫廷藏书而进行的集中整理；为统一文本、颁行全国而组织的专书校勘。虽然各层面工作之间

----

① 与五代一样，北宋时期儒家经典的整理颁行基本由国家教育机构国子监主持进行，其工作特点及人员组织方式与馆阁不尽相同，本书不纳入讨论范围。

② 参见萧鲁阳《北宋官书整理事业的特点》（《上海师范学院学报》，1982 年第 1 期），张富祥《宋代校勘学的发展》（《宋代文献学散论》，青岛海洋大学出版社，1993 年版），汝企和《北宋中后期官府校勘述论》（《中国史研究》，2000 年第 1 期）等。

不可避免地存在一些相互渗透，但在人员来源、素质特点、工作态度以及具体工作方式上，存在着一些差异。

在前述三个层面的工作中，前两个方面的工作目的都在于完善藏书，整理对象为馆阁或宫廷的收藏。就日常工作而言，对馆藏进行整理校勘，本属馆阁的基本职责，但事实上，高级别馆职官员亲自承担基础工作的情形并不多见。在北宋前期的记载中我们虽然看不到有关馆阁官员职责的明确规定，但哲宗元祐年间胡宗愈《请令带职人赴三馆供职奏》对其供职情况有大致的概括："自选人京官入者，始除馆阁校勘或崇文院校书，及升朝籍，乃为秘阁、集贤校理，或优之，则为直馆、直院、直阁。其始入而位卑者，未得主判，且令在馆供职，改京官升朝籍，方得主判登闻鼓院、同知礼院之类；资任渐高，则或为吏部南曹、群牧判官……。"①由此可知，在馆供职、从事图书工作的人员，主要是"始入而位卑者"。元丰改制之后，官员各司其职，其中掌"修写校雠之事"的官员是从八品的校书郎和正字，其职别在秘书省官员中也是最低的。

宋代第一次明确由馆阁承担的专书校勘是太宗淳化五年（994年）校前三史。当时馆职设置已基本完备，所选人员亦为清一色的馆职官员。而在仁宗时期，情况发生了一些改变。通常具体校勘工作由馆职完成，而提举或详校的工作则由翰林学士、知制诰等"文学侍从之臣"担任。同时，校勘官中也出现了资历较低的馆阁校勘等准馆职以及部分国子监官员。

宋代，馆阁不是承担国家典籍整理工作的唯一部门，其他如国子监官员对儒家经典的整理、道士对道教典籍的整理（如《道藏》的校定）医官或医学官员对医书的整理等等，大体可以说是"专业人员"主持进行的。也可以说，在"官有其书"的情况下，朝廷选

---

① 《宋文鉴》卷六十。

用某一方面的负责官员或专业人员校勘相关重要典籍是
一种客观事实，将其作为"官书整理"的特点之一并
不为过。如淳化五年（994年）判国子监李至为重校义
疏、释文之事上言："本监先校定诸经音疏，其间文字
讹谬尚多，深虑未副仁君好古诲人之意也。盖前所遣官
多专经之士，或通《春秋》者未习《礼记》，或习《周
易》者不通《尚书》，至于旁引经史，皆非素所传习，
以是之故，未得周详。伏见国子博士杜镐、直讲崔颐
正、孙奭皆苦心强学，博贯九经，问艺质疑，有所依
据，望令重加刊正，冀除舛谬。"①

　　但对于国家藏书机构——馆阁来说，至今尚未见到
类似的有意识地从学术角度组织校勘力量的记载。聘用
具有专业特长的人员从事相关书籍的校理，也只能考证
出有限的几例，如，太宗雍熙年间徐铉、句中正奉敕校
《说文解字》。徐、句二人均为当时公认的文字学权威。
同时参加这次工作的还有翰林书学葛湍、王惟恭，则是
以书法为职业的"本色"人员。但四人中仅句中正为
直史馆，具有馆职身份。《麟台故事》"校雠"门亦未
载此事。很可能当时并非作为整理任务下达给馆阁，属
以刊印颁行为目的的专书整理。

　　因此，尽管宋代馆阁校书，校者总体素质较高，且
成果斐然，但"专家校书"之说，还是有所偏差的。

　　（2）校书程序严格

　　宋代馆阁校书一般要经过"复校"、"点检"、"复
点检"等程序。《宋会要辑稿》中对其有较为详细的记
载："令翰林学士晁迥、李维、王曾、钱惟寅。知制诰
盛度、陈知微，于馆阁京朝官中，各举服勤文学者一人
为复校勘官。迥等遂以集贤院孙奭、直集贤院麻温直。
集贤校理晏殊、崇文院检讨冯元充选。凡校勘官校毕，
送复校勘官复校，既毕，送主判馆阁官员点检详校。复

_____

① 《宋史》卷四三一《崔颐正传》。

于两制择官一二人充复点检官，俟主判馆阁官点检校迄，复加点检。皆有程课，以考其勤惰焉。"①

这里讲的"复校"、"点检"、"复点检"，与我们现在校对中的一校、二校、三校，有异曲同工之处，都是校勘过程中必不可少的环节。而且宋代的馆阁对于某部书，有时候，也进行几次循环校对。如淳化五年（994年），太宗命崇文院陈充等校勘《汉书》，并与《史记》、《后汉书》一起。送到杭州镂版②。十年后，真宗又命人复校，"博访群书，遍观诸本，校订凡三百四十九，签正三千余字，录为六卷以进"③。三十年后，景祐元年（1034年），余靖、张观等人奉命"刊定《前汉书》，下国子监颁行"④。《汉书》在宋代，经过反复校勘，然后才作为定本刊行。

（3）校书体例

宋官府馆阁校书，还第一次使用了相对统一的校雠式。保存于《南宋馆阁录》中的南宋秘书省"校雠式"，是今天可以见到的最早的一份古代国家藏书机构有关书籍校点的工作细则。具体为⑤：

其原文如下：

> 诸字有误者，以雌黄涂讫，别书；或多字，以雌黄涂之；少者，于字侧添入，或字侧不容注者，即用朱圈，仍于本行上下空纸上标写；倒置，于两字间书"乙"字。
>
> 诸语点断处，以侧为正。其有人名、地

---

① 《宋会要辑稿·崇儒》，河南大学出版社 2001 年版，第 215 页。另，直集贤院麻温直在《续资治通鉴长编》卷八五引《宋会要》文作"麻温其"。

② 《宋会要辑稿》崇儒四之一。

③ 同上。

④ 《文献通考》卷二〇〇，经籍考二七。

⑤ 《南宋馆阁录》卷三《储藏》。

名、物名等合细分者，即于中间细点。点发诸
字，本处注释有音者，即以朱抹出，仍点发。
其无音而别经传子史音同有可参照者，亦行点
发。或字有分明，如"传记"之"传"（柱恋
切）为"邮传"之"传"，（株恋切），又为
"传习"之"传"（重缘切）；"断续"之"断"，
（徒玩切）为"断绝"之"断"（都管切），
又为"决断"之"断"（都玩切）……之类，
虽本处无音，亦便行点发。

点有差误，却行改正，即以雌黄盖朱点，
应黄点处并不为点。

点校讫，每册末各书"臣某校正"。

所校书，每校一部了毕，即旋申尚书省。

其中包括了六条内容：第一条，校改格式和符号。
校勘文字时，主要对象就是脱、讹、衍、倒，故而仅此
一条，就包括了对全部四种情况的处理方法。第二条，
断句所用标记及标点原则。第三条，点发，即声调标注
的格式和原则。除生僻字之外，还主要针对由于汉字形
音义关系的特殊性造成的一字多音现象。第四条，是对
工作过程中出现的错误标点的改正方法及相关说明。第
五条，每册书校毕后由有关责任人员"签字画押"，这
条规定将责任明确落实于每位点校者，便于检查督促。
第六条，每部书校勘完成后须申报尚书省。这六条皆与
校勘有关，是有关宋代校勘学的珍贵资料。

校雠式诞生之意义重大，它"是我国古代文献学史
上最早确定的较为完整的校勘条例，不仅对纠正魏晋以
来众人校书各出己意、式例驳杂、符号不能统一等弊病
有重要的实际意义，而且对后世校书有着深刻的影响"①

———————

① 陈骙、佚名：《南宋馆阁录·续录》，中华书局，1998 年版，第 16
页，点校前言。

此外，它还是宋馆阁校勘空前发展的又一重要标志。

2. 馆阁的文化功能与政治职能的互动

馆阁是宋代的国家藏书机构，有编辑校勘典籍的职能。但也与前代文馆一样，它同时也是皇帝的顾问机构。

这首先是宋代的馆阁既"蓄天下之图书"，更以之"待天下之俊贤"。这也是宋代馆阁与唐、五代的一个重要差异。明确将馆阁作为储才之地，是宋代对前代制度的一大发展。馆阁在国家政治文化中的地位，则主要来源于人才储养方面的重要作用。这对于认识当时馆阁的职能特点及其图书整理、校勘工作也有非常重要的意义。

从国家政治生活的角度讲，馆阁乃"辅相养材之地"，这一点在北宋前期尤为显著。"育才之地非一，而册府处其最高"①，"两府阙人则必取于两制，两制阙人则必取于馆阁"②，馆阁最重要的作用就是培养高级官员，即所谓"悉择当世聪明魁垒之材，处之其中，食于太官，谓之学士。其意非独使之寻文字、窥笔墨也，盖将以观天下之材，而备大臣之选。此天子所以发德音、留圣意也"③；"祖宗置三馆图书之府，聚四海英俊之材，优其禄赐，异其资任，试以内外剧要之务，观其进退去就之节，待其器业之成，以为廊庙之用"④。当时大臣们有关馆职选任的奏章与劄子均从国家储养人才的角度立论，而衡量相关人员是否适合担任馆职，也往往出于同样的考虑。

当时馆职任用文学之士的观念是非常明确的，馆职

① 《苏轼文集》卷四十六《谢馆职启》。

② 欧阳修：《上英宗论馆阁取士劄子》，《宋名臣奏议》卷五十九《百官门·馆阁》。

③ 《曾巩集》卷四十九《本朝政要策·文馆》。

④ （宋）孙升：《上哲宗乞诏大臣首荐名士》，《宋名臣奏议》卷五十九《百官门·馆阁》。

的除授必须经过举荐和考试，这一直为人们所称道，并被看作是馆阁图书校勘整理的重要质量保证之一。但考察举荐标准和考试内容，前者大体为"学行兼善"，后者则不外诗赋策论。

总的来看，图书校勘整理虽然是馆阁的基本职能，却不是其唯一职能。馆阁在宋代政治生活中之所以被赋予崇高的地位，最根本之处还在于提倡文治，引导社会风气。在宋建立始初，馆阁及其文化事务，就被用为稳定统治的手段。"太平兴国中，诸降王死，其旧臣或宣怨言。太宗尽收用之，置之馆阁使修群书，如《册府元龟》、《文苑英华》、《太平广记》之类，广其卷帙，厚其廪禄赡给，以役其心，多卒老于文字之间云！"① 宋太宗于即位之初，即建三馆与秘阁，宠文臣以学士之名，盖欲借唐代三馆学士之清名，稍示风向，以牢笼天下英雄，惩唐末五代海宇分崩、斯文扫地之祸，存封建纲常之体，以消除动乱，扭转世风，稳定社会，维持宋王朝的长治久安②。也正是在这样的过程中，馆阁及其工作在客观上促进了风气的转变与文化的繁荣，并确立了自己在这个时期独具特色的文官政治中的重要地位。馆阁的文化功能与政治职能的互动主要表现在两个方面：

（1）图书工作与学术修养的增进造就了大量政治人才

北宋馆阁人才济济，校勘官中不乏有影响、有成就的学者名家，当后世之人回头审视其相关工作时，这成为一个突出的亮点。然而，那些就毕生成就而言得到社会普遍公认的学者，在承担馆阁工作之初，并不一定都已拥有我们今天所看到的声望、地位和学力。如曾巩，被召编校史馆书籍是在其进士及第后第三年，前文所引

① 《挥麈后录》卷一。
② 李昌宪：《宋代文官帖职制度》，《文史》第30辑。

欧阳修之举荐奏章虽盛称其文章，却无一字涉及史学修养。其在馆的九年中，曾参与或独立校勘了史籍多种。至元丰四年（1081年），皇帝就选用史馆修撰一事给中书门下的于诏中则有"曾巩史学见称士类，宜典五朝史事"之语"①，这应与其在馆校史的成绩和影响不无关系。

馆阁是"祖宗置三馆秘阁以待天下贤才，公卿侍从皆由此出，不专为聚书；设校理、校勘之职，亦非专为校书"② 馆职官员承担的图书整理工作，成为他们增加见闻、提高学识的手段之一，即"择聪明俊义之臣以游其间，因其校雠，得以考阅，使知天地事物、古今治乱，九州四海幽荒隐怪之说无所不通，号为学士"③。馆阁养育人才的机制，为馆阁官员提供了增长学识、开阔眼界的良好条件。既为北宋朝廷造就了大量的政治人才，同时也使众多"专家学者"的出现变得不难理解。

这些士人置身于馆阁，"不亲米盐之务，专修经纬之业"④，"优游议论，渐知朝廷之政体；群居讲习，以议国家之故事"⑤，不仅可能接触到馆阁所藏之稀见书籍资料，这个工作群体中经常进行的交流和讨论也非常有益。就校书而言，当时有关诏书、奏章中常有"择明博通辨文章之士，以群居讲解，刊正其谬误"⑥ 一类说法。在具体工作中，如大中祥符年间补写馆阁书籍，也曾有"疑舛未辨正者聚议之"的规定⑦。这种工作环境对青年士子增广见闻、增进对典籍整理的认识和理解有

① 据《曾巩集》附录一，韩维所撰《神道碑》。
② （宋）范祖禹"《上哲宗论差道士校黄本道书》，《宋名臣奏议》卷五十九《百官门·馆阁》。
③ （宋）欧阳修《文忠集》卷九十三《上执政谢馆职启》。
④ （宋）范仲淹《奏杜杞等充馆职》，《全宋文》卷三七六。
⑤ （宋）胡宗愈《请令带职人赴三馆阁供职》，《宋文鉴》卷六十。
⑥ （宋）胡宗愈《请令带职人赴三馆阁供职》，《宋文鉴》卷六十。
⑦ （宋）郑獬《郧溪集》卷八《访逸书诏》。

很大的促进作用，无疑有助于其学术上的成熟。

（2）政治职能对文化职能的影响

宋代馆阁同时具备政治、文化两方面的重要职能，且二者是"互动"的：它可以使朝廷在获得高素质的统治人才的同时，也完成高质量的文化建设。馆阁是国家的藏书机构，它的性质不仅仅是国家图书馆和从事图书典籍整理的学术机构，而与国家政治和高级官员的储养选任密切相关。兼具政治、文化双重职能，使馆阁的图书整理工作集中了大批高素质人才。由于馆职的特殊性和选任除授的慎重严格，宋代的士大夫普遍将其视为一种荣耀，且秘书省职官也有沿用馆职的传统，注重任用进士高科，要求宰执、两制大臣举荐等，校书郎、正字等低级官职也往往召试学士院而后除授。这些都使得宋得馆阁在宋得政治文化生活中占有一席之地。

宋馆阁本身"养才"的根本出发点也决定了任职其中的官员必然注重研习学问、探讨典故，以提高自己的学识修养，为未来的参政做好准备并铺平道路，这也促成了这个群体读书治学的浓厚气氛。黄庭坚《以双井茶送孔常父》诗中"校经同省并门居，无日不闻君读书"就是一个例证①。

总之，宋的馆阁，尤其是以刊印颁行为目的的专书校勘，在当时的文化框架之下朝可能的限度之内，集中了最优秀的人才，进行了高质量的工作，造就了一批政治人才。宋的很多著名学者和政治家都曾有过任职于馆阁的经历。

（二）私家校雠

宋代随着但是随着雕版印刷的普及，校刻日渐草率，乃至讹误迭出，因而雕印本亦须重加校勘。中央和地方政府的官刻注重精校，私家校雠也很发达，都超过了以前的各个朝代，出现了许多著名的校勘专著。如：

---

① （宋）程俱：《麟台故事》卷二。

经部有郑樵《书辩讹》、张淳《仪识误》、朱熹《孝经考异》、毛居正《六经正误》、廖莹中《九经总例》等。史部有余靖《汉书刊误》、刘颁《东汉刊误》、吴仁杰《两汉刊误补遗》、刘巨容《汉书纂误》）、吴缜《新唐书纠谬》、《新五代史纂误》、佚名《两汉刊误》等。子部有钱佃（荀子考异）、陆佃校《鹖子》、朱熹《阴符经考异》、《参同契考异》、陈襄校《梦书》、《相笏经》、《京房婚书》等。集部有洪兴祖《楚辞考异》、黄伯思《校定楚辞》、《校定杜工部集》、朱熹《韩文考异》、彭叔夏《苑英华辨正》等①。

这些宋代校勘名著，仅是宋代校勘专著中的一部分，但他们所运用并使之一定程度趋向理论化的校勘方法、原则、程序及其严谨的学术态度，使得宋代有大量的精校高质量的书籍得以印刷出版，并开创了校勘的新格局，也为后世的校勘学成熟奠定了基础。

廖莹中在刊刻九经时总结的《九经总例》"已不拘泥于处理具体的校勘问题，而是从众多的校勘事例中，总结出了若干校勘的原则"②。《文苑英华辨证》"全书共分二十一类，各类都有简括说明，具有典型类例的作用"③。更为重要的是：这两种书对校勘原则和类例的总结与归纳，反映出我国古代校勘向理论发展的趋势④。

搞清版本源流，找出书籍的祖本，这在校勘中十分重要。张淳的《仪礼识误》则对版本有独到的认识。针对雕版印刷所带来的版本增多，各种版本

---

① 参见《四库全书总目提要》。
② 曾贻芬：《宋代对历史文献的校勘》，《史学史研究》，1992 年第 3 期。
③ 倪其心：《校勘学大纲》，北京大学出版社，1987 年版，第 45 页。
④ 倪其心：《校勘学大纲》，北京大学出版社，1987 年版，第 46 页。

流传过程良莠不齐的现象，张淳提出了版本系统和祖本的概念。此外，张淳提出的校书要参以古注的方法，扩大了校勘取证的领域为后世广泛采用，影响深远①。

　　吴缜著的《新唐书纠谬》，已经有了"校是非"的校勘思想。宋代的学术界界和出版界在加重视校异同的同时，对校是非的重视也较为凸显。然而，在当时的一些校勘活动中存在着忽视、无视校是非的偏向：有关的校对者不能、不敢校是非，也就是不能、不敢挑新著原稿的差错，不能、不敢向作者、权威挑战。《新唐书》为当时学术界权威欧阳修、宋祁修撰，由裴煜、文同五人校雠。后人多批评欧阳修撰《新唐书》"着意文字而忽略考证"②。因而《新唐书》中留下不少作者造成的谬误。而吴缜在当时就指出该书多有"舛驳脱误"，"揆之前史，皆未有如是者"③，显示出他已经有了不同与流俗"校是非"的校勘思想。《新唐书纠谬》共二十卷，每卷一个标题，二十个标题大致可以归纳为史料取舍不当，史实有误，前后矛盾，时间差异，义例不明五类。对一于这些谬误的纠正，吴填采用了确考及存疑两种形式：有足够资料加以考辨的，则以确考；反之，则以存疑。吴缜的《新唐书纠谬》整体上看，几乎皆采用本校法，就全面校勘《新唐书》来说，无疑是不够的，但亦应看到，吴填的《新唐书纠谬》充分展示了本校法对纠正因著述本身造成的史书谬误的重要作用，以及他对造成这些谬误的认识，有明辨是非的作用。他还在《自序》中指名批评裴煜等五位校雠者，

────────

① 何硕化：《校勘学在宋代》，广西教育学院学报，1997年第4期。

② 孙培镜：《汉文字校雠的源流与传承》，《出版科学》，2002年，第1期。

③ （宋）吴缜：《新唐书纠谬·自序》，丛书集成初编本，中华书局，1985年版。

"但循故袭常，唯务喑默"，没有"讨论击难"，只有"执卷唱读，案文雠对"，致使"讹文谬事，历历俱在"，"未闻有所建明"①。

朱熹的《韩文考异》也是宋私家校雠中一部极有学术价值的校勘成果②。他在序言中谈了自己校勘此书的宗旨和方法："悉考众本之同异，而一以文势、义理及它书之可证验者决之。苟是矣，则虽民间近出小本不敢违；有所未安，则虽官本古本石本不敢信。又各详著其所以然者以为《考异》十卷，庶几去取之未善者，览者得以参伍而笔削焉。"③ 这篇序较为全面地反映了朱熹关于校勘的观点：第一，广备众本以校异同，择善而从，既不曲从一本，又不迷信名本。主张对民间近出小本正确者也应该采用，不可轻信官本、古本、石本。因为一般说来，馆阁所藏之书确实比民间所出之本好，而且版本越古越可信，石本一般错误也较少；但问题都不是绝对的，因为"秘阁官书""亦民间所献，掌故令史所抄，而一时馆职所校耳。其所传者，岂真作者之手稿？而是正之者，岂尽刘向、扬雄之伦哉?"④ 第二，定是非的依据有"文势"、"义理"及"它书之可证验者"，理校占其二，他校占其一。第三，校本之后应附考异（即校勘记），详列异文并述去取之由。即把"诸别本"不同处注于底本之下，实际上便是保留不同的材料，以供后人考证。去取之由校勘者以自己的学识来进行取舍。这是最能显示其学识的地方。

───────────────

① （宋）吴缜：《新唐书纠谬·自序》，丛书集成初编本，中华书局，1985年版。

② 庆元三年（1197年），朱熹依据大中祥符杭本、嘉佑蜀本及李谢所据馆阁本为定，"考诸本之同异而兼存之"，著《韩文考异》。朱熹去世后，嘉定二年（1209年），诏谥文公。故《韩文考异》的全称是《朱文公校正昌黎先生集考异》。

③ 《韩文考异序》见《朱子大全》卷七六。

④ 《朱子大全》卷七六。

总的看来，宋代的私家校雠，在实践中和理论上都发展了刘向的"校"与"雠"，提出了"脱、衍、误、倒"等书中常见讹误的校雠术语，以及"考异"、"对同"、"纠谬"、"正误"等校雠方法。他们还制订了校雠格式、体例，如南宋学者方崧卿制订的校勘体例，内容有"误字当刊（修改），衍字当削，脱逸当增，次（倒）当乙"等。南宋学者楼大防还制订了通用的"正误表"，表格列出"卷"、"版"、"行"、"字"、"误"、"改"六个项目，后面留有空格，以备填写。上述格式、体例和表格，都为后人所借鉴或继承。

三、流通

图书经过编辑校勘、开版印刷之后，就作为商品进入流通领域。这早在汉代已见有文献记载，但是发展成为初具规模的图书市场，并使整个流通环节畅通，则出现在两宋时期。宋代图书贸易活动比较活跃，图书数量大幅增加，图书售卖方式多样，书肆遍布全国各地，宣传、发行等活动频频。

（一）成本核算及图书价格

宋代，随着雕版印刷技术普通应用，书籍生产成本大大降低，书价也相对便宜。当时监本书价大体和工本费相当。宋哲宗元祐初年，由于图书市场价格波动，监本书价已有所提高，陈师道上书云："伏见国子监所卖书，向用越纸，今用襄纸而价高。纸既不迫，而价增于旧，甚非圣朝章明古训以教后学之意。臣愚欲乞计工纸之费以为之价，务广其传，不亦求利，亦圣教之一助"①。哲宗很快采纳了陈师道的建议，采取了一些降低书价的措施。元祐三年（1088 年），官刻的《新编金匮要略方论》三卷、《伤寒论》十卷，就已经"敕中书省勘会：下项医书册数重大，纸墨价高，内有浙路小字本者，今

---

① 《后山集·论国子卖书状》。

所属官司校对，别无差错，即摹印雕板，并候了日，广行印造，只收官纸工墨本价，许民间请买，仍送诸路出卖"①。这些都反映了官刻监本不以牟利为目的，意在传播文化典籍，所以官方制定了只收工本费的书价制度。

北宋嘉祐四年（1059 年）王琪在苏州刻印《杜工部集》1 部 10 册，每部只卖钱 1 贯，当时 1 贯约合 1000 文，则每册书可以卖到 100 文②。

南宋时期，由于通货膨胀，物价飞涨，书价也随之翻倍，大约每册在 200～400 文之间。绍兴年间米价每石约 3000 文。据文献记载，南宋绍兴十七年（1147 年）刻印王黄州《小畜集》30 卷，共 8 册，计 16 万 3 千 8 百 48 字，书前题记云，"见成出卖，每部价钱伍贯文省"③，每册约 200 文许。淳熙十年（1183 年）象山县学刻《汉隽》10 卷，书前题记云："象山县学《汉隽》每部二册，现卖钱六百文不足，印造用纸一百六十幅，碧纸二幅，赁板钱一百文足，工墨装背钱一百六十六文足。"每册约 300 文，若租板自印只要收赁板钱一百文。

另外，国家图书馆藏有淳熙三年（1176 年）舒州公使库刻《大易粹言》11 卷，书后有题记云："今具《大易粹言》一部，共二十册，合用纸数印造工墨钱下项：纸副耗共一千三百张，装背饶青纸三十张，背清白纸三十张，后墨糊药印背匠工等钱共一贯五百文足，赁板钱一贯二百文足。库本印造，见成出卖，每部价钱八百文足，右具如前。淳熙三年正月。④全书共 10 卷，20

_____

① 《王国维遗书》第 11 册"五代两宋监本考"卷四。
② 《书林清话》卷六。
③ （宋）王禹：《小畜集》，四川大学古籍研究所编纂：《宋集珍本丛刊》，用宋绍兴十七年黄州刻钞补本、黄丕烈跋，线装书局 2004 年出版。
④ 李致忠：《宋版书叙录》，北京图书馆出版社，1994 年版，第 37 页。此条反映宋代刻书所用成本、工价的史料，在学术界讨论相关问题时，广为引用。美国的汉学家卡特在他的有关中国印刷史的专著——《中国印刷术的发明和它的西传》（吴泽炎译，商务印书馆，1991 年版，第 74 页）之中，也对其有较为深入讨论。

册，则每册 400 文足。此书工价总数算不出来，李致忠根据《书林清话》中记载绍兴二十八年（1158 年）公使库刻印《续世说》一书进行推测，舒州公使库所印《大易粹言》，每部用纸 1300 张，合钱约 150 文足，装背饶青纸 30 张，背青白纸 30 张，各合钱约计 440 文，三项纸钱总计不过 600 文，再加 1 贯 500 文的棕墨糊药印背匠等工食钱，1 贯 200 文的赁板钱，总计约 3 贯 290 文，粗略估计工本费不过 4 贯钱，而每部售价却高达 8 贯文足，说明在商品市场影响下，公使库为了牟利也开始刻印书籍，其利润相当可观。

反映刻书所用成本、工价。如嘉泰二年（1202 年）绍兴刻本《会稽志》，牌记题："绍兴府今刊会稽志一部三十卷。用印书纸八百幅，古经纸一十幅，副页纸一十幅，背古经纸平表十一幅，工墨钱八百文，每册装背□□文，右具如前，嘉泰二年俞分、俞澄、王思忠具"。

（二）广告

宋代，在商品经济发达的大背景之下，图书市场也同样存在竞争。一些书商为了提高书的销售量，往往以广告形式刻于碑记中。这样宋代的书业广告也就成为流通发行宣传的重要手段。

宋代书业广告在图书流通中较为广泛的运用，与宋代商人阶层广告自觉意识的觉醒有密切的关系。宋代商人能够产生并形成广告自觉，其根本原因在于市场竞争以及当时社会思想文化的影响。宋代商业特别是城市市场呈现出前所未有的发达，商家要在激烈的市场竞争中取胜，除了保证货真价实、优质服务外，必然要在信息的传播、名声的扩展上下功夫。追求利益成为宋代商人广告自觉的经济要求。与此同时，宋代社会个体自由意识的强化和追求实际、注重实用、讲求功利的价值观念反映在商人身上，就是大张旗鼓地追逐商利，依靠个人的奋斗经商致富而出人头地。商人阶层的不断扩大和复杂化，商人社会地位有所提高，更加刺激了商人的社会

自我自觉意识。这种自我意识的萌芽反映在广告中即是宋代商人的广告自觉。从某种意义上它体现了宋代商人的精神心理需求。士人、官员经商，文化人的介入，社会的认同和先进科技在广告中的运用，为宋代商人广告自觉提供了坚实的文化基础。

广告自觉是广告活动中的一种主观能动意识，它源于日益激烈的商业竞争，源于人们对广告实践活动的正确认识和理解，它是制造有效或实效广告的重要前提。以广而告之的宣传基本点来衡量宋代广告，确实可以感受到宋代商人强烈的广告意识，即以新的视角和深广度推进广告制作、广告宣传。这些都对宋代书业中的广告活动产生深远的影响。

就图书业而言，尽管在隋唐五代，随着纸的普及，雕版印刷的发明和使用，图书的复制技术有了长足的进步，最初的书籍广告应运而生，书业广告意识的萌发也于此时出现。但唐末五代我国已进入印本书时期，由于战乱频仍，社会动荡，民生凋敝，雕版印刷未能全面推广。只有到了宋代雕版印刷逐步在全国范围内推广，刻书单位急剧增加，官刻、坊刻和私刻齐头并进，很快形成覆盖全国的流通网络，印本书的品种和数量迅速增长，终于取代写本书，成为图书流通的主流。在这样的背景下，出版者的广告意更加自觉。文献多有记载，如宋四川刻本《六家文选》序后牌记云："此集精加校正，绝无舛误，现在广都县北门裴宅印卖"①。宋佚名无年号刻《东莱先生诗武库》目录前有牌记云："今得吕氏家塾手抄武库一帙，用是为诗战之具，固可以扫千军而降劲敌，不欲秘藏，刻梓以淑诸天下，收书君子，伏幸详鉴。谨咨"。②崇川刻本《扬子法言》序后牌记

---

① 参见林申清：《宋元书刻牌记图录》，北京图书馆出版社，1999年版。

② 同上。

云："谨将监本写作大字刊行，校正无误，专用上等好纸印造，与他本不同。收书贤士幸详鉴焉。"杭州沈二郎经坊广告："本铺将古本《莲经》，一一点句，请名师校正重刊。选拣道山场抄造细白上等纸札，志诚印造。见住杭州大街棚前南钞库相对沈二郎经坊新雕印行。望四远主顾，寻认本铺牌额，请赎。谨白。"①

　　这些牌记、刊记中的广告，与唐末五代和宋初的书籍广告雏形已有明显区别。或以"精加校正，绝无舛误"相标榜，或以"可以扫千军而降勍敌"的"诗战"之"秘藏"相煊示，或以当时刻印最精良、声誉最好的"监本"作号召，或以强调标点句读为特色。有的还不忘宣传字号之大，用纸之精，有的末了还告诉读者印卖的地址。至于称收书者为"君子""贤士"（其他广告中也有称"英杰""俊杰"等的），用"幸详鉴焉""谨咨"之类的礼貌用语，更可见视顾客为"上帝"的服务意识。

　　宋代出版业的广告经过发展，也出现了自己的一些特点：

　　1. 广告内容丰富

　　唐和宋初的书籍广告还处于雏形阶段，内容大多比较简单。宋初以后特别是到南宋时期，图书广告的内容越来越丰富，且可以分为四种形式②：

　　（1）咨文式广告。用以介绍刊刻底本、校勘水平等。如福建路转运司刻本《太平圣惠方》刊记言："福建路转运司今将国子监太平圣惠方一部一百卷二十六册，计三千五百三十九板，对证内有用药分两及脱漏差误共有一万余字，各已修改开板并无讹舛。于本司公使库印行。绍兴十七年四月。"③ 这个刊记反映了转运司

---

① （清）丁申：《武林藏书录》卷末。
② 范军：《两宋时期的书业广告》，《出版科学》2004 年第 1 期。
③ 参见《四库全书总目提要》。

所刻之书是以最可靠的"监本"为底本的，且作了认真校勘，表明刊刻者的认真负责态度。

建安余氏庆元三年（1197年）刻《重修事物纪原集》的牌记也可归入咨文式广告之列，与《太平圣惠方》的广告有异曲同工之妙。该书的牌记云："此书系求到京本，将出处逐一比校，使无差谬，重新写作大板雕开，并无一字误落。时庆元丁巳之岁建安余氏刊。"

建阳龙山书院刻《挥麈录》后有行书牌记曰："此书浙间所刊，止前录四卷，学士大夫恨不得见全书。今得王知府宅真本全帙四录，条章无遗，诚贯世之异书也。敬三复校正，锓木以衍其传，览者幸鉴。龙山书院谨咨。"需要说明的是，刻书咨文中常出现的诸如"当心刊刻"的"无差错"之类的用语，纯属广告性质，不足为刊刻质量之明证。

（2）提要式广告。用简明的语言，介绍图书的主要内容、特点、编印缘起等。如宋刻《诚斋先生四六发遣膏馥》目录后牌记云："江西四六，前有诚斋，后有梅亭，二公语奇对的，妙天下，脍众口，孰不争先睹之。今采二先生遗稿灼于急用者绣木一新，便于同志披览，以续膏馥，出售幸鉴。"

宋建安余氏刻本《活人事证药方》目录前牌记云："药有金石草木、鱼虫禽兽等物，具出温凉寒热、酸咸甘苦、有毒无毒、相反相恶之类，切虑本草浩繁，率难检阅。今将常用药性四百余件附于卷首，庶得易于辨药性也。"书业"内容为王"，阅此类广告犹如读其内容提要。简短的牌记介绍图书内容，通过对作者和内容的评介，以求获得读者的认同，其导购意识是很清楚的。

（3）书目类广告。书业广告的作用在于提高声誉，树立良好形象；刺激需求，扩大图书销售；提供信息，指导购买行为。要达到理想的效果，必须及时、准确提供出版发行动态，重视信息服务工作。宋代刻书牌记中，有不少新书预告和简短的刻书目录，对未出但即将

出版的图书进行"预告"，这是一类。如宋祝太傅宅刻《新编四六必用方舆胜览》，未收淮蜀两地的地理内容，书中牌记标明"淮蜀见作后集刊行"。宋王叔边刊《后汉书》目录后有"今求到刘博士《东汉刊误》，续此书后印行"。另一类是在新出的图书牌记中告知先前已出图书。如以编刻医书著称的四川万卷堂，其刻《新编近时十便良方》附刻书目录十四条。这些新书预告、图书目录通常都采用单独排列的方式，附于书籍卷末，或目录后，或扉页处。

（4）导购类广告。如象山县学《汉隽》每部二册，见卖钱六百文足，印造用纸一百六十幅，碧纸二幅，赁板钱一百文足，工墨装背钱一百六十文足。这类广告与前面的咨文类、提要类都有明显区别。它标明用纸规格、品种、质地、数量、工价等，明码实价，意在方便读者，导引消费。我们从上个世纪三四十年代鲁迅、叶圣陶等人撰写的图书广告中，还可以看到此类两宋广告的影子。

2. 牌记在广告中的运用

宋代刻书家所刻的图书，既是记载文化知识的载体，也是进行自我宣传的工具。重视用图书本身来宣传图书，是宋代书业广告的一个显著特点，这对后来明清的书业广告产生了积极影响。宋代刻书家的自我宣传主要体现在刻书的牌记上。牌记又称墨围，以其有墨栏围绕而得名；又称碑牌，因为有些牌记状如石碑；此外还有墨记、书牌子、木记、木牌等多种名称。牌记是刻书家的字号标志，反映刻书内容及有关情况，有方形、碑形、钟形、鼎形、亚字形、香炉形等式样。最初是为便于读者识别，争取商业信誉，后来逐渐发展成版权记录，类似现在的版权页。许多牌记具有明显的广告特点。

在我国雕版印刷术出现之前，书籍主要是靠人工抄写进行传播和保存。抄书者往往在抄完以后，在书末记

下抄写时间、地点、抄写人和抄写情况。受此启发和影响，在雕版印刷术产生以后便出现了牌记。到宋代，牌记的内容和形式更加完善。林申清先生在其所编著的《宋元书刻牌记图录》中，依文字内容，把它分为几种类型：①记刻书时间。②记刊刻者斋名堂号。③兼记刊刻地点和刊刻者斋堂室名。④兼记刻书时间和刊刻者。⑤兼记刻书时间、地点及刊刻者。⑥记版权。⑦刻书咨文。例证在前面论述中多有涉及。无论哪一种，由于这些牌记实际上具有版权页和刻书广告之作用，对于研究出版印刷史等具有很大的史料价值。

最典型的例子是宋绍兴二十二年（1152年）临安府荣六郎家刻本《抱朴子》一书，在卷二十后刻有七十五字的牌记："旧日东京大相国寺东荣六郎家，见寄居临安府中瓦南街东开印输经史书籍铺，今将京师旧本抱朴子内篇校正刊行，的无一字差讹，请四方收书好事君子幸赐藻鉴。绍兴壬申岁六月旦日。"①

这些文字依版面顺行格而刻，没有任何框栏。后来，也许是为了醒目，遂在这些刊语边上加围墨栏，成了名副其实的牌记。而这些牌记也就成了宋代书籍广告的主要载体。这一点与明代刻书家有所不同。应该说，明代的刻书家特别是书商有更强烈的自我宣传意识，在广告的运作方面，手法更多样，形式更灵活，除了牌记以外还有版画、序文、凡例、书题等。

（三）图书的发行渠道

宋代图书市场的发行渠道多种多样，具有代表性的，主要有三类：

1. 固定店铺

店铺贸易是宋代城镇图书发行的主要形式。宋代城市店铺贸易随着坊市制度旧格局的打破，而逐渐繁荣起

① 参见林申清《宋元书刻牌记图录》，北京图书馆出版社，1999年版。

来。如北宋时期的东京城，商品经济繁荣，街衢上到处可以开设店铺，其中在宫城附近及城之东北、东南主要街道附近，店铺贸易非常发达，卖书的店铺就集中在这一带。相国寺东门大街"皆是幞头腰带、书籍冠铺"，终日人来人往，络绎不绝①。南宋临安城也是如此，城内店铺林立。据《咸淳临安志》卷一记载，临安城有药市、花市、米市、肉市、菜市、珠市等十多种市场，其中就有书房（书铺）。

这些店铺包括刻（抄）售合一的图书发行店铺、单一的图书发行店铺以及兼售图书的杂货铺。我国最早用于发行的图书主要靠手抄，许多发行图书的店铺即自己组织抄写，他们既是抄写图书的生产者，同时也是售卖图书的发行者。印刷术发明后，刻书机构一般都同时兼作发行工作，"刻书复鬻书，较胜食租税"②，如著名的南宋临安棚北大街睦亲坊陈解元书籍铺，曾刻印过大量的书籍。

2. 集市

图书作为商品在集市发行已有很长的历史。图书发行集市一般分为两种。一种是专门售书的集市，这种集市一般多带有批发性质，其地点多在刻书发达地区，购买者也多是书商。如福建建阳的崇化里，每逢农历一、六日都有一次图书交易集市，"比屋皆鬻书籍，天下客商贩者如织"③，当地人称之为"书市"。

另一种为兼售图书的综合性商业集市。如宋代汴梁的相国寺集市，"每月五次开放，万姓交易……殿后资圣门前皆书籍、玩好、图书及诸路罢任官员土物香药之类"④。当时著名学者赵明诚便常来这里购买碑帖书

---

① 《东京梦华录》卷三。
② 《书林清话》卷九，《都门书肆之今昔》。
③ 《（嘉靖）建阳县志》卷三，《封域志·附乡市》。
④ 《东京梦华录》卷三，《相国寺万姓交易》。

籍，回去后与其妻李清照"相对展玩咀嚼"①。南宋越州城是浙东繁华中心城市，每年也要定期举行大型商品交易集会，如正月十五的"灯市"，"傍十数郡及海外商估皆集，所货商品极多，书画、钟鼎好奇亦间出焉"②，其中也包括图书的交易。

3. 流动售书

这是宋代城镇店铺卖书的补充形式。书商以肩挑的方式，穿横于城市乡村之间，沿途叫卖，或长途贩运。如南宋藏书家陈振孙在江西做官时，曾在路旁旧书摊上发现五代刻本《九经字样》，他欣喜若狂，遂以重金购买。

（四）流通渠道

宋代图书市场流通渠道主要有官府和坊间两种形式。这一时期最明显的现象是官府开始积极参加刻书印卖活动。国子监书库官"掌印经史群书，以备朝廷宣索赐之用，及出鬻收其直以上于官"③。国子监一方面为朝廷提供书籍，另一方面向社会出售，因而具有明显的商业成分。国子监出版图书因校雠精审，刻印质量好，深受人们的欢迎。当时的吴兴沈偕擢第后"尽买国子监书以归"④。监本书不仅在市场广泛流通，还有不少销往海外。

坊间仍然还是宋代图书经营的主体。由于生产规模的扩大和图书数量的增加，书肆遍布全国各地，汴京、浙江、福建、四川、江西、湖北、湖南等地都是图书贸易中心。汴京作为北宋都城，商品经济繁荣，书肆比比皆是，相国寺附近书籍买卖十分兴隆，政和年间京师印卖张舜民的《画墁集》，"售者至填塞衢巷"⑤。可见当

---

① （宋）李清照：《〈金石录〉后序》。
② 《嘉泰会稽志》卷七。
③ 《宋史·职官志》。
④ 《齐东野语》卷十一。
⑤ 《四库全书提要》卷一五四。

时图书市场之大，社会需求量之多。浙江是古代文化中心，南宋都城建在临安，所以浙江图书贸易更趋活跃，临安、婺州、绍兴、衢州、宁波等地都开设有书籍铺。临安城北丰乐桥至棚桥一带书铺林立，是当时最大的专业图书市场，吸引了大批各地书商前来贩运书籍。

杭州大隐坊、临安太庙前尹家文字铺、临安桔园亭文籍书房、临安张官人诸史子文籍铺等 20 余家，其中以临安府陈宅书籍铺最为著名。福建盛产纸张，出版业发达，因而形成以建安、建阳为主的书籍贸易中心。建安自唐代以来就是书肆集中地，至宋代仍保持其繁荣势头。建阳的麻沙、崇化两地，书坊林立，号称"图书之府"，所印刷的"麻沙本"，行销全国各地，有些远及朝鲜、日本。

福建著名书坊，据资料统计，可考的书坊有 36 家，主要有建宁府黄三八郎书铺，建阳麻沙书坊，建宁蔡琪书铺，建宁陈八郎书铺，崇川余氏，建安刘日新，麻沙刘仁隆、刘仲立、刘将仕，建安余仁仲、余靖安、余慕达，武夷詹光祖等，以余、刘二氏为最。其中余仁仲的"万卷堂"、刘日新的"三桂堂"影响最大，书籍销售最多①。

四川在五代已形成了印刷中心，到了南宋更形成了以成都、眉山为核心的书业中心。著名书坊有四川眉山程舍人宅、西蜀崔氏书舍、眉山万卷堂、成都辛氏都。书坊除售书外，还兼刻印业务，主要刻有唐、宋名家诗文集，因注重图书质量，为广大士人所喜爱，销行远近四方②。

此外，江西之吉州、临江，湖南之长沙、道州，湖北之鄂州、江陵、黄州等地均是书肆集中地，图书市场

---

① 谢水顺、李珽：《福建古代刻书》，福建人民出版社，1997 年版。

② 杨荣新：《唐宋时期四川雕版印刷考述》，《文博》，2003 年第 2 期。

已初具一定规模。

宋代的图书流通不仅以市场买卖为主流，而且图书市场已开始支配图书的生产。坊刻已成为刻书业的主体，书坊以盈利为动力，官刻和家刻也在一定程度上受到图书市场的制约。

第五节　宋代出版管理

宋代以文化成天下的立国之本，决定其在建立之初，就对图书出版活动大力提倡，图书出版的政策比较宽松。但随着图书出版业的蓬勃发展，书商为了追逐高额利润，图书出版的范围日益超过政府所允许的临界范围，甚至与一些国家政策相左。这样，国家对出版管理的加强，也势在必行。

一、禁书之举

宋朝政府，从中央到地方都提倡刻书，但这并不意味着任何书籍皆可出版刊行。随着书籍流通量与范围的扩大，政府对出版管理更加具体，其最集中的表现便是其禁书之举。

宋初，禁书之令时紧时松。哲宗元祐五年（1090年）下令，除不得雕印会要、实录外，"即其他书籍欲雕印者，选官详定，有益于学者方许镂版。候印讫，送秘书省。如详定不当，取勘施行。诸袤之文不得雕印，违者杖一百。委州、县，监司郡县，国子监觉察"①。

南渡后，书籍亦须审察后，方准出版，并一再有明令。光宗绍熙四年（1193年）六月规定："今后雕印文书，须经本州委官看定，然后刊行。仍委各州通判，专

---

① 《宋会要辑稿》刑法二之三八。

切觉察，如或违戾，取旨责罚。"①

绍兴十五年（1146 年）十二月十七日，孙仲鳌言："自今民间书坊刊行文籍，先经所属看详，又委教官讨论，切其可者许之镂版。从之。"②绍兴十七年（1148年）六月十九日，左修职郎赵公传言："近年以来诸路书坊将曲邪说不中程之文，擅自印行，以朦瞳学者，其为害大矣！望委逐路运司差官讨论，将见在版本，不系《六经》子史之中，而又是非颇谬于圣人者，日下除毁。从之。"③《绍兴令》更有明文规定："诸私雕印文书，先纳所属申转运司，选官详定，有益学者听印行。"④ 以后诸帝也都曾下达禁书毁版的命令。《庆元条法事类》卷十七，有"辄印卖者，杖一百。印而未卖者，减叁等"的规定⑤，可见南宋的书禁比北宋还严，对于限制书籍随便雕印，不啻三令五申。宋代政府禁止出版的图书主要有以下六种：

1. 天文图谶

传习天文图谶，历代都有禁令，而宋太祖、太宗因新得天下，尤为敏感，深怕人民利用图谶起来造反，故对之更为严禁。太祖建隆四年（963 年）颁布的《宋刑统》中规定："诸玄象器物、天文、图书、谶书、兵书、七曜历、太乙雷公式，私家不得有，违者徒二年（私习天文者亦同）。其纬、侯及《论语谶》，不在禁限。"⑥ 这条规定几乎完全沿袭周太祖的敕令，仅仅增加了兵书一项，大概与宋太祖为了消弭军阀与战争的隐患有关。开宝五年（972 年），太祖明令："禁玄象器物，天文、图谶、七曜历、太乙、雷公、六壬、遁甲等，不得私藏于

---

① 《宋会要辑稿》刑法二之一二五。

② 《宋会要辑稿》刑法二之一一四。

③ 《宋会要辑稿》刑法二之一一四。

④ 宋绍兴十七年刻本《小蓄集》引《绍兴令》。

⑤ 《庆元条法事类》卷十七。

⑥ 《宋刑统》卷九《职制律·禁玄象器物》。

家，有者并送官。"① 到了太宗时，其令更严。太平兴国元年（976年）："令诸州大索明知天文术数者传送阙下，敢藏匿者弃书，募告者赏钱三十万。"② 用金钱来鼓励告密揭发，在中国的禁书史上还是首次③。

之后的真宗、仁宗等诸位皇帝，也屡次下诏禁天文图谶。尤其仁宗时，学士院"奉诏详定阴阳禁书。请除《孙子》、历代史、天文、律历、五行志并《通典》所引诸家兵法外，余悉为禁书"④。这是中国最早的禁书书目，这也反映了宋人禁书不再是简单的沿袭前人，而达到了周密与完备的程度。

中国历史各朝开创之始，开国之君都要面对如何尽快确立自己的政权的合法性的问题。他们往往借助"天文图谶、灵异之象"等给百姓一种暗示：自己的改朝换代是顺应天命和得到上天的认可的。政权一旦建立，稳固下来，他们深知"天文图谶等"对蛊惑人心的作用，所以立刻又以其为"妖术"，愚弄人民而严令禁止。因此从太祖到仁宗，对阴阳术数这些禁书，一概放在妖书妖言的位置，其根本原因还是为了巩固赵宋政权。

2. 明教绘像

北宋末年，徽宗政纲不立，民不聊生。人们为了祈求解脱苦难，南北各地流行秘密宗教。各种宗教团体都刻印书籍，广泛宣传教义。当时最为盛行的是明教。其教徒成员不但有普通农民，又有秀才、吏人、军兵以及宗子皇族参加，并团结坚固，"有同胶漆"。明教教徒重视文字图画的宣传，杜撰了不少经文及绘画图像。对明教所刻，徽宗早于宣和三年（1121年）八月二十五日诏："除《二宗经》外，并焚毁，限满步首，杖一百，

---

① 《续资治通鉴》卷七，开宝五年九月。
② 《续资治通鉴长编》卷十七，太平兴国元年十一月。
③ 章宏伟《两宋出版业考述》，见《出版史研究》第六辑，中国书籍出版社，1998年版，第37页。
④ 《玉海》卷五十二。

本条私有罪者，自从重。"①但明教仍设法使之出版。陆游说及此事言，当时福建"伪经妖像至于刻版流布"，且"刻版募印妄取《道藏》中校定官名衔赘其后"。②在此种情景下，徽宗下令所有绘画图像一律焚毁，这样使得连收入《道藏》的《二宗经》、《三际经》等，至今无一留存。

3. 边机时务，邦国机密

仁宗时辽和西夏南侵，边事不断。为保卫国家安全，深恐有关政治军机被泄露，所以再三颁布法令，严加防范。且不仅对雕印机密文字有禁，即对贩卖者也定有严刑。康定元年（1040 年）五月，仁宗诏："访闻在京无图之辈，及书肆之家，多将诸邑人所进边机文字，镂版鬻卖，流布于外，委开封府密切根捉，许人陈告，勘鞫闻奏。"③元丰元年（1078 年）又诏："诸榷场除《九经疏》外，若卖与北客，及诸人私卖与化外人书者，并徒三年，引致者减一等，皆配州城，情重者配千里。许人告捕，给赏。著为令。"④大臣之中，如欧阳修、苏辙等人，亦非常警惕，发现市中有关边机时务之书，上书朝廷，请以杜绝。

之后，金人崛起，宋与其对峙，忽合忽战，边防时务更不可漏泄。大观二年（1103 年）诏："闻虏中多收蓄本朝见行印卖文集书册之类，其间不无夹带论议边防兵机夷狄之事，深属不便。其雕印书铺，昨降指挥令所属看验，无违碍然后印行。可检举行下，仍修立不经看验校定文书擅行印卖告捕条禁颁降。"⑤

宁宗《庆元条法事类》的规定更为严厉："事及敌情者，流三千里。"其后期，为免使金人误会，甚至还

---

① 《宋会要辑稿》刑法二之八三。
② 《渭南文集》卷五。
③ 《宋会要辑稿》刑法二之六四。
④ 《续资治通鉴长编》卷二百八十九，神宗元丰元年四月庚申。
⑤ 《宋会要辑稿》刑法二之四七。

禁止高唱北伐、收复失地的文字印行，可见荒唐之至。

4. 法令、历书

北宋大理寺、崇文院等机关出版了二十多种法令，一律禁止私人雕刻印卖。对于学习法律者，"许召官委保纳纸墨工直赴（刑）部陈状印纷"①，并不许冒领。《庆元条法事类》规定："诸私雕式盗印律、敕令、格式、续降条制、历日者，各杖一百，许人告。"庆历二年（1042年）翟昭应将《刑统律疏》正本改为《金科正义》镂版印卖，被杭州臣僚告发，"诏转运司鞫罪毁其版"②。

颁布历法，象征着受命于天，君权神授为历代皇帝之特权。故为维持帝之尊严，历日只能由司天监印卖，民间勿得私印。

5. 会要、实录

会要、实录为最重要的国史基本资料，内有许多当时保密及不便公开的内容，不但不许雕印，并禁传写，"违者徒二年，告者赏缗钱十万"③。

6. 党争之禁

北宋末年时，禁书与朝廷内的党争联系起来。以王安石为首的新党及以司马光为首的旧党，起初对对方的言论文字尚能容忍，但随后到后继者那里，党争便发展到文字狱并进而禁毁对方的文字。绍圣元年六月甲申"除进士引用王安石《字说》之禁"④。《字说》不过是一本释字之书，也因党派之争而被禁。宋徽宗亲政后，重用新党人物蔡京，大搞所谓"诏述"，对元祐党人加以迫害，实行党禁。崇宁二年（1103年）四月，诏命"苏询、苏轼、苏辙、黄庭坚、张来、晁补之、秦观、马涓的文集，范祖禹《唐鉴》，范镇《东斋纪事》，

---

① 《宋会要辑稿》刑法二之四。
② 《宋会要·刑法》二之二六。
③ 《宋会要辑稿》刑法二之三八。
④ 《宋史》卷一八《哲宗记》。

刘颁《诗话》，僧文莹《湘山野录》等印版，悉行焚毁"[1]，同月以下诏"追毁程颐出身文字，其所著书令监司觉察"[2]。宣和六年（1124 年）十月颁诏"有收藏习用苏、黄之文者，关令焚毁，犯者以大不恭论"[3]。宋人的党争之禁开文化史上因政见不同而焚其书版之先例。

二、保护版权

在雕版印刷术出现以前，书稿是抄写在竹简、木板上，作者的权益一般不会受到严重侵犯。印刷术发明后，书籍得以大量刊印复制出售，正是"有了印刷术，然后图书才可以说得上'出版'，才开始有出版社"。[4]如此，版权问题应由而生。这样在出版时才产生版权问题。早在唐代，版权意识已有萌芽。《旧唐书》里记载太和九年（835 年）十二月："丁丑，敕诸道府，不得私置日历版"[5]，朝廷明令禁止民间刻版印刷日历，但当时民间逐利刻书之人甚多，东川节度使冯宿上言："剑南两川及淮南道，皆从板印日历鬻于市。每岁，司天台未奏下新历，其印历已满天下。"[6] 由之可见，唐朝廷明令禁止"私置日历版"，正是为了保护政府出版"新历"的出版权，以防盗版"印历"的传播。但"版印书籍，唐人尚未盛之"。[7]到宋代，雕版刻书已广泛出版各种书籍，从而也使宋人的版权意识增强。

政府首先照顾官刻之书，对其采取保护的制度。如对《九经》的雕版印刷，就采取了长达百年的出版保

---

① 《宋史》卷一九《徽宗纪》。
② 《宋史》卷一九《徽宗纪》。
③ 《宋史》卷二二《徽宗纪》。
④ 刘国钧：《中国书史简编》，书目文献出版社，1982 年版，第46页。
⑤ 《旧唐书·文宗纪》。
⑥ 《册府元龟》卷一六《帝王部·革弊二》。
⑦ 《梦溪笔谈》卷一八《技艺》。

护的方法。《九经》为五代梁长兴三年（932年）田敏等人在国子监校订，由雕版工人历时22年才刻印出版。之后，许多官刻书籍以此为据，如《天禄琳琅书目》载，雍熙三年（986年）敕准仍令国子监雕印徐铉等新校定的《说文解字》，卷末附有中书门下的牒文："……书成上奏，克副朕心，宜遣雕镂，用广流布……仍令国子监雕为印版，依《九经》书例，许人纳纸墨价钱收赎。"此后，宋罗壁的《识遗》卷又有"宋兴，治平犹禁擅镂，必须申请国监，熙宁后方弛此禁"之记载①。但后来国子监、公使库等官刻书籍也允许民间租版印行，但要缴纳"赁版费"。南宋淳熙象山刻本《汉隽》上刻有"赁版钱一百文足"②，舒州公使库本《大易粹言》则刻："赁版钱一贯二百文足"等字样③。这些都证明了宋代官刻书是准人出钱刻印的。

国子监于绍圣三年（1096年）开雕了《千金翼方》等医书，卷末附国子监牒文，"……本监先准朝旨，开雕小字《圣惠方》等共五部出卖。并每节镇各十部，余州各五部，本处卖"，又谓"今有《千金翼方》、《金匮要略》、《王氏脉经》、《补注本草》、《图经本草》等五件医书，日用而不可缺。本监虽见印卖，皆是大字，医人往往无钱请买，兼外州军尤不可得。欲乞无作小字，重行校对出卖"④。可见官刻之书也是直接销售，有赢利的价值取向。

民间私坊刻书，更是为了竞争，屡有广告之为。如荣六郎家在绍兴二十二年（1152年）所刻《抱朴子》的牌记中言："旧日东京大相国寺荣六郎家，现寄居临

① 《书林清话》卷三。
② 王星麟《宋代的刻书业》，《史学月刊》1986年第1期。
③ 李致忠《宋版书叙录》，北京图书馆出版社1994年出版，第87页。
④ 李致忠《宋代的版权意识》，载《北京出版史志》第八辑，北京出版社1996年版。

安府中瓦南街东开印输经史书籍铺，今将京师旧本《抱朴子》内篇校正刊行，的无一字差讹，请四方收书好事君子辛赐藻鉴，绍兴壬申岁六月旦日。"①叶德辉曾言："书籍翻版，宋以来即有禁例。宋藏五松阁仿宋程舍人宅刻本王偁《东都事略》一百三十卷，目录后有长方牌记云：眉山程舍人宅刊行，已申上司，不许复版。"②这是十分简明的版权宣言。此书成书于南宋中期，所以也可见至少至南宋中期，已有了对出版权的保护措施，且通过民间出版者提出申请，有司公告的形式来禁止翻版的。刻书者还往往把申请原因、经过和有司榜文附在书前，以示出版权。南宋嘉熙二年（1238 年）十二月，两浙转运司为保护祝穆私自编著且由祝宅刻的《方舆胜览》等四部书籍的版权而发布榜文。据宋刻祝穆的《方舆胜览前集》四十三卷、《后集》七卷、《续集》二十卷、《拾遗》一卷，自序后印有两浙转运司录白③：

> 据祝太傅宅干人吴吉状：本宅见刊《方舆胜览》及《四六宝苑》、《事文类聚》凡数书，并系本宅贡士私自编辑，积岁辛勤。今来雕版所费浩瀚。窃恐书市嗜利之徒，辄将上件书版翻开，或改换名目，或以节略《舆地纪胜》等书为名，翻开换夺；致本宅徒劳心力，枉费钱本，委实切害。照得雕书，合经使台申明，乞行约束，庶绝翻板之患。乞给榜下衢婺州雕书籍处张挂晓示，如有本色，容本宅陈告，乞追人毁板，断治施行。奉台判，备榜须至指按。右令出榜衢、婺州雕书籍去处张挂晓示，各令知悉。如有似此之人，仰经所属陈告追

---

①　该书现藏辽宁图书馆。
②　《书林清话》卷五。
③　引自姚福申《中国编辑史》，复旦大学出版社 1990 年版，第 164 页。

究，毁版施行。故榜。嘉熙二年十二月□日
榜。衢、婺州雕书籍去处张挂，转运副使曾
□□台押。福建路转运司状，乞给榜约束所
属，不得翻开上件书版，并同前式，更不再录
白。

南宋时，浙江之衢州、婺州，福建之建阳、崇化、
麻沙等地书坊林立，彼此竞争逐利更甚，故祝宅特申请
在这几地约束，勿使翻雕，以保护自己的版权。

官私刻书俱盛的两宋，其版权意识除了上述几个具
体例证外，还有一些一般表现：

1. 已认识到版权是人"积岁辛勤"、"劳心力"而
成，其"一生灯窗辛勤所就，非其他剽窃编类者比"，
它可以被社会利用并产生一定的经济效益，而"书市嗜
利之徒"的私自盗版，侵害出版者与著作者的权益。

2. 意识到"私自编辑"的书籍，本宅刊行出版物，
应具有专有性、独占性，不许"复版"，所以要求出版
者的权益应受到政府法律的特别保护，"乞行约束，庶
绝翻版之患"。

3. 政府承认出版权并采取一定的措施来保护之。
祝宅刊《方舆胜览》的录白，表明地方有司接受请求
保护的申请，并允许刊于出版物中，可见政府已承认了
版权受保护的合理性。此外还对侵害版权者，处"追人
毁版"、"断罪施刑"，并允许被侵犯者"陈告、追人"。

总之，宋人保护版权意识的加强，有助于维持宋代
出版业的正常秩序，也促进了宋代刻书业的发展。另一
方面，加强保护版权，也是宋代出版业繁荣的必然结果。

三、管理制度

根据有关史料记载，宋代出版管理制度包括事先审
阅、事后查检、奖励检举等。

（一）事先审阅制度

对出版物进行事先审阅，防范于未然，是宋王朝对

出版传播活动进行有效控制的重要手段之一。

宋初，统治者已意识到，禁印诏令与事后追惩均非治本之策，只有对刻印图籍进行事先审查，才能对即将出现的问题及时觉察，从而及时采取措施加以防范。最初是在真宗咸平二年（999 年）就颁行了"定本供报"制①。这一制度虽有起伏，但最终固定并一直沿用下来。图书出版的事先审阅制度，亦贯彻两宋始终。

"今后如合有雕印文集，仰于逐处投纳，附递闻奏，候差官看详，别无妨碍，许令开版，方得雕印。如敢违犯，必行朝典"②。哲宗元祐五年（1090 年）七月诏："其他书籍欲雕印者，选官详定……候印讫，送秘书省。如详定不当，取勘施行。"③ 徽宗大观二年（1108 年）诏："其雕印书铺，昨降指挥，令所属看验，无违碍，然后印行。"④ 同年七月又规定："今后一取圣裁，倘有可传为学者式，愿降旨付国子监并诸路学事司镂版颁行。"⑤ 光宗绍熙四年（1193 年）规定："今后雕印文书，须经本州委官看定，然后印行，仍委各州通判专切觉察，如有违戾，取旨责。"⑥ 嘉泰二年（1202 年）从臣僚上言，重申："令诸路帅宪司行下逐州军，应有书坊去处，将事干国体及边机利害文籍，各州委官看详，如委是不许私下雕印，有违见行条法指挥，并仰拘收，缴申国子监，所有板日下并行毁劈，不得稍有隐漏，及凭借骚扰。"⑦

从这些记载，我们看出，宋代图书出版的事先审查

---

① 具体为："进奏院所供报状每五日一写，上枢密院定本供报。"《宋会要辑稿》职官二之四五。

② 《宋会要辑稿》刑法二之一六。

③ 《宋会要辑稿》刑法二之二四。

④ 《宋会要辑稿》刑法二之四七。

⑤ 《宋会要辑稿》刑法二之一一八。

⑥ 《宋会要辑稿》刑法二之一二五。

⑦ 《宋会要辑稿》刑法二之一三八。

制度范围很广，且对出版物在刻印前进行"看详"、"详定"、"看验"，已成为贯彻宋朝始终的出版管理制度。并且严格规定所有出版物都必须事先接受审查，否则不许镂刻并予以严厉处罚。至于图书审查的管理机构，一般是国子监以及各路转运司、提举司、学事司及州、军、县；通常情况下，多行一次审查制，即委官"看详"，认定无违碍后即可出版流通，但有时为强化管理，也采取二次审查制，即出版前"选官详定"，印刷完毕后还须送秘书省再次审阅，无碍后方许进入市场流通。这对于维护当时的政治与社会的稳定以及出版秩序的正常进行，都起到了积极的作用。

（二）事后查检制度

固然事先审阅制度能对图书出版进行一定的预先控制，可以避免了大量有妨统治，有伤教化，质量低劣的图书刻印传播。因当时尚无完整的出版法规和专职的管理机构，有关官员无暇顾及或失职塞责，加之书坊射利，逃避审查，仍有不少有违碍、不健康的图书流传社会。所以除了在镂版流通以前采用事先检查制外，统治者还在书市、书肆中随时予以事后追取查检"书坊见刻版及已印者"的方法。各州通判、国子监等也随时会对经"州委官看定"后已刊行的书籍"专切觉察"、搜寻。"掌印经史群书"①、具有国家出版机构性质的国子监，是负责图书"搜寻"、"缴审"和"监督检查"的最高管理机构，无论官刻这样的国家出版机构还是坊刻、家刻之类的民间出版机构，概莫能外。

（三）奖励检举制度

为了更好的控制与管理出版业，宋一代二朝，不仅有严厉的行政检查制，有强制性的处罚手段，还包含着引导、激励受控者，调动民众积极性的奖励措施，从而使整个出版业置于广泛的社会监督之下。

---

① 《宋史》卷一六五《职官表五》。

宋代所颁布的有关刻书印刷的法令中，就有不少关于奖励举报者的条款。

仁宗康定元年（1040年）诏："许人陈告，勘鞫闻奏。"至和二年（1055年）欧阳修《论雕印文字札子》："许书铺及诸色人陈告，支与赏钱二百贯文，以犯事人家财充。"①哲宗元祐五年（1090年）七月昭："告者赏缗钱十万。"② 徽宗政和四年（1114年）诏：禁元祐学术，"立赏钱一百贯告捉，仍拘版毁齐，仰开封府限半月，外州县限一月"③。同年禁《太平纯正典丽集》，"赏钱五十贯，许人告"。④ 宣和四年（1122年）诏："许诸色人告，赏钱一百贯。"⑤光宗绍熙元年（1190年）诏："并立赏格，许人陈告。"⑥ 宁宗嘉泰二年（1202年），"委自帅宪司严立赏榜，许人告捉，月具有无违戾闻奏"。⑦此外，南宋时期，书坊多申文官府以公告形式禁止翻刻、保护版权，在福建、两浙转运司的榜文或录白中，也出现了"陈告追究，毁版施行"的字样。可见"许人陈告"、"严立赏榜"已成为宋代出版行政管理的重要组成部分，与"立法禁戢"、审阅查勘有机结合，相互为用，以达到提高整个出版传播控制功效的最终目的。

四、控制手段

宋代国家对出版管理的控制，主要是在制定出版政策法规之后，通过一定的组织机构，运用反馈、调节及各种行政、法规、纠察手段，来保证稳定地实现既定的

---

① 欧阳修：《论雕印文字札子》，《欧阳文忠公文集》卷一○八。
② 《宋会要辑稿》刑法二。
③ 《宋会要辑稿》刑法二。
④ 《宋会要辑稿》刑法二。
⑤ 《宋会要辑稿》刑法二。
⑥ 《宋会要辑稿》刑法二。
⑦ 《宋会要辑稿》刑法二。

出版目标和计划，维护正常的出版秩序。

（一）纠察

纠察是宋统治者利用官司纠举，通过反馈控制、立案追查及监察、诏察等手段，从而构成了一套严密的控制网，来控制书业的出版。这种纠察控制途手段，主要通过以下三个途径来实现。

1. 反馈控制

反馈是控制论中的一个及其重要的概念。管理本身就是一种控制，因而必然存在着反馈问题。所谓反馈（Feedback），其原意就是反过来饲喂的意思，在控制论中就是指由控制系统把信息输送出去，又把其作用结果返送回来并对信息的再输出发生影响，从而起到控制的作用，以达到预定的目的①。在大众传播过程中，没有健全的反馈手段，有效控制是不可能的。宋代统治者正是运用反馈信息去分辨、处理违法刻印行为的。

宋代统治者为了纠察官吏过失，采取了两种纠举控制方法：一是自下而上的逐级申报制。为便于上级司法机关及时了解情况，宋代统治者规定各级司法部门须逐层向上申报情况，县级向州级申报，州级向路级监司申报，路级监司向中央申报等，如："具已焚毁名件，申枢密院"，"取勘具案闻奏"，对已焚毁的印板都要记录并上报枢密院备案，已有了一定的法律制度及程序。且"月具有无违戾"，勘鞠"闻奏"、"讫具申尚书省"，"仍具数申尚书省及礼部"，随时将执法情况和检查结果反馈上级有关机构。二是自上而下的监督举报制。如"委州县监司，国子监觉察"，对"不觉察官吏根究，重作施行"等，并根据反馈的信息采取进一步措施。

2. 对某一具体事件的追查

针对刻书出版业的新情况或某些特殊的、突发的刻

---

① 熊义杰：《论管理活动的实质》，《经济学家》，2005，8，26。http：//www. jjxj. com. cn/news_ detail. jsp？keyno = 7545

书印刷违法事件，宋代统治者往往专门立案，严加追查惩处。如宁宗嘉定年间，南宋偏安江左，为防金人误会及军机泄密，朝廷尤禁倡北伐、收复失地的文字印行，下令对书坊私雕龚日章、华岳二人的事件严加追查："近日书肆有《北征谠议》、《治安药石》等书，乃龚日章、华岳投进书札。所言间涉边机，乃笔之书，镂之木，鬻之市，泄之外夷。事若甚微，所关甚大，乞行下禁止。取私雕龚日章、华岳文字，尽行毁版。其有已印卖者，责书坊日下缴纳，当官毁坏。从之。"①

此类事件不胜枚举，在前边的"书禁森严"部分，多有提及，若委开封府对京城"边机文字"或"肆毁时政"等雕印书籍的搜查、处理；对"廉州张寿之缴到无图之辈撰造《佛说末劫经》"的"根究"；对《太平纯正典丽集》的"追取"；对"不纯先王之道"等书籍的"禁弃"；对王安石《舒王日录》出卖的查禁等等。

3. 对全国性的诏察，宋代统治者特别强调"诸路州军"、各"州县监司""各州通判"、"各州委官"对违法刻书印卖事件予以"专切觉察"。

（二）行政控制

行政控制手段，是指宋代统治者通过颁发诏旨、制定律令及审阅查验制、奖励制等管理条例，依自上而下的行政层次的贯彻执行，从而达到对书业出版管理的目的的控制手段。

宋代统治者对出版传播的行政控制，主要是通过颁发政令，制定有关条例来实现的。

其主要特点是针对一定的刻书印卖情况，作出意义明确和内容具体的决定，传达给出版者、印卖者，使官方或民间的各刻书机构与印卖者有所遵循，这些条件、诏令具有权威性、强制性和直接性的特点。如仁宗康定

---

① 《宋会要辑稿》刑法二。

元年（1040年）五月颁发的禁印令，是针对当时"访闻"开封书肆之家多将各类事关家国机密的文字"镂版鬻卖，流布于外"而发的；徽宗大观二年（1108年）三月的诏令，是据"访闻"俘虏中多收藏有宋朝当时出版并流通于市的文集书册而作的。

综观宋朝历代有关出版的诏旨、法令，几乎都是缘当时情况而颁旨，据臣僚"上言"而"从之"，通过"访闻"而明令的。

（三）法律控制

法律体现着国家的意志，"法律就是取得胜利，掌握国家政权的阶级的意志的表现"①。法律手段是指以法律规范和具有法律规范性质的各种行为规范为控制手段，调节书籍出版传播系统内外各种关系的措施。宋统治者以自己的意志制定法律，并通过一系列强力机构，以直接或间接的方式，强迫出版传播起点的个人或机构遵守。法律具有明确性、稳定性以及强制性和权威性，因而，它不仅是社会控制的有效手段之一，书籍刻印传播系统的建立和完善也必须由法律来确认和调整。

在雕版印刷业繁盛的宋代，书籍在刊版印散的运行过程中，总会出现一些"急于锥刀"、"擅行印卖"的无序现象，干扰正常的书籍雕印传播秩序。尤其是内外矛盾交替的宋代，那些"笔之书"、"锓之木"、"契之节"的文稿，借助雕版印刷往往可大量快速地复制，并迅速传布四方，因而，它对公众的影响力很大，如放任自流，必将危害国家政权和统治者的利益。对此，宋代统治者除了运用行政手段外，还运用法律手段来控制书籍雕印传播，规定各类刻书机宋代还没有系统镂版专门的"出版法律"。

统治者控制雕印传播的法律手段，主要通过"立法禁戢"，频频颁布各项有关刻书印卖的"告捕条例"来

---

① 《列宁全集》第13卷，人民出版社，1990年版，第304页。

实现对违法行为查缉惩处的。这些法令是刻书与售卖者
的行为规范，它规定可以做什么，必须做什么和禁止做
什么，规定对合法行为的保护（如对出版权、版权的保
护，宋代已有萌芽，见另文）和对违"戾"行为的
"责罚"，从而形成强有力的对刻书印卖活动的控制体
系，这样的律令终宋一朝非常之多，如：

《宋刑统》："诸造妖书及妖言者，绞。传用以惑众
者，亦如之。其不满众者，流三千里，言理无害者，杖
一百。即私有妖言，虽不行用，徒二年，言理无害者，
杖六十"。①

神宗熙宁二年（1069 年）闰十一月据臣僚上言规
定："严行根捉造意雕卖之人行遣，从之"。②

哲宗元祐五年（1090 年）七月规定："本朝会要、
实录不得雕印，违者徒二年"，"诸戏亵之文，不得雕
印，违者杖一百。委州县监司、国子监觉察"。③

徽宗政和四年（1114 年）六月规定："追取印版缴
纳"，"杖一百"。八月又规定："并行追取当官弃毁"④。

徽宗宣和四年（1122）规定："毁版禁止"⑤。

徽宗宣和五年（1123）规定："印造及出卖者与同
罪"，"令诸州军毁版"⑥。

《庆元条法事类》根据不同违法情况分别规定用刑
标准："杖八十"、"杖一百"、"流三千里"。七月规定：
"有违见行条法，指挥并仰拘收"，版本"日下并行毁
劈"⑦。等等。

---

① 《宋刑统》卷十八。
② 《宋会要辑稿》刑法二。
③ 《宋会要辑稿》刑法二。
④ 《宋会要辑稿》刑法二。
⑤ 《宋会要辑稿》刑法二。
⑥ 《宋会要辑稿》刑法二。
⑦ 参见《庆元条法事类》，戴建国点校，黑龙江人民出版社，2002
年版。

宋代的法律体系相对来说，较为完备。立国之初，首先就修订颁行了我国第一次刻印的刑事法典《重详定刑统》，并出版了作为《刑统》补充的法律条文《建隆编敕》，这类用以补充法律条文的敕、令、格、式，在宋代不断地被编集，并形成一种制度。《刑统》的法条，在宋代文献中称为"律"，属于长期固定的法典，而统治者针对新的社会矛盾，往往用诏敕补充新的法规，这类诏敕颇多，它往往也具有法律效应，但未能成为稳定的和普遍适用的法律。宋代有关图书刻印的法令，基本上以诏敕为主。

对违法雕版印卖者的法律惩处，主要有以下特点：其一，对非法出版物采取"毁版"、"毁劈"、"焚之"、"缴纳焚讫"等措施，从印版抓起，防止死灰复燃，再度翻印。其二，在宋代，县是基层司法机构，其刑事裁决权限于杖刑，州一级受理县一级呈报的徒以上刑事案件。科罪施刑主要有杖刑、徒刑、流放等，如"根捉"、"行遣"、"责罚"、"杖一百"、"拘收"、"送狱"、"流三千里"等。

其三，从宋初到宋末，制裁渐趋严厉。由宋初一般的"密切根捉"、"许人陈告"、发展到"徒二年"；从"行遣"发展到"流三千里"；并且增加了杖刑。从一般的"追取印版缴纳"、"缴纳焚讫"，发展到"合行毁版"，"当官弃毁"、"当官焚毁"、"当官劈毁"、"日下并行毁劈"，严行规定在官员监视下当众毁版，以杜绝任何隐匿流布的可能。这些都反映了雕印传播影响的扩大和军事、政治形势的变化使统治者对雕印传播控制愈来愈严。

其四，宋代出版法令所制裁的对象不只局限于非法雕版者，"印造及出卖者与同罪"，且刑狱司还根究印撰之人，可见，宋代统治者对印书者、售卖者、撰写者同样立禁查处，严厉制裁。

随着宋代书业出版的繁荣，皇帝的敕令已起着越来

越重要的作用。就图书刻印传播而言，诏敕的地位显然优于相对稳定的刑法，这是因为诏敕往往是从特定的社会状况出发的，有关书籍刻印的法律都是依据当时社会矛盾及出版状况而颁发的，不似刑法那样属长期固定的法规，故处理事件更及时、更有效，更能符合统治阶级的需要。宋代有关出版的诏敕主旨虽都相同，但各朝禁令松严不等，并不稳定，如北宋末徽宗年间，边事紧急、政府腐败、刻书业混私，统治者连颁数令，对非法雕印严加处理，或"告捕"、"并照铜钱出界法罪赏施行"、"印造及出卖者与同罪"，或"毁板禁止"、"令诸州军毁板"，可见边事紧急，统治者的法令也愈严，愈会用法律手段对非法刻印传播活动进行制裁。南宋光宗年间，朝廷偏安江南，所颁法令则多防范性质；宁宗时，主战空气高涨，刻书法令再度严厉，可见，朝廷关于刻印传播的法令是随政治风云的变幻而不断颁发新的诏旨的，并不稳定。

总之，宋代统治者对书籍的刻印传播控制已有了较深刻的认识，控制体系也已初具规模，形成了中国古代封建社会最初的大众传播控制思想与体系。在统一舆论，禁止非法出版物上政法并行，措施有力，且集中控制与等级控制互补，预先控制与反馈控制并用，可见其控制思想与手段已较为系统。宋代统治者对刻书印卖活动的控制虽然对巩固皇朝统治、稳定政局起了一定的作用，但这种强有力的控制同时也钳制了人们的思想，与广大民众的意愿并不一致，因而违令而行"不法之举"此起彼伏，而积贫积弱的宋皇朝朝纲不振，外患频仍，也使一些政令成为空文。终宋一朝，频频颁行的出版法令正表明了这一点。但宋代社会结构的巨大变化以及繁荣发展的刻书印刷事业所带来的大量出版物作为一种新兴的大众传播方式促使宋代出版控制法令规则的详备，所以中国古代刻版印刷的法律制度、版权、出版权及最早的大众传播控制思想等大多奠基或发展于宋代，就不足为奇了。

第三章

宋代出版介质的变迁

第一节　宋代出版介质及其意蕴

一、出版介质与出版传播方式

（一）出版介质

介质严格意义上讲是一个物理学范畴的概念。《辞海》里对它的解释是[1]：

介质：1.即"媒质"。2.即"递质"。

媒质：亦称"介质"。物体系统在其间存在或物理过程（如力和能量的传递）在其间进行的物质。媒质一般指广延的实物，如空气、水；声音能在这类媒质中传播[2]。

递质："神经传递介质"的简称。神经系统的突触，不论是在周边神经系统中或中枢神经系统，最大多数是化学突触，其传递神经冲动的方式是由突触前神经元释放某种特殊化学物质来作用于突触后神经元，从而对突触后神经元产生兴奋或抑制效应。这类化学物质称为"递质"[3]。

---

① 《辞海》，上海辞书出版社缩印本，1980年版，第310页。
② 同上书，第1105页。
③ 同上书，第1055页。

《中国大百科全书》里，与"介质"有关的词条有 41 条，主要集中在物理、电工、机械等门类的词条，如"磁介质"、"电介质"、"供热介质"、"多孔介质"、"计算机存贮介质"、"非晶态介质"等等。在新闻出版类中未见。

《现代汉语词典》里讲①：

> 介质：一种物质存在于另一种物质的内部时，后者就是前者的介质；某些波状运动（如声波、光波等）借以传播的物质叫做这些波状运动的介质。也叫媒质。

总的来看，这些权威辞典对"介质"一词的界定，都共同指出了：其一，介质与传播有关。正如《中国大百科全书》中关于"介质"的词条所相对应的英译多有"medium"或"media"二词，反映出"介质"是传播中必要的物质条件。其二，"介质"有媒介、载体意义，通过介质可以传递出某种信息。通常在我们的出版及文化哲学等范畴，鲜有用"介质"一词的。本书基于从"介质"最本源的意义出发，借用到社会科学，指在人类社会的传播活动中所凭借的信息载体。

人类历史上经历了五次传媒革命：语言传播，文字传播，印刷传播，电子传播和数字传播。每次传播革命都使人类的交流方式产生了巨大变革，都使信息和知识得到更广泛的传播，都对人类文明发展产生深远影响②。而我们深入考察会发现这五次传媒革命的一个

---

① 《现代汉语词典》，商务印书馆，2002 年增补本，第 650 页。

② 黄焕明：《传媒：一种新的发展工具》，《出版经济月刊》，2004 年第 10 期。

共同原因就是其传播过程中所凭借传播"介质"发生了改变，并深深作用于传播方式。这五次传媒革命是从"结绳记事"的草绳，到龟甲、兽骨，石鼓金鼎到泥版纸草之书，雕版到谷腾堡的印刷机，计算机到 IT 网络。

这也正反映了"介质"的变迁是生产力发展到一定历史阶段的产物。马克思主义认为，科学技术是第一生产力。从这个层面上讲，"介质"由一个时代的生产力发展水平决定。不同的生产力发展阶段决定会诞生不同的"介质"。因此，在这个意义上，介质可以反映一个时代生产力水平。

传播是人类的基本社会活动。其中，介质在技术革命上的变革可以影响传播活动的效率和效力。介质的变革折射出人类文明的飞跃，也进一步促进了社会的变革。

加拿大传播学者英尼斯曾经说过，历史由可以排列和割断的纪元或时代组成。一个时代的标志便是那个时代的媒体。媒体对信息进行吸收和记录，并把这些信息转换为与之处于同一时代的社会制度权利结构（Institutional Power Structure）。此外，媒介类型和社会现实之间的互动，产生各种倾向性（Bias），这些倾向性对社会的文化趋向和价值观念有着强烈的影响①。英尼斯所讲的时代标志的"媒体"，更多应该是工业革命之后，随着资本主义经济模式发展而强化起来的现代传播手段。其实作为一个时代的标志，译为"介质"一词，会更加符合传播的本质，更加有历史逻辑的概念。

此外介质自身又具有一定的复杂性。它具有混合物质特性。它既具有物质属性，又具有精神属性。它是人类科技革命的产物，是有其物质形态的。但与其他物质

---

① Paul Heyer: Communication and History, Greenwood Press. 1938. P. 115

不同的是，介质所传播的内容能够影响人的精神，进而也影响人的行为，因而介质在某种意义上就具有精神属性。

"出版介质"就是指在书刊、图画等编印过程中所借助的各种形态的载体，通过其完成文化传播或文明传承。

（二）纸介质之前的中国古代出版传播方式

"出版"一词与传播有着内在的关联。日本学者清水英夫在其《现代出版学》指出："出版"有着与其他大众媒介无可比拟的自身的历史"①。从"出版"一词自身历史，能够考察出它的最本源的含义。法国学者罗贝尔·埃斯卡尔皮在其《文学社会学》一书中对出版和创作的关系进行了分析认为，法语 publisher（出版）这个词以及它的拉丁语辞源 publicare，通常表示"把某物交给他人支配"，拉丁语 publicaresimulacrum（把塑像公之于众），就是"在一个广场上竖一座塑像"的意思；法语 publisherlesbansd'unmarriage（刊登结婚预告）则指让所有认识或不认识的人知道一个私人计划。而 publisher 一词和一些动产联系时，则表示"拍卖"的意思。因此，"出版"的最原始的含义就是"拍卖作品"之意，即"断然地和几乎是粗暴地把创作秘密公诸于世的过程"②。埃斯卡尔皮在其《出版革命》一书中还论述了在多种语言种，为了表达出版的概念，它们都采用了拉丁语的两个比喻——edere（exdare）和 publicare。前者有生孩子、生出来的意思，后者则表示文学作品拥有许多不特定读者的意思，并且成

---

① （日）清水英夫：《现代出版学》，中国书籍出版社，1991年版，第10页。

② （法）罗贝尔·埃斯卡尔皮：《文学社会学》，上海译文出版社，1988年版，第69、70页。

为多种语言中现代"出版"一词的词源①。后一种意义凸显了出版者和社会的关系。

现代，人们对"出版"一词的理解较为一致。美国1976年出版的《世界图书百科全书》中对"出版"条目的解释为："出版就是把富有想象力的人们创作的、经过编辑选择加工的并由印刷厂印刷的文字和图片公之于众。"英国1989年出版的《牛津英语大词典》对"出版"条目的解释是："出版是指发行或向公众提供用抄写、印刷或任何其他复制方法复制的书籍、地图、版画、照片、歌篇或其他作品。"日本出版的《简明出版百科词典》对"出版"条目的解释是："用印刷机械方法将文字、图画、摄影等作品复制成各种形式的出版物并提供给众多读者的一系列活动，总称为出版。出版作为宣传媒介，其本质机能是向社会进行广泛宣传。"这些解释的一个重要特点就是涵盖了"出版"作为一种创造意义的行为的全部特征，其中当然包含着出版的传播特征。

因此，出版就是通过出版介质将所载内容公之于众的行为，出版传播实际上就是依赖出版介质进行的信息、知识的传通行为。

中国古代的出版介质直接影响着出版传播的方式。最初，在文字产生或确立之前，诸如结绳记事、刻木为记、堆石为记、立木为记乃至简单的图画的原始传播方式时代，是以"绳、木、石"等为介质的，但还谈不到出版。甲骨文、钟鼎文的成为三代的传播中的主角，并借助甲骨、青铜此类介质，即使进入农耕定居时代，生产力有了很大发展的必然结果，也继续是传播主体。这些也反映了先民富有智慧，懂得传之久远的道理及选择何种介质才能传之久远。

———————

① （法）罗贝尔·埃斯卡尔皮：《文学社会学》，上海译文出版社，1988年版，第71、72页。

　　以石刻为介质的传播，开辟了真正的出版传播时代，而且其传播内容、价值、效果及特点却是具体而丰富多彩的，因此它也是中国古代十分重要且极具艺术价值的一种出版传播方式。石刻在历史上还曾是儒家经典出版传播的主要方式之一。东汉著名的《熹平石经》、三国魏的《正始石经》、唐的《开成石经》均面向大众传播。佛教在中国的魏晋达于鼎盛，即同它初入中国后采用了石刻出版传播方式大有关系。著名的北魏石刻造像与北京房山石经可以作为这方面的两个显证。中国六大佛教石窟，其实也可视为石刻出版传播方式的代表。这种出版传播方式，博大精深，以至于人们尽管几千年来沉湎于其中，但只是从洞窟、雕塑或绘画艺术的专业角度来考察认识它，无形中忽略了历史上佛教鼎盛时期它所具有的大众传播属性及其功用。

　　简牍出版传播方式，从文字符号的意义上讲，是前继甲骨文、后启纸本书的一种出版传播方式。简主要以竹木为介质，木又有牍、椠、方、札、觚等不同的形制。用竹还是用木，基本上依据的是"就地取材"的原则。南方产竹，北方产木，因此南方多用竹简，北方多用木札。这已为大量的考古发现所证明，例如湖北出竹简，甘肃出木简即是。竹木遍地都是，产量大，再生易，砍伐易，制作也简便，因此成为了秦汉时代最主要的出版传播媒介、载体与方式。相较甲文、金文和石刻文字来，出版传播的规模、速度、普及程度都明显增大、加快、提高。这一出版传播方式，同秦汉时代的大一统局面及其文化教育事业的发展与需要是适应的。简牍书籍，应该说已经具备了书籍构成的一般要素，每一部书一般均具有相对独立完整的形态，并且简牍书籍使用的文字，也是姿态优美的书法作品，开合有度，点划分明。特别是其横笔与捺笔的运用，更创造了中国书法史的极致，从而使简牍书籍具有了独特的风格。简牍媒

体的不足之处是易于朽烂，比较笨重。汉代名臣东方朔给汉武帝上了一封书，用简3000根，两个力士抬着上殿，于此可见其一斑。

帛书是一种"贵族式"出版传播方式。它的文化内涵与秦汉乃至魏晋的贵族文化品位是一致的。换言之，文化的雅俗与层次性，某种意义上也由其传播介质表相出来，因为帛高昂的价格不是寻常百姓所能承受。纸张（植物纤维纸）最初运用于出版传播时，贫士往往迫不得已才使用纸张，并怀有"贫不及素"的自卑、自责心理。湖南长沙出土的"楚缯书"，图文并茂，经过了精心的布局，结构完整，是一份彩色豪华的出版物。帛书的优点是轻便，舒卷自如，体积缩小，容量增大，剪裁随意，携带方便，并且适于绘图，这些优点与纸张介质的性能几乎一样。在此，其时人们对丝帛的选择无疑具有更为重要的价值。在丝绸十分贵重的当时，选择来制作图书，无疑是为了创造出比简牍更多的优点并突破简牍的局限。帛书显然是与简牍相比较而存在的一种更接近纸质出版的出版传播方式。帛书的选择与使用，其时具有更多的探索价值。纸张的发明，一般认为同丝帛的生产同出一源。这就更加证实了帛书向纸书转化之间的非偶然性。显然，帛书与纸书大概是最具亲缘关系的两种出版传播方式。帛书的不足也是易于朽烂，以致遗存至今者稀有之至。帛书的贵重，以致只有珍贵的文稿、定稿方才"缮写上素"。

二、纸质出版介质

纸的发明是中国乃至世界出版传播史上的一块里程碑。以纸为介质的出版传播方式也是称人类文明史上受众最广，目前为之传播范围最大的一种出版传播方式。

中国西汉时是否有纸，一直是学界有争论的一个

问题①。纸的发明是一桩划时代的变革，它的应用必然
会影响到当时社会上层建筑的各个层面，也直接使出版
传播的介质形态发生革命性的改变成为可能，从某种意
义上讲，纸的发明最初得益最大的不是劳动人民。"需
要是发明之母"，从需要来说，古代劳动人民为基本的
生计而操劳，对书写物品的需求和关切也不会很大。即
使有些平民有这样的想法和愿望，客观条件的限制也很
难使这样的愿望变成现实。

　　纸质介质的发明包含了一种刻意的努力，一种明确
的预期目的，和一系列特定的试制手段。它很可能是充
满了失望和挫折的漫长探索过程，其中也可能借鉴了当
时生产某种类纸物的工艺。它的诞生应被视为当时政
治、经济和文化发展推动下的产物。社会的发展促使具
有一定地位的上层人物意识到书写材料变革的意义，并
正好允许他能运用他的智慧、地位和权力来从事这样的
尝试，并投入相当大的财力和人力，经过一个曲折反复

---

① 在相当长的一段时间里，中国的学术研究受政治运动的影响较
大。在西汉"灞桥纸"发现后的几十年中是我国政治运动频繁的时期，
社会动荡和意识形态至上的环境对科学工作者特别是社会科学工作者的
观念和思维方式有相当大的影响。由于东汉明帝时的蔡伦是宦官，不属
于劳动人民，自然在否定之列。这种社会环境成为推翻"蔡侯纸"历史
定论的最佳气候与土壤。"灞桥纸"以及其他"西汉纸"应运而生，为
取消蔡伦的历史地位提供了"实物证据"。继之而来的"文化大革命"
使客观公正的学术讨论几无可能，加上一些学者、传媒、博物馆陈列以
及教科书的重复宣传，使西汉有纸的说法积非为是。再加上我国考古学
传统只重现象不重原因，只重器物不重相关背景的编史倾向，助长起一
种倾心于追求中国第一或世界第一，和越早越显赫的不正常心态，致使
一些学者不愿意从事必不可少的、常常是枯燥细微而又默默无闻的材料
收集分析工作，而醉心于追求急功近利的轰动效应，甚至不惜采取歪曲、
隐瞒事实真相的手法来达到这种目的。这种风气在今天经济效益挂帅的
社会环境里更趋炽烈。但也有相当多的一部分学者对这个问题采取了客
观的科学态度并从历史学、考古学、造纸技术、实验复制，以及纸的定
义等角度进行了综合探讨和辨析，并取得了某种共识。总之"西汉有纸
说"之争，使我们应该认识到从事科学研究需要有一种和谐宽松的社会
环境。

的过程才获得成功。从这一发明所必须具备的前提来说，蔡伦确实拥有了这样的条件。从纸张取代简帛经历了三百年的漫长历史过程来看，在造纸术发明后的相当长时间里，纸仍是一种昂贵的物品，难以广泛普及。纸取代简帛的过程取决于造纸术改进的速度，只有当造纸工艺改善到一定阶段，使设备廉价普及，纸张成本大为下降而可以成批生产之后，才能成为最普通的书写用品。

纸质介质在出版传播中日益重要，这也与东晋皇帝桓玄也有很大的关系。他称帝后下令制作书籍一律用纸，这在封建帝制的国度中乃是至高无上的命令，使得纸的使用普及化了。他说："古无纸故用简，非主于敬也，今诸用简者，皆以黄纸代之。"① 这确立了纸质介质的地位，促进了纸的风行。蔡伦的技术革新加上桓玄的绝对帝令，完成了纸的生产与应用两者间的链接。蔡伦与桓玄对推广纸质介质传播的重大意义并非偶然，与他们所处的社会条件，日常之需相关。在后来的岁月里，纸经过丝绸之路传入阿拉伯世界，之后又传遍全世界。纸这种介质益处在于它有纸草的便利但不容易破裂；成本低廉而且体积不大；有缣帛羊皮的柔软，但不像它们那样造价昂贵。这样以纸为介质的出版传播方式，至今仍是人类主要的出版传播方式，也尽在情理之中。

纸写本与以纸为介质的雕版印刷术，是纸发明后贯穿于中国古代社会时期的两大出版传播方式。唐末五代以前，纸写本出版方式相对而言占主导地位。即使唐末五代雕版印刷出版占据主导地位之后，纸写本（手抄本）这一出版方式也因中国出版文化内在结构的原因而延续了下来，正如同中国书法文化的延续一样。纸写本的极盛期是在晋唐时代，"洛阳纸贵"的

① 《初学记》卷二一《桓玄伪事》。

典故以及白居易诗文传遍天下乃至海外，反映的正是纸写本这种出版传播方式的盛况。考古发现及大量的文献均证明了这一点。例如，唐代任过秘书监、刑部尚书的柳仲郢，每日"退公布卷，不舍昼夜。《九经》、《三传》一钞，魏晋以来南北史再钞，手钞分门三十卷，号《柳氏自备》。又精释典，《瑜伽》、《智度大论》皆再钞，自余佛书，多手记要义。小楷精谨，无一字肆笔"①。因此，手写本这种出版传播方式，同时也造就了中国的手写本书化或谓手抄本书化，并且手抄这种出版传播方式直接促进了中国书法——具体来讲，即楷书的臻于极致，并为雕版印刷这种出版传播方式直接提供了成熟而适用的文字符号。手写本出版传播方式的缺憾主要是在辗转传抄过程中不可避免地造成了文字上的各种错误，诸如脱、衍、讹、倒等。但是，手写本的价值却在于它更真实、更直接，具有更多的原生价值。此外，精美的手写本也是无与伦比的书法艺术珍品，是作者文化生态的艺术象征。

　　雕版印刷术的发明和唐末五代后唐宰相冯道奏请官刻儒家"九经"，又有蜀相毋昭裔私刻"九经"，这两件事标志着雕版印刷正式成为了其时中国占主导地位的出版传播方式。雕版方式比起手写方式来，所谓"日传万纸"，大大提高了劳动生产率，对于文化的传播与普及起到了巨大的推进作用，并很快在发展中形成了以官刻、坊刻、私刻三大系统为主的出版传播系统，产生了风格多样的各种版本以及套色印刷、拱花印刷、版画生产与制作等一系列新技术、新发明，并形成了相对固定的出版中心。雕版出版传播方式当时是世界上最先进的出版传播方式。雕版方式的主要缺陷是不适于雕印大部头书；如果雕印，既废料（木材）又废工（十几年

---

① 《新唐书》卷一六五《柳仲郢传》。

乃至近百年才能完工），况且木版也不易保存，这样一部书要若干年后再次刊印，就必须要重新雕版，导致刻书成本比较高，对文化的传播也有一定的局限性。

宋代布衣毕昇发明了胶泥活字印刷术，标志着活字印刷传播方式的产生。元代科学家王祯研制成功了系统完整的木活字并著有世界上第一篇活字印刷专业论文《造活字印书法》，成功地印制了由他主持编纂的《旌德县志》。此后，中国又相继产生了瓷活字、铜活字、锡活字、铅活字等，印刷原理都一样。手工活字印刷出版传播方式比之雕版方式，具有更大的灵活性，凸现了单字的利用率或重复使用率，排版从此成为了出版的一道重要程序，同时促进了排版工艺的发展，也全面推进了纸质介质在出版传播占主导地位的进程。但是从总体上讲，由于诸多原因致使其始终在相当长的历史时间段，没能取代雕版出版的主导地位。但即使今日，计算机排版最基本的原理仍为活字原理。

中国古代出版传播方式的演进，从某种意义上讲实际上是中国古代文化系统的生态进程。它同中国古代文化系统中的其他诸要素存在着合理的结构关系，二者密不可分。这些要素包括科技、教育、文化、文字（汉字、少数民族文字）、宗教、道德信仰以及价值观等。尤其是每次新介质的广泛运用，都带来出版传播方式革命性的变化。中国远古与上古时代的巫史，秦汉印玺、封泥、瓦当文字、金玉书版、碑刻、砖铭、画像石、画像砖、碑拓，乃至印染、月饼模刻，少数民族文字，还有源于写本书化的历朝历代永葆的藏书文化等，都与中国古代出版传播方式演进的重要因素——介质密切相关。中国古代出版传播方式保存、积累、创新、发展并延续了中国5000多年的文化，使中华文明唯一成为世界诸文明古国中不曾中断的文明。

第二节　技术进化与宋代出版传播

一、技术进化中的宋代出版传播

乔治·巴萨拉（George Basalla）① 以生物进化论为基本出发点，通过技术制品和生物物种的类比，结合技术发展史中的重大事件，构造了一套比较完善的技术发展的进化模式，并出版了其专著《技术进化论》（*The Evolution of Technology*）② 来解释多样性的人工制品出现的原因及其选择机制。巴萨拉所构建的技术发展的进化假说，其理论基础是达尔文的生物进化论，基本研究对象是代表技术标志的人造物。

以纸质介质为载体的印刷术是宋代出版传播活动的重要因素，它也在宋代科学技术进化发展史上具有代表性。故可以理解其为一种宋代科学技术的标志性人造物。而"人造物对如何理解技术起关键性的作用"是阐发技术进化论的关键因素，是研究的基本单位，"人造物对技术进化的重要性不亚于动植物对生物进化的意义"③。没有以纸为介质的广泛应用，雕版印刷术在宋代改进和带来的出版传播革命就无从谈起。

---

① 美国特拉华大学历史系科技史教授，主要从事技术史研究。在研究技术发展史的过程中，巴萨拉发现，技术制品也像地球上的生物一样丰富多样，不计其数，而且也存在着继承、变异、选择等类似于生物的进化现象。是技术进化论的先驱人物。

② George Basalla：The Evolution of Technology Cambridge：Cambridge University of Technology. 1988.

③ 理查德·纳尔逊（RICHARD. NELSON），《文化进化论中的选择判据与选择过程》，见约翰·齐曼主编《技术创新进化论》，孙喜杰、曾国屏译，上海科技教育出版社，2002年版，第3页。

技术进化不仅有继承的特性①，更重要的是还有创新性。在技术进化的历程中，创新也是技术发展的重要因素。它使得技术世界呈现出多样性。巴萨拉也认为在很多情况下，是人类想象力、社会经济和文化的力量、技术的传播以及科学的进步，这几个因素协同促进了创新的发生。纸质介质的出版传播方式虽然最早发端于汉末，但其真正发扬光大显示出其影响力是到了宋代。其原因就在于宋代的经济文化社会背景和整体科技水平的向前推进，使得雕版印刷的技术在创新层面上取得许多重大突破，如纸墨原料的范围扩大与质量提高，编排开版技术中首次运用象鼻、书耳、包背装、分割版面等等。所以宋代出版传播的发展，是与技术进化的脚步保持相应的节奏的。

与人类文化其他方面相比，技术进化的一个引人注目的特征是变化的迅速性②。宋代出版传播中对雕版技术的吸收还没有完成的时候，就出现了比之更有创新性的活字印刷术，早在北宋，沈括就在《梦溪笔谈》中对其有详细的记载③：

版印书籍，唐人尚未盛为之，自冯瀛王始印五经，以后典籍，皆为版本。庆历中，有布衣毕昇又为活板。其法：用胶泥刻字，薄如钱唇，每字为一印，火烧令坚。先设一铁板，其

① 巴萨拉的技术进化论的一个理论基础就是：整个人造物世界的主旋律是延续性。他说："延续性这一特点意味着：新产品只能脱胎于原有的老产品；也就是说，新产品从来就不是纯理论的、独出心裁的或凭空想象出来的创造物。"（乔治·巴萨拉《技术发展简史》，周光发译，复旦大学出版社，2000年版，第27页）也就是讲在人造物世界出现的任何东西都是以已经存在的东西为基础的。
② （美）理查德·纳尔逊（Richard·Nelson），《文化进化论中的选择判据与选择过程》，见约翰·齐曼主编《技术创新进化论》，孙喜杰、曾国屏译，上海科技教育出版社，2002年版，第76页。
③ 《梦溪笔谈》卷一八《技艺》。

上以松脂，蜡和纸灰之类冒之。欲印，则以一铁范置铁板上，乃密布字印，满铁范为一板，持就火炀之，药稍熔，则以一平板按其面，则字平如砥。若只印三二本，未为简易；若印数十百千本，则极为神速。常作二铁板，一板印刷，一板已自布字，此印者才毕。则第二版已具，更互用之，瞬息可就。每一字皆有数印，如"之"、"也"等字，每字有二十余印，以备一板内有重复者。不同则以纸贴之，每韵为一帖，木格贮之，有奇字素无备者，旋刻之，以草火烧，瞬息可成。不以木为之者，木理有疏密，沾水则高下不平，兼与药相粘，不可取，不若燔土，用讫再火，令药熔，以手拂之，其印自落，殊不沾污，昇死，其印为余群从所得，至今保藏。

但事实上，活字技术非但没有在宋代，乃至直到最后一个封建帝国——清，都没有被广泛使用。这是有诸多复杂原因的。最直接的尽管科学发现表现和技术的创新为个人活动，但其动机产生、动机扩大、所形成科学知识的传播与运用，却依赖一定的社会文化因素，依赖一定群体来完成。在某种程度上，技术不仅被看成是实践的，而且也是认识的①，因此其评价、选择、运用的过程的实质就变得更加复杂。

技术进化与宋代出版传播是一种良性互动和彼此有机作用的关系。技术因素深深作用与影响着出版传播活动的广度和深度，但是同时，在出版传播活动直接或间接导致的社会文化变化的新情况又影响着技术的进化。

---

① （美）理查德·纳尔逊（Richard · Nelson），《文化进化论中的选择判据与选择过程》，见约翰·齐曼主编《技术创新进化论》，孙喜杰、曾国屏译，上海科技教育出版社，2002年版，第81页。

由于出版传播活动的扩大，使更广泛的人群获得可知识的可能性增大。宋代整个一朝的科学技术成就达到了一个新的顶峰，并且造就了科学家和技术专家，形成科学活动的群体。如杨辉、秦九韶、沈括、赵友钦等，而且有过多次大规模天文测量、天文仪器的制作、医学经典的校正、本草与方书修撰、大型类书编纂等科学活动。在建筑、机械、矿冶、造船、纺织、制瓷技术等方面也取得了较大的进展，四大发明中的指南针、活字印刷术和火药等均产生于宋代。宋代医药学也有较大发展。毋庸置疑，有众多人物参与到这些科学技术活动中来。

二、出版传播与活字印刷

雕版印刷术是宋代出版传播革命中重要的技术因素，但它也有固有的缺陷：版本笨重，堆积如山，不易保管，刻写又费时费力，刻后开印一两次后也就难以再用，弃之可惜，藏之又占地方等。宋代文献中就有不少专门制版的印版库之记载。也正是这些问题的存在，使得新的技术创新成为可能，毕昇在北宋仁宗庆历年间发明了活字印刷术，这为出版传播又开辟了一条新的道路。

活字印刷优点有：灵活小巧，以简驭繁，字平如砥，方便实用；印时排版，用后拆版，每字多用，用后不弃，以韵为序，木格贮之，简易高效；印制方便，印数愈多，愈益神速；一版印刷，一版布字，交叉进行，"更互用之，瞬息可就"等特点。这无疑是极具现代印刷术特点的高效率的媒体生产方式。范祖禹的《帝学》就是用活字印刷术印制并流传下来的书籍。南宋时周必大也曾用胶活字印过自己的《玉堂杂记》，他在给程元成的信中说①：

近用沈存中法，以胶泥铜版移换摹印，今

———————————

① 《周益国文忠公集》卷一九八。

> 日偶成《玉棠杂记》二十八事，首愿台览。
> 尚有十数事，挨追记补缀续，窃计过目念旧，
> 未免太息岁月之云云也。

　　缪艺风《艺风藏书续记》卷二，即著录了其所藏的这部用木活字印刷的书。书后的印书缘起中，写明为"南宋嘉定辛巳（1221 年）季夏望日，青社齐砺书"。可见，活字印刷术对出版传播活动的影响是颇大的。

　　但在中国，甚至在清代雕版印刷仍居出版传播活动中的统治地位，而活字印刷并没有得到与其相应的应用和普及。西方汉学家卡特在谈到中国活字印刷的发明时，也说到"专家们似乎一直认为，毕昇的胶泥字和随之而起的铸锡作字，似乎始终没有广泛流行"[①]。甚至在世界范围内有广泛影响的美国物理学家麦克·哈特的《影响人类历史进程的 100 名人排行榜》中[②]，虽将造纸术发明者蔡伦排在第七位，古登堡排在第八位，却完全忽略了毕昇发明的作用。值得我们思考的是，毕昇的发明比德国的古登堡早四百多年，但在宋代以后很长的一段时间里，中国的活字印刷术并没有在出版传播传活动中得到广泛使用。欧洲的活字印刷也并非从中国所学，而中国的现代印刷技术却来自欧洲。原始的雕版印刷业在中国使用了相当长的时间，用雕版印刷制就的传播物，一直是宋代数量广泛的、传统的信息出版传播工具。活字印刷在我国出版传播活动中的长期近似于停滞的状况，仅仅是停留在技术层面，是有多方面的原因的。

　　1. 技术进化的步骤缓急与社会对新技术的消化能力密切相关

　　从有用知识集合 Ω 到可行技术集合 λ 的映射（map-

---

　　① （美）卡特《中国印刷术的发明和它的西传》，商务印书馆，1991 年版，第 187 页。

　　② （美）麦克·哈特：《影响人类历史进程的 100 名人排行榜》，海南出版社，2001 年版。

ping），必定是任何技术进化模型的核心概念之一。这包括科学知识与其应用之间的全部关系。但是 Ω 比科学包含得更多①。无疑，活字印刷术在宋代的发明，完成了科学知识到可行性技术的这一转变过程，然而它达到一种确定性过程（deterministic）还有很长的一段路②。

具体来讲，宋代活字印刷术是出版传播技术进化步骤加剧的产物，但当时的社会对这种新技术的消化能力相当有限，导致其至少在当时不能得到广泛的运用。在技术进化的链条之中，雕版印刷术刚刚在宋代开辟了中国历史上的第一个出版传播活动的黄金时代。当时出版传播量大的多为一些诗、词、小文或历书等，这些传播物往往篇幅短小，刻写方便，版印销售也很容易，而大部头的鸿篇巨制印制数量并不多，雕版印刷旋写旋刻，不必一一找字、布字，与这种社会需求很是匹配，比起活字的"止印三二本，未为简易"，反而是显得更方便些。即便《太平御览》、《册府元龟》、《文苑英华》、《神医普救》等上千卷的大部头的书籍，多为宫廷收藏所用，在市场的流通量很小，还不能构成对出版物种类需求的主体。此外，雕版印刷的书籍已达到高度完美的境界，不但在数量上呈现繁荣昌盛的局面，而且在雕版技术、印刷质量上也都达到了很高的水平。因此在宋代，几乎没有机会来显示活字印刷术的实用性和优越性。所以，根本上还是宋代社会不能消化活字印刷这种新技术。

2. 活字印刷自身在技术层面上还存在问题

一项新的传播技术的发明往往要有成熟与发展期，活字印刷术在北宋处于刚刚发明阶段，所以尚未成熟，在技术层面上还存在缺陷。《水经注》序注云："昨夜江南所进之书有《鹖冠子》，即活字版，第字体不工且

---

① （美）理查德·纳尔逊（Richard·Nelson），《文化进化论中的选择判据与选择过程》，见约翰·齐曼主编《技术创新进化论》，孙喜杰、曾国屏译，上海科技教育出版社，2002 年版，第 60 页。

② 同上书，第 62 页。

多讹谬。"①

活字印刷作为一个新生事物，在技术工艺上还有待完善和发展。

其一，活字排印，很可能会造成排字行距不整齐，乃至歪斜，甚至出现单字横置、倒置的情况。活字印刷是一个字一个字地捡排起来的，可能是捡排、试刷时未经严格校正，也可能是因为活版不紧，在印刷过程中导致众多字印之间愈发松动，出现单字打横甚至倒置的现象。尤其在发明运用初期，此类问题更为突出。

其二，活字版所排印的字大小不一样，并且笔画粗细不均。活字是一字一刻，不像雕版是写稿上版，刊工一气呵成，因而字体大小、粗细一致。

其三，活字印书易造成印纸墨色浓淡不均匀。由于活字版是一个个的单字排捡而成的，这种活字版不但边栏界行往往高出版面中的文字，而且文字与文字之间也有高低不平的现象。即使是开始刷印前用平板压平字面，而在刷印过程中由于活版卡屑不紧，仍会出现高低不平的现象。这种版面上边栏界行与文字之间，以及文字与文字之间凹凸不平的现象，致使凸出来的地方着墨就重，凹下去的地方着墨就清淡。

其四，金属活字不易着水墨，无法达到良好的印刷效果。清代以前活字以胶泥、木、锡、铜、铅等材料制成。其中金属活字尤其是锡活字较之泥活字、木活字吸水性要差一些，加上与金属活字配套的油墨没有很好解决，以至难于使墨，造成印刷效果不好。如元代王祯《农书》所附《造活字印书法》曾载："近世又铸锡作字，以铁条贯之作行，嵌于盔内界行印书。但上项字样，难于使墨，率多印坏，所以不能久行。"②

———————————

① （后魏）郦道元：《水经注》，四部丛刊初编本（52 册），上海书店，1989 年版。

② （元）王祯：《农书》卷二二，丛书集成初编本（1467 册），商务印书馆，1991 年版。

所以活字印刷在技术层面的不完善决定了其代替雕版印刷势必经过一个长期的发展过程。

3. 汉字的特殊形态也延缓了活字印刷术在出版传播中的推广

活字印刷术，其技术的推广使用相当缓慢，并没有产生划时代的影响，与汉字体系不能说没有很大关系。

1048年前后北宋毕昇发明活字印刷术后，大约在1314年，元代山东人王祯创造出木活字印刷术，到了1488年明代无锡人华燧才开始使用铜活字印刷术。对比之下，大约在元代活字印刷术经丝绸之路传到欧洲，1445年德国人古登堡首创用铅合金铸成活字，印制出有关末日审判的诗歌作品。此后这种技术迅速传遍欧洲，并在此基础上逐步实现了铅字印刷机械化，从1445年至1500年，欧洲先后建起1000多个印刷所，出版了35000多种印刷品，发行量多达1000万份，这在人类历史上乃是前所未有的信息大传播。

不难看出，活字印刷术在中国经过五六百年才逐渐得到推广使用，而在欧洲只用四五十年便得到极其广泛的应用。这是因为中国人所使用的汉字方块体系信息量庞大，数量很多，一副活字要满足排版的需要，最少也得有几万个活字，有的甚至要刻制十几万个活字。这样大的数量，制作工程是相当繁复的。但是，对于欧洲人所使用的拼音文字体系来说，仅需要制作数十种字母、字符的活字，便可以非常方便地完成排版工作。数千种活字与数十种活字彼此相差两个数量级，这种差距使得以汉字为载体的信息传输速度要比以拼音文字为载体的信息传输速度低出许多，客观上延缓了活字印刷术在出版传播中的推广与普及。

4. 传统文化也影响着活字印刷技术的传播与普及

通常某些社会和文化因素对应用或排斥印刷术也起

了重大的作用①。而且文明创发衍展的条件及局限是多方面的，有历史、环境等外在的因素，也有理念上、思想上的内在因素②。

在中国传统社会，人们对新思想、新技术常常持保守怀疑的态度，只要视某一事物为正宗，便常认为代替这一事物的新事物是佞邪，对于活字印刷术便是如此。陆深的《金台纪闻》曾说："近日昆陵人用铜铅为活字，视版印尤巧便。而布置间讹谬尤易。夫印已不如录，犹有一定之义；移易分合，又何取焉！兹虽小故，可以观变矣。"③ 这种观点固然腐不堪驳，但在当时则是很有代表性的思想。

另外，自从雕版印刷术发明后，印刷品不仅作为一种阅读对象和传播知识的媒介，也作为一种艺术品和传播书法艺术的载体。文人及藏书家对印刷品的评价，往往也是从上述的标准出发。而雕版印刷术所具有的这种功能，是活字版所难以取代的。从艺术审美角度上来看，活字版很难超过雕版。雕版是书写上版稿，上下字之间的撇、钩、竖、捺有时交叉，笔画相互照应，这样就排行整齐，字体结构美观。虽然活字版不乏排印精良的版本，如明弘治十五年（1052 年），无锡华理以铜活字排印的《渭南文集》，排印非常精湛，字体与各家不同，字画起落转折有棱角。但从总体上来看，由于其技术上的缺陷，活字版排印出来的书籍往往存在一些问题，或字体排行不整齐，或单字大小不一致，或个别字倒置或横卧，或着墨不均匀，而且活字版一旦制成，只能用一种固定的字体。这些对于讲究内容与形式的统一，追求字体美观悦目、行文灵秀飘逸的古人来说，是

---

① 钱存训：《中国古代书籍纸墨及印刷术》，北京图书馆出版社，2002 年版，第 242 页。
② 刘君灿：《科技史与文化》，华世出版社，1983 年版，第 185 页。
③ （明）陆深：《金台纪闻》，丛书集成初编本（2906 册），商务印书馆，1937 年版，第 7 页。

不易接受的。尤其是在藏书家的眼里，认为活字本的质量还不如雕版，一般需要快速出书时才使用活字版印刷。

5. 活字印刷术在工艺技术的应用实践上也遇到了阻碍

中国科技的传统是较偏重于经验和实用。雕版印刷术发明以后，印刷行业得到了快速发展，从宋代开始发展形成为三大刻书主体，即官刻、家刻、坊刻。官府刻书以儒家经典为主，官刻正式采用活字版，一直到清代的康熙时期才开始，最大规模的一次是雍正年间用铜活字排印的大型类书《古今图书集成》，另一次是乾隆年间用木活字印刷的《武英殿聚珍版丛书》138 种；私家刻书除翻印经文外，则以文集较多，私家运用活字版印刷是很早就开始了，但一直处于实验阶段，并未大规模应用，但就出版书籍的绝对数量来说，雕版远远多于活字版；作为印刷行业的另一大主体——书坊，则是完全以盈利为目的的刻书机构，以贩卖为主，品类繁多。雕版印刷已有悠久的历史和成熟的工艺，拥有大量专门从事雕版印刷的工匠，且分工较细，已形成专业化的格局。而活字版工艺是一种新工艺新技术，它比雕版要复杂得多，光是活字排印的前期工作——制作活字模就相当麻烦，需刻制几万甚至几十万个活字模，如果印书篇幅过大，排印过程中同时需要几套字模；一书印成，另一书还需重新排版。这些都会造成投资过大，因此"若止印二三本未为简易，若印数十百千本，则极为神速"，成本才会降低。而我国古代图书发行流通量不是很大，市场需求量较小，大多数书印刷的数量不会很多。这样，书坊为了追得利润，力求降低成本，就不愿意丢掉原有的传统雕版工艺，而去采用活字印刷这种新技术。于是在应用实践上，活字印刷遭到了来自印刷主体——经营者主观上的阻碍。

尽管宋代发明的活字印刷术在中国历史上的出版传

播活动中一直比较被动，没有得到广泛的运用，但它作为一种新的先进的技术，必然蕴藏着巨大的潜力，一旦在技术上得到改进和完善，必然成为占统治地位的印刷方式。

第三节　出版介质变化的文化触角

　　出版传播是人类利用出版介质进行信息沟通和意义交流的传播形式。人类的出版活动本身就是一种历史悠久的传播活动，出版传播不仅具有深刻的人文内涵，而且其介质变化后，传播的范围和深度都作用于社会历史进程的各方面。这也正如"介质"最本源的涵指之一的"神经系统的突触"，只是在人类文化之中，伸到的是社会触角。

　　出版传播是一种信息整理、交换活动，因此是人类社会活动非常重要的一项内容。它的社会性不仅指它自一开始就是应社会需要而诞生，并在社会推动下发展；不仅指它是社会生活的有机组成部分，与社会的联系、发展密切相关，同时也指出版传播必然受到社会的制约，并且对社会文化产生影响。从这个意义来说，出版传播史实际上是社会文化发展史的一个侧影。所以，出版传播从外在效果看是使人获得了知识信息，从深层次看则在缓慢变更人的存在状态，增强人与人之间的联系，并以此推动着整个社会的进步。

　　宋代以纸为介质的出版传播的社会文化触角诸多，本书选取几个具有典型意义的方面做以研究。

一、宋词创作和传播

　　词始于唐而极盛于宋，它是一种与燕乐相结合，可以歌唱的新兴抒情诗体。宋词的繁荣和演变有其深刻的社会根源和文学发展规律，而出版传播活动亦功不可

没，它甚至影响和制约着宋词的写作内容和创作形式。

在以纸为介质宋代出版传播之前，宋词的传播主要以歌伎为传播中介。这样歌伎的许多自身特点对词的创作和传播范围都有很大的影响。

宋初社会相对稳定，随着工商业的发展，都市随之繁荣，市民阶层不断扩大，与之相适应，出现了许多歌楼酒馆、勾栏瓦舍和歌伎舞女。她们是："举目则青楼画阁，绣户珠帘……新声巧笑于柳陌花衢，按管调弦于茶坊酒肆"①。这时词的发展也完成了从民间词到文人词的过渡，以花间词为代表，确立了词体婉约软媚的主体风格。花间词即是适应宴赏享乐需要而产生的，它本为应歌而作，是歌唱的脚本，供歌伎演唱时所用，因此声曲韵律是最主要的，辞藻文采只处于从属地位。题材多男欢女爱，离愁别绪，主要功能是娱乐消遣而不是言志教化。歌伎是词的传播中介，词是歌唱的脚本，供歌伎演唱时所用，而词也在歌伎的演唱中得以迅速传播。"在很长时期内，词主要的传播方式是乐伎口头传唱，正因如此，唐、五代、宋初的词与其说是语言艺术，毋宁称之为歌唱艺术②"。由于词的传播渠道与一般的文学作品不同，它主要是为"娱宾遣兴"，其传授场合往往是花间、樽前、茶馆、酒楼，词的这种传播渠道和传播场合，使歌伎的歌喉、舞姿、打扮和音容笑貌等非语言传播符号对词具有决定性的影响。

不少词家应歌伎的要求创作词作：苏轼在《水调歌头》（"昵昵儿女语"）词序中，就说"建安章质夫家善琵琶者乞为歌词"。柳永《玉蝴蝶》描述了市井间歌伎索要新词的情况："要索新词，带人含笑立尊前。按新声、珠喉渐稳，想旧意、波脸增妍。"以歌伎为传播中

① 《东京梦华录·序》卷三《寺东门街巷》。
② 刘光义、郭术兵：《论传播方式的改变对唐宋词的影响》，《齐鲁学刊》，1997 年第 1 期。

介，语音和乐音等听觉符号的传播具有时空的伸延性。词人在创作时必须十分注重"音律不差"，也即说对词作的是否协律提出了极高的要求，不管是承袭隋唐旧调，还是谱得新声，都要求依调填词①。歌伎是来自于社会底层的青年女子，其中大多数不可能具备很高的知识素养；而受众以民间受众和文人受众为主体②，而文人受众此时是以享乐的心态出现的，凡此种种，词的传播中介、传播场合和传授主体的特点，不仅决定了词的内容是以宴乐、社交，闺情、爱恋、羁旅、别愁为主体，还决定了语言的浅近明白、清新自然，情调的婉转抑扬，缠绵悱恻，以及由此而形成的艺术风格的和婉、柔美。

"金人南侵，不仅直接导致北宋政权的覆亡，而且也使得北宋的礼乐制度、礼乐设施，遭到了严重的破坏。……乐坛上，歌词合乐条件已大大不及以往"③。

---

① 后人对此多有论及：明人毛晋从歌词合乐的角度评价晏几道所作词"按红牙板唱和一过"（［明］毛晋《宋六十名家词·小山词跋》，上海古籍出版社，1989 年版）。关于晏殊、欧阳修等人程）和即时性（无法重复），口传耳受的传播方式要求理解、欣赏和共鸣在瞬间完成；家宴和娱乐场所是其主要的传播场合，社交的场合自然导致了内容的通俗化和世俗化。

② 受众一词来源于传播学的"受传者"，英语为 AUDIENCE。原来仅指观众和听众，在传播学中包括了读者，成为对观众、听众和读者的统称。"受众"一词最早出现在由威尔伯·施拉姆著、余也鲁译述的《传学概论——传媒、信息与人》一书中。译者给"受众"一词下的定义是："在传播的过程的另一端的读者、听众与观众的总称。"中国社科院新闻传播研究所陈崇山老师对"受众"一词所作的注释是："受众，是一个集合概念，不论国家元首、政党领袖、社会名流还是普通老百姓，只要通过报刊、书籍、广播、电影、电视等大众传播媒介接收信息的人，统统称为受众"（陈崇山《受众调研方法》，见 http://cjr.sina.com.cn 中"崇山呐喊"；）。在大众传播学中"受众"是作为传者传播信息的目标接受者而被指称的，带有明确的对象性。在中国古代的传播活动之中，受众按需求的不同大致可分为官方受众、民间受众和文人受众。

③ 施议对：《词与音乐关系研究》，中国社会科学出版社，1985 年版，第 92 页。

北宋诗文革新运动的影响以及理学的崛起，影响到词史上第一次出现的尊体运动，南宋中叶，"雅正"、"教化"的观念取代了长期以来盛行的娱乐和消遣的词体观。南渡之后，李清照的作品虽然词的"本色"未变，但其思想内容和感情色彩却已出现了本质的变化。而后起的张元干、张孝祥、辛弃疾、陆游、陈亮等人的创作，则已经是以反映抗金复国、施展抱负为主要内容了。这对于增强词的艺术表现力有所贡献，但却使南宋词合乐面临新的困境，加速了词体的蜕变。

以纸为介质的宋代出版传播的鼎盛，使得宋词便以单篇或结集出版的形式进入图书市场成为可能。尤其在南宋，嘉定间长沙刘氏书坊曾印行《百家词》，收词97家，128卷；淳熙十五年（1180年），范开编辑出版《稼轩词》，表明辛弃疾（1140～1207年）生前就已有词集行于世。黄升编辑出版了长短句总集《中兴以来绝妙词选》，周密编辑出版《绝妙好词》，陆游晚年亲自编定《放翁词》等等，无不显示着歌伎演唱在宋词的传播中作用日渐式微。不可歌之词逐渐与音乐相脱离，渐变为韵文中之一种。它们脱离与歌伎的结合走向案头，成为阅读文本，通过书面传播让读者阅读和接受。印刷出版逐步取代歌伎演唱成为宋词传播的重要渠道，逐步取代歌伎在宋词传播史上的地位。

以纸为介质的出版传播，影响了宋词的内容、形式到艺术风格，甚至审美价值取向等许多方面。

首先，是词体内容从娱宾遣兴的艳曲歌词变为词人自我抒情言志的载体。雕版印刷业的繁荣，扩大了传播的范围，使得宋词的传播不再是以市井凡间舞女歌伎为主要中介，创作的目的也可以是直抒胸臆，如抗金复国、建功立业、壮志难酬等抱负情怀已是宋词重要内容之一。并且可以及时、方便、迅捷的结集出版，在更大的人群范围获得认同感。

其次，出现使事用典和散文化的特点。在以歌伎口

头传播的情况之下，用典就会显得晦涩难懂，很难获得听众的共鸣。散文化的特点反映在词序上，是南宋词词调下的小序越来越多，篇幅越来越长，"我们可以断言，这种独特的文学现象是宋词借印刷（或抄本）传播的明证①"。借助方言俚语、街谈巷议、历史典故以至直抒胸臆等方式，词人抒写平生遭际，寄寓大丈夫的忧患意识和豪情壮志。

最后，是呈现悲壮的词风。后人多将苏轼、辛弃疾归入豪放一派，其实苏词清雄飘逸主要决定于主体的胸襟抱负，而辛词的悲壮沉郁则更多的是时代使然。豪放词"在题材方面改变了依红偎翠、滴粉搓酥的艳科性质，而选择了较广阔的社会性内容；在意象方面舍去了风花雪月、脂粉香泽之类的东西，而使用了弓刀铁马、乱石惊涛之类的恢弘辞语；在表达形式方面则不顾词的体性，而是以诗为词或以文为词"②。这类"别调"确实与以花间词为宗的婉约词相去甚远，深沉的历史内涵、宏大的胸襟气魄、淋漓酣畅的抒情方式和英雄末路的慷慨苍凉，酿成豪放词悲壮的审美特征。在以歌伎为主的传播中介的宋词传播方式之下，此类审美取向的形成是很难想象的。

两宋之际，边疆战事连连，词坛之风为之一转，由香艳温婉变为凄厉雄劲、悲壮激烈。这与词自身发展的趋势：词乐逐渐脱离的发展倾向有关，更重要的是以纸为介质的出版传播活动日益兴盛和发达，使词传播的方式发生质的变化，这种转变成为可能。这也是宋代出版传播的重要社会触角之一。

二、版本学研究

版本学是我国传统学术研究中的一门古老的学

---

①　刘光义、郭术兵：《论传播方式的改变对唐宋词的影响》，《齐鲁学刊》，1997 年第 1 期。

②　谢桃坊：《宋词辨》，上海古籍出版社，1999 年版，第 59 页。

科。到了宋代，以纸为介质，以雕版印刷为技术基础的出版传播活动，使印本书成为图书流通的主要载体，书版的含义发生了变化，版本学的研究进入新的阶段，发生质的变化，更具有近现代意义上的版本学概念。

在雕版印刷以前，版或板均指用以书写的木片。王充曾言："断木为椠，之为版，力加刮削，乃成奏牍。"①《说文》也言："牍，书版也。"② 古代的板，也称方。《仪礼》："百名以上书于策，不及百名书于方。"③ 郑玄注："名，书文也，今谓之字。策，简也；方，板也。"④ 孔颖达疏曰："简之所容，一行字耳。牍乃方版，版广于简，可以并容数行。"⑤ 这都是指手写的物质载体。雕版印刷通行于世后，版本之"版"的含义发生了质的变化，专指经刻字后供印书用的版片，或称书板，又称墨板。自宋代起，版又和本连用，"版本"专指雕版所印的书，与写本相对。《书林清话》言："雕版谓之版，藏本谓之本。藏本者，官私所藏，未雕之善本也"⑥。正是由于宋代出版传播的发达，同一种书往往有不同的本子，其编校、刻字、排版、印刷方面各不相同，因此，版本成为研究对象，版本学也在宋代得到了真正的确立，其主要表现如下：

（一）确立了众多的版本名称

"版本"一词较早见于太宗朝⑦，沈括的《梦溪笔谈》中也多有此称呼。之后，相沿成习，俯拾即是。由于宋刻的普及，宋代版本专指雕版印本。同时，宋人根

---

① （汉）王充《论衡·量知篇》，中国文史出版社，1999年版。
② （汉）许慎《说文解字》第七上，上海古籍书版社，1981年版。
③ 《仪礼·聘礼》，四部丛刊本。
④ 《仪礼注疏》卷二四，中华书局《十三经注疏》本。
⑤ 《春秋左传注疏》卷一，中华书局《十三经注疏》本。
⑥ 《书林清话》卷一。
⑦ 《宋史》卷四三一《李觉传》。

据当时新出现纷繁多杂的版本情况，又依实际需要，确立众多的版本名称，如：

与非刻印相对区分的有：刻本、椠本、刊本，均指雕版印本。又据版次，有重刊本、重刻本、再刻本之名。

与刻印本相对区分的有：写本、抄本、手稿、藏本、初本。

以优劣区分：善本、佳本、错本。

以刻书单位区分：官本、监本、旧监本、古监本、古京本、公使库本。

以时间区分：唐本、晋天福本、南唐保太本、今世本等。

以印书地区区分：闽本、浙本、川本、京本、汇西本、杭本、严州本等。

以国制区分：高丽本、北方本。

以收藏人姓或姓名、字号称呼的有宋本（宋敏求家藏本）、贺铸本、李公择本等。

以编辑、校勘、书写人姓名或字号称呼：遂初先生手校本、朱氏新定本、李鹗本等。

以开本大小称呼：巾箱本、小本、大本。

以书本残损情况称呼：焦尾本。

以字体称呼的有：京师大字旧本、蜀学重刊中字本、杭州细字本、川小字本。

以书本完缺称呼的有：完本、节本等。

总之，宋代新立版本之名称不下百种，而西汉至五代一千多年间所出现的版本名称只有三十种左右。这说明宋代已有了较为科学区分版本的方法，也说明了版本学在宋代得到了迅猛的发展，而这一切都与宋代的出版传播的发展分不开的。

（二）对版本问题开展了广泛研究

宋以前的版本研究的主要内容是比较异同，区分优劣。到了宋代，在继承此类研究的基础基础上，对版本

问题研究的广度上有所加强。

1. 探讨版本起源。宋人对雕版印本、巾箱本、五代经书印本等的起源均有探讨，其中以对雕版印本的起源研究最为深刻。沈括认为，"版印书籍"，始于唐人，但"尚未盛之"①。朱翌与叶梦得则认为雕版印刷术产生于唐末②。王明清的《挥麈余话》里则认为起源于五代③。正是由于宋刻的发展与普及，对人们影响深远，才出现探寻其源头之研究。

2. 揭示版本特征。随着各类版本的日趋繁杂以及私家藏书的蔚然成风，版本特征也渐为宋人所注意，成为其重要的研究对象。如陈振孙《直斋书录解题》记所藏《春秋加减》一书特征："此本作小横册，才十余板。前有'睿思殿书籍印'，末称'臣雩校正'。盖承平时禁中书也。"又如姚宪《西溪丛语》卷下云："余有旧佛经一卷，乃唐永泰元年奉词于大明宫译。后有鱼朝思衔，有经生并装潢人姓名。"④ 这些研究虽是初步性质，但扩大了版本学研究的面。

3. 考论版本源流。随着图书版本的辗转递增，同书异本大量涌现，版本源流的考订也随之列入宋人版本研究的日程。如晁公武《郡斋读书志》卷二上《周书》提要言："右唐令狐德芬等撰。"仁宗时，出太清楼本，合史馆秘阁本，又募天下献书，而取夏竦，李巽家本，下馆阁是正其文字，而后林希、王安国上之。陈振孙《直斋书寻解题》中也有不少这方面的实例。

4. 评品版本的优劣。宋人不仅重视版本的优劣，而且有了较为明确的评骘等标准，即善本。欧阳修认

① 《梦溪笔谈》卷十八。
② 《石林燕语》卷八。
③ 《挥麈余话》卷二。
④ （宋）姚宽著：《西溪丛语》卷下，江苏广陵古籍刻印社，1995年版。

为："自天圣以来，古学渐盛，学者多读韩文，而患集本讹舛，唯余家本屡更校正，时人共传，号为善本。"① 还有洪迈论五代监本《九经》与蜀石经："其字体亦皆精谨，两者并用士笔札，犹有贞观遗风，故不庸俗，可以传远。"② 从中不难看出宋人把对各类版本的评品作为一种学术研究来进行。

5. 鉴定版本。版本的鉴定是版本学研究的核心问题之一。宋之前，只有个别对版本鉴定的情况，而至宋，对版本鉴定加以重视，作为经常性的研究活动。如北宋末，黄伯思鉴定所得《元和姓纂》云："政和二年九月初吉，于河南致。□首有'镇海军节度使'印，盖富韩公家旧本也。"③ 富韩公，指北宋大臣富弼，封韩国公。黄伯思通这卷首藏书印，确定所得之本为富弼家旧藏本。这反映了宋人已知道通过印章来鉴定版本。

（三）出现了版本学研究的专著

南宋淳祐年间曹士冕的《法帖谱系》，是宋代首部版本学研究专著。"法帖"，指《淳化阁法帖》。北宋淳化三年（992 年）太宗出秘阁所藏历代帝王名"墨迹"，命侍书学士王著编为十卷，并摹刻于枣木板上。初拓用南唐澄心堂纸、李廷珪墨，分赐王公大臣。之后，内府更定重摹，民间相传翻刻，有增补删削、别为卷第、以之为"祖"而校分派别，繁衍出各种名目的丛帖。以致让人们"得其一二者，未暇详考，往往自为珍异。此是彼非，莫知底止"。④ 因此，曹士冕以己平生所见诸本，一一加以考订，撰《法帖谱系》。

---

① （宋）欧阳修：《唐田弘正家庙碑跋尾》，参见《欧阳修全集》，李逸安点校，中华书局，2001 年版。
② 《容斋随笔》卷十四。
③ 《东观余论》卷下《跋元和姓纂后》。
④ 曹士冕：《法帖谱系序》（百川学海丛书），中华书局，1960 年版。

《法帖谱系》又名《谱系杂说》分为上下二卷。首冠《谱系图》，以图表的方法揭示出众本的源流关系。每本下又叙其摹刻始末、出处源流、优劣工拙等。图表与文字相辅相成，形象直观，一目了然。

此种对版本的研究方法，虽然不始于曹士冕，但其均为单篇文字，散见于题跋、文集之中。只有曹氏专著成书，故《法帖谱系》是一部在版本学研究领域具有开创意义的著作

（四）出现了版本目录学著作

南宋时，版本学与目录学的关系有了新的变化。主要表现在二者相互利用，互相依存，并各自表现与发展自身的关系。最突出的体现就是产生了正式的版本目录学著作。主要是：尤袤的《遂初堂书目》、高似孙的《史略》、晁公武的《郡斋读书志》、陈振孙的《直斋书录解题》及官修《中兴馆阁书目》。其中前二者是只著录版本的目录，后三者为提要版本目录。尤其是《遂初堂书目》，在正经、正史类的书名上著录了不同的刻本（包括石刻本），还有的一书著录几种版本。此类书目不但有目录学的价值，而且有不寻常的版本学价值。因为，第一，它是我国现存最早的子书目中著录版本的专门著作，具有创例开山之作用。第二，在古书大量散佚的情况下，通过它可知一些古书的不同版本。所以，这类著作单称其为目录学著作，不能反映其全部的学术价值，只有称其为版本目录学著作才能反映其实质。这也正反映了版本学与目录学于同一体中相互依存的关系。

此外，《郡斋读书志》与《直斋书录解题》，虽然没有直接著录版本，但两书提要中涉及版本问题的不下数百条，如言明书之版本，指出某一版本的编刻情况，比较版本异同，鉴定版本，评品优劣，考定版本源流，这些无不是版本学研究的主要内容。因此此二书的学术价值不只是目录学的，也有版本学的，且版本学必须借助目录学才能实现自身价值。

总之，宋代版本目录学著作的出现，反映了版本学得到了极大的发展，其产生的根源是宋代出版传播活动繁荣发达的需要。

从以上四个方面，可以看出，随着以纸为介质的宋代出版传播的发展，雕版印刷品进入图书流通领域以后，在社会上普及，从而出现研究版本的需要，进而促使版本研究真正成为一个学科。

三、汉字

文字不仅是文化的重要内容，也是学术界在探讨文明起源问题时，经常使用的一个标志性性界定物。如，摩尔根的《古代社会》中对"文明"进行定义时，即指出，"这一时代，如前所述，以声音字母之使用以及文字记录之制作而开始。"[①] 还有我国考古学界、人类学界的许多学者也都将文字、青铜器、城市等作为文明的标志，并以之为基点来判断某种始前文化是否具有文明的性质[②]。而文字的产生、发展、变化除了与许多文

---

① （美）摩尔根：《古代社会》，商务印书馆，1977 年版。该书把人类社会进化史分为三个大段，即野蛮（Savagery 又译为蒙昧）、半开化（barbarism，或译为野蛮）和文明（Civilization）。每一个阶段都有很精确详细的定义。自摩尔根以后，把"文明"的定义加以扩充和定规化的趋势在学界长期存在。

② 中国的不少学者先把"文明"的内容规定清楚，然后到考古资料中去寻找。如邹衡分析"文明"的标志是：文字、铸造和使用青铜器、城市的形成与发展。"从龙山文化到二里头文化已经发生了质变。例如二里头文化中成组宫殿群建筑的出现和都城的形成、青铜器中礼乐兵器的产生、文字的发明等等。这些又都是商周文明所共有的。龙山文化中没有这些因素，说明当时尚未跨人中国古代文明的门槛；二里头文化有了这些因素，说明已同商周文明直接挂钩。这样，我们就在考古材料中找到了中国文明的源头，这就是二里头文化即夏文明"（邹衡：《中国文明的诞生》，《文物》，1987 年第 12 期）。李先登的看法也与这相同，他也"认为中国古代社会进入文明时代的主要标志是文字、青铜礼器与城市"（李先登：《关于中国古代文明起源的若干问题》，《天津师大学报》，1988 年第 2 期）。

化内部的诸多因素有关之外，还受其载体和传播方式的影响。

在宋代以前，汉字曾有过多种载体和传播形式，如用刀刻在龟甲和兽骨上的甲骨文，先在范上加工再用金属铸成的金文，直接用毛笔写在竹简和丝帛上的简帛文，用刀刻在石头上的碑刻文等。每种载体形式都有自己的独特之处，都曾对汉字发展产生过不同程度的影响。而宋代汉字的主要载体和传播形式——雕版印刷，比以往任何一种载体形式都更普及，它对汉字发展的作用也非常重要。所以我们有必要研究与分析在宋代，以纸为介质的雕版印刷的出版传播方式对汉字乃至之后的印刷字体有何种影响。这种影响又通过文字反映出一定的美学精神和文化特征。

（一）以纸为介质的雕版印刷出版传播方式对汉字的影响

1. 由于以纸为介质的雕版印刷出版传播方式在宋代的广泛运用，使汉字的大规模的批量复制成为可能。同样的字体，同样的字形结构，同样的书写风格，经过大量复制而广泛流传，减少了辗转传抄过程中所极易产生的形体变异，给广大汉字使用者提供了相对统一的字形样式，对汉字的形体规范起到了重要作用。

在以纸为介质的雕版印刷出版传播方式之前，人们规范汉字字形，主要依靠编写字书和刻写石经。字书的传播都是采用传抄的方式，抄手的书写水平不同，抄写的认真程度不同，都能造成抄本与原本的字形差异，经过反复传抄，就会出现许多讹误。若，马王堆汉墓出土的帛书《老子》甲、乙本，经过许多学者的考证和研究，发现不少文字错讹现象："此两本虽出汉人之手，在钞写过程中，也不免遗留许多错

误"。① 石经虽然可以起到规范字形的作用，但因其传播方式受交通和经等因素制约，所以其影响力也是有限的。

　　而以纸为介质的出版雕版印刷出版传播方式，因为从底本的选择，到文字校勘，再到印版雕刻，各个环节都经过严格把关。这样印出的书籍，其字形的规范性应该是相当高的。它们在官方渠道"广颁天下"，影响面自然很大。总的说来，宋一代二朝，三大出版刻书系统总体刻工都是相当讲究的，所用字形都比较规范，基本上反映了士人知识阶层的用字观念。因此宋版书也历来被视为"写刻甚精"、"椠印极精"、"字体肃穆"、"开板宏朗"、"精整可爱"、"刀法剔透"、"字学独极精审"、"偏旁点画，不使分毫差误。"②。当然，也有个别以盈利为主要目的的小书坊，往往草率急就，出现了不少的异写现象。不过，由于这种书籍的传播面较小，不会对当时的用字造成太大的影响。而且，从概率上来讲，同样是复制 100 本书，认真程度也完全一样，传抄过程中发生字形变异的可能性是雕版印刷的 100 倍。所以，尽管在宋代出现了一些质量不高的印刷品，但雕版

---

　　① 张舜徽：《论版本》，中国图书馆学会学术委员会古籍版本研究组，《版本学研究论文集》，书目文献出版社，1995 年出版，第 119 页。综括起来，有如下几种情况："（一）在原字基础上，误增偏旁。例如：以'浴'为'谷'。'谷得一以盈'、'上德若谷'等句，甲、乙本'谷'字，皆误加偏旁作'浴'。……（二）误省原字偏旁。例如：以'乃'为'扔'。　'攘臂而扔之'，甲、乙本皆误省偏旁作'乃'。……像这一类的例子很多，这里也不能尽举。明明是由于抄书的人，贪省笔以轻其功，有时只用一个音符去代原字，无分古今，都有这一通病。只能说是一时的误省，有人定要说成是用借字，那就错了。……至于明显的错误出现在帛书《老子》甲、乙本中的，如'贱'误为'浅'，'畏'误为'是'，'全'误为'金'，'淡'误为'谈'，'精'误为'请'，都是因形近而致讹。"这个例子充分说明，传抄这种方式很容易造成文字的错讹和字形的变异。
　　② 李盛铎：《木樨轩藏书题记及书录》，北京大学出版社，1985 年版。

印刷这种载体形式总体上是引导汉字走向规范的。

有人曾做过统计，从几种不同的宋代刻本中选取20万字的原材料作为调查对象，从中共整理出不重复字样8606个，归纳出4856个字样主形（包括异构字），字样变体和主形的比例是0.77：1。与前代各期的实际应用文字相比，此期的变体出现率是相当低的①。宋代汉字的异写率之所以这样低，以纸为介质的雕版印刷出版传播方式是一个重要的因素，它对汉字走向规范化起到重要的推动作用。

2. 以纸为介质的雕版印刷出版传播方式不仅影响了汉字的字形规范，而且影响了汉字的书体特征。书体与字体不同，书体是书法学上的概念，是指不同书手所形成的书写风格；字体是文字学上的概念，是指汉字在某一历史阶段所形成的总体特征。自雕版印刷问世以来，汉字的印刷字体基本上是楷书。字体没有改变，但其书写风格则发生了明显的变化，由最初的书法体演变为后来的刻书体，最终形成了风格独特的"宋体字"。

对印刷字体的书体风格产生影响的，主要是印刷的版式。宋代印版的基本版式是：四周有粗线边框，行间有行格线，每版中心有中缝，中缝内有鱼尾及线条装饰，并刻有篇名、页数、刻工等内容。文字正文用大字，注释用双行小字。这种版式的形成是有个演变过程的。现今所见到的早期印刷品，多数是佛经。佛经的印刷始于唐末，盛于宋初，它们的装订方式主要是卷轴装和经折装。卷轴装是一种连续性版面，它对版面的高度有一定限制，横向尺寸则比较随意，一般视纸张的大小而定。经折装的一个印版包括几个横向排列的小版面，版面之间留有较大的空隙，用作折缝。这两种类型的版

---

① 王立军：《雕版印刷对宋代汉字的影响》，《河南师范大学学报》（哲学社会科学版），2002年第4期。

式一般没有行格线，有时连边框也没有。北宋初期出现
了册页装，并逐渐形成了上面所说的基本版式。此后的
绝大多数印刷书籍，都是采用的这种版式。在这种版式
中，对书体风格影响最大的是行格线。因为这种版式的
行格线只有纵向的，没有横向的，纵向的行格线限制了
字符的横向空间，束缚了书写的左右取势，而字符的上
下空间相对较为宽松，久而久之，便促使字形朝瘦长的
方向变化。特别是在双行小字中，这种变化表现得更为
明显。

　　在整个北宋时期，刻版书体基本上是书法体。当时
的写版者仍然秉承"唐人尚法"的遗风，争相模仿唐
代名家书法。唐代出现了众多的楷书书法家，他们精湛
的技艺，将楷书书法推向顶峰；他们对法度的着力追
求，使楷书的结体和笔画都有了规范的程式，既在字体
上使楷书走向定型，又在书写上为后世提供了可以效法
的准绳。尽管这些书法家的具体风格各有不同，但大都
严谨端庄，富有法度，而这正是刻书字体所需要的，因
而成为宋代刻书者的模仿对象。而宋代书法除了赵佶的
"瘦金体"外，很少成为写版者的模仿对象。原因在
于，宋代书法的整体追求与唐代有了明显的差异，由唐
代的"尚法"转为"尚意"。宋代书法受金石学的影响
很大，当时的书法家大都热衷于对古金石的鉴赏和研
究，他们在古金石中那些与前代名家书法不同的古雅书
体的启发下，产生了"互为错综"的"思古之情和求
新之念"①。这两种观念看似矛盾，实则一致，追求古
意，就是在唐人的严峻法度外另辟蹊径，这似为复古，
实为创新。这种追求，使宋代书法逐渐形成一种极具时
代特色的尚意书风，苏轼的诗句"我书意造本无法，点
画信手烦推求"，就是对宋代书法风格的总体写照，集

_____

　　① 王国维：《宋代的金石学》，见《王国维文集》卷四，中国文史
出版社，1997 年版。

中反映了宋代书法家对唐代那种森严的法度和定型的用笔程式的反叛。苏轼追求"新意",黄庭坚反对"俗气",米芾讲究"真趣",这些都是宋代尚意书风的具体表现。宋代尚意书风对个性的张扬,与刻版书体的板正范式是格格不入的。唯有宋徽宗赵佶的"瘦金体",瘦直挺拔,较能顺应印板的行格,对宋代刻版书体有过一定的影响。其他宋代书法家的书体则很少出现在雕版印刷中。最受宋代写版者青睐的唐代书法家有欧阳询、褚遂良、颜真卿、柳公权等。

从地区来说,宋代的四大刻书中心各有特色:两浙刻书多用欧体,四川多用颜体,福建多用柳体,江西则欧、柳兼有。如蜀刻本《开宝藏》等,笔力雄健,浑厚刚劲,极具颜体风格;福建刻本《六臣注文选》等,结体严密,笔画瘦硬,颇有柳体特色。

从时间来说,北宋早期多用欧体,后期多用颜体,北宋末柳体字增多,并一直延续到南宋。这种演变过程和刻版形式有密切的关系。从欧阳询的代表作品《九成宫醴泉铭》与《化度寺碑》来看,其笔势"戈戟森严",险劲峻峭,显然是从北碑脱胎而来。由于碑版和印板都是刻写的,人们便借用欧体为印刷书体。但碑版和印板毕竟不是一回事,质地一坚一松,面积一大一小,因而在印板上很难准确再现欧体风格。虽然有人说欧体写不好很容易呆板,就如同明清时期的"馆阁体",在这一点上与印刷体有共同之处,但欧体不太讲究空间切割的匀称,这对在面积较小的印板上刻字是十分不利的。于是,人们逐渐把目标转向了更为平正的颜体。颜体讲究横平竖直,形体空间切割均匀,结体略取纵势,比欧体更适合于刻写印板,所以,有人认为,颜体是"后世印刷宋体的真正渊祖"。①但颜体笔画粗细悬殊,这是它不利于印板刻写的重要因素。相对而言,

---

① 陈振濂:《书法学》,江苏教育出版社,1992 年版,第 305 页。

柳体既吸取了颜体结体的纵势，笔画也显得大体均匀，瘦硬的风格更加符合刻版的特点。而且，柳体的横画略带斜势，比较适合刻字的生理要求，因为刻写斜笔比刻写平直的笔画更容易用力。在南宋刻印的很多书籍中，字的横画都略微向右上倾斜，正说明了这个问题。当然，这种倾斜是一种不规范的现象，后来逐渐得到了纠正。可见，人们在选择刻版书体的模仿对象时，是以更加适合雕版印刷的特点为标准的。

　　到了南宋，特别是南宋后期，模仿名家书体的现象虽然依然存在，但已经不再是主流。人们逐渐在吸取名家所长的基础上，引导书体朝更加适合雕版印刷的方向发展。当时，专职写版者作为一个工种，已经形成了较大的规模，他们往往和刻版者同在一个作坊中工作，有机会互相切磋和协调，以求创造出更为精美的印书字体。他们逐渐认识到，书法和印刷技术既有相同之处，也有许多不同之处，这正如罗树宝所说："就书法艺术来说，它有自己的章法，疏密的处理、字面的大小更为自由些；而印刷姿态不但要受版面规格的约束，也要考虑印刷效果和阅读效果。宋代（特别是南京）的刻版者已经认识到了这一点，有意识地在印刷字体的笔画粗细、疏密，行内字隙，行格与字面大小，字与字之间的组合等方面，都达到了珠联璧合的完美效果。"① 经过长期的实践，他们逐渐摸索出一种横平竖直、纵向略长、笔画瘦硬的刻书体，这种刻书体已基本具备后代"宋体字"的雏形。如临安府陈道人书籍铺刻印的《图书见闻志》，字画方板，与宋体字十分接近，以致于嘉庆年间黄丕烈初得此书时，误以为是后世的翻刻本，后经多方考证，才确定是真正的宋原刻本。南宋南京刻本《攻女鬼先生文集》与后代宋体字相比，其差别已非常

---

　　① 罗树宝：《中国古代印刷史》，印刷工业出版社，1993年版，第163页。

细微了。刻书体横平竖直，看起来比较规范；纵向略长，与纵向的行格线达成了和谐；笔画瘦硬，更能体现刀锋的刚健。因而，这种书体逐渐成为南宋后期刻版书体的主流，并最终在元代发展为成熟的宋体字。

（二）雕版印刷传播方式下的宋体字的审美韵味

以纸为介质的雕版印刷出版传播方式所影响形成的宋体字，不仅仅具有有中国书法的魅力，还具有雕版印刷及木版刀刻的韵味。

1. 传承了中国书法的审美韵味

中国书法艺术除了汉字本身独特的象形性、图画性特点外，独特的书写工具毛笔，是形成中国书法的最重要的原因。毛笔它柔软而富有弹性，能意地弯曲扭动，张驰有度，能潇洒自如地表现出各种粗细、大小、曲直，刚柔的线条变化。更能把书者的情感赋予其中，这种"软笔"可横、可竖、可点、可撇、可捺，形成了中国书法特有的形式特征。书者的技艺到一种高度时，毛笔在手，字已非字，点画线条随心书写，千变万化，以至所书之字似有生命的境界。

宋体字在笔画上，仍然保持了中国书法的本质特征。在与唐楷颜体比较时，我们看得更清楚，如点、捺、撇及转折处的顿挫处理，就是对书法运笔进行了高度的艺术化概括。

从汉字书写的发展来看，唐代三大家的楷书，是中国书法程式化的巅峰。楷，模范也。因此，楷书也顺理成章地成了中国刻版印刷字的楷模。在品味和设计宋体时，追求中国书法和木版刀味、雕版印刷痕迹的韵味是十分重要的，如果没有这种感觉，那只是美术字而已。如现在的圆体、综艺体，根本没有传统书法的味道。

另外，从宋体字的角度来看，唐代三大家的楷书因追求方正和程式化，从而失去了书法艺术所需要的随心自由的激情和灵动。唐楷太程式化了，使人极易想到宋体字，实际上唐楷也就是今天的宋体字的范本，它们像

个成熟而正襟危坐的长者，不逾矩，缺乏变化的勇气，因而失去了自由的偶然性。

唐三大家的楷书，虽然给后来的习字者带来了很大的便利，可说是人学人像，个个都是柳公、颜公，但却毫无个性可言，很难习得此法而成为书法家。倒是能成为入门习字和写好字的范本，但不能作想成为书法家的始终范本。学书者应直追秦、汉、魏、晋，特别是汉代书法，随心抒写、大气豪迈，如《汉简》、《泰山经石峪金刚经》等。

唐楷是中国书法楷书的顶峰，也是另一个高峰——宋体字——的起始点。

2. 传统印刷与木版刀刻的痕迹韵味

宋体字是一种横平竖直，横细竖粗，起落笔有棱有角，字形方正，笔画硬挺的字体。起落笔的棱角，应是宋体字的最大的特征，它是雕版刻工们在长期的刻写过程中对唐楷的笔画进行归纳化处理，形成的特有的装饰化特征，是刻刀留下的韵味，它既保留了唐楷的本质特点，却又比唐楷更加方正，正刀口挺刮有力。这种刀刻的痕迹在传统印刷的过程中，因为印墨和中国纸张的特征，再加上压力，使得最后印制的成员呈现在我们面前时，宋体字的棱角又稍稍圆润浑厚起来，十分耐看，这无意之中，把楷书的书法味和雕版的刀刻味糅和在一起，形成了宋体字的典型特征。

（三）雕版印刷传播方式所现宋体字的文化特征

随着雕版印刷传播方式而扩张影响的宋体字，源于唐宋，盛于明清，距今已有一千余年的历史，在有形的文化中，千百年来一直仍然在使用却没有太多的改变的应首推宋体字了。其形态特征和其精神特质也在无形之中影响深远。

宋体字的书写练习，要求在大小不等的方格之中，按笔画顺序把字端正、均匀居中的写在方格内，不能偏格也不能逾越方格，要在这方格内经营笔画的位置，相

互谦让，安排好每笔每画，利用好每一小空间。怎样安排好字的笔画关系及少笔画和多笔画的黑白轻重的协调问题，都须灵活对待。正是这些因素，养成了传统中国人做事规矩守信又善于经营位置的国民性。宋体字直接承传了中国书法楷书的精神，不着痕迹地把中国书法楷书转变成了印刷宋体字，并深深影响了我们的审美趣味。宋体字方正平稳，对称均衡，起伏相让的字体结构，端庄典雅，舒展大气，利用得当，追求精致的精神内涵，都对中国人的文化人格有无形的影响。

宋体字的美学精神，无疑已深深地扎在我中华民族的精神气质之中，并在其发展中，不断地注入了宋、元、明、清的时代审美理想和中华民族的人文精神内涵，成为中国文化的衣裳。既然是中国文化的衣裳，我们就应该去重视它，保护它，爱惜它，发展它。但是，宋体字直接继承了中国书法的精髓与中国书法有着一脉相承的关系，不仅是中国文化的衣裳，而且是中国文化的正装。

中国汉字由于笔画较多，又是象形，因之在结构处理上有很多微妙的关系。点画的布局的一点差别，都会影响到字体的整体结构，笔画的造型韵味有没有传统书法味和雕版刀刻痕迹有没有传统印刷的趣味，都会影响到宋体字的内涵。这种内涵又表现出中国文化端庄典雅、舒展大气。

第四章

宋代出版中诸阶层文化生态

　　宋代，中国传统社会各阶层的演进出现许多新的变化：等级界限逐渐弱化，各阶层成员的升降变动则渐趋频繁。

　　特权阶层之主体——品官的非世袭性，使这一社会阶层的成员构成变动不居，也因此使它与庶民之间的界限逐渐削弱①。宋代特权阶层与良人阶层之间，其成员出现部分的交错与重合。②"官户"与形势户，既包括大多数品官，也包括部分乡村上户。如形势户者，"谓见充州县及按察官司吏人、书手、保正、其（耆）户长之类，并品官之家非贫弱者"③。也就是说，形势户不包括品官的全部，但包括部分"吏"和州县势要人户。

　　良人中的商人，则凭借强大的经济势力，交游权贵，从而获得身份与地位的升迁。部分乡村上户成为官户或形势户，一方面是因为良人上层的地位上升，另一方面也是因为特权阶层的特权有所缩减，从而造成这两

---

　　① 顾名思义，品官就是一切具有品级的职事官、散官、勋官等。宋朝又称为"官户"。"官户"在唐朝属于贱民的组成部分，而宋朝竟成为品官的俗称，这种"错位"，正是唐宋社会结构变化的反映。

　　② 良人，又称凡人、庶民、百姓、齐民等，是人数最多的社会阶层，构成整个社会的基础。它的最大特征是，有身份而无特权。有身份，是相对贱民而言；无特权，则是相对特权阶层而言，这就决定了其等级地位。

　　③ 《庆元条法事类》卷四七《赋役门一》。

个阶层的部分重合，这说明这两个阶层至少在"边界"上其界限开始淡化。贱人数量减少，地位上升，由近似"非人"上升为最卑微的"人"，其等级形态愈来愈不完整。而良人阶层中的客户尽管在法律上和制度上得到了保障，但在部分地区及部分时期，其地位下降的事例仍不乏存在。于是客户与童仆，常被人混同，从而使良人与贱人之间亦在边界上出现交错的迹象。此类现象与历史发展的整体趋势是一致的。社会等级进入资本主义社会便逐渐消失，贱人等级上升为平民，特权等级在法律上也不复存在，在法律上人人平等。

宋代社会阶层的更替加剧，所谓"贫富无定势，贵贱无永时"，这既有制度的原因，也有经济的原因。庶民升入特权等级，有制度性的渠道，如科举、军功及买官买爵等。有学者统计，《宋史》列传所载 1533 人中，布衣出身的文臣武将占 55%[1]。客户上升为主户，也与制度性的鼓励有关。吕大钧《民议》说："为国之计，莫急于保民。保民之要，在于存恤主户；又招诱客户，使之置田，以为主户"[2]。宋廷的政策一贯是鼓励主户的增加，大中祥符四年（1011 年）诏令："旧制：县吏能增户口者，县即升等，仍加其优越，至有析客户为之。"[3]稳定主户，并尽量使客户上升为主户，也就是稳定政府直接控制的劳动力和赋税来源。这也是宋代主户比例略呈上升之势的原因之一。个别客户，甚至晋升为富农和地主。

贫富的分化与更替则是根本的原因。袁采《袁氏世范》一再强调"贫富无定势，田宅无定主"，"富贵盛衰，更迭不常……或昔富而今贫，或昔贵而今贱"。[4]

---

① 龙登高：《略论宋代社会各阶层的演变趋势》，《中州学刊》1998 年第 3 期。

② 《宋文鉴》卷一〇六，吕大钧《民议》。

③ 《宋文鉴》卷四四，韩琦《论时事》。

④ （宋）袁采：《袁氏世范》，中国文史出版社，1999 年版。

谢逸在四十年间所见也是如此，"乡间之间，曩之富者贫，今之富者，曩之贫者也"①。北宋汜县李诚庄的百余家佃户，有人就成为豪民，拥有大第高廪。甚至出现"再传而后，主佃易势"，《名公书判清明集》就记载了"主佃争墓地"的案例。富人破产，地位下降的事例也不胜枚举："今骤得富贵者，止能为三四十（年）计。造宅一区及其所有，既死则众子分裂，未几荡尽，则家遂不存。"②黄庭坚《戒子通录·家戒》举例说：他幼时所见豪右衣冠士族，金珠满堂，不数年间，就"空囷不给"了。再过数年，则"有缧绁于公庭者，有荷担而偻行于路者"。这一颇具戏剧性的变化，深刻表明社会变动。

两宋之际便有人宣称："天下大乱，乃是富贵贫贱更替之时。"③钟相、杨幺打出"等贵贱，均贫富"口号也就在情理之中。这些都反映了宋代的等级界限松动、贫富更替加剧的社会现实。宋代社会阶层的演变自然对出版业的许多方面有深远影响，另外也可以通过对其来考察和折射宋的社会阶层的文化诸生态。

第一节　士　人

宋型文化是一种成熟的文化，这种成熟表现在政治、哲学、文学、艺术等各个领域。与此相关，宋代的士人的精神世界也是更具理性色彩。他们的知识结构、思想的广度，能够兼容并包、融摄吸纳各种思想文化，并且接受许多新的社会思潮。在整个社会大的经济伦理思想发生变化之时，商品经济的许多作用也对他们产生

---

① 《溪堂集》卷九《黄君墓志铭》。
② （宋）张载：《张载集》，《经学理窟·宗法》，中华书局，1978年版，第259页。
③ 《建炎以来系年要录》卷十九，建炎三年正月庚子。

影响，因此宋代的士人，不仅充斥于宋代出版业的编辑、校勘原本应在的环节，而且经商鬻书，其社会文化价值取向与前代发生较大的变化。可以说，宋代的士人，在宋代的出版中，已经走出只与文字友、笔耕的"象牙塔"，不只参与一部书籍出版的最先部分环节，而是在最后售卖的环节，也能见到他们的身影。他们在编辑出版业中的主体性，贯穿始终。

一、士人阶层结构与其人格特质

宋代文化为后人所仰慕，不只因为它独具特色的哲学、文学、艺术及科学发明与创造，同时还包含了宋代士人的精神风貌。而这种精神风貌又与士人阶层结变化和新的人格特质相关，这些都使得他们在宋代出版中留下了"士人"这一阶层的烙印。

（一）士人结构的改变

宋代文化的一个突出的新特征，就是作为文化传承与创造的主体的士大夫群体的社会构成发生了根本转型①。宋之前的士大夫出身以世家贵族为主，宋代则改变为以"寒族"为主。这种改变，主要体现在科举录取制度之中。宋代士大夫的主要来源是科举考试，《宋史·宰辅表》列宋宰相 133 名，科举出身者高达 123 名，占 92%。隋唐以来的科举取士，在较长的时间段还是被高官达贵、豪门世族所操纵，因为当时考试还没有采取弥封制②，录取是直接面对考生的。宋代科举废除了"公荐"制度，推行弥封、誊录之法以严格考试制度，最大限度地防止了考场内外的徇私舞弊活动，以保证科举考试中"一切以程文为去留"的公平竞争原

———————

① 刘方：《宋型文化与宋代美学精神》，巴蜀书社，2004 年版，第5 页。

② 弥封制，又称糊名制，即在科举考试结束后，由专人将考生试卷上的姓名、籍贯及初考官判定的等第用纸糊起来，再交给誊官评判。直到最后统计成绩时，才能拆封公布姓名，否则即视为作弊。

则的实施。

通过科举取士，宋代帝王有意识地让下层知识分子进入仕途，让他们成为士大夫阶层中的主体力量，在国家政治生活中发挥重要作用。进入仕途后，这些来自下层的知识分子升迁相当快，出将入相，显赫一时。如太宗时的宰相张齐贤，"孤贫力学，有远志"；① 真宗、仁宗时的宰相王曾 "少孤，鞠于仲父宗元，从学于里人张震，善为文辞"；② 名臣范仲淹 "二岁而孤，母更适长山朱氏"；③ 欧阳修 "家贫，至以获画地学书。幼敏悟过人，读书辄成诵"。④ 这些人都藉科举入仕途，位至显赫，成为宋之重臣，成为维系与支撑宋王朝的主要政治力量。

宋代士大夫的结构根本性的改变，皇帝又因此将他们作为唯一可以信赖的政治集团托以重任，他们的处境自然有了很大的改观。

（二）人格特质

宋代士人构成成分的改变与他们所处的新的环境，也改变了士大夫的内心世界与气质，形成新的人格特质。

1. 政治人格

前边，我们已经在绪论中，专门讨论过宋代文化权力对政治权力的侵蚀，并得出宋代的文人政治是历史上最彻底的结论。在这里不多赘述。正是此背景与士人构成的改变相互影响，使其政治人格异常丰富，在政治生活中，由边缘走向中心。

具体表现在两方面：一方面是忠君。中国古代"君君、臣臣"的分界非常清楚，忠君是中国古代封建士大夫的传统思想。宋士人的忠君，与之前历代的

① 《宋史》卷二六五《张齐贤传》。
② 《宋史》卷三一〇《王曾传》。
③ 《宋史》卷三一四《范仲淹传》。
④ 《宋史》卷三一九《欧阳修传》。

"天下之大，四海之内，所共尊者一人耳"① 的绝对服从是不同的。他们与跟皇帝的思想互动中，逐渐达成了"共天下"的通识，即"天下者，天下之天下，非一人之私有"；② 而为君者亦认为"天下至大，人君何由独治也"。③ 正是由于这种观念在政治生活领域的推演与渗透，宋代皇权与相权的制衡关系才具有了一定的弛张度。与此同时，士人的基本人格在政治方面也受到了相当的尊重，即使在忠君的层面，也有相当的独立性。

另一方面是师道。宋代士大夫的政治人格还表现在师道上④。孔子于春秋，首开私学教育，无疑是对王官贵族之学的革命，因此以儒教为己任的士大夫便具有了一种"不臣不仕"的人格特征。之后的"学"与"治"，这一对矛盾就一直纠缠着士人的价值取向和历代统治者以何来治国。秦以"焚书坑儒"而亡国，汉则因"独尊儒术"而强盛，正反两种截然不同的后果，说明了士大夫作为一种知识型的社会力量已经开始显示出其强大的政治生命力。从道统的角度看，士大夫虽然"不臣不仕"，但他们决不失去"师道"的本色，这表现了宋朝士大夫的又一个政治人格。如经筵制度化为宋代士大夫比较充分地张扬自己的人格提供了舞台，程颐

---

① （战国）荀况：《荀子·臣道篇》，河北人民出版社，1986 年版。

② （宋）朱熹：《四书集注》，《孟子·万章章句上》，岳麓书社，1986 年版。

③ 《续资治通鉴长编》卷八六。

④ 师道源于西周时代，而在当时只有官僚贵族才享有受教育的权利，起初对贵族子弟进行文化教育是太史寮的重要职能，因而人们就把那些受教育的贵族子弟称为"学士"。这种局面维持到春秋战国之际，由于庶民阶级的反抗，特别是自孔子提出"有教无类"的主张之后，原来由贵族阶级垄断文化资源的局面被打破了，士的内涵也开始朝专业化的方向演变，与此同时，士作为封建官僚集团的一个组成部分也逐渐游离于仕官阶层的边缘并慢慢形成了一个相对独立的社会阶层。

说：“天下重任唯宰相与经筵，天下治乱系宰相，君德成就则经筵。”① 而程颐本人在经筵讲书时就以师道自居，并对皇帝多所规劝，故有“僭横”之称。在某种意义，“对中国人而言，儒家式之人格典型，‘望之俨然，即之也温’”的“师道”风范在北宋已经发展到了一定的极尽处，后人有所超越很难。

2. 社会人格

宋代士人的社会人格最集中的表现就是，以身任责，即强烈的社会责任感。

以天下为己任是儒家的传统思想观念，所谓“达者兼济天下”。儒家要求个体实现自我价值的过程是修身、齐家、治国、平天下，个体所有努力的最终目的是“兼济天下”。这种传统思想观念在两宋时期有了新的发展，并且有了全新的社会实践。传统的儒家思想常常以老庄为补充，所谓“儒道互补”。“达者兼济天下”的补充就是“穷者独善其身”，为个人仕途挣扎失意后留出一条隐逸的退路，并给予他们以心灵的抚慰。其间，虽然有杜甫“穷年忧黎元”及其进退皆忧的身体力行，但杜甫的社会忧患感和使命感并没有被士大夫阶层所普遍认同。尤其是五代十国反复更迭之际，士大夫的社会责任感更加淡漠。

宋代科举制度的改革使得大批出身贫寒、门第卑微的知识分子进入领导核心层。他们出将入相，真正肩负起“治国平天下”的历史使命。他们一方面对改变他们人生命运的赵宋王朝感恩戴德、誓死效忠，即使仕途屡遭挫折，也此心不变；另一方面，宋代为文人士大夫提供的比较宽松的政治环境和较高的社会地位，也使他们感觉到可以有所作为。因此，“以天下为己任”的使命感贯彻落实到士大夫的思想和行动中，就进一步发展

---

① （宋）程颢、程颐：《河南程氏文集》卷六《论经筵第三札子》，中华书局，1986 年版。

成为"进退皆忧"、"先忧后乐"的精神。明确提出这种观念并大力予以倡导的是北宋杰出的政治家范仲淹。范仲淹在《岳阳楼记》中提出文人士大夫必须"进亦忧，退亦忧"，"先天下之忧而忧，后天下之乐而乐"。这种"进退皆忧"、"先忧后乐"的精神，是范仲淹思想、品格、修养的结晶，集中体现了他的人生观与社会观。范仲淹坚持不懈、以身作则的"进退皆忧"、"先忧后乐"的精神，被宋代文人士大夫广泛地接受下来，成为人们学习的现实楷模，从而改变了五代以来士风颓败的局面。当时范仲淹"每感激论天下事，奋不顾身，一时士大夫矫厉尚风节，自仲淹倡之"。① 朱熹也极力称赞范仲淹"大厉名节，振作士气"之功②。

两宋社会多处于于内忧外患的煎迫之中，风雨飘摇，却能支撑三百余年，士大夫"进退皆忧"、"先忧后乐"以身任责的人格力量发挥了巨大的凝聚作用，也是宋士人主体意识的灵魂。

3. 文化人格

士人是宋代文化的主要创造者和传播者，宋朝诸帝的右文，整个社会风尚对读书的倡导，为宋代的文化繁荣营造了很好的精神氛围。士人享有相对独立的文化权，相应的文化人格也比较独立。

人格本身是一种个性化的价值代谢过程，它具有一定的柔性，且跟人们的自我实现感紧密相连。由于北宋的官职非常冗滥，行政效率较低，故通过政治权力来实现自我价值的士大夫并不多，他们中的大多数是既为政也为文，而且他们为文之兴趣有时比为政的兴趣还要强烈。邓广铭先生曾举证了北宋33位政要加学者的"复合性人才"③，其中就有被称为唐宋八大家的欧阳修、

---

① 《宋史》卷三一四《范仲淹传》。
② 《朱子语类》卷一百二十九。
③ 邓广铭：《论宋学的博大精深》，《新宋学》（第二辑），上海辞书出版社，2003年版，第6页。

王安石、曾巩、苏轼、苏辙，有科学家苏颂、沈括、燕
肃，有史学家司马光等，他们尽管在政治建树方面高低
有别，但在文化人格上人们则很难判分孰优孰劣，因为
他们每个人都有自己的文化个性，所以苏轼尽管在仕途
上失意落魄，但他在文化方面却被宋孝宗称作"一代文
章之宗也"。

此外宋代士大夫文化批判意识也深植于他们的文化
人格之中。这种文化批判意识有时甚至到了十分任性的
地步。宋代的文化政策较其他封建王朝开明很多，故士
大夫的自我意识非常突出，他们一般不是用凝固的世界
观去看待传统的文化，而是把中国的传统文化放在宋代
的特定社会历史过程中去透视与理解。在他们看来，典
籍作为传统文化的载体是死的东西，而"自我"作为
阐释的主体却是活的和能动的东西，所以宋代士大夫对
待传统文化典籍的基本态度就是四个字"为我所用"，
用陆九渊的话说即"六经皆我注脚"，① 而陆九渊的思
想是经过北宋士大夫"自我意识"长期积淀和过滤以
后的一种文化审视，其本身是宋代整个士大夫文化人格
的真实写照。

宋代士人的构成变化和人格特性，使其获得较大的
精神上的独立，并呈现出与前代不一样的特点。也使其
自由出入于为商鬻书间，而不至于精神上有所猥琐。

二、士人经商缘由

宋代士人是社会中的精英群体，他们或身居高位，
或隐身于下层社会，虽多以修身齐家治国为人身终极目
标，不齿于治生和从事与此相关的商业活动，但因生活
所迫或在世俗化的诱惑下，也出现了部分士人热衷言
利，直接从事一些治生与经商活动。

其中，名成功就之士人，包括已经踏入仕途的，他

---

① 《陆九渊集》卷三。

们从事治生或商业活动并不是因为自身经济困难，而主要是出于当时社会上崇尚酬请成名文人作文或撰写墓志铭的世风的影响，另外宋代的经济发展及文学艺术商品化也是一个重要的因素。成名文人的治生主要是通过为他人润笔或撰写墓志铭来获取报酬，有时具有商品化的特点。宋人洪迈曾为此感叹道："本朝此风犹存，唯苏公坡于天下未尝铭墓。"① 此类情况在宋人的笔记小说中多有记载。

而另外一些士人，特别是家境贫寒或仕途未达的，他们常常处于为生计而犯愁的境地，为此许多下层文人在科举未第后或仕途未达前，不得不从事治生，如叶适的父亲就靠教书维持家用，陈亮在未出仕之前就曾以躬耕垄亩和教书为治生手段，"但与妻孥并力耕桑以图温饱，虽书册亦已一切弃去"② 。襄阳人李梦庚"善文，不偶，归而治生"③ 。所以他们从事治生经商则是要基本的治生。

还有，部分士人经商是由于失意于科举，故最终选择放弃仕途他们，以经商为业。这从宋人叶梦得的《避暑录话》中所记载的福建人崔唐臣科举落第后从事经商一事中可以看出，如崔唐臣对其两同学谈起自己的经商过程："初倒箧中，有钱百余，以其半买此舟。往来江湖间意所欲往则从之。初不为定止。以其半居货，间取其豪以自给，粗足即已，不求有余，差愈于应举觅官时也。"他在给其同学的留刺中又云："集仙仙客问生涯，买得渔舟度岁华。案有黄庭尊有酒，少风波处便为

① （宋）洪迈：《容斋随笔：续笔》卷六《文字润笔》，中华书局，1978 年版。

② （宋）陈亮：《陈亮集》卷二七《与韩无咎尚书》，中华书局，1987 年版。

③ （宋）周密：《癸辛杂识：别集上》之《李梦庚》，宋元笔记小说大观（六），上海古籍出版社，2001 年版。

家。"①

当然，也有纯粹为利益所驱动者。在厚利的诱惑之下，"衣冠士人"与普通百姓并无质的区别。甚至在贩卖私茶的队伍中也有士人。梅尧臣曾有诗《闻进士贩茶》②：

> 山园茶盛四五月，江南窃贩如豺狼。
> 顽凶少壮冒岭险，夜行作对如刀枪。
> 浮浪书生亦贪利，史筪经箱为盗囊。
> 津头吏卒虽捕获，官吏直惜儒衣裳。
> 却来城中谈孔孟，言语便欲非尧汤。
> 三日夏雨刺昏垫，五日炎热讥旱伤。
> 百端得钱事酒炙，屋里饿妇无糇粮。
> 一身沟壑乃自取，将相贤科何尔当。

从商业高额利润诱使许多士子放弃原来的清高："浮浪书生亦贪利"，不惜"史筪经箱为盗囊"，这反映了商业利润对士人经商的驱动作用。

当然，在这些诸多士人经商活动的种种缘由背后，最根本的原因还是宋代商品经济的发达，经济贸易活跃，整个社会的大思潮中，有"义利之辨"，士人不再恐惧言"利"而失斯文。即是这些士人从商，也有许多，还是做与文章有关的生意——卖起书来。

三、士人鬻书

宋时，就有人曾言："近时印书盛行，而鬻书者往往皆士人。"③一些士人乃至"躬自负担"，倾其家资作

---

① 《避暑录话》卷四。
② 《宛陵集》卷三四。宋代凡由地方推荐进京应进士考者，皆称进士，类似明清的举人。
③ （宋）佚名：《道山清话》，宋元笔记小说大观（三），上海古籍出版社，2001年版。

为贩书之费。这种现象的出现，与随商品经济的发展及士人行商之风有关。南宋宁宗之时，甚至每逢科举大考之际，其他地方士子星夜赶考，但巴蜀士子总是姗姗来迟，究其原因，竟然是经商纷耽误了："蜀上嗜利，多引商货押船，致留滞关津。"① 而朝廷对之无可奈何，反而迁就成全。杭州城，更是士子荟萃之地，当时有许多外地士子或求学，或待考，长居于此，为谋生或挥霍需要，甚至出现"行朝士子，多鬻酒醋为生"的情况②。在这些士人鬻书行商之风中，也有一些书生意气，不善经商者，如穆修"晚年得柳宗元集，募工镂版，印数百帙，携入东京相国寺，设肆鬻之。有儒生数辈至其肆，未评价值，先展披阅。修就手夺取，瞑目谓曰：'汝辈能读一篇，不失句读，吾当以一部赠汝。'其忤物如此，自是经年不售一部"。③ 穆修的鬻书生意是失败了，但我们却在市井中看到到士人的另一面。

还有，杜鼎昇的"鬻书自给"，④《道山清话》中载："有一士人尽掊其家所有约百余千买书，将以入京。至中途，遇一士人，取书目阅之，爱其书而贫，不能得。家有数古铜器，将以货之。而鬻书者雅有好古器之癖，一见喜甚，乃曰：'毋庸货也，我将与汝估其直而两易之。'于是尽以随行之书换数十铜器，亟返其家。"⑤ 从《道山清话》的记载可以看出，在宋代有许多文人从事贩书活动，甚至有的士人将全部资产投资于书市，展现出一幅宋代文人从事易货贸易的画面。

一代大儒朱熹也倡导刻书，从事经营书籍之业。他

---

① 《宋史》卷一五六《选举二》。
② 《宋史》卷一八二《食货》。
③ 《东轩笔录》卷三。
④ （宋）黄休复：《茅事客话》卷十《杜大举》，文渊阁四库全书影印本，台湾商务印书馆，1983 年版。
⑤ （宋）佚名：《道山清话》，宋元笔记小说大观（三），上海古籍出版社，2001 年版。

先后在漳州、南康、潭州等地任职，所到之处都在公务
之余从事刻书。晚年在建阳定居，收支拮据，乃于讲学
著述之余，利用当地刻书条件，从事书籍印卖，以补其
俸禄之不足，即所谓"文字钱"。其做法是由自己出
资，交托其女婿刘学古、季子朱在和门人林择之负责经
营，由他们分别负责购买纸张、联系刻印场所（大多委
托当地书坊）、工钱支付和书籍售卖等。《朱文公文
集·别集》中，曾有对此事的详细记载①：

　　有纸万张，欲印经子及近思、小学二仪，
然比板样，为经子则不足，为四书则有余。意
欲先取印经子分数，以其幅之大半印之，而以
其余少半者印他书，似亦差便。但纸尚有四千
未到，今先发六千幅，便大页一面印造，仍点
对勿令脱板乃佳，余者亦不过三五日可遣也。
工墨之费，有诸卒借请，已恳高丈送左右可就
支给，仍别借两人送至此为幸。借请余钱，却
还尽数，为买告欠，并附来。然须得一的当人
乃佳，不然，又作周昇矣。……所印书但以万
幅之大半印经子，其余分印诸书，看得几本，
此无版数，见不得多少也。

　　朱熹在建阳先后刻印《论孟精义》、《程氏遗书》、
《上蔡语录》、《游氏妙旨》等师友著述和《近思录》等
10 多种，加上在漳州、南康、潭州等地所刻，共有 30
多种。当然朱熹的这种没有堂号的鬻书，赢利比专门的
书商要少的多。
　　我们通过对士人鬻书的考察，不难看出繁荣昌盛的
经济是如何深远地影响宋刻的流通，乃至社会文化及其
价值取向。

---

①　《朱文公文集：别集》卷五《答学古》。

四、官商私营的出版业

中国古代，士大夫阶层是官僚与知识分子的特殊结合体，因此讨论士人鬻书的命题，不可避免的涉及官员的经商活动。而在宋代，就有了专门的"吏商"一词，来区别官员从事官办专营的一些国家商业活动与官商私营①。"士商"是"吏商"的前奏。经商的士人得到踏入仕途的机会，利用职权经商也就尽在情理之中。有"士商"的社会基础，"吏商"便会不断发展。

追求高额利润是官商私营的根本目的。宋代出版业的发达，有利可图，官商私营进入出版业，也就很自然。如"卫尉寺丞相丘浚降饶州军事推官，监邵武军酒税。讪谤朝政，言词鄙恶……又印书令州县强买，以图厚利"。②还有南宋时的唐仲友，开办"彩帛铺"、"鱼鳖铺"、"书坊"等，出售匹帛、水产品和书籍③。

更有甚者，借垄断石刻的拓片以获厚利。"东坡既南窜，议者复请悉除其所为之文，诏从之。于是士大夫家所藏既莫敢出，而吏畏祸，所在石刻多见毁。徐州《黄楼》，东坡所作，而子由为之赋，坡自书。时为守者独不忍毁，但投其石城濠中，而异楼名观。宣和末年，禁稍弛，而一时贵游以蓄东坡之文相尚，鬻者大见售。故工人稍稍就濠中摹此刻。有苗仲先者适为守，因命出之，日夜摹印，既得数千本。忽语僚属曰：'苏氏之学，法禁尚在，此石奈何独存？'立碎之。人闻石毁，墨本之价益增。仲先秩满，携至京师尽鬻之，所获不赀"。④

综上，我们看士人经商鬻书众生相，从其一斑，可

---

① 《秋崖集》卷一八《代范丞相奏》。
② 《宋会要辑稿》职官六十四《黜降官一》"庆历四年五月"。
③ 《朱文公集》卷一八《按唐仲友第三状》。
④ （宋）徐度：《却扫编》卷上，四库全书本。

见整个社会经济伦理观念得转变，对传统"以商为贱"的冲击，也可见宋学的创造、开拓、实用精神的社会基础。

2. 商品经济对吏风的冲击——经商之风席卷官场。宋代商品经济在长足发展的同时突破了传统经济体制的局限，在某一地区和一定程度上冲破了自然经济的统治，使社会面貌和社会生活有了较大改观，这是一种历史的进步。但是经济体制的某些变革却未能带动上层建筑和意识形态的深刻变革，这就使整个社会不得不付出昂贵的代价，一方面商品经济的迅猛发展，促进了各行各业的发展，封建经济格局呈现出繁荣的景象；另一方面面对汹涌的商品经济大潮，当商品交换的原则普遍为时人所认同的时候，金钱至上、唯利是图等观念愈加凸显，也会侵蚀传统的"义利观"。传统的伦理道德受到了现实的挑战。这种状况对社会风气产生了恶劣的影响，尤其是官僚士大夫阶层抵挡不住金钱的诱惑，在商品经济大潮扑面而来之际，也加入了"嗜利如命"的行列，为了满足个人的利欲，他们中有些人不择手段地进行经商活动，给宋代的吏风建设带来了负面的影响。

宋代官吏经商从宋朝立国之初就已露出端倪随着时间的推移，官吏经商愈演愈烈，成为欲罢不能的弊端。官吏经商和商人经商采取的手段不同，但都是为了谋利，商人是通过商品买卖依赖市场而换取劳动所得，而官员经商则是依靠其地位和特权牟取暴利，其经商的目的是利用手中的特权，通过经商获取额外的财富，满足不断膨胀的私欲和穷奢极欲的生活，因而对正常的商业秩序的建构上有许多消极影响。

由于官员经商要冒一定的经营风险，因此为了满足不断膨胀的私欲，许多官吏开始把致富的途径转向索受贿赂、贪赃枉法，这使得社会风气每况愈下，道德观和价值观发生裂变，这是商品经济发展到一定阶段在政治上

所表现出来的弊端。在宋代，官吏经商、贪赃枉法之所以非常盛行，很大程度上与人们的价值追求有很大联系。

第二节　书　商

书商，又称书估、书贾、书友、书佣、书侩等，他们的存在与宋代出版业的发展是相辅相成的。一方面，书商对宋代出版物的流通起中介作用。"在地区与地区之间、政府与个体之间、藏书家之间，尤其在书籍与藏书家之间，书商以自身的才智与辛劳，为人找书，为书寻主，卓有成效地忙碌着无可胜数的优化组合"①，对宋代出版物流通起了巨大的推动作用。另一方面，流通的加快使书籍制作成批量化，并相应涌现书市，又带动了书商数量的增加。这样，中国历史上具有职业性和规模化，真正意义上的书商是在宋代出现，如陆游的《跋尹耘师书刘随州集》中就有"佣书人韩文"的记载。

一、书商活动场所

出版业是以满足对实际知识的需求为前提的，它本身就是商业化和货币化社会的一部分。出版业中，最活跃人的因素是书商，他们穿梭于市坊之间，完成商业与学术的有机结合。他们最主要的活动场所，是国内的四大图书市场。

1. 汴梁相国寺庙会书市

汴梁亦称东京，是北宋王朝的首都，也是当时全国政治、经济和文化的中心，经济非常繁荣，商业和手工业都很发达。东京有许多繁华的街市，相国寺就是一个重要的市场。相国寺的书市，是宋代书商重要活动场所

---

① 任继愈主编：《中国藏书楼》，辽宁人民出版社 2001 年版，第258 页。

之一。这里，"中庭两庑可容万人，凡商旅交易皆萃其中。四方趋京师以货物求售转售他物者，必由于此"①，东门大街"皆是幞头、腰带、书籍铺"②。且在东京的"州桥西大街"、"潘楼街里瓦子"、"土市子东从行裹角"、"相国寺殿后资圣门前"等处，"皆有买卖书籍、玩好、图画、令曲之类"的商肆。

宋代在相国寺还有定期开放的集市，出售的大量商品中，也有书籍铺专设的摊位出售图书。张择端所绘的名画《清明上河图》摹本中，还可看到画中有"集贤堂书铺"的模样，门前高悬"兑客书坊"的布招招徕顾客。

相国寺的出版业曾经繁盛了多年，到"靖康之变"遭兵燹之灾后便一蹶不振了，部分南迁杭州继续营业。随之，这里书商的活动也向南转移。

2. 建阳书肆

宋代的建阳书肆又称"书林"。始于唐末，盛于宋、元、明三朝，衰于清代，历经几百年。建阳的刻场、书肆主要集中在崇化（今书坊镇）、麻沙镇两地，所刻印的图书又有书坊本、麻沙本之分，被统称为"建本"。朱熹在《建阳县学藏书记》中曰："建阳版本书籍上自六经、下至传训行于四方者、无远不至。"清代学者杨守敬提到麻沙本说："建本满人间。"

建阳崇化、麻沙两地的雕版印刷业自北宋起十分兴盛。这里的书肆林立。两地的居民"多以刀为锄，以版为田"，宋代的坊刻有37家，发展到明代坊刻达202家，不少坊刻还编、刻、校、印、售集一身，每家都设有名号（即堂号），最负盛名的有余、刘、陈、熊、黄、蔡、虞等氏族。这些家族从宋至明清，子承父业，世代相沿，累世刻书、售书，历经数百年而不衰。所刻

---

① （宋）王栐：《燕翼诒谋录》卷二，上海古籍出版社点校本，1986年版。

② 《东京梦华录》卷三《寺东门街巷》。

印的图书达数千种，而且内容十分广泛。既有经史文集、科学启蒙读物、军事类书，又有供平民日常应用的农桑医算，以及戏曲、小说等文学作品。

崇化（书坊）、麻沙两地雕版印刷的发展，促进了书肆的繁荣。从现存的《潭西书林地与全图》（崇化书坊图），可以看到当时崇化书肆的盛况。崇化（书坊）有座"书林门"（现还存留着），进了书林门有条长达数里的长街，主街分前后、上下和新街等五条。这里的书市比屋，皆鬻书籍，每逢农历一、六为集，专为贩书籍而设书市，是宋时其他地方所没有的。每到集市，文人学士趋之若鹜，商贩者往来如织。

建阳书肆的繁荣与宋代闽北出现的众多书院密切相关。当时的闽北建阳书院林立，人才荟萃，形成浓厚的文化和学术氛围，出现讲帷相望的盛况。尤其是宋理学家朱熹及师友们在建阳创建了寒泉、同文、考亭等十几所书院，吸引了全国各地众多学者前来求学，也为建阳的书肆提供了巨大的读者群。

宋代建阳书肆的发展繁荣，壮大了其书商阶层的实力，活跃了书籍贸易，普及了文化，满足了民众精神生活，也推动了造纸、制墨、印别等手工业经济的发展。建阳书商不仅从容与商业与学术之间，而且逐渐走出中国，把中国的文化典籍在亚洲传播，促进了中外文化的交流。

3. 临安书肆

南宋临安自北宋以来已是国内的雕版印刷中心，北宋亡后都城汴京部分雕印手工业也迁来临安，使临安成为当时全国图书印刷最发达地区。临安城中出现了不少专门从事私人刊书出售的收铺，如《文选五臣注》卷末附刊记载："杭州猫儿桥河东岸开笺纸马铺钟家印行。"①

---

① 《文选五臣注》，残存二卷，分藏北京图书馆和北京大学图书馆。参见北京图书馆主编《中国版刻图录·目录》图版五说明，文物出版社，1961年线装影印本。

又如高丽复宋刊本《寒山子诗》末附刊记："杭州钱塘门里车轿南大街郭宅纸铺印行。"① 又如《抱朴子》卷末刊记："旧日东京大相国寺东荣六郎家见寄居临安府中瓦南街东开印输经史书籍铺。"② ……这种情况的出现，与临安的书商推动，其出版市场日渐成熟直接相关。

临安城中热闹地段，是书商出没的区域，也是书铺集中的地方。如有名的临安府棚北睦亲坊南陈起父子相继经营"陈宅经籍铺"，临安城中太庙前的"尹代书经铺"则刻了许多小说和文集。临安睦亲坊内的沈八郎、众安桥南街东的"贾官人书经铺"和棚前南街西经坊的"王念三郎家"则专刻零本佛经出售，其中"贾官人书经铺"刻的《佛国禅师文殊指南图赞》和佛经扉画③，"王念三郎家"刻的连环画式《金刚经》④，都是当时版画印刷品中精品。

4. 眉山书市

宋时，西南的四川先后有两个刻书出版中心。宋初是成都。成都是当时全国著名的最繁华的商业都会之一，时有"扬一益二"之称，"扬州与成都，号为天下繁侈，故称扬、益"。⑤ 成都历史上有出版刻书的传统，前边章节多有讨论，这里就不再赘述。

南宋后，西南地区的出版中心，逐渐由成都转向眉山。眉山书市繁荣，有些有嗜利的书商就随意翻刻别家出版的书籍。眉山程舍人宅书坊在所出的《东都事略》目录后，专门印有"眉山程舍人宅刊行，已申上司，不

---

① 《寒山子诗》据《四部丛刊初编》第二次印本。

② 《抱朴子》，辽宁图书馆藏书。参见《中国版刻图录·目录》图版五说明。

③ 《佛国禅师文殊指南图赞》日本东京艺术大学、大谷大学各有藏本，此据《吉石庵丛书初集》（罗振玉影印本，1914～1916 年）影印本。北京图书馆另藏有贾官人书经辅刻《妙法莲华经》。

④ 上海博物馆藏书。参见傅增湘《藏园群书题记初集》（北京企麟轩，1943 年）卷四《宋刊金刚经跋》。

⑤ 《元和郡县图志·厥卷佚文》卷二《淮南道·扬州》

许覆版"的长方牌记，这是四川乃至全国发现最早、意义较完整的版权声明，我们在前边讨论版权等相关问题时有专述。这从另一个角度，反映了眉山的书商已经有相当的规模，且竞争激烈，乃至采取不正当的竞争手段。但因缺乏史料，现仅知道程舍人宅、书隐斋、万卷堂等少数几家。南宋末年，蜀地受战火影响，书版、工匠散失殆尽，延续了数世纪之久的出版业也随之衰落了。

二、书商行业组织

宋代的书商行业组织较前代更为成熟。在开封、临安、建阳等书业较为发达的城市都建立了书业团行。"市肆谓之'团行'者，盖因官府回买而立此名，不以物之大小，皆置为团行，虽医卜工役，亦有差使，则与当行同也"。① 凡是从事书籍刊刻、贩卖的书坊、书肆经营者，都被纳入书商的行业组织。行业的首领称为行头或行老，多由有名望的书坊大户担当。书行的主要任务是维护行业利益，防止不正当竞争，共同占有图书市场。同时还要替官府向本行的行户收取捐税摊派各种劳役。

尽管宋代商品经济发达，任何阶层的人都可以都可以随意地出入商场，可谓"全民皆商"。但宋代的职业商人仍然只包括在城镇开设店铺以及从事贩运贸易的那部分人，这些商人主要居住在城镇内，在户籍上一般属于坊郭户。在城镇，多数商人是被组织到行会——团行之中。北宋全盛时期的开封约有160多个商行，有6400多商户，就是到了南宋，包括书行在内的各种行业组织仍然存在②。

① （宋）吴自牧：《梦粱录》卷十三"团行"，符均、张社国校注，三秦出版社，2004年版。

② 郑士德：《中国图书发行史》，高等教育出版社，2000年版，第215页。

三、书商特点

（一）具有较高文化素质

前面章节，我们多处讨论到在几大刻书中心的坊刻时，涉及到书坊主人，即书商。他们或亲自编辑、校刊，或组织当时有一定影响的学者，刊行了许多善本，为后事所珍藏。根本原因，在于从事书籍贸易的商人，与其他行业相比，有较高的文化素质。甚至当时有许多士人鬻书，还有朱熹晚年，因生计，而委托其子婿刻书售卖。

这些书商，不仅仅是唯利是图，他们精于选题、编辑、校刊、雕版印刷、发行等图书出版的各个环节，这些也需要一定的文化底蕴。如建阳书商魏仲举，曾独立编选九十多卷的《五百家注音辨的昌黎宗元文选》，有很高的学术价值。他是典型的学者加书商复合性书坊主人，被称为"殆麻沙坊肆之领袖也"。①

有些书商还聘请学术造诣较高的士人、塾师来编辑、校刊。如余氏广勤堂延请名儒徐世载校辑《诗传义疏》，历40年方成。这绝不是只逐利润、文化素质较低的普通商人可为的。

总之，宋代的书商大多具有较高的文化素质和知识分子的良知，这也使得我们更好的理解宋代多出精校精刻本，非后世可比。

（二）讲究经营之道

宋代书商，尽管自己文化修养总体比较高，但其本质还是商人，以敏锐的市场眼光、灵活的经营手法、独到的读者服务意识求胜于市场竞争。他们的经营之道主要可以概括为以下几个方面：

1. 把握书市需求信息

把握市场需求，从读者的文化需求出发，决定图书

---

① 参见《福建通志》。

的选题、出书品种，是宋代书商的基本经营思路。书坊刻书通常被认为是"旨在牟利"，牟利的前提是要有读者购买力的支撑。因此，书坊出书的品种繁多，经史子集、历书、医书、类书、阴阳、童蒙读物、科考用书无所不包，读者的需求就是书商的选题。在满足读者文化需求的同时，也达到了"射利"的最终目的。此外，通过各种流通渠道占领最广大的图书市场，满足最大量读者的文化需求。如朱熹称："建阳板本书籍，上自《六经》，下及训传，行四方，无远不至。"①蔡君谟的《四贤一不肖》云："布在都下，人争传写，鬻书者市之，颇获厚利。虏使至，密市以还。"②书商善于把握书市需求信息，及时推销畅销书，从而获得厚利。

2. 讲求图书编排技巧

宋代书商从方便读者阅读利用图书的角度出发，在编辑技术、图书版式和编排形式上不断地推陈出新，讲求图书的实用性，这样图书的销售量就会上去。宋代许多出版技术的创新，多由于书商具有服务读者的便读意识。古代出版编辑技术的新发明新创造大多出现于坊刻体系。

宋代在图书编排技巧上的发明主要有：

（1）象鼻和书耳的首创。南宋建阳书坊的出版商最早使用象鼻和书耳。象鼻（黑口）是雕版版心的中线，北宋刻书受卷轴制度的影响，书口无象鼻，南宋建阳坊间始创线黑口，后又发展为粗黑口，有了象鼻就便于折纸、装订，提高功效和装订质量。书耳多见于蝴蝶装图书版式，即在版框边栏的左上角或右上角外刻一小长方框，内刻篇名卷次，方便读者检索书中内容篇次。创立正文、注疏、音义、释文合刊的编排体例。

---

① （宋）朱熹：《建宁府建阳县学藏书记》，《朱文公文集》卷七十八。

② 《渑水燕谈录》卷二《名臣》。

（2）经疏合刊。唐五代以前的经史典籍，正文与注疏是分开排列的，不便读者阅读。南宋建阳书坊出现了经疏合刊的图书，出版商把注疏、音义、释文等用双行小字与正文附刻在一起，方便读者阅读，尤其是对初学者最为方便。如建安黄善夫刻《史记集解索隐正义》即此，深受读者欢迎。还有一种"汇注本"，把各家注解汇刻在一起，有利于读者对各家注解进行参互比较，正确地理解正文。

（3）重言、重意的运用。是书商最早应用的注疏形式。重言就是将同一书中重复出现的相同词句用"重言"标注位置；重意就是将意思相同而词句不同的句子以"重意"标注，可以说是最早的主题词索引。通过在正文中重复词句和句义的标注，提示读者对句义的理解，加强了上下文之间的联系，便于读者查考和记忆。如建阳书坊刻《监本纂图重言重意互注点校毛诗》即是。

（4）分栏分版的创新。把版面分为上下两栏，上图下文，或上刻点评，下刻正文，如宋建安余氏刻《新刊古列女传》即采用上图下文的版式。插图的运用和版面美化。在图书版面内附刻插图，增加图书的通俗性和趣味性，吸引读者阅读。出版商多用"绣像"、"全相"之类字眼标榜书名，招徕读者。宋代坊刻图书已出现附刻插图的版式，常采用上图下文的版式，这样赏心悦目，可以增加读者的阅读兴趣。

此外雕版字体的运用、行格款式的处理等诸多版面编排技巧的运用，几乎都产生于坊刻机构，充分体现出书商求版面的美化与图书的实用性，尽己之所能，方便读者阅读和利用图书的服务意识。

3. 具有主动引导读者消费的导购意识

宋代书商在引导读者购书方面常用的手法有两种，一是宣传图书内容、版本、编例特点，引起读者的求购欲。历代出版商通过附刻在图书各部位的刊语、牌记以

及凡例、序、跋等辅文，大肆宣传图书版本之优异、内
容之精良、校勘之精审、编例之精善、版式之精美，尤
其是原本记录刻书事项的刊语牌记，在古代出版商手上
简直就是出版广告之窗。他们运用各种语气口吻宣传图
书，或平直或浮夸，或高尚或卑鄙，以吸引读者。如宋
刻本《东莱先生诗律武库》牌记："今得吕氏家塾手校
《武库》一帙，用是为诗战之具，固可以扫千军而降劲
敌。不必私藏，刻梓以公诸天下，收书君子伏乞详
鉴。"① 用夸张的语气宣传图书功用之强大，达到图书
畅销的目的。二是公布书坊的地址，明确指出购书之所
在，帮助读者购书。如刻本内各部位的刊语牌记常注明
"临安府棚北大街睦亲坊南陈氏经籍铺"、"行在棚南街
西经坊王念三郎家"、"旧日东京大相国寺东荣六郎家，
现寄居临安府中瓦南街东开印输经史书籍铺"……指明
购书的详细地址以及书铺的迁址情况。诸如此类"行路
指南"式的牌记在历代刻本中触目皆是。告之书坊地
址，方便读者购书，读者服务意识昭示于世。

4. 具有发布出版书目的信息意识

宋代的出版商十分重视出版信息服务，发布新书预
告、公布刻书目录，宣传出版动态，以树立自身形象，
拉拢读者，保持稳定的读者群。出书预告和简短的刻书
目录常出现于图书的牌记中。牌记中新书预告、推荐书
目文字较简短，一般只是简单的提示。常采用两种类
型：一为"启下式"预告，先出版一书，牌记中注明
有续集或其他图书即将出版。如宋祝太博宅刻《新编四
六必用方舆胜览》，未收淮蜀两地的地理内容，书中牌
记指出"淮蜀见作后集刊行"；宋王叔边刊《后汉书》
目录后有"今求到刘博士《东汉刊误》，续此书后印
行"等，都是提示读者关注书坊今后的出版动向，购全

---

① 参见林申清《宋元书刻牌记图录》，北京图书馆出版社，1999
年版。

一个系列的图书。二为"承上式"书目，在后出的图书牌记中指出先前已出版某某书，与此书相配套。

5. 对读者的阅读进行引导

宋代的书商还有评价图书内容风格的导读意识。点评图书内容与作者风格，引导读书也是宋代书商的一种促销手段。对作者人品文品加以评述，表明出版商自身对作者的评价和对作品的价值取向，引导读者阅读。如宋建安余氏刻本《活人事证药方》目录前牌记："药有金石草木、鱼虫禽兽等物，具出温凉寒热、酸咸甘苦、有毒无毒、相反相恶之类，切虑本草浩繁，率难检阅。今将常用药性四百余件附于卷首，庶得易于辨药性也。"介绍图书内容，通过对作者与内容的评议，以求获得读者的共鸣，进而认同图书的价值，导读意识昭然纸上。

6. 在图书销售中力求公平

宋代书商在图书的销售过程中，把握公平的原则，就是要在读者面前树立形象，获得读者的信任，建立一个公平自由的贸易环境。他们往往采取明码标价，提供多种出版销售方式，以方便读者购书。在图书的刊语牌记等处标明图书价格、用纸、印工费、用墨、装裱、赎版管理费用以及销售方式，方便读者选购。宋以后，出版商销售图书常有两种方式：一是用现钱购买成书，一手交钱一手交货；二是自备纸张到书肆或藏版处赎版刷印，牌记中多有交代。如宋象山县学刻本《汉隽》刊记曰："象山县学《汉隽》每部二册，现卖钱六百文足，印造用纸一百六十幅，碧纸二幅，赁板钱一百文足，工墨装背钱一百六十文足。"① 告诉读者买成书六百文钱，自备纸张赎印，需付赁版费工墨装背钱，共计二百六十文。

---

① 林铖辑：《中华再造善本丛书》，北京图书馆出版社，2003 年版。

7. 具有尊重读者的意识

宋代的书商，具有把读者奉为上客的敬仰意识。出版商常用亲切恭敬之辞迎奉读者，刊语牌记中以"博雅君子"、"收书君子"、"收书英杰"、"文人雅士"等儒雅之词称呼读者的现象比比皆是。牌记尾末喜用"详鉴"、"幸赐藻鉴"、"幸鉴"、"幸甚"之类套话，以笼络读者的感情，其实质是为了达到变读者为买者的牟利目的。

四、书商文化功能

宋代社会商品化程度大大提高，城市居民获得的生活用品最主要的手段，是通过到市场上购买来实现，这样他们就有了对商品质量的要求。日常必需品之外，他们还是奢侈品的消费者，"士大夫一领之费，至靡十金之产，不唯素官为之，新仕亦效其尤者；妇女饰簪之微，至当十万之直，不唯巨室为之，而中产亦强仿之矣"①。在这样的高消费的风气刺激之下，商品的制作日趋精细。当时，从商成为一时社会之风尚，乃至有人大呼"众以为法贱稼穑，贵游食，皆欲货末耜而买舟车，弃南亩而趋九市。臣窃恐不数十年间，贾区多于白社，力田献于驵侩"。② 商业的发展的影响，不仅深入到社会的各个领域，就连由中古延续而来的城市格局——坊市制到了宋也逐步消亡，最重要的是带来了文化观念的转变，宋代因此形成了自身具有时代特色的商业文化并在一定程度改变了其后文化发展的整体趋势。

以农为本的文化观念是中国传统文化的根本，商业自古以来就被视为末业，商人则作为"四民"之末受到全社会的歧视。而宋一代二朝，由于商业活动已经成为支撑城市生活的经济命脉，商人已有相当的自信以自

① （宋）王迈：《臞轩集》卷十一《丁丑廷对策》。
② （宋）夏竦：《文庄集》卷十三《进策》。

立。商人不仅可以送子弟入官学读书，还可以参加科举考试，出任官职，甚至还可以向官府进纳钱粮而跻身士流，也可通过与宗室、贵戚和官僚家庭联姻而获得特权。从商者不仅不再低人一等，而且成为世人羡慕的对象。商人可以漠视公卿贵族所掌握的权力、所代表的尊隆，财富第一次显示出它的力量——个体价值的实现、人生的享受必须仰仗财富的支持。

书商陈起，通过编选、印卖诗文集，托起了一个文学流派——江湖诗派，在中国古典文学的历史上留下了一笔。陈起不仅与厌恶仕途、浪迹江湖的下层士人为善，为其结集，出版《江湖集》、《江湖前集》、《江湖后集》、《江湖续集》、《中兴江湖集》，同时朝中秘书少监刘克庄等人也为其挚友，这样能使陈起所售卖之书，过得了宋对出版的种种严密的审查制度。甚至后来，陈起因所出版书中的某些诗句得罪了丞相史弥远，治罪入狱，书版被毁，但朝野为之呼吁，另一位丞相郑清之冒着得罪同朝之险，硬是把他从流放途中赦免归来。陈起可谓在商业、文化乃至政治之间走着钢丝之绳，在夹缝之间实现着自己的人生价值，最终也是一段流芳青史的佳话。

宋代的书商身上集中了宋代商品社会中的无数矛盾，书籍与金钱联姻的诸多涵义，通过书商的社会地位得以说明。他们栖居相互脱节的诸多领域之间，处在金钱与文化、生意与学问、娱乐与道德、地区间文化与地方文化的十字路口上。但是他却可以们灵活地将这些全异的世界编织在一起，并一道帮助锻造了一个新的城市文化，即读者大众文化。

书商体现的是一种逾界性的文化，是一种既非"精英"也非"大众"的文化，在中国社会中，它们之间的界限从未被清晰地界定过。在中国，旧的上流家庭成员，如果不是士大夫本人的话，经常是商人；反之，为金钱奋斗的商人，在为其儿子购置尽可能是最好的传统

教育的同时，也在倡导着学问和艺术。在突出迎合商人和金钱交易方面，从商品化中成长起来的新城市文化，是与儒家上层所管理的理想农业社会不同的，但它既非是一个全新的创造，也不是对旧世界的反叛。这是一种称之为"读者大众文化"，它因传统二元性的模糊和界限的流动——士绅和商人、男和女、道德和享乐、公和私、哲学和行动、想象和现实——而带上了自己的特性。简而言之，它是一个浮世的文化。而且它既不能被包容在固定的地理疆域中，也不能由任何特定的阶层所代表。产生于一个流动和变化的社会中，它使各种不同的领域混合在了一起，而它的标志也恰恰是这些混合在一起的可能性。

由书商引发的混合在一起的可能性，非常突出地表现在塑造读者大众文化特征的两组紧张关系上：在其空间位置上，逾界范围和地方范围的不稳定共存；在其社会文化定位上，学问和生意的相汇。最成功的书商影响所及是地区间的。为了削减成本和保证产品质量，他们例行地从一个省到另一个省为书籍的生产转运原材料——纸、木和墨——同时还有手艺人。为不断发展的谷物和纺织品运输而开辟的长途商贸线路，也同样成为了有利可图的书商、手艺人和思想流动的渠道。如徽州的木刻工受雇而工作于北京、苏州和杭州；苏州的抄写工和木刻工与来自南京、江西和福建的工人并肩劳作；福建的余氏派亲戚到南京经营其旗下的产业。通过他们，南京的书籍得以在福建重印，反之也如此。

书籍的流通如其生产一样也是逾界性的。宋代几大刻书中心多是大都市。一个地区生产的书籍能够流通至全国，尽管由远处水运而来的书籍实际上要贵一些。如来自浙江腹地的书商，通过此地纵横交错的水路，为繁茂的江南市场提供书籍。甚至有更多的小地方百姓能够接近地方书市，这些书市是定期市场网络的一部分。如福建建阳的书市每五天举行一次，它吸引了全国各地的

商人。

　　比书籍装运更有益于思想互惠的，是书籍购买者本身的流动性，特别是购买者从全国的各个角落汇集于东京。每三年春季举行的科举考试，为京城书铺兜售他们的商品，提供了一个理想的场所。

　　新兴的富裕的书籍购买者人群分散于各地，但他们阅读着同样的书籍，在这群人中，出现了一种逾界性文化，这一文化竭力仿效现存的文人学士文化的优雅口味，但在社会身份和存在的原因上，又与之存在着差异。科举考试在那些通过科举并成为官员的人中，长期培育着一种同质文化；在准备科考的过程中，他们数十年钻研着相同的经典，说着同样的语言，并互相交换诗作。同质是文化排他性的一个工具，它使士大夫对政治权力的垄断得以长存。相对而言，新兴的超城市文化是一种多样的和包容的文化，向所有能承受得起它的人开放。这一文化并不想与根深蒂固的士大夫文化抗衡，因为它还没有独立的哲学或规范基础。它与士人知识阶层文化共存，因为它属于另一个不同的领地，较之哲学或统治的终极关怀，它更多关注的是瞬间和世俗的愉悦。这一超城市文化萌芽的最突出象征，便是依着文人雅士习惯和情趣的书籍的通俗化，如品茗、燃香、收藏石头和古董。这些指南迎合了各个小镇暴发户之所好，这些暴发户购买的不仅是书籍，也是官人生活方式的魅力。

　　除了在空间维度上包含了地方和世界，书商带来的这一文化的第二个特性，是商业与学术追求或金钱与文化的交汇。书商有着跨立于两个世界的自信，这一点宋代诸多成功的书坊主人，刊刻了赫赫于出版史的著作，且同时获得高额的利润。

　　书商文化功能，最集中的，就是他体现了一种金钱与文化、生意与学问、娱乐与道德之间的逾界。这种逾界是多元的，在时代的缝隙中茁壮成长并折射出其五彩斑斓。

第三节　刻　工

刻工又称"镌手"、"雕字"、"刊字"、"雕印人"、"刊匠"、"刻匠"、"刻字匠"、"铁笔匠"、"匠人"等，是雕刻书版的工匠手。在这些不同的称谓之中，大都含有"刀"、"木"、"匠"之意，这也从另一个角度反映了在开版雕印的环节之中，刻工所完成的工作。刻工一般又包括有写工、刊工、印工、表褙工等不同的任务。写工负责书写原稿后贴于版面；刻工即刻版者，也称刻字匠；印工负责印刷的工作；表褙即是装帧书籍的，又叫做装潢匠。有的集写、刻、印等工序由一人完成。也有的是分工各行其职，通力合作。刻工技艺和职业道德的高低直接影响着一部印本书的内容和版本质量。

一、刻工题名及其款式

在传世的大多数宋版印本中，展卷通常在每版的中缝下方（即下书口）有刻工的名字。一部书开版之后，还有标注清楚刻工的名姓，是有一定的原因的。

其一，为计酬所留。通常一部书的刻版，不是有一个刻工独立完成，而是多人合力雕成。这样个人的雕版技艺有高低，完成的工作量有大小。题了署名，有利于雇主根据刊字多寡和质量来计报酬，这也是刻工取酬的凭据。如"眉山七史"本《宋志》卷十七，书口上署"大三百十八"，书口下题"俞信"；《南齐书》卷四十，三页，书口上署"大二百二十三"，书口下题"朱六"①。这也是谈到古籍版式时通常讲的"上记字数，

---

① 参见北京图书馆编：《中国版刻图录》，文物出版社，1961年线装影印本。

下署刻工姓名"的例证。如果把全书每位刻工所刻的印版统计了一下,就可以知道每个刻工的工作量,最后可以依工发金,按劳取酬了。

其二,可以保证刊刻质量,责任到人。诸人合刻一书,刻书质量也参差不齐,而每个人在自己所刻的版上留下名号,出现纰漏时,便于雇主追究责任。此外,为了竞争,有的同一族姓共同刊刻一书,其成员各有分工,题名做标,以示尽责。宋高姓安字辈的一些人:高安道、高安富、高安国、高安礼及高安宁等,曾合刻《吕氏家塾读诗记》,之后他们中的部分人又曾多次合作刻书。

其三,以求征信于后世。宋代的雕版技术日臻纯熟,刻工人数不断增加,这样导致书必高手,雕择良匠,各显其功,各署其名,以征信于后代。如平江府陈湖碛砂延圣院雕造的《碛砂藏经》,约在南宋宝庆至绍定年间开雕;端平元年(1234年)编定并刻出天字至合字548函的目录。宝祐六年(1258年)以后,因延圣院火灾和南宋垂亡,刻事曾中断30年。元大德元年(1297年),由松江府僧录管主八主持,又继续雕刻,到至治二年(1322年)竣工。前后共历九十多年,此期间所雇佣的刻工及书工在四百人之上。这些刻工大部分是今有其他传本可考的雕版良匠,书工大都是本院及附近诸名刹缮书的学僧。

中国历史上最早可考的刻工题名款式,是五代开运四年(947年),归义军瓜沙州节度使曹元忠曾召雇工匠,刻印了大批佛像①。其中《大慈大悲救苦救难观音菩萨像》,上图下文,下文中有"于时大晋开运四年丁未岁七月十五日记。匠人雷延美"的记载。但此只是一

---

① 曹元忠所印的佛像,大多被斯坦因和伯希和劫去,分别藏于伦敦博物馆和巴黎图书馆。国内只有少数遗存。如《毗沙门天王像》:上图下文,文中有"……弟子归义军节度使,特进检校太傅,谯郡曹元忠请匠人雕此印板。……于时大晋开运四年丁未岁七月十五日记"的题记。

特例，雕版刻工题名形成一种基本款式，并为以后刊本所袭用，且有所发展，是从宋代开始。其基本形式有以下几种。

1. 称名式。以题署姓名为主要特征的款式。题名部位在书口（版心）下方。一般规律是：先署全称的姓名，在以后的印页上便简写一姓或一名。这种款式以宋版书最常见，宋版刻工题名几乎全用此式并影响深远。之后的明清印本中由诸多刻工合刻一书者，也多用此式。这是雕版印本刻工题名最常见的一种款式。

2. 称职式。这是一种带有职业意义的字词为主要特征的款式。如刊工某某、梓人某某、铁笔匠某某等。此类款式在宋版书较为少见，明清印本中较为常见。这是随着雕版印刷业的进一步发展，刻工人数增加，出现行业规模趋势而出现的，也反映了刻工的社会地位有所提高，其工作在社会上得到较为广泛的认可。

3. 称籍式。以题署籍里为主要特征的款式。此类款式多见于一些佛教经典，多见于卷末大题下方或卷端大题下方。一般印本题名部位多在书口下面。例如：长沙陈禾、长沙陈升及星城陈庚等，并见宋刻本《集韵》书口下①；姚邑茅梦龙、奉川王闳及奉川章临等，并见宋咸淳五年（1269 年）刻本《佛祖统记》书口下②。这类款式在宋版书中也是不常见的，有的往往与称名式杂处书口下。在明清印本中比较常见与称名式杂处书口下，也可见题名于卷末或首序及目录后。

4. 并题式。以并列题署书工与刻工姓名为主要特征的款式。题名部位多见卷末大题下。由诸多刻工合作刻书时多用此式，但仅限于部帙繁多的佛经中，其他四部印本几乎没有此式。如《碛砂藏经》的刻工标记三

---

① （宋）丁度等撰：《集韵》，古逸丛书三编，中华书局，1985 年影印本。

② 傅增湘：《藏园群书经眼录》卷十。

例是：宗源书·叶元、沈茂敞书·李奇、当院比丘志琛书·建安范仁刊①。此规律是书工在前，刻工在后。随着雕版工具的改良，雕版技艺提高，明清时的雕刻一书印版的速度比宋代大大地加快了，常见一个书工与一个刻工合作写刻一书地例子。他们每写刻完一书，便在书后或序跋、目录后空白处把两个人的姓名刻上，这或许是并列题名署款在明清印本中较为常见的原因。

二、刻工工价与社会地位

宋宝庆年间开版的的《碛砂藏》中，《法苑珠林》延圣比立惟拱书卷六十六之末，施主在愿文中有关于"工价"标准的记载②：

> 延圣比立惟拱书
> 大宋国平江府昆山县朱塘乡第四保夏里中村居住，崇奉佛女弟子徐氏六三娘……谨发诚心，捐施净财入碛砂延圣院大藏经坊，命工刊造《法苑珠林》第六十六卷，连意旨字共五千五佰壹拾陆字，每字工钱五十文旧会，总计钱二百七十五贯八百文旧会。
> 宝祐元年七月□日奉佛女弟子徐氏六三娘谨题。

这个愿文反映出两条重要的信息，其一是，此《法苑珠林》的写工是"延圣比立惟拱"；其二是刻工的工价。工价问题有三点值得注意：

---

① 此三例分见宋嘉颐三年刻《实相般若波罗密经》72 册"翔"字函，宋淳祐三年刻《楞伽经》147 册"身"字函，宋嘉熙二年刻《如来庄严智慧光明入一切佛境界经》156 册"养"字函。以上均见 1936 年上海影印宋版藏经会影印本。

② 影印宋版藏经会编《影印宋碛砂藏经样本》，上海（出版者不详），铅印暨影印本，民国 22 年（1933 年）。

1. "愿文"也叫"意旨",刻这些字也要收工钱。

2. 刻板付给刻工的钱叫"工钱"。

3. 宝祐元年(1253年),每字的工钱是"50文旧会"。

有些原文虽然没有提出每字付费的标准,但我们从总工钱数和总字数的折算中,可以求出每字的工价。如《碛砂藏》"第四"之末的愿文云:"叶葳请旨谨施净财四百七十二贯七百文,恭人本府城东碛砂延圣院大藏经坊,刊造《光明童子因缘经》一部四卷,计一万五千七百五十七字。"按字数和总钱数折算,每字工价是30文。

有些愿文既不提计酬标准,也不注明字数,只有总钱数者,我们可数清经文总字数,再按总钱数折算,求得每字工价。如《碛砂藏》"第五"卷末愿文:"王显忠……情旨谨发诚心,抽施净财八十七贯五百四十文,恭人碛砂延圣院大藏经坊,命工刊造大藏《法苑珠林》第五卷。"

《法苑珠林》第五卷经文共26版零25行,每版30行,每行17字,共计13685字。但计算字数是实际字数,空字不计在内(如"男七"是18版18行,应为9486字,愿文中写是9132字),每版平均约空20字,所以整卷经文实为13165字,折合每字6.6文,这样推算虽不十分准确,但还是比较接近实际的。

我们依据上述三项计算办法,制出《法苑珠林》刻工工价统计表(表一),《碛砂藏》部分经卷工价统计表(表二)和南宋刻工工价表(表三)[①]。

从这些表中可以看出:绍定六年(1233年)至嘉

---

① 此三表在附录之中,是参照杨绳信先生的《历代刻工工价初探》,见上海新四军历史研究会印刷印钞分会编:《历代刻书概况》,《印刷史料选辑》之三,印刷工业出版社,1991年版。

熙元年（1237 年），每字工价六七文；嘉熙二年至四年
六月，每字工价约 11 文；嘉熙四年（1240 年）八月至
淳祐元年（1241 年），每字工钱约 15 文；淳祐三年
（1243 年）至五年（1245 年），每字工价约 30 文；淳
祐八年（1248 年）至宝祐元年（1253 年），每字工价
在 50 文以上。由于宋代货币贬值，仅 21 年时间，刻工
工价竟由每字 6 文增加到 65 文，上涨了将近 11 倍，我
们把这种工价称表值。要把表值换算为实值，还得经过
一番过渡，才能看出刻工的真正工价。

　　首先要进行货币折现的换算。宋代的货币承袭唐代
的"省陌"制，即纸币折现钱使用时要打折扣①。《东
京梦华录》里详细记载了各个行业折价的比例："都市
钱陌，官用七十七，街市通用七十五，鱼肉，菜七十二
陌，金银七十四，珠珍雇婢妮买虫蚁六十八，文字五十
文陌。行市各有长短使用。"② 这只是反映了北宋末年
的宋代的货币制度和物价比。南宋末年，铜钱供不应
求，折扣似比此更甚。即以此推之，可知"文字五十文
陌"，也就是说，刻工所得的表值只能是实值的二分之
一。这仅就省陌而言。

　　此外，还有新、旧币折价的问题。宋代是我国正式
使用纸币的一个朝代。由于纸币才开始使用，又宋边境
战事连连，社会的稳定性相对弱一些，这样也波及物价
和国家财政，所以币制也很混乱。战争及其每次的战后
纳贡，都加重了宋政府的财政危机，于是就滥发纸币的
办法求得解决，这就引起了物价暴涨，因而货币贬值是

---

　　①　宋代的市陌，一般就是"省陌"。高晦叟《珍席放谈》记载唐
末、五代的减陌现象后，说："今则凡官私出入，悉用七十七陌，谓之省
陌者是已。"即五代时，官库出纳行省陌法，原以 80 为陌，百姓向官府
缴钱以 80 文当 100 文，后汉隐帝时，民输者如旧，而官给付百姓却减为
以 77 为陌，一进一出每百文官府可多得 3 文，称为省陌，实为变相附
加。

　　②　《东京梦华录》卷三。

很快的。南宋乾道四年（1168 年），对币制进行了改革，规定三年发行一界会子，到嘉熙四年（1240 年），共发行到十八界。新的一界会子出笼，上一界会子将按折价比例兑换新会子，前几界会子就更不值钱了。

因此实际计算与衡量宋代刻工工价的时候，还需要考虑货币折现和新旧货币折算的问题，这样才能得出其实值和购买力。

端平元年（1234 年），南宋政府发行了十六、十七两界新会①。当时旧会只值新会 330 文，而旧会以 1.3 贯的比例换新会一贯，故新会也只值钱 429 文。所以表三所列端平元年前三项刻工工价分别是 7.5 文、6.7 文、6 文。新会发行后，到端平二年（1235 年）三月，每字工价降为 3.6 文。前者 6 文是旧会，后者 3.6 文是新会。新会发行后，货币再贬值，嘉熙元年（1237 年）每字回升到 7 文，二至四年上涨到 10 文到 11 文了。现以 3.6 文为基数进行折算；每贯新会值 429 文，则 3.6 文的实值是 1.54 文再以每"文字五十六陌"折计，不过一文矣。

嘉熙四年（1240 年），发行十八界新会，"令措置十八界会子收换十六界，将十七界以五准十八界一卷行用"，②故当时每字工价 16 文。16 文旧会只值新会二文左右，再进行折现，实值依然是 1 文。和上段水平略等。新会发行后，货币再贬值，三年后的淳祐三年（1243 年），每字工价 30 文。

————————————

① "会子"的名称产生于北宋，是一种取钱物的凭证。见于记载的有会子、钱会子、铅锡会子、寄附钱物会子等。神宗熙宁八年（1075 年）吕惠卿在讨论陕西交子时说："自可依西川法，令民间自纳钱请交子，即是会子。自家有钱，便得会子。动无钱，谁肯将钱来取会子？"（《续资治通鉴长编》卷二七二熙宁九年正月甲申）。由此可知会子即是纳钱和取钱的凭证。钱会子和会子的意思一样（《三朝北盟会编》卷五七引陶宣幹《河东逢虏记》）。铅锡会子是出卖铅锡给政府后所得的取钱凭证（《续资治通鉴长编》卷四四六元祐五年八月乙未）。

② 《续文献通考》卷七。

淳祐八年（1248 年），政府规定十七、十八界会子永远流通，同年到宝祐元年（1253 年），刻工工价每字上涨到 65 文、50 文。故愿文上注明为"旧会"、"十七界官会"；十一年后的景定五年（1264 年），贾以道发行的金钱关子一贯折现 770 文，十八界会子折现 257 文，十七界会子折合 51 文，即 20 贯十七界官会折现 1 贯，50 文只当 2.5 文，加上"文字以五十陌"，正好仍为 1 文。云："自更易关子（按：即贾似道金钱关子）以来，十八界二百不足以贸一草履。"① 十七界只值十八界五分之一，则 1000 文买不到一双草鞋。刻工每字工价 50 文十七界旧会，每日刻百字，得 5000 文，只能买三几双草鞋。

综上可知，南宋末年刻工的工价，以字数为单位计算，其实值每字不足 1 文。以此计算，每位刻工每月可拿到实值工资 3000 文，也就可观了。

宋代铜钱的购买力，总体上呈现出下降的趋势。尤其是在南宋后期，尽管楮币泛滥、铜钱奇缺，但是铜钱的购买力并没有因此上扬。如记载中的粮价：《宝庆四明志》卷五《叙赋》记，宝庆三年（1277 年）糯米每石三贯九百九十文，曲麦每石三贯六百文。吴泳记淳祐元年温州"目今米价每升正是四十现钱，比之台处诸州米价最下"。② 当时米价多以会子计，我们可以折计铜钱。《四明它山水利备览》卷上载，淳祐元年（1241 年）庆元府米一石值十七界会四十贯，当时会价十七界每贯约五六十文足铜钱，则米价每石约二贯足至三贯足铜钱。这些记载说明，南宋后期以铜钱计算的粮价比南宋中期并没有下落。关于南宋后期的绢价，记载较少。《宝庆四明志》卷五《叙赋》记，宝庆三年庆元府抽每匹四贯铜钱。又载："亡宋景定四年癸亥，内批：'以

---

① 《桐江集》卷六。
② 《鹤林集》卷二三《与马光祖互奏状》。

越罗蚕，夏绢壹匹折纳十八界会拾贰贯，永远为例.'
故碑具存。时十八贯会壹贯准铜钱贰百五拾文，拾贰贯
计铜钱参贯。"① 成书于淳祐七年（1247）的《数书九
章》中载有一道数学题，其中言甲郡绢价每匹二贯文足
铜钱、乙郡每匹二贯四百二十文足铜钱（按：原书又载
丙郡绢价每匹新会十贯三百文、丁郡每匹旧会五十八
贯，折为铜钱，与甲乙二郡接近）②。所言虽为假设，
当与实情相差不远。这些数据也同南宋中期绢价数据接
近。此外，南宋的银价与中前期基本相持平③。南宋后
期人范竣讲"铸虽乏而物不为贱"，④ 即讲铜钱铸得少
了，而购买力并没有因此上升。端平、嘉熙间，戴埴在
其《鼠璞·楮券源流》中说："未有楮之时，诸物皆
贱，楮愈多则物愈贵，计以实钱，犹增一倍。"他讲端、
嘉之时比绍兴末年以前物价增了一倍，即讲从绍兴末年
到端、嘉之时铜钱购买力一直呈下落趋势，当非虚语。

　　与宋代铜钱的购买力相比，刻工的工钱只能勉强维
持生计，这样的经济地位也导致了刻工的社会地位和认
同度较低。若后来的《桐荫清话》曾记载过，清道光
年间，广州富家子弟新中举，让刻工代为梓印朱卷，刻
工未能按期完成，于是被富人子弟用石头击破额头⑤。
《桐荫清话》这段刻工被殴打的记录，作者主要为了介

---

① 《越中金石记》卷七《山乘县尹余公道爱碑》。
② 《数书九章》卷一一《折解轻赍》。
③ 吴泳于淳祐末年在广东运使任上《奏宽民五事状》中言及，广
东银价比数十年前有明显增加，银的市价已增至每两二三贯五百足陌。
（《鹤林集》卷二二）李曾伯于宝祐四年上《救蜀楮密奏》言及当时东南
银一两价为十界会子七十五贯，折为铜钱约为三贯七百五十文足，
（《可斋续稿》后集卷三）与吴泳所言接近。另包恢上奏言沿海走私贸
易，讲用铜钱买蕃舶银，"凡一两止一贯文以上，得之可出息二贯文"，
（《敝帚集》卷一《禁铜钱申省状》）则说明当时银价每两也是三贯文。
这些数据也说明南宋后期的银价同南宋中期相比并没有明显变化。
④ 《香溪集》卷一五《议钱》。
⑤ （清）倪鸿：《桐荫清话》卷二，1924年扫叶山房石印本。

绍某文人代刻工打官司时所作"双声叠韵"的控词，而并无半点同情刻工的意思。古代刻书工人的社会地位低微，从中略见一斑。在更早的宋，刻工的社会地位也是非常有限的。

三、由刻工之见版本研究

　　宋代出版物中多留有刻工姓名，这也是研究宋版书，考察其具体的成书时间的非常好的一个切入点。尽管这些名字都很简单，但因一个人的技艺总有自己独特的风格，再参以记名，就很容易区别；同时，一个人的艺龄，如果从二十岁开始计算的话，一般的大约不会超过五十年，或者说，大体应在四十年左右。这样，凭借刻工这两方面的因素，就不难从已知刊刻年代的古籍的刻工，推论出某部宋版书的大体刊刻时间。这对辨别伪本亦大有益处。许多版本研究的专家用此法，在我国古代典籍方面的研究取得了丰硕的成果。李致忠先生的《宋版书叙录》就是其中的扛鼎之作。

　　由刻工入手，我们可以考察一部宋版书的刊刻地点。如，南宋时期，临安府于绍兴九年（1139年）刻印了宋姚铉辑《文粹》。刻书版心下留有刻工姓名：陈然、牛实、沈绍、朱礼、何金、胡杏、弓成、王允成、王成等人。绍兴间一部刻本白居易撰《白氏文集》，书中不提刻印地点，版心下方有刻工姓名：贾琚、张通、牛实、李彦、金升、乙成、李恂等人，已知其中牛实参加过《文粹》一书的雕刻，因此可推断本书的刻印地点是浙江杭州地区。又如宋刻本裴松之撰《三国志注》。版心下留有刻工姓名乙成、李通、牛实、贾琚、屠友、张通、蒋湮、牛宥、杨瑾、李恂、牛智等人。其中牛实、乙成、贾琚、李恂都参加了《白氏文集》的刻印，所以《三国志注》也应当是刻于杭州地区。因之，这些人多是南宋江浙地区的一批刻书良工。

　　又，目前国内现存的宋版书，属广东刻刊者大概只

剩下两部，它们是宋宝庆元年（1225 年）广东漕司刻刊的《新刊校定集注杜诗》三十六卷和宋宝庆、绍定年间广州所刊《附释文互注礼部韵略》，由于两部广东宋版书的下鱼尾下都镌有刻工姓名，这样便给我们留下了考察宋代曾在广东从事雕版印刷工人的不可多得的根据。《新刊校定集注杜诗》中留有万中、上官生、邓举、叶正、宁达、危本、朱荣、刘于、刘元、刘用、刘迁、刘士震、杨定、杨茂、杨宜、杨易、吴元、吴文彬、岑友、岑达、陈达、陈敬甫、范贵、洪恩、郑宗、郭淇、莫衍、黄甲、黄由、黄仲、敬父、萧仁、鲁时、潘珏，共 35 名①。《附释文互注礼部韵略》则记有：上官生、邓举、危杰、刘千、刘羽、刘士震、吴文彬、岑广、陈文、陈敬甫、范贵、范文贵、郑安礼、莫冲等 14 名②。

因为上述两书的出版时间相近，刻书地点又均在广州，所以我们不难发现在书中的刻工名单中有重复者，他们是：上官生、邓举、危杰、刘士震、吴文彬、陈敬甫、范贵。此外，由于刻工在书版上雕刻自己姓名仅以此作为分清责任和计算工钱的凭证，刻工在书籍刻上自己的姓名十分随意，加上版心下部位置狭小，刻工的名字并非容易辨认，所以上述所辑两书刻工名字中的危本与危杰、刘于与刘千、刘用与刘羽、莫冲与黄仲、黄甲与黄由，实际上有可能是同一个人。而由于上官生、危杰、朱荣、刘千、刘迁、刘羽、刘士震、杨定、杨易、吴元、吴文彬、岑广、岑达、岑友、陈敬甫、范贵、范文贵、洪恩、郑宗、郑安礼、郭淇、莫衍、莫冲、黄甲、黄由、黄仲、敬父、萧仁、鲁时、潘珏等 29 人的姓名仅见于上述二书，因此他们是广东籍刻工的可能性

---

① 李国庆：《宋版刻工表》，《四川图书馆学报》，1990 年第 6 期。

② 李致忠：《宋版书叙录》，书目文献出版社，1994 年版，第 310 页。

比较大，其中吴文彬则被称为"广州地区名匠"①。

宋代其他地区的刻工有：四川王公、彭云、方叔刻《许氏说文解字》、《五音韵谱》，眉山张福孙、文望之、史丙刻《新刊增广百家注唐柳文集》。建宁地区刻工蔡庆、邓生、吴清刻《陶靖节先生诗注》，吴文、邓生、阮生刻《张子语录》。吉安地区刻工蔡才、熊海、余彦荆公唐百家诗选》等等。

此外，根据每个刻工工作的年限，为我们考查一部书的刻印时间提供了可靠的依据。如郭沫若的《管子集校·叙录》里对北图收藏的宋刻本杨忱序《管子》的刻印年代，讲道"杨忱本载有张嵘读管子，文中有绍兴已未，即高宗绍兴九年（1139 年），而杨忱序题记大宋甲申。考绍兴已未之后，有宋孝宗兴隆二年（1164 年）为甲申，宋宁宗嘉定十七年（1224 年）为甲申，再一次甲申则为元世祖二十一年（1284 年），南宋之亡已五年矣。此只题大宋而不题年号，当为元世祖二十一年之甲申无疑。《序》中持尊王攘夷之义，正宥有亡国之痛。书盖开刻于宋亡之前，而序则草成于宋亡之后，仍目为宋本，固无不可"。②但是经考查该书中的刻工姓名。有牛实、张通、杨谨等，他们曾参加过《白氏文集》的刻印，杨谨还参加了绍兴间淮南路转运司刻《史记集解》。此外，该书刻工中金升曾见于南宋孝宗淳熙间严州刻本《通鉴纪事本末》一书中，章畋则见于绍兴间临安刻《王文忠公集》中，牛实还参加过绍兴三年两浙东路茶盐司公使库刻印的《资治通鉴》，可见他们都是南宋初期的刻书工人。依刻工情况，说明杨忱序本《管子》中所提的大宋甲申，实为南宋初期孝宗隆兴二年（1164 年）的甲申，而不可能是元初忽必

①　张振铎：《古籍刻工名录》，上海书店出版社 1996 年版，第 63 页。

②　郭沫若等著：《管子集校》，科学出版社出版社 1956 年版。

烈二十一年之甲申。因为一个人的工作时间有限，这批
南宋初期的刻工，怎可能在一百二十年后仍在工作呢？
所以杨忱序本《管子》实为南宋初期的刻本。认为其
刻印年代在宋末元初之说，完全可以排除了。而序中所
谓持重尊王攘夷、亡国之痛情绪的流露，正是指北宋灭
亡，金人入侵时历史背景。

又如宋刻本《经典释文》，前人因其卷后有乾德三
年（965 年）、开宝二年（969 年）校勘官衔名，曾定
为北宋监本。但书内刻工有包正、徐藏，徐升、孙勉等
人，他们也是南宋绍兴年间（1131～1162 年）杭州刻
本《广韵》的刻工。同时，还分别参加过绍兴期间所
刻的《乐府诗集》、《经典释文》等书的刊刻。因此可
以判定《经典释文》为南宋绍兴间的刻本，而不是北
宋监本。

由于后世所存宋版书大都是南宋刻本，故关于北宋
的刻工所知寥寥，而南宋刻工所知较多。据日本学者长
泽规矩也据日藏宋版书 130 种统计，计有刻工 1700 人，
除去只署姓，或只署名而无姓者，共 1300 人。我国学
者张秀民先生，致力于我国古代出版史的研究，于
1989 年出版了《中国印刷史》这部巨著。他说："笔者
据北京图书馆所藏宋本三百五十五种，及上海图书馆、
浙江图书馆、宁波天一阁所藏宋本数十种，又找出约七
百人，其中大部分可补长泽氏之不足。因宋本蝴蝶装，
许多姓名被黏在板心内，不易看出，所以数字不全。若
加入《碛砂藏》中刻经人孙仁等四百二十三人，宋刻
工总数可考者近三千人，只存十一于千百而已。"①

————————
① 参见张秀民《中国印刷史》，上海人民出版社，1989 年版，第
178 页。

第五章

宋代出版物流布与文化影响

第一节　汉字文化圈中的宋代出版

　　宋代的出版传播不仅是在介质变迁层面上的，更重要的是它还在汉语文化传播样态之中，对汉字文化圈的发展有过重要的影响。

一、"文化圈"相关理论

　　文化圈是一个有机体的整体文化，它包括人类需求的各种文化范畴。它在各地区形成、发展并可能向其他地区移动，同时，在不同地带还可能有与其相关联的文化成分，形成文化圈的广阔地理分布表现。文化圈的特点必须有较大的族群或民族的固定不变的基本书化作为根基，因此它具有持久性的地理空间；另一方面，文化圈还拥有独立整体的文化丛，它的移动是全部的文化范畴的移动，从而在比较中发现两个地区所有文化上的历史关联。另外，民族之间文化的影响力也可能是个别文化成分的流入，也可能是一个文化圈的个别文化成分被冲散。文化圈方法论还可以认定并区分独立文化圈和混合文化圈，融合度高的文化圈与融合度低的文化圈，割断和被割断的文化圈以及辨别零散残存的文化要素等。
　　"文化圈"是文化人类学非常重要的一个流派，传播论（diffusionism）学派的一块理论基石。莱奥·弗罗贝

纽斯最早提出"文化圈"（Kulurkreis，英译为 Culture Circles）的概念。他认为：文化的类似性不仅在个别文化形态中存在，而且还可以在两个完整的文化丛或文化圈中发现。所以，民族及其文化的迁徙和移动不仅与个别文化形态有关，而且也和整个文化圈的彼此相类似有关。他对于西部非洲和美拉尼西亚的调查和比较研究，发现在历史发生上的关联现象常常不限于弓箭等武器或其他文化要素，而是在很多文化事象上，如生产技术、使用器具、衣食住行、社会组织、婚姻丧葬、信仰禁忌、神话故事、艺术娱乐等很多方面，几乎涉及到人类生活的全部文化要素。正是这种文化发生上的关联和相类似的普遍性形成了"文化圈"。他创造的方法是："数量标准"（Quantity Kriterium）的应用方法。这是一个量化标准，即在两地区之间相类似的文化要素的数量越多，两地区之间的历史与文化的关联就能够得到确认。

之后，德国的弗里茨·格雷布内尔（1877～1934年）与奥地利的威廉·施密特（868～1954年），在20世纪初叶提出"文化一次发生论"和"文化圈进化论"进一步完善了文化圈的相关理论并使其呈系统化。"文化一次发生论"具体展开为"埃及中心主义"，认为重要的文化成就（如文字）发端于埃及，并且总是只发生一次，然后沿着埃及—腓尼基—克里特—希腊迈锡尼半岛这一路线扩散开来，其他地区所享用的文化成果也由这一发源地传播而来。此说陷入独断性，直接导引出欧洲中心主义，因而遭到批评与抵制。"文化圈进化论"认为，世界上存在若干文化圈，每个文化圈包含一定的物质文化和精神文化的共有成分，文化圈由核心（文化源地）和边缘（文化受容区）组成，核心影响并制约边缘，边缘则反作用于核心，随着历史条件的变化，核心与边缘可以置换。在各文化圈之间，也发生强度不等的相互作用，加之各文化圈的内部矛盾运动，各文化圈的范围如变形虫般伸缩异动。"文化圈说"庶几

反映世界文化史实际，故被普遍采用。

　　此外"文化圈"，亦即一种"文明系统"，系统中的诸多国家享有基本共同的传统文化属性、文化特征，但它并不排斥现代性下的普世性和多元性；在强调同质性的同时，并不否认异质性①。学界较普遍的看法是，希腊、罗马文化，从希伯莱到伊斯兰时期的闪族文化，印度文化和中华文化，都曾是具有强大扩散力的文化源地，在颇长的时段和相当广阔的地域，形成各自的文化圈。另外还有一种更具全球视野的划分：东地中海文化圈（后扩展为北大西洋文化圈，即俗称的西方文化圈）、西亚北非闪族文化圈（今伊斯兰文化圈）、南亚文化圈、东亚文化圈和中南美印地安文化圈。

　　在文化圈大的理论背景框架之下，宋代的出版作为一种文化事象，在文化圈的伸缩异动中的功用是非常值得我们思考和研究的。

　　二、汉字文化圈

　　文化圈可从地理、民族、语文、宗教、民俗等多种角度加以划分。上述"东亚文化圈"，即以地理属性得名，其范围约指东亚大陆及周边半岛和岛屿，大致包括今天的中国、朝鲜、韩国、日本、越南、新加坡。从文化人类学看，这一区域居民的文化共相是汉字、汉文、儒学、华化佛教、中国式律令制度以及中国式生产技术、生活习俗（较早进入定居农耕生活，形成"粟麦—稻作文化圈"，又由此形成种种习俗，如使用筷子，故有"筷子文化圈"之称）等。这一以中国大陆为主体，以中印半岛东侧、朝鲜半岛为两翼，日本列岛等地为外缘的文化圈，从泛宗教视角可称之"儒教文化

————————

　　① 胡礼忠、汪伟民：《东亚文化圈：传承，裂变与重构——"东亚汉文化圈与中国关系"国际学术会议暨中外关系史学会 2004 年会述评》，《学术动态》，2004 年第 2 期。

圈"、"华化佛教文化圈"。而汉字千百年间在这一广袤
地域是通用的官方文字和国际文字，中国式农业及手工
业技艺、儒学、华化佛教、中国式律令均由汉字记述与
传播，它们共同组成以汉字为信息载体的"汉字文
化"。因此，这一区间的文化区域和特性，以"汉字文
化圈"来概念，相对更为贴切些。

从文字入手来透视某一地理区间的文化，有久远的
学术渊源。早在东汉初年，许慎就讲过："概文字者，
经艺之本，王政之始，前人所以垂后，后人所以识古，
故曰本立而道生，知天下之啧而不可乱也。"① 19 世纪，
摩尔根又把"文字的使用是文明伊始的一个最准确的标
志。"②这都是由于文字打破了语言在时间和空间方面的
局限性。扩大了语言的功能，文字记载着文化，也形成
了文化，传播了文化。

而汉字对中国文化传统具有深刻的影响，"首要是
使中国人得凭借文字而使全国各地的语言不致分离益
远，而永远形成一种亲密的相似"。"如此则文字控制
着语言，因文字统一而使语言也常接近于统一。在中国
史上，文字和语言的统一性，大有裨于民族和文化之统
一"③。此外，中国文字除了一般文字通有的音、意以
外，还有其特殊的形体。这种具有特殊形体的文字，超
越了时间上的变化和空间上的限制，团结了中华民族，
更造成了世界上一个最伟大的文化整体④。中国文字还
历史悠久，不仅保存了中国人的理想与抱负，记录了历
史的盛衰与兴亡，更使得代代相传的文化春同，能得长
存于天地间。因此现代生活及社会上得许多现象，从口
头上得成语，书写得顺序，以至一般礼俗习惯、思想行

---

① （汉）许慎在《说文解字·叙》，上海古籍书版社，1981 年版。
② （美）摩尔根：《古代社会》，商务印书馆，1977 年版。
③ 钱穆：《中国文化史导论》，商务印书馆，2000 年版，第 89 页。
④ 钱存训：《中国古代书籍纸墨及印刷术》，北京图书馆出版社，
2002 年版，第 2 页。

为、政教制度，都可以追根溯源，有迹可循①。

　　法国汉学家汪德迈对于汉字与汉文化圈关系概括为，"所谓汉文化圈，实际就是汉字的区域"、"这一文化区域所表现出的内聚力一直十分强大，并有其鲜明的特点。它不同于印度教、伊斯兰教各国，内聚力来自宗教的力量；它又不同于拉丁语系或盎格鲁—撒克逊语系各国，由共同的母语派生出各国的民族语言，这一区域的共同文化根基源自萌生于中国而通用于四邻的汉字"，"汉文化圈的同一即'汉字'（符号）的同一"②。中国、日本、韩国、越南、新加坡等国家和地区在思想文化、思维方式等方面的某些共性或相似性，在很大程度上确实是由汉字这一共同的文化根基决定的，汉字的传播开启了汉文化传播及儒学流布之门。

　　20 世纪中叶，日本学者已提出"汉字文化圈"概念③，昭和四十六年（1971 年）语言学家藤堂明保（1915 ~ 1985 年）在光生馆出版的《汉字とその文化圈》，系统阐述"汉字文化圈"的内涵，探讨汉字文化圈的形成及发展历史，对这个概念予以学术界定④。1974 年美国汉学家开始使用"汉字文化圈"一语。20 世纪 80 年代以来，周有光、陈原等中国语言学家也采用此一概念。现在"汉字文化圈"已成为通用短语。1988 年，日本语言学家野村雅昭给"汉字文化圈"下定义：在东亚位置上，由于中国的政治、文化影响，形成过去使用汉字，或

---

　　① 钱存训：《中国古代书籍纸墨及印刷术》，北京图书馆出版社，2002 年版，第 2 页。

　　② （法）汪德迈：《新汉文化圈》，江西人民出版社，1993 年出版，第 100 页。

　　③ 1963 平凡社出版的河野六郎执笔的《日本语の历史》多次出现此一短语，其第三章更是专门讨论"汉字文化圈"的形成及演变。

　　④ 在此前后（昭和四十五到四十九年），日本的《历史教育》、《朝日亚洲》等刊物连续发表讨论"汉字文化圈"的文章。1981 年，日本语言学家铃木修次在中央公论社出版的《日本汉语と中国——汉字文化圈の近代化》中论及汉字文化圈在近代的演化。

现在仍然使用汉字的地域，总称为"汉字文化圈"①。

以汉字这一东亚地区各国共有的文化要素作为标志的"汉字文化圈"，是一个真实的、有着强劲生命活力的文化存在。汉字的传播使得东亚不仅仅是一个地理概念，而且是一个文化概念。汉字文化圈成就了"文化东亚"，而宋代出版的昌盛繁荣，使得汉文、儒学、华化佛教、中国式律令制度等文化要素在东亚内部的关联扩张。

三、宋代出版与汉字文化圈

由于东方特定的地理环境隔离机制作用，汉字文化一方面在内部自我调节、独立发展的同时，也在不断地尝试着向外扩展与交流。在这一过程中文化主体不断地得到分化重组，内涵得到充实而演变，最终形成了独具特色的大文化系统。

作为汉字文化主干的中国文化，早期传导方向可谓是"二维性"的，即在陆内是向南，对外是向东，这与文化传播的地理环境隔离机制有关。就东亚三国文化交流的可能性来讲，一是有平行交流的表层文化基础，如相近相通的地理环境与相似的生产方式基础（农耕文化）；二是存在强势传导的文化侵入与渗透，如强盛的中原文明的辐射，即汉四郡的建立，隋炀帝东征等。

汉字的普遍性和广被性也使得以其为主的雕版印刷的出版传播方式成为文化交流的重要手段。这种具有形体的文字。尽管各地方言不同但可以共同使用；不仅是中国人在使用，也是东亚许多其他民族的共同文字。他们虽有各自的语言，但也采用中国文字的全部或一部，作为思想传播的媒介，如越南、朝鲜、日本及琉球，中国文字的应用于书写和书籍，在历史上都有很长的一段时期②。

---

① （日）野村雅昭：《汉字の未来》，（东京）筑摩书房年1988年出版，第219页。

② 钱存训：《中国古代书籍纸墨及印刷术》，北京图书馆出版社，2002年版，第4页。

　　具体在汉字文化传播的过程之中，有诸般途径。而在这些途径之中，尤其是到了宋代出版典籍传播日益成为重要手段。

　　首先战争与扩张是文化传播的一种非常态途径，尤其是人类文化传播的手段尚不发达和丰富的古代，文化的播散与影响只能通过战争征服扩张的强迫认同来实现。因此，这种充满血腥和野性力量的战争几乎成为每一次大的文化交流的推动力和冲击力。其积极作用表现在：作为征服者的拥有先进文明的民族，迫使被征服国家接受先进的生产方式与生活方式，促进落后民族的开化和进步；或者作为征服者的落后民族为被征服者的先进民族的文化所同化。在战争与扩张的过程中，往往会对对方的工匠和文化典籍进行俘掠，这样在客观上导致了文化的传播①。如天辅五年（1121 年），金太祖以"辽政不纲，人神共弃"，而发动金辽之战，"今欲中外一统，故命汝率大军，以行讨伐"，他特意对忽鲁勃等一班统帅叮嘱，"若克中京，所得礼乐图书文籍，并先次律发赴

────────

　　①　此类事例，在中国历史上不胜枚举。公元 8 世纪，中国与阿拉伯世界文化交流黄金时代也是始于一场干戈冲突。这就是历史上人们常提到的公元 751 年怛逻斯（Talas）之战，结果是唐代安西四镇节度使高仙芝的军队被阿拉伯军击溃。此战役在《新唐书》卷五《玄宗本纪》中有载："（天宝十载）七月，高仙芝及大食战于怛逻斯城，败绩。"这次战役本身并不算什么大事，但对文化交流却有重大意义。大批汉地士兵被俘往阿拉伯地区，其中就有不少织匠、络匠等技术工匠。他们被带到两河流域，把中国的丝织技术也带到了阿拉伯世界，后来穆斯林的丝织作坊的产品控制了 9 至 14 世纪的欧洲丝绸市场。被俘的唐朝工匠还把造纸术传入阿拉伯世界，进而远播西方，对欧洲文艺复兴运动的发展起了很大促进作用。还有后来公元 13 世纪，成吉思汗以其蒙古铁骑横扫亚欧，造成严重的破坏和灾难，也将亚欧大陆联成一片，打开了中西文化交流的陆上通道，造成了与基督教文化、伊斯兰教文化及其他各种文化直接会面的地理与交通便利。这种情况给国外关于中国的知识和观念，带来了三个直接的结果：中国物态文化西传，其中包括火药、罗盘、印刷术、造纸术等极为重要的发明，多在这一时期传往外国；吸引了大批外国商人和旅行家来到中国；造成了罗马教廷对于向中国派遣传教士的急迫心理和浓厚兴趣。这些都加速了中国文化全面而深入地向西方传播的进程。

阙"①。事实上，四年之后，金灭辽之后，尽收辽皇室
全部藏书，充实了金皇室藏书。靖康之战后，金与宋议
和，还把索取三馆、秘阁图书作为议和条件。宋不得不
派鸿胪寺官员押运佛经、道经书版，派国子监、秘书监
官员押运监本书印版和馆中书籍送往金朝。金不仅收集
宋政府藏书，还下令收购民间之书，也俘虏一些刻工，
直接在金开版刻印，若《赵城藏》能雕版和流布，与当
时大量宋的刻工参与是分不开的。金之所以能通过战争，
对宋、辽的典籍强肆掠夺，是与宋雕版印刷的蓬勃发展
分不开的。这样，表层上，宋节节败退，但汉文化却从
精神层面征服了女真族。战争确实在打通世界，传播文
化中起到历史作用。但这仅是一种伴生作用，其客观结
果恰为它的发动者始料不及的。黑格尔曾说过，历史进
步有两种形式，即"恶"和"善"的形式，战争正是以
"恶"的形式充当文化进步的推动者的。历史上一次又一
次的战争过后，往往会出现文化发展的繁荣现象，但文
化传播的和平方式才是文化交流和发展的真正杠杆②。

其次，在向外移民的过程中，客观上扩大了出版传
播的范围。史上因天灾人祸等种种原因造成的民族大迁
移并不鲜见，它对促进各地区各民族文化的融合和进步
产生过不可忽视的积极作用。这些移民无论是有组织、
还是自发的，都推动了中国文化向移民国家的传播，构
成了某一时期两国文化交流的突出特点。尤其我们的邻
邦日本、朝鲜、越南以及东南亚地区的国家，在其本土
民族文化建立与成熟的过程中，都特别承受了中国文化
的雨露，因而形成了具有共同文化要素并有持久影响力
的汉字文化圈。汉字和汉文传到汉字文化圈中一些民
族、国家的两条路径，即一条先传到朝鲜半岛，再经朝

① 《金史》列传第十四《太宗诸子》。
② 陆惠林、林建公：《对战争与文化的辩证思考》，《军事史林》，
1990 年第 2 期。

鲜半岛传入日本列岛，另一条由不同途径传到越南。两条途径都与中国移民有关。随着汉字和汉文典籍的流传，中国的典章制度、生活习惯及科技学术、文学艺术、儒学宗教也传播于各国。总之，中国移民每一次向外迁徙、移动，都会使中国的先进文化输出和传播到一些比较落后的地区去，很大程度上促进移民国家本土文化的开化进步与丰富发达。宋末元初，战争频仍，浙江、福建一带刻工有些就远离家乡，渡海到日本去谋生。恰逢当时的日本各寺院正大量翻雕佛经与高僧语录，因此，这些中国刻工有机会施展他们的技艺。宁波的徐汝周和四明的洪举等人，他们在日本的正应二年（1289 年）刊《雪窦明觉大师语录》，洪举又刊《祖英集》等。

　　再次，宗教传播也对沟通异质文化起过巨大作用，成为文化交流非常重要的形式。那些担任教义传播任务的信徒一般都具有较高的文化素养，更有坚定的信念和非凡的毅力，千里迢迢，不避艰险，奔向他们的目的地。在这个过程中，往往由于对宗教典籍的仰慕，会伴随对宗教典籍的引入本土之时，传播被引入源的文化。南宋时，日本进入镰仓时代，对外政策较为开放，来华日本人僧人增加，因此时，许多日本僧来华修习禅宗，把更多的佛教典籍传回日本。1241年，日本名僧圆尔辩圆归国时带回典籍数千卷，其弟子师炼曾言："盖尔师归时，将来经籍数千卷，见今普门院书库，内外之书充栋焉。"① 随着禅宗引进到日本的南宋文化的各方面，如儒学、建筑、文学、绘画、雕刻、书法、印刷、生活习俗等都对日本书化产生了相当大的影响。由于它主张加强人的自我修养，追求一种淡泊宁静的精神世界，这种精神溶化到茶道、生花、庭园建筑等各种活动中，长期对陶冶日本

---

① 《元彦神书》卷七，转引自木宫泰彦《日中文化交流史》，商务印书馆，1980 年版，第 352 页。

人民的心境起了相当大的作用。

因政治目的，而派遣使节出使他国，也是文化传播的重要途径。7 世纪后，东亚三国频繁地互派使节，朝日两国更是大量地派遣留学生，至 837 年，朝鲜在唐留学生已达 216 人之多，仅 840 年的一年间，从唐朝回国的留学生就达 150 人①；有的留学生还参加了唐朝的科举考试，而且有及第出仕者。日本也不例外，7 世纪后，日本的遣唐使和留学生积极地传播中国唐朝的典章制度和学术文化。至 890 年，日本共派出遣唐使 19 次，跟随遣唐使入唐的留学生和留学僧共有 144 人；至平安朝初期，传入日本的汉字书籍就已达 1579 部，共计 16790 余卷②。

商人贸易更是对文化传播有直接影响。在古代漫长岁月中，中国对外贸易长期处于世界领先地位。从物质文化方面看，中国通过陆上和海上"丝绸之路"流入世界市场的物品很多，如丝绸、陶瓷、茶叶、棉布、漆器、笔墨纸张等，它们作为中国文化传播的物质载体，对输入国家的社会生活、政治思想、文化发展等，产生了直接或间接的影响。其他方面，如文学艺术、书籍文献等也经商人之手向外国传输，所产生的文化辐射作用同样比较明显。尽管宋朝出于边防考虑，禁止民间与高丽的书籍贸易，但仍有宋商将书籍运往高丽。书商李文通一次运至高丽书籍达 597 卷。宋商徐戬因"受酬答银三千两"而为高丽政府在杭州雕造《夹注华严经》2900 全片。1192 年，有宋商将朝廷严禁出口的《太平御览》1000 卷，献给高丽政府，高丽政府大喜过望，赐其白银 60 斤③。通过商人这一特殊的媒介，中国与

---

① 张延玲：《世界通史》，南方出版社，2000 年版，第 387 页。
② 林贤九：《浅谈儒学在朝鲜与日本的传播和影响》，《东方哲学研究》，1993 年版，第 5 页。
③ 彭斐章：《中外图书交流史》，（季羡林主编《中外文化交流史丛书》），河南教育出版社，1998 年出版，第 72 页。

朝鲜、日本等国进行了广泛的书籍交流，不仅极大地满足了汉字文化圈内各族人民的精神和文化需求，而且促进朝、日两国的文化的发展和社会的进步。正如日本著名学者内藤湖南所言，中国文化是"凝成豆腐的盐卤"①。豆浆之中，虽然已经有了豆腐的成分，但是还需要加上其他力量使其凝结，而中国文化就是像卤水那样的一种凝固剂。

　　总之，在上述的战争与扩张、向外移民、宗教传播、派遣使节、商人贸易等文化圈发展过程中几种传播途径中，出版传播是一种重要手段。通过其，张扬了文化的受容性，使东亚汉字文化圈内诸国，在文化精神、思维方式、道德观念、审美情趣、文学艺术等各方面都受到了一定程度的同化，甚至于在民风民俗、民间礼仪等方面各国都有相似、相同的地方，也加快了汉字文化圈发展的深度与广度。尤其是宋学借其外传质的扩大，对周边的日本、朝鲜、越南等国影响深远。

第二节　宋代出版物流布的条件

　　宋代出版物在汉字文化圈广泛流布，对汉文化的传播有深远的影响，当然宋代出版业的繁荣是其必要条件。此外，宋代海外贸易的扩大和宋学与其他民族文化的互动，也是宋代出版物得以流布的重要因素。

一、宋代的海外贸易

　　宋室勃兴，全国统一，宋日商舶僧侣往来，殆无岁

①　（日）内藤湖南：《日本书化史研究》，储元喜、卞铁坚译：《商务印书馆》，1997年，第7页。

无之①，由之可见宋代海外贸易繁荣之一斑。宋代海外
贸易对宋自身经济结构地域转换的意义和对汉字文化圈
发展的影响，单是对汉字文化圈的东南角，有学者曾讲
过，如果没有宋与其这么多的贸易往来，东南亚不会在
宋代出现那么多新的国家。那些国家是今日东南亚国家
的基础。中国东南沿海与华南一带，如果没有对东南亚
及太平洋一带地区的贸易，不会扭转北方与南方，北强
南穷的趋势，南方的富足整个扭转是靠对外贸易与交
往②。

宋政府为了扩大海外贸易的规模，保障市舶税
收，制定的政策较为全方位，使外商在往来贸易、侨
居生活等方面得到优惠和保护。譬如对外国使节、海
商的迎送与犒设；对遇难外商的抚恤；保持外商在华
贸易利益；保护来华外商的财产权和实行司法分治；
限制入贡，鼓励通商等③。但本书以为，宋的海外贸
易诸多方面情况，有很多是延续唐末五代的政策，宋
代在此方面最有作为的应该是一些立法，即首次大规
模的从法律技术层面给予海外贸易提供国家保障和支
持，而且这些法律也直接影响着哪些出版物可以流布

---

① 王辑五著：《中国日本交通史》，《中国文化史丛书》第二辑，
上海书店，1984 年版，第 97 页。

② 许倬云：《宋以来对外贸易的意义》，见《历史分光镜》，上海
文艺出版社，1998 年版，第 131 页。

③ 关于宋政府对外商的优惠政策，鼓励海外贸易的方针，在许多
宋代的正史和笔记小说中多有记载，后世的学者研究者也不少。如
《宋会要》蕃夷四之七四记载："诸蕃国贡奉使副判官首领所至州军并
用妓乐迎送，许乘轿或马至知道或监司客位，俟相见罢，赴客住上
马……"《续资治通鉴长编》卷七十二记载：大中祥符二年"广州蕃商
凑集，遣内侍赵敦信驰驿抚间犒设之"；《宋史·日本传》、《开庆四明
志》卷八也分别记载：淳熙三年"风泊日本舟至明州，众皆不得食，
行乞至临安府者复百余人，治人日给钱五十文、米二升，俟其国舟至
遣归。"淳熙十年、绍熙四年、庆元六年、宝口六年等宋政府都多次接
济日本遇难商人等。黄纯艳等研究者也曾经在 20 世纪 90 年代末发表过
一批文章来研究宋代海外贸易状况。

到周边国家，流布的广度，从而作用于汉字文化圈内文化的交流。

虽然战国秦汉之际，中国早就开辟了海外贸易的南海通道①，唐则正式成立了管理海外贸易活动的市舶机构，还设官立制来调整对外贸易中出现的新的社会法律关系②，但真正从国家立法角度依法管理海外贸易，鼓励蕃商来华，自宋始。宋不仅通过其基本法典——《宋刑统》的有关规定确认外商及其家人、亲属的财产所有权，而且还不断颁布敕令、条例来保障海外贸易活动的正常进行③。

还有宋人的文集笔记，如苏轼的《东坡七集》、《苏轼文集》及朱彧的《萍州可谈》等都有对一些编敕内容的记载。当然这些卷帙浩繁、条数众多的敕法条令中涉及海外贸易立法的具体内容，有许多是明文律告天下，在此领域的不可为，如为了防止商人因出海与辽国勾结危害国家的安全，律令严禁商贩往高丽、新罗及登、莱州界；不许夹带违禁物品，且违反上述规定者，许人告捉，货物没收，一半支付告人。

----

① 见《国语·齐语》；《后汉书》卷二八《地理志下》，该书第一次完整地记录了我国开辟南海航线地情况。

② 《文献通考》卷六十二，职官十六中有对"提举市舶使"的记载"唐有市舶使，以右威卫中郎将周泽为之"。此外陈高华等人的《宋元时期的海外贸易》（天津人民出版社，1981年版），对我国早期海外贸易立法的演变有深入的研究。

③ 宋关于海外贸易的编敕著律活动主要记载于《宋刑统》、《宋大诏令集》、《庆元条法事类》、《宋会要辑稿》职官、食货、蕃夷、刑法的有关部分及《续资治通鉴长编》、《宋史·食货》、《文献通考》、《玉海》、《古今图书集成·详刑典》、《历代名臣奏议·夷狄·理财法令》等几部主要的典籍之中。再者，宋代立法除了承袭唐律的同时，还随时因人因事而颁布单行敕令，并汇编成册，使之上升为普遍的法律规范以全国通行，此种情况在对外贸易的立法中也有突出的反映。这导致宋代律法中有关海外贸易的部分零乱纷繁，再因时间长久及资料的亡佚错乱，现在很难再现其全貌。但我们从这些一管之见，也可以发现这些对宋代出版物流通海外提供了法律技术层面的支持。

若，苏轼曾上书①：

> 元祐五年八月十五日，龙图阁学士左朝奉
> 郎知杭州苏轼状奏：检会杭州去年十一月二十
> 三日奏泉州百姓徐戬公案，为徐戬不合专擅为
> 高丽国雕版造径板二千九百余片，公然载往彼
> 国，却受酬答银三千两，公私并不知觉。因此
> 构合密熟，遂专擅受载彼国僧寿介前来，以祭
> 奠亡僧净源为名，欲献金塔，及欲住此寻师学
> 法。显是徐戬不畏公法，冒求厚利，以致招挠
> 本僧，搔挠州郡。况高丽臣服契丹，情伪难
> 测。其余徐戬公然交通，略无畏忌，乞法外重
> 行，以警闽、浙之民，杜绝奸细。奉圣旨，徐
> 戬特送千里外州军编管。

苏轼自己的书也后来因政治主张不同，受朋党之争
的影响而被禁过，但他从维护国家安全的角度出发，仍
然大力提倡禁止一些书籍流布他国。固然从他所处的立
场出发无可厚非，但站在文化传播的层面，还是有狭隘
之嫌。

此外，宋代在保障海外贸易活动的正常进行与增进
封建国家的财政经济收入始终处在一个矛盾的同一体
中。当商人抽解过重，博买过多而无利可图时②，"舶
商罕至"的景象就会发生，而这种情况又是宋政府所不

---

① 《苏轼集》卷五十八《乞禁商旅过外国状》，中华书局，1986
年版。

② "抽解"也叫"抽分"，意谓从舶商货物的总数中抽取若干分作
为国家的收入，实际上是宋廷依法征收的一种市舶税，只不过采取了实
物的形式而已。抽解的另一含义，是将官府所抽实物直接解赴京城。按
照宋代市舶法的有关规定，官府除向舶商征收实物税之外，宋王朝还要
按照规定的价格收购舶商运来的货物，史称"博买"，或叫做"官市"、
"和买"。此项制度同抽解一起建立。"博买"的范围，一般主要限于象
牙、宝珠等细色货物。

愿意看到的。因此不管是为了调和此矛盾还是保障海外贸易出发，宋政府都有必要进行一定的立法。

　　总的看来，无论是在北宋统一大半个中国的强盛时期，抑或是南宋偏安江左一隅，维持半壁江山的颓局之时，宋政府都十分重视运用法律手段来促进海外贸易的发展，保护商人的合法权益，获得丰厚的财政收入，间接也促进了文化的交流。宋代的海外贸易的立法指导思想，主要有三个方面：其一，理财从政，莫先法令；其二，"招徕远人，阜通货贿"；第三，"创法讲求，以获厚利"①。这样就从法律技术层面保证了宋代出版物在汉字文化圈的流布，但也为书禁留下了伏笔。

　　具体而言：第一，理财从政，莫法先令。两宋，从皇帝到士大夫都对法律有着足够的认识。宋太祖曾说"王者禁人为非，莫先法令"②。太宗也曾经告诫臣下："法律之书，甚资政理。人臣若不知法，举动是过。苟能读之，益人知识。"③王安石也意识到"治天下之财者，莫如法"④。整个统治阶层重视法律表现在海外贸易的立法上，一是在相关法律的制定上充分保障外商来华贸易的积极性，二是明确要在海外贸易的活动中，充分保证国家的财政收入。这就是社会上层管理者对海外贸易的目标性希冀"徕远人，通货贿"、"助国用、懋商贾"。

　　第二"招徕远人，阜通货贿"。自北宋太宗以来，诸帝都自觉意识到积极发展海外贸易对充实国库有着重要的作用，早在北宋雍熙四年（987年）五月，太宗就曾"遣内侍八人赍敕书金帛，分四纲，各往海南诸藩

　　　① 张晋藩、郭成伟主编：《中国法制通史·宋》，第五卷，法律出版社，1999年版，第392页。
　　　② 《宋大召令集·刑法上》卷二〇〇，中华书局，1962年版。
　　　③ （宋）李攸：《宋朝事实·兵刑》卷一六，丛书集成初编本。
　　　④ 《王临川集》卷七三。

国，勾招进奉，博买香药、犀、牙、珍珠、龙脑，每纲遣空名诏书三道，于所至所赐之"①。真宗晚期，广州的海外商人来者不多，故仁宗下令广州知州与转运司筹划招诱女抚海外尚人的办法②，乃至神宗时的"元丰条法"③，都是想促进海外贸易，达到"市舶之利，颇助国用。宜循旧法，以招徕远人，阜通货贿"的目的④。这为宋代出版物的流通和对外传播，在国家政策层面提供保障，并使其成为可能。

第三，创法讲求，以得厚利。宋神宗于熙宁二年（1069 年）九月在给发运司副使薛向的诏令中说："东南利国之大，舶商也居其一焉。昔钱刘窃取浙广，内足自富，外足抗中国者，亦由笼海商得术也。"⑤所以为了增加财政收入，神宗要求臣下在制定法律时应用心体察朝廷鼓励蕃商来华贸易之苦心，"卿宜创法讲求，不惟岁获厚利，兼使外蕃辐辏中国，亦壮观事也"⑥。同时也可见，神宗认识到，与外蕃通商，不止是为"获厚利"，还可以"辐辏中国"。"辐辏中国"，神宗已经意识到海外贸易在增加财政收入的同时，还可以传播中国的文化，不可不谓其高瞻矣。

当然，宋政府的海外贸易立法思想在积极鼓励外商来华贸易的同时，还特别强调对外贸易不得危害宋朝廷政府的国家安全，若元丰八年（1085 年）九月十七日，曾发布敕令称："诸商贾由海道贩诸蕃，惟不得至

---

①《宋会要辑稿》职官四四之一。

②《宋会要辑稿》职官四四之五中有记载"（仁宗天圣）六年七月十六日诏，广州近年蕃舶罕至，令本州与转运司招诱安存之"。

③《续资治通鉴长编》卷二七五，和《宋会要辑稿》职官四四之六中又称其为"广州市舶条法"，主要是管理海外贸易活动，保护外商的合法权益。

④《宋会要辑稿》职官四四之二四。

⑤⑥《续资治通鉴长编》拾补卷五，上海古籍出版社，1986 年版，第 76 页。

大辽国及登、莱州。"①

从这些宋代从海外立法思想可以看出，一方面，政府积极鼓励和保护海外贸易，有利于宋代出版物的流通，同时也对流通的地域和范围有所限制。

另一方面，有了立法保证，与宋朝有贸易关系的海外国家单从量上，就有五六十个。其中很多国家都有商人来华贸易或朝贡进行文化交流。

《宋史·夏国上》记载："东若高丽、渤海虽阻辽壤，而航海远来，不惮跋涉；而若天竺……大食……拂林等国……（南若）交趾、占城、真腊、蒲耳、大理、滨海诸蕃……接踵修贡。"而据史籍记载，商人来华最多的国家主要有高丽、日本、交趾、占城、真腊、真里富、注辇、三佛齐、大食等。高丽与宋关系时有波动，而其商人来华却未间断。《宝庆四明志》和《开庆四明志》都有很多关于日商来华的记录。日本学者对之进行过详细的考证，仅在他的《日本和北宋往来一览表》中，就有这样的记载 70 余次②。由此也可以看出，日宋间商船的往来，分外频繁，几乎年年不绝。

交趾商人来华贸易主要集中在钦州。占城商人在华贸易被宋政府限于广州一地，但其商人来华者仍然很多。据张祥义先生统计，北宋时占城来宋朝贡共 63 次，南宋时仅高宗、孝宗两朝有 8 次③。朝贡很多时候是商人为获得优惠的幌子，其实是一种贸易行为。三佛齐商人来华人数尤多，仅在泉州"三佛齐海贾，以富豪宅，生于泉者，其人以十数"④，已属不少。大食商人也是来宋次数最多者之一。据统计，从太祖开宝元年（968

---

① 《苏轼文集》卷三一。

② （日）木宫泰彦：《日中文化交流史》，商务印书馆 1980 年版，第 243 页。

③ 《南宋时代の市舶司贸易江关すゐ步百一考察：占城国的宋朝の朝贡を通して见た》，《青山博士古稀纪念·宋代史论丛》。

④ （宋）林之奇：《拙斋文集》卷十六。

年）至孝宗乾道四年（1168 年）大食来华贸易有史可考
的达 49 次①。在泉州和广州的蕃坊里有很多蒲姓外商。
"蒲"是阿拉伯民族姓氏"阿卜"的汉译。这类外商绝
大多数来自大食。真里富商人也常赴宋贸易。其国商人
"欲至中国者，自其国故洋，五日抵波斯兰，经真腊、
占城等国可到钦廉州。"② 此外，□婆、渤泥、注辇等
国商人来华贸易之事，史籍中也可稽考，此不赘举。

二、宋学的传播

每个国家和民族的文化传统中，对待外来异质文化的
态度，都会直接影响本国固有民族传统文化发展的进程。

宋学作为是中华民族传统文化链条上的重要一段，
它代表着中国中世纪民族文化发展的新阶段，它对周边
国家的民族文化的发展有着不同程度的影响，周边国家
的民族文化也对中华民族文化的发展有着不同程度的影
响，这是一种双方文化相互交流、相互促进、相互超越
的互动关系，而不是一种单方文化输入的关系。当然，
这种互动关系，都是各自根据本国的历史和现状的实际
需要，在以本国民族文化为核心的基础上，对外国异质
文化中有利于本国民族文化发展的因素进行改造、吸
收、融化和超越，使之成为促进本国民族文化发展的新
鲜成分，而不是无条件的原封不动的照搬照抄。

宋学的议论、怀疑、创造、开拓、内求、兼容的精
神都对汉字文化圈内其他国家和民族的文化产生过深远
影响。宋学在自身发展与传播需要借助典籍，以纸为介
质的雕版印刷又扩大了宋学的影响。汉字文化圈内其他
民族文化对宋学学习与受容的过程中，既在客观上加速
了对中国雕版印刷技术的引进，又反过来让更多的受众
更加便利去走近宋学。

① 黄纯艳：《宋代来华外商述论》，《云南社会科学》，1997 年第 4 期。
② 《宋会要辑稿》蕃夷四之九九。

总的看来，宋学与汉字文化圈内诸民族文化的互动关系，保持比较全面而密切的国家，应该是朝鲜和日本。

中国宋学传入朝鲜是在高丽时代末期，这一时期由于佛教造成的弊端，致使政治混乱、经济衰退、民心不安。为了挽救这种局面，一些有识之士，如安珦、白颐正等人，接受中国宋学中的程朱理学思想，进行改造、吸收、消化，最终形成了朝鲜朱子学。

安珦敬慕朱子，从接触朱子的学问这一点上讲，可以称之为朝鲜道学的大宗。但是他只有创办学校的功劳，并没有引进朱子学的记录，只是从制度的侧面奖励了当时的儒学。白颐正是安珦的弟子，他直接到元朝学习程朱学归国，有传入道学的依据①。安珦的另一个弟子权溥刊行《四书集注》、《孝行录》，以示对朱子学的关心，而禹倬对性理学的造诣很深②。但实际上，性理学真正的鼻祖是圃隐郑梦周。他作为政治的殉节者，虽然没有系统的学说，但对于经学的理解或哲学思考的深度是他人都无法比拟的。牧隐李穑说道，"郑梦周论理，横说竖说无非当理"③，并称之为东方理学的鼻祖④。

---

① 《高丽史·列传·白颐正传》，"时程朱之学始行中国，未及东方。颐正在元，得而学之，东还李齐贤、朴忠佐首先师受"。

② 《高丽史·列传·禹倬传》，"倬通经史，尤深易学，卜筮无不中，程朱初来东方无能知者，倬乃闭门月余，参究乃解。教授生徒，理学始行"。

③ 咸傅霖：《圃隐集》附录《行状》（《韩国文集丛刊》5，第632页）。

④ 在此之后，通过朝鲜的性理学者，他的观点流传下来。朝鲜大儒奇高峰曾讲过："我国学问箕子时则无书籍难考，三国时，天性虽有粹美，而未有学问之功，高丽时，虽为学问只主词章，至丽末禹倬郑梦周后，始知性理之学，及至我世宗朝，礼学文物焕然一新，以东方学问相传之次信之，则以梦周为东方理学之祖，吉再学于梦周，金叔滋学于吉再，金宗直学于叔滋，金宏弼学于宗直，赵光祖学于宏弼，自有源流也。"（《高峰集》卷下，张55，（韩国文集丛刊）40，第168页）尽管在郑梦周以前已经有人接触过程朱学并进行了研究和传播，而且郑梦周没有现存的学问著作，但把他认定为鼻祖是因为他有节义精神，他的殉节志操作为理义之学传到朝鲜的士林，成为嫡统。

朝鲜朱子学是以古代朝鲜"天人一体"思想为基础，主要吸收了中国程朱理学的"居敬修已"伦理道德学说，突出"天人无间"，强调修身养性，以图解决人与社会的矛盾。进入朝鲜时代，这种以修养为中心的朝鲜朱子学，经过李彦迪（1491～1553年）的发展，到李退溪（1501～1570年）成为朝鲜朱子学的集大成者，使其达到高峰。李退溪完成了以"敬"为中心的修养哲学，他在《进圣学十图剑》中说："所谓敬，就是自始至终坚持学，并取得效果。每个人都应从事这一功夫，不要遗忘。"李退溪对程朱理学的理本论，注入了"理无息"的活泼流行、妙用无穷的新鲜血液，使理本体具有生生不息之意。他认为这是对朱子学"得新意，长新格"的继承和超越。李退溪对宋学中的心学、气学都有不同方面的吸收和发展。他对宋学与东方文化的交流，做出了突出的贡献。

宋学对朝鲜的影响是全方位的，直接作用到深层次的心理文化，如包括典章制度、学术文化和风俗习惯等。譬如在在文学创作中迷漫着载道论、性情论等文学观①。

宋学传入日本是在13世纪的日本幕府时代。是源于日本僧人图尔辩圆于1235年来中国宋朝留学，接触了宋代学术文化，并在1241年回国时，带走有关宋学书数千卷，其中有程朱理学、张载气学等著名学派的学

① 尽管有濂洛风格的诗问世，但人们并不把高丽末文人的文学称之为道学的文学，因为其中性理学的理念性的东西很少。到了朝鲜王朝，被称为道学派的郑汝昌、金宏弼、赵光祖、李彦迪、李混、曹植、李珥等人才写出了反映性理学理念的文学作品。他们在文学创作方面主张理的发现，不超越道学的范畴，通过文学传道，以教化世俗。这就是他们的道文一致的载道的文学观。朝鲜王朝的道学，由高丽末的郑梦周、吉再传授给金宗直、金宏弼，随着中宗祖赵光祖的登场，开始用心性纯化、居敬穷理的修养论的方法，排斥违背道德的行为，探究寂然不动的道体。但他们的理论还没有达到哲学的高度。到了李彦迪和李混时期，其理论才得以体系化，具备了道学文学的形象化的样式。李彦迪和李混把道学文学通过意识的彻底变化这一思维构造加以变容，反映了自我的内心世界。

术专著和语录。同时，也有去日本的中国僧人和宋遗民。他们对宋学在日本的传播也做出了应有的贡献。

宋学传入日本之后，先是流传在佛寺之中，目的是借宋学以弘扬禅学；后是在天皇、公卿和儒学博士中传播，使日本朝廷上下学风改变，多'以理学为先"。直到江户时代，宋学中程朱理学，经过改造、消化，才普遍植根于日本封建社会，成为幕府的御用学说。

在宋学日本化的过程中，做出较大贡献的应是藤原惺窝，他使宋学摆脱了禅学的束缚，走向了独立发展的道路。藤原惺窝虽然学宗程朱，但不排斥陆王，而是兼而取之，使其学术思想更加丰富精深。惺窝门下，有林罗山、松永尺五等弟子，他们在程朱理学日本化的过程中，起着上承下续的作用，形成了强大的日本朱子学派。

总之，从中国宋学的朝鲜化的朱子学和日本化的日本朱子学来看，是中国宋学与当时的朝鲜、日本的社会政治、经济、文化发展的需要相一致的。可以说，朝鲜的朱子学和日本的朱子学，是中国民族文化与朝鲜民族文化和日本民族文化在相互撞碰、相互吸收、相互消化、相互促进的互动关系中产生、发展、光大的文化形态。这种异质文化相互间开放、兼容的精神，都拓展了汉字文化圈的深度。也为宋代雕版出版的典籍在其间的流布，准备了社会上层知识接受力。

宋代的海外贸易的发展和宋学的传播，使得中华文化与其他民族文化的互动，也为宋代出版物的流布创造了条件。

第三节　宋代出版物流布的海外影响

宋代出版业发达，再加上海外贸易和宋学传播的良好的流布条件，带来了我国图书交流史上的第二次外传

高潮。大量宋代出版物流向国外，为汉字文化圈的发展出了重要的贡献。

一、北传高丽

中朝两国文化联系密切，汉文图书在朝鲜的流通，最早可以上溯到公元 4 世纪朝鲜三国时期。20 世纪 60 年代，在韩国东南部庆州佛国寺释迦塔内，发现了我国汉字译本《无垢净光大陀罗尼经咒》。这是中国周武后长安四年（704 年）至唐玄宗天宝十年间的长安刻印本①，这是雕版印刷术在我国发端后不久，就出版物传往朝鲜的明证。

朝鲜相对应两宋，是高丽王朝时期（918 ~ 1392 年），此时儒家经典已在高丽广泛流传。958 年，高丽实行科举制，儒学始兴。1084 年，又规定进士三年一试，主要考试内容是儒家的三礼、三传。高丽私学教授的内容也是以儒家经典：《周易》、《尚书》、《毛诗》、三礼、三传为主。这样民间"间阖陋其巷间，经馆书舍，三两相望"，俨然"有齐鲁之气韵"②。尤其在高丽王朝后期，《五经》、《史记》、《汉书》、《后汉书》、《三国志》、《文选》等典籍，更是高丽人喜读之书③。这样，高丽社会内有着对大量汉籍的需要。

宋的雕版印刷物向高丽传播的过程中，在传播地缘上，宋和高丽之间的相隔的金女真和辽契丹是两道不可避免要碰到的屏障。

高丽建国后，就处于中国南北对峙政权之间，其本身的力量又不足以与任何一方抗衡。高丽的国家利益基本的一条是本国的生存和安全，这就有赖于对国家实力的符合现实的估计，并寻求国际均势以维持国家生存，

---

① 杨军凯：《雕版印刷起源于中国》，《文博》，2000 年第 3 期。
② 《宣和奉使高丽图经》卷四十。
③ 《旧唐书》卷一九九《高丽传》。

避免战争，求得发展。在长期的摸索中，高丽逐渐形成一整套外交政策及应变措施。突出表现在向金称臣的问题上。女真旧曾臣属高丽，在种族和文化上向被高丽藐视。但是面对女真崛起后的强大，高丽经过痛苦地抉择，慎重地估量政治现实与行动的后果，决定向金称臣。高丽之所以与金能相安无事，不被灭国，而且越过其不断从汉文化中吸取养分，这完全取决与高丽朝能因应时势做政策的调整："高丽与女真相接，不被女真所灭者，多是有术以制之。"①

　　契丹也也是对高丽在一侧虎视。高丽显宗王询时，契丹曾大举入侵，显宗与群臣为借佛力的神通退敌，发誓刻成《大藏经》版，至文宗经 71 年（1011～1082 年）完成，共 6000 卷，主要依据宋《开宝藏》及《契丹一藏》翻刻，版藏符仁寺，这就是后来称为"高丽国之大宝"。

　　这样宋政府宋代出版物流布到高丽也就多有顾虑。苏轼曾作《论高丽进奉状》："使者所至，图画山川，购买书籍。议者以为所得赐予，大半归之契丹。虽虚实不可明，而契丹之强，足以祸福高丽。若不阴相计构，则高丽岂敢公然入朝中国？有识之士，以为深忧。"②元祐八年（1093 年），高丽求买书，苏轼上奏表示反对："中国书籍山积于高丽，而云布于契丹"，"使敌人周知山川险要，边防利害，为患至大"③。但朝廷未采纳，高丽使臣仍买了大量汉籍而归，特别是唐宋以来著

---

　　①　《朱子语类》卷一三三。此外，笔者也以为高丽由于地理环境所限，夹缝中求生存，不能不经常顺应形势调整政策，也被多人斥之为左右摇摆，背信弃义的行为，这种指责不免有失偏颇。应该知道，一个国家的对外政策，不是用抽象的道德原则去指导行动，脱离政治现实而进行道德审判是不切实际的，只有以冷静、客观为基础，才能得出比较公允的评价。

　　②　《东坡奏议集》卷十二。

　　③　《东坡奏议集》卷十三。

名文人的诗文集，如李白、杜甫、白居易、苏东坡、柳
宗元等人的文集大量传入高丽。

（一）流布途径

尽管有金、辽相隔，宋、高丽之间的外交和各种交
流规模和次数还是相当可观。据不完全统计，自宋太祖
建隆三年（高丽朝光宗十三年，962 年）十月至南宋孝
宗隆兴二年（毅宗十八年，1164 年）三月，这 203 年
间，高丽遣使来宋达 67 次，宋朝正式遣使去高丽也有
34 次以上①。其他非正式外交方式，自宋真宗大中祥符
五年（显宗三年，1012 年），到南宋忠烈王四年（1278
年），这 266 年中，宋商以民间贸易形式去高丽达 130
次，人数有 5000 余人②。在两国频繁的交往之中，宋
丽之间的文化交流多种多样，内容广泛，而雕版印刷物
（包括印刷术）交流则是其中极重要的内容。有史可考
的，这种典籍间交流主要集中在儒家经书及其他诸子百
家书籍、医药典籍及有关验方和《大藏经》等佛典等

---

① （朝鲜朝）郑麟趾等《高丽史》卷 2《世家》光宗十三年冬十
月，至同书卷 18，毅宗十八年三月壬寅所载统计，影印本上册，第 61 ~
375 页，韩国亚细亚文化社，1972 年版。（宋）李焘《续资治通鉴长编》
（简称《长编》）、（宋）王应麟《玉海》卷 154《朝贡·赐予》及《宋
会要辑稿》均见各载有关年代。又据（元）脱脱《宋史》卷 487《高丽
传》所载统计，自建隆三年十月至宣和七年秋钦宗即位（962 ~ 1125
年），高丽遣使入宋 37 次，宋遣使高丽 14 次，点校本（四十），第
14036 ~ 14049 页。（韩国）金渭显依《高丽史》所载统计，自建隆三年
至靖康元年（962 ~ 1126 年）凡 165 年间，高丽遣使来宋 53 次，宋使去
高丽 32 次，见金渭显《契丹的东北政策》第 50 页，（台）华世出版社，
1981 年。史料所载不一，录存备考。本书从中韩双方有关文献综合统计。
详见杨渭生：《宋丽关系史研究》，第 33 ~ 147 页，《宋与高丽关系年表》
（962 ~ 1279 年），杭州大学出版社，1997 年版。

② 据郑麟趾《高丽史》卷 4—28，影印本上册，第 92 ~ 586 页所载
统计。按：在这 266 年中，宋商去高丽 130 次，4948 人。其中宋期间
（1012 ~ 1124 年）96 次，3058 人；南宋期间（1128 ~ 1278 年）34 次，
1897 人。这是根据记载具体数字累计，没有具体数字者以 1 算（实际人
数不止 1 人），故总数在 5000 余人以上。详见杨渭生《宋丽关系史研究》
第 269 ~ 279 页，《宋商至高丽活动一览表》。

方面。途径上，主要有两种。

首先，是官方渠道。尽管宋与高丽之间有辽、金阻隔，但两国仍有使者往来。高丽经常遣使赴宋请书，且内容广博，涉及各个领域。如宋太宗端拱二年（成宗八年，989年），赠与高丽《大藏经》（即世界上最早雕版的《开宝藏》）一部①。淳化四年（993年）高丽求版本九经，以敦儒教，诏赐之。宋真宗大中祥符九年（显宗七年，1016年），高丽使郭元辞归，真宗据其所请，送给《九经》、《史记》、《两汉书》、《三国志》、《晋书》、诸子、历日、《圣惠方》、御诗，并准录《国朝登科记》。真宗天禧三年（显宗十年，1019年），高丽入贡，求佛经一藏，真宗从之②天禧五年（1021年），高丽遣使请阴阳地理诸书。翌年，宋之使臣携去阴阳二宅书。哲宗时，高丽遣使金上琦请求购买刑法诸书及《太平御览》、《开宝通礼》、《文苑英华》，诏赐《文苑英华》，其他未与③。

高丽求书，宋政府除赐予之外，又开放书籍市场，让高丽使节自行购书籍。例如：宋仁宗天圣年间（1023～1031年），入宋朝贡的使人就曾往国子监买书④。宋哲宗元祐七年（宣宗九年，1092年），高丽使来献《黄帝针经》，请市书甚众。当时的礼部尚书苏轼上奏，坚持反对卖书给高丽。哲宗仍许卖《册府元龟》

① 《宋史》卷四百八十七《高丽传》。

② 《玉海》卷一百五十四《朝贡·赐予》，影印本（四）；《续资治通鉴长编》卷八五《高丽传》，点校本（七），同书卷九四，点校本（七）；《宋史》卷四百八十七《高丽传》，点校本（四十）。

③ 诸次求书见彭斐章：《中外图书交流史》，河南教育出版社，1998年，第71页。

④ （宋）范镇：《东斋记事》载："天圣中，新罗人来朝贡，因往国子监市书，是时，直讲李畋监书库，遣畋松子发之类数种"，曰："生刍一束，其人如玉。畋答以：'某有官守，不敢当。'复还之，曰：'中心藏之，何日忘之。'于是，使者起而折旋，道不敢者三。"（中华书局点校本，1980年版，第56页。）

以归①。

其次，宋丽典籍交流，不仅限于官方渠道，高丽朝还通过僧人、留学生和民间贸易搜集购买中国书籍。例如：高丽朝成宗二年（宋太宗太平兴国八年，983 年）五月，博士任老成自宋献《太庙堂图》一铺并记一卷，《社稷堂图》一铺并记一卷，《文宣王朝图》一铺，《祭器图》一卷，《七十二贤赞记》一卷②。高丽显宗十八（宋仁宗天圣五年，1027 年）八月，宋江南人李文通等去高丽献书册（即卖书）579 卷。宋元丰八年（宣宗二年，1085 年），高丽僧统义天入宋求法，返回高丽时就带去这次求法所得的好多典籍（包括净源的 29 种著述）和从宋、辽、日本搜购的内外典籍共 4740 余卷，后编为《续藏经》。

甚至某一特殊时期，宋朝出于边防考虑，禁止民间与高丽的书籍贸易，但仍有宋商将书籍运往高丽。宋商李文通一次运至高丽书籍达 597 卷。宋商徐戬因"受酬答银三千两"而为高丽政府在杭州雕造《夹注华严经》2900 全片。1192 年，有宋商将朝廷严禁出口的《太平御览》1000 卷，献给高丽政府，高丽政府大喜过望，赐其白银 60 斤③。

总之，通过各种方式，宋代雕版印刷出版物流布到高丽，扩大了宋文化在朝鲜半岛的影响。

（二）流布影响

宋代雕版印刷物流布到高丽的影响可以分为直接影响和更深层面的文化影响。直接影响主要有两个方面：

1. 对高丽的出版事业的作用

由于高丽王朝提倡，上行下效，攻读和研究中国典

---

① 《宋史》卷一七《哲宗本纪》；同书卷四八七《高丽传》。

② 郑麟趾：《高丽史》卷三《世家》成宗二年五月甲子条，四库全书存目丛书影印本，第 67、68 页。

③ 彭斐章：《中外图书交流史》（季羡林主编《中外文化交流史丛书》），河南教育出版社，1998 年版，第 72 页。

籍蔚然成风。从中国传入的儒家经典、医书和佛经等类书籍，已不能满足当时高丽社会日益增长的需要。同时，随着书籍的交流，中国四大发明之一的印刷术亦早已传入高丽，使高丽人学会了雕版印刷术。到南宋时，北宋中期毕昇发明的胶泥活字印刷术也传入高丽，这对高丽以其后朝鲜王朝的书籍印刷事业之发展起了极大的促进作用。

要雕版翻印中国典籍，既有需要，也有可能（即有印刷出版的条件），所以高丽朝不仅非常重视搜集庋藏中国典籍，而且很重视翻刻中国书籍，或仿照中国雕印本国固有所藏的典籍和新著，并把这些新刊的书籍或藏之秘阁，或分别颁发给某些政府机关，或分赐给臣僚们。例如高丽靖宗八年（1042 年）二月，东京副留守崔颢等奉命新刊《两汉书》、《唐书》以进并"赐爵"①。十一年（1045 年）四月，秘书省进新刊《礼记正义》七十本，《毛诗正义》四十本，命藏一本于御书阁，余赐文臣。此为高丽最早的儒书刻本，比日本所刻《论语》要早二百年②。后周太祖广顺二年（952 年），编于福建泉州的《祖堂集》（有关禅宗的传记集，内有新罗僧人的资料），书在中国佚亡，高丽却在高宗三十二年（1245 年）由大藏都监雕印。其中有该都监的藏版三万八十六版尚存于韩国海印寺藏经阁。我国吉林省图书馆有朝鲜朝隆熙年间京城印刷社据海印寺藏版重印本。

尤其是毕昇的活字印刷术直接启发了高丽的印刷工人，他们以此为基础，创造性地铸造了金属活字，开始了以铜活字为主的活字印刷，这比欧洲古登堡使用活字印刷约早 400 年，在世界印刷史上占有重要地位。据记

———————

①　李瑞良：《中国古代流通史》，上海人民出版社，2000 年，第301 页。

②　郑麟趾：《高丽史》卷六《世家》靖宗八年己亥条；同书卷七，靖宗十一年四月己酉条。四库全书存目丛书影印本，第 134、138 页。参见张秀民《中国印刷术》，上海人民出版社，1989 年版，第 767 页。

载，约在高丽高宗二十一年（宋理宗端平元年，1234年），崔怡用铸字印成《详定礼文》50卷28本。这是世界上最早之金属活字本。高宗二十六年（宋理宗嘉熙二年，1239年）又重雕铸字本《南明证道歌》，可见原铸字本早在此年之前。近年新发现高丽忠烈王二十四年（元成宗大德二年，1298年）印造的《清凉答顺宗心要法门》，则被称为现存世界最古的金属活字本。北京图书馆藏有《大乘三聚忏悔经》一册，题"壬寅岁高丽国大藏都监奉敕雕造"。壬寅岁，即高丽高宗二十九年（理宗淳祐二年，1242年），这是高丽第三次雕造《大藏经》的零本。

高丽朝书籍印刷事业发达，其雕版和金属（铜）活字印刷技术，往后朝鲜朝时期又有更大的发展。宋人张端义《贵耳集》称"高丽多古异书"。但现存高丽本书籍多为朝鲜朝印本，真正高丽朝印本不多①，这也需要我们后来的研究者在利用此类史料时，多为注意。

2. 汉籍回流

在某对一定的传播关系中传播者和受众的互动才能使传播的效果达到最大的优化。在文化圈内的文化的交流的方向是双向乃至是多向的，才有利于文化圈的广度和深度的扩伸。

大量汉籍和雕版印刷术传到高丽之后，高丽政府和民间藏书、印书风气大盛。新雕之书版本讲究，校对严格，内容较全，错字较少，所用高丽纸色白如绫，坚韧如帛，质地很好，所印墨色均匀，装订结实，历来得到汉字文化圈内的许多研究者的好评。在高丽这些书籍中，有些是中国早已散佚的古书或异本，很有学术价值。高丽朝不仅保藏和传播，而且有时还把有关书籍作为"礼品"回赠中国。这样就形成了汉籍的回流，在

---

① 张秀民：《中国印刷史》，上海人民出版社，1989年出版，第768、772页。参见同书附录一《中国印刷史大事年表》高丽部分。

传播方向上，实现了双向化。

　　起初，在高丽光宗十年（959 年），遣使后周，就送来《别序孝经》1 卷，《越王孝经新义》8 卷，《皇灵孝经》1 卷，《孝经雌雄图》3 卷。其后，高丽僧人入宋也带来不少宋朝已佚的佛教经疏，如谛观，带来《智论疏》、《仁王疏》、《华严骨目》、《五百门》等。义天带来很多华严经疏，诸如智俨所撰《搜玄记》、《孔目章》、《无性摄论疏》、《起信论义记》；法藏所撰《探玄记》、《起信别记》、《法界无差别论疏》、《十二门论疏》、《三宝诸章门》；澄观所撰《贞元新译华严经疏》；宗密所撰《华严纶贯》等（包括《华严》三个译本，以及送给有诚、净源的一些佛经章疏）等。高丽使臣又先后来献《黄帝针经》、京氏《周易占》以及足本《说苑》等①。

　　而且，宋朝官员或有关专业人员往使高丽返国时，也把在高丽的一些书籍带回来，如高丽文宗时宋医官马世安带回《东观汉记》等。高丽僧统义天编刻的《续藏经》、金富轼所撰《三国史记》等书籍也先后传入中国。宋政府对这些异本图书十分重视，有关人员立即月誊写存档，或校对刊印。如《黄帝针经》即令精通医书三两员详加校定出版，颁于天下②。因高丽藏有许多"好本"书，高丽宣宗七年（宋哲宗元祐五年，1090 年）七月，高丽户部尚书李资义等入宋，次年（1091 年）六月自宋回到高丽却奏明宋哲宗想要"好本书"，并将当时宋方"馆伴"开列的一张"求书目录"呈上。这书目，在《高丽史·宣宗世家》有详细记载，为宋境内文献所未见。

　　汉藉的回流，丰富与补充了中国历史上的传统文

------

① 郑麟趾：《高丽史》卷二《世家》光宗十年秋季条。四库全书存目丛书影印本上册，第 61 页。参见《宋史》卷四百八十七《高丽传》。

② 《宋史》卷一七《哲宗本纪》。

化，也促进了汉字文化圈内，更深层面的文化交流。

　　宋代雕版出版物对高丽更深层面的文化影响，最突出的主要表现在促进儒学影响的扩大，与文学创作上的一些新特点。

　　其一，是儒学影响的扩大。

　　918 年，王建创建王氏高丽政权，并统一朝鲜半岛的中南部，他虽然佛教意识比较强烈，但也重视儒家文化，故较为顺利地继承新罗时代"儒佛仙三者混合"的意识形态。然而作为新政权统治所需要的政治哲学，主要是从儒家学说中汲取。其后高丽诸王中，光宗王昭、成宗王治、显宗王询、文宗王徽、睿宗王俣等，对儒家文化均有较大的兴趣和一定的造诣，并且积极提倡。其中，成宗王治"是高丽历代王中最儒教主义和慕华主义的一位君主"①。

　　而宋代雕版出版物在高丽的流布，使高丽朝野上下收藏、研习和传播儒家经典更加便利。这样一时之间，从国王至闾巷儿童，都以儒家经典为主要读本。历朝高丽王不乏贤能好学之士，他们大多注重和研究中国典籍②。高丽仁宗（王楷）又先后命文臣讲《易经》、《尚书》、《诗经》、《礼记》等的一些篇章，使文臣们讨论问难，并把《孝经》、《论语》分赐给闾巷儿童作阅读教材。还特意置酒命金富轼读司马光《遗表》及训俭文，以训示诸臣。对仁宗本人，高丽史家金富轼评价说：他"自少多才艺，晓音律，善书画，喜观书，手不释卷，或达朝不寐"，③ 可见其虽然贵为一国之君，但

------

　　① 郑麟趾：《高丽史》卷七四《选举志（二）》，四库全书存目丛书影印本。

　　② 郑麟趾：《高丽史》卷九五《崔冲传》，第 117～119 页。

　　③ 郑麟趾：《高丽史》卷一六《世家》仁宗十一年五月壬申、戊寅条；十二月辛巳、甲午条；同书卷 17，仁宗十七年三月乙巳条；二十四年"史臣赞"。四库全书存目丛书影印本上册，第 333～335、344、352 页。

同时也是一位研习和精通中国典籍的专家。

　　高丽朝的君臣和士人在正心、修身、齐家、治国之中，纷纷从儒家文化中寻找理论根据，有力地促进儒家文化在汉字文化圈的发展。在京城扩大太学，各州建立州学。太学和州学均属公立学校，设置的官员和教师都有相当的儒学水平。同时，一些大儒开办私学，私学之风兴起，加大了儒家文化的普及，致使其影响更加深刻。著名的私学有 12 所，其中崔冲（984～1068 年）办的私学即"九斋学堂"之影响较大，故崔冲得到"东海孔子"之美称①。"欲兴周孔之风……唐虞之理"，必须重视发展各类学校。因此，高丽王朝特别颁令，《周易》、《尚书》、《周礼》、《礼记》、《毛诗》、《春秋左氏传》、《公羊传》、《谷梁传》各为一经和各经的学习时限。另外，"《孝经》、《论语》必令兼通"，还得学习《国语》、《说文》、《三仓》、《尔雅》②。显然儒家经典的课程很多，其课程设置与同时代的北宋太学生差不多。

　　儒家经典的广泛传播，王权运行，思想引导，社会教育和选人机制等有机结合，无不弘扬儒家文化。从而造就许多忠臣、孝子、贤孙、贞妇、义友和明君。他们或载于史册，或配于庙廊。一些人的事迹生动感人，为大众传颂。北宋大臣富弼认为，高丽"诗书礼仪之风，不减中国"。③曾巩也认为，高丽文明程度明显高于当时北宋的其他周边国家④。这样高丽的儒学之盛，儒化之深，在当时的汉字文化圈内堪首称一指的。儒家文化与朝鲜半岛文化融合一体的趋势日渐明显。高丽也日益成为汉字文化圈内的一块传播汉文化的重地。

---

　　①　郑麟趾:《高丽史》卷九五《崔冲传》。
　　②　韩国哲学会编:《韩国哲学史》中卷，龚荣仙译，社会科学文献出版社，1997 年版，第 61 页。
　　③　《元丰类稿》卷八。
　　④　《续资治通鉴长编》卷一五〇。

其二，是对文学创作的影响。

朝鲜诗史上历来有的"崇宋"之风。这是因为高丽受汉文化影响深远。汉语也一直是古代朝鲜知识阶层通用表意的语言。早在三国，朝鲜士人已经能写出娴熟秀丽的汉文。到了唐代，朝鲜人入中华留学者甚多，其中不乏博学之士，他们的汉文可与汉人媲美。由于朝鲜人具有较高地读写汉文的能力和历史，加上地缘之故，古代朝鲜人的文化、文学，亦随着中华文化而进退消长。

宋代，诸文化形态借助典籍，在高丽广泛传播，更是对高丽的文学创作影响。以诗话为例，最早的诗话集见于高丽中期李仁老（1152～1220 年）的《破闲集》，但在此之前，中国诗评之于东洋诸国交且深矣。据《新罗古记》载："三人既传二十四曲，相谓曰：'此繁且淫，不可以为雅正'，遂约为五曲……"又《三国遗事》卷三《南白月二圣》条："广德二年（764 年）……观其投词，哀婉可爱，宛转有天仙之趣。"凡此种种，皆是新罗、百济歌谣之评。其中评诗之语，显系一脉相承于中国之诗话。元代以降，在中国之诗，无非尊唐或崇宋，而朝鲜亦然，随着中国诗学发展之流变而更递变化。

高丽中叶，韩国诗风主要受宋代苏东坡、黄庭坚影响，无论是李仁老的"用事论"，还是李奎报、崔滋的"主气、新意论"，均是崇宋之诗论。李仁老《破闲集》卷下云："昔山谷论诗，以谓不易古人之意而造其语，谓之换骨；规模古人之意而形容之，谓之夺胎。"又云："诗家作诗多使事，谓之点鬼簿，李商隐用事险僻，号西崑体，此皆文章一病；近者苏、黄崛起，虽追尚其法，而造语益工，了无斧凿之痕，可谓青于蓝矣。"可见其主张"用事"，尤对山谷"换骨脱胎"之论推崇备至。

在李仁老诗作中，我们即可体味其所得山谷妙蕴之处。稍晚于李仁老的李奎报、崔滋，则主张"诗以意为

主"，"诗文以气为主，气发于性，意凭于气"，力排山谷之诗论而确立东坡主气之说。如崔滋在《补闲集》卷中云："眉叟（李仁老）但言李不言花，虽用事深，何工；文顺公（李奎报）率不用事，盖尚新意耳。"又云："今观眉叟诗，或有七字、五字，从《东坡集》来；观文顺公诗，无四五字夺东坡语，其豪迈之气，富胆之体直与东坡忽合。"事实上，高丽中叶直至近代朝鲜初期，诗坛上一直以推崇苏黄为风尚，而尤以东坡为冠，以至当时每及第榜出，有"三十三东坡出矣"之语①。甚至如有不喜东坡者，竟不能参与当时诗文之列。李仁老虽极推崇山谷之诗论，亦崇尚东坡之诗；只有李奎报、崔滋，将苏与黄完全对立起来。

从这个小小的例证，可见高丽时期文学创作受宋影响之深。当然，离开了宋代典籍在高丽的传播，这种影响的范围和深度将大大减弱。

二、东渡日本

中日文化交流，早在唐代就形成高潮。五代乱世，交流减少。到宋，尽管边疆多事，但与日本长期相安无事，双方商贸活动频繁，文化交流掀起第二次高潮。

中国的宋代，对应日本的是平安时代（794～1191年）晚期和镰仓时代（1192～1333年）早期，当时日本境内"和汉混淆文"，逐渐开始流行。而在这种文化交流之中，雕版印刷出版物，是很重要的一项交流内容。

欧阳修的《日本刀歌》中曾咏到："徐福行时书未焚，逸书百篇仍尚存。令言不许传中国，举世无人识古文。"②这反映了汉籍东传到日本，早自秦汉时期即已开始，也说明汉籍作为文明载体已开始影响日本的文明

---

① （朝鲜）徐刚中撰：《东人诗话》，刻印线装本，日本刻（刻年不详）。
② （日）壹岐一郎：《徐福集团东渡与古代日本》，天津人民出版社，1996年版，第33页。

进程。

到了宋，两国之间往来的进一步加强，以雕版为新技术的出版业的变革，使图书大规模批量化的生产成为现实，这样中日之间的书籍之路更加宽广，大量汉籍珍品通过频繁往返的贸易商船源源不断地输入日本。如久安六年（1150 年）南宋商人刘文冲东渡日本，携去《东坡先生指掌图》、《五代史记》、《新唐书》，赠给日本左大臣藤原赖长；翌年（仁平元年）九月，赖长以三十两沙金作为谢礼赠与刘文冲，并将他所需的书目交与刘文冲，请刘代为购入①。乃至影响到元代，书籍仍然是中国输入日本的大宗商品之一，"入元僧"也搭乘商船从中国带回了《大藏经》等佛学经典及一些文集诗稿、医学书籍等。

（一）流布渠道

宋代，中国雕版印刷术主要是通过以下三种渠道流布到日本。

1. 商船的往来与汉籍的输入

早在唐朝，中日两国间的贸易往来十分频繁。到了宋代，这时往来于日华之间的商船，一般是搭乘六七十人的小型帆船，大都从两浙地方出发，横渡东中国海，到达肥前的值嘉岛，然后再转航到筑前的博多②。这些商船所带来的商品除了迎合贵族社会的需要以外，同时也带入经卷、佛书、诗集等书籍。而这正如日本学者木宫泰彦在《日本古印刷文化史》中所言："不难想象，中国雕版的版本也包含其中"③。这也为中国雕版印刷术的传入日本创造了条件，它以最直接、最感性的形式

---

① 朱绍候：《中国古代史》（下），福建人民出版社，2001 年版，第 149 页。

② （日）木宫泰彦：《日中文化交流史》，商务印书馆，1980 年版，第 245 页。

③ （日）木宫泰彦：《日本古印刷文化史》，商务印书馆，1980 年版，第 47 页。

向日本国人介绍了中国的印刷术。随中国商船而输入日本的各种雕版印刷出版物种类很多，它们对促进日本雕版印刷事业的发展起了一种刺激和推动作用。正如日本学者所言："中国书籍的输入对于我国的文化所给予的影响，是用语言难以尽述的。幕府在长崎县立图书馆里，至今仍保存着一本记载输入的中国书籍书名和销售地点的底账。幕府把输入的书籍以官版翻刻，同时也奖励岁禄十万石以上的大名们翻刻。"① 由之可见，宋时商船的不断往来，使大批的中国书籍传入了日本，而这些汉籍的输入成为日本了解和学习中国雕版印刷技术的最直接的形式，它们对促进日本雕版印刷业的发展起了不小的作用。

2. 两国间的文化往来成为印刷术传播的桥梁

中日之间的文化往来，是中国雕版印刷技术向日本传播的另一条重要渠道，前往日本的中国学者、僧侣和前来中国的日本留学生、学问僧，为中国雕版印刷技术向日本传播架起了一座桥梁。

宋一代二朝，往来于中日之间的两国僧人、留学生络绎不绝，加强了文化交流。这些留学生和僧人往往携带大批佛经和书籍到日本，这些精美的印刷品再度引起日本国内对印刷事业的兴趣。

太宗时，日本僧人奝然乘商船于雍熙三年（986年）带回日本的雕版印本《大藏经》，是"宋版书"传入日本的最早记录。这是开封太平兴国寺印经院出版的北宋御版的《大藏经》，该经书东传日本后，先藏于京都莲台寺，后转至嵯峨的栖霞寺，最后被安置在道长的法成寺藏经阁中，后来虽因法成寺失火而遭焚毁，但《大藏经》的手抄本现在仍被保存在法隆寺和石山寺等地，由此可以证明其影响力之大。1192年入宋的俊芿，归国时带回佛学1200余卷，其他汉籍719卷。1215年

---

① 参见翦伯赞主编：《中国通史》，人民出版社，1979年版。

乘商船入宋学禅的圆尔辨圆，携带《晦庵大学》、《晦庵中庸或问》等朱子学书籍数千卷返回日本①。当时日本的公卿日记中也经常出现《新渡唐书》的记载，可以想象宋版的书籍在日本宫廷贵族中受欢迎的程度。例如，在藤原道长的《御堂关白记》中，便有宋朝商人曾令文赠给他《五臣注文选》和《白氏文集》的记载。

此外，这一时期到达日本的中国僧侣除宣扬佛法外，还积极鼓励日本僧侣刻书，为他们作序作跋，同时还刊行自己的著作。宋末禅僧正念（号大休）离开宁波天童山到日本关东，他先后在三处地方当"住持"，后来把他自己的著作《佛源禅师语录》，亲手删繁，1284 年，"命工开刊，以待归寂，方可印行"②。除此以外还有日本在这一时期刻印的书籍可作必要的补充。迄今为止，日本现存确有年代可考的最早雕版印刷品是1088 年所印《成唯识论》。这部著作从刻印的时间和技术来看，显然是宋版书籍传入日本以后的产物。

由上可见，宋朝时，两国间的文化交流频频，通过这一渠道传播给日本的雕印技术对日本是产生了巨大影响的。

3. 民间中国刻工的传播

因贸易和避战祸，宋人移民到日本的人数，也达到了一定的规模。这些宋人在日的移民多集中在博多一带，宁波市天一阁三块博多华侨刻石的发现③，就是最好的明证。博多宋人居留地形成在自由的博多贸易敢展开不久。文献有记载，永长二年（1097 年），日的太宰府权帅源经信在太宰府去世时，住在博多的许多唐人前

---

① 周一良：《中外文化交流史》，河南人民出版社 1987 年版，第334 页。

② 《佛源禅师语录》，刻版于弘安七年（1284 年），大休正念在自序。

③ 顾文璧、林士民：《宁波现存日本国太宰府博多津华侨刻石之研究》，《文物》，1985 年第 2 期。

来吊唁①。这些都反映了宋在日的移民人数不少。在这些人之中，有不少是刻工。尤其是宋末元初，战争迭起，统治者无暇顾及文化事业，雕版印刷的书籍从量上大幅度减少，于是浙江、福建一带刻工有些就远离家乡，渡海到日本去谋生。恰逢当时的日本各寺院正大量翻雕佛经与高僧语录，因此，这些中国刻工有机会施展他们的技艺。宋末元初到达日本的中国刻工有宁波的徐汝周和四明的洪举等人。他们在日本的正应二年（1289年）刊《雪窦明觉大师语录》，洪举又刊《祖英集》。

这也正如卡特所言，"在那里（指在中国）有一种深入民间的、不为人知的宗教性质的（指佛经、佛像）印刷活动，流传地域很广，并且流入日本"②，这也意在说明民间渠道传播是雕版印刷术在汉字文化圈内传播的一条重要渠道。

（二）流布形成的文化互动的态势

1. 文化互动对日本的影响

宋代出版物东渡日本，对日本的影响可谓深矣。

首先最直接的作用于日本版刻事业。尽管日本早在神护景云四年（770年），有曾经刻版过《无垢净光陀罗尼经》。但直到平安朝中叶约二百七八十年之间，日本的版刻事业基本处于中断状态，没有任何可供考证的文献和遗物③。宋初，奝然回国后，宋代出版物开始流布日本，由之，日本的版刻事业才开始逐渐发展。关于此，在学界是有公论的，一般认为，日本版刻事业发达的前奏是宋时，入宋僧回国后，发起的禅林中禅籍的刊刻。之后，直接催发了日本镰仓时代后期的"五山版"的产生。

---

① 《散木奇歌集》，永长二年闰正月六日条。
② （美）卡特：《中国印刷术的发明和它的西传》，商务印书馆，1957年版，第205页。
③ （日）木宫泰彦：《日中文化交流史》，商务印书馆，1980年版，第282页。

五山十刹制度，是仿造中国封建社会官僚等级和晋升制度而建立起来的官寺制度①。五山十刹及其这一制度的便利了禅宗文化在日本的传播，一定程度上又成为禅宗文化东传的载体。伴随着禅宗文化的东传，五山十刹制度也被日本效仿，在日本也形成了具有本土特色的官颁禅寺制度。在日本国内战乱之际，禅宗寺院这一清净之地成为文化的避难所，尤其是五山十刹凭其具有的官寺地位，使它在一定程度上可以被统治集团庇护，从而成为日本书化精英的汇集地，宋代东传的文化也得以在这里生根发芽。日本书化史占有重要地位的"五山时代"和"五山汉文学"便也孕育产生。因此中国古代文化在日本的传播，"五山汉学"是重要的媒介，是中世时代四百年间主要的承上启下者②。

在此过程中，大休正念成绩卓著，他是镰仓时代第一个刊印禅籍并使之流布于世的入日宋僧③。如前所述，正念先后主持刊印了《断际禅师传心法要》、《佛源禅师语录》等，他的努力，推动了日本禅林刊印业的

---

① 五山十刹作为南宋时期的一个重要官寺制度，不仅是对其禅宗地位的一种肯定，而且也标志着佛教丛林制度的成熟。五山十刹本身成为名僧云集之所，禅学发达之地。赴日传教的中国高僧绝大部分出自五山十刹，来华学佛取经的日本高僧也大多投向五山十刹。为图解南宋清规、仿写禅寺形制以移植和应用于日本，入宋日僧还绘制了五山十刹图。

② 严绍璗：《汉籍在日本的流布研究》，江苏古籍出版社，1992 年版，2000 年第 2 次印刷，第 133 页。

③ 正念，自号大休，嘉定八年（1215 年）出生于永嘉郡（在今浙江温州）。幼年即遁入空门，研习佛教诸宗大要。先参杭州灵隐寺三十八代住持东谷妙光，学曹洞禅法。后登天目，师事径山兴圣万寿禅寺三十六代住持石谿心月，学道勤奋，嗣临济宗杨岐派松源系禅法。咸淳五年（1269 年）夏，大休正念随商船漂洋过海，来到了日本幕府所在地镰仓，东渡传法。正念抵镰仓后，得到了 23 年前赴日的宋代高僧兰溪道隆（1213～1278 年）"待以高宾"的礼遇。不久，承道隆退让，受时宗之命"主禅兴精蓝"。禅兴寺由北条时赖修禅之最明寺改建而成，道隆为开山祖。正念入主该寺后，仿南宋禅院的样式创建了方丈、法堂、山门、僧堂、橱库等，使伽蓝更具规模。

发展，为日后五山刊印业的兴盛打下了基础。

五山学僧得到武家的支持，有充沛的经济实力，在加上其有钻研禅学与汉文化的需求，于是复刻中国文献典籍的刻版事业，便在"五山十刹"中盛行起来。由之最终，"五山版"形成，即，指从 13 世纪中后期镰仓时代起至 16 世纪室町时代后期，以镰仓五山和京都五山为中心的刻版印本，它包括日本典籍，也中国典籍。在中国典籍中包括儒佛两教经典及汉诗文集等。

此外，13 世纪初，程朱理学在日本开始盛行起来，日本僧俗刻印儒家经典成为时尚。1247 年复刻了宋版的《论语集注》十卷，这是日木刻印儒书的开端。许多精美的宋代雕版印刷物传入日本。对日本的雕版印刷术产生了重大影响，极大地促进了日本学术文化的发展。

其次，是入宋僧传入汉籍与对宋禅宗的学习。

两宋三百年间，日本入宋求法访学僧不断。他们不仅在宋境巡礼佛迹、学禅问道，回国时往往携带大量的宗教经典和世俗书籍。这些即传播了汉文化，也对日本诸多文化层面影响深远。

北宋时期，日本入宋僧有 22 人。其中，最有名的是奝然、嘉因、寂照、成寻等①。他们与以往的入唐僧不同，即不全是以求法、学习为目的，还带有朝拜祖师和佛教名胜古迹而进行巡礼的性质。在两国没有正式邦交时，这些入宋僧实际上带有"特殊"的身份，宋朝以"僧使"看待，宋帝亲自接见，并给予封赐。

奝然是日本东大寺学僧，素有入宋求法，登五台山参拜文殊菩萨，云游参拜佛迹的心愿。他于宋太宗太平兴国七年（日本圆融天皇天元五年，982 年）七月，取得东大寺和延历寺的入宋牒。遂于次年（983 年）八

---

① 嘉因在，《宋史·日本国传》又作"喜因"，据日方有关资料记述，似以"嘉因"为是。成寻在《宋史·日本国传》作"诚寻"。

月，率弟子成算、祚堂、嘉因等六人，乘宋商徐仁满之
船入宋，在台州附近登陆，巡拜天台山。同年十二月，
北上宋都汴京（今开封），雍熙元年（984 年）谒见宋
太宗，献上铜器十余件及日本的《职员令》、《王年代
纪》各一卷①。这是北宋时第一位入宋的日僧。他不会
讲中国话，但懂得汉文，所问均以笔札。

奝然要求巡拜五台山，又求印本《大藏经》，太宗
均予允许。在朝拜五台山，云游洛阳白马寺、龙门石窟
等佛教圣地过程中，沿途都受到很好的招待。奝然在宋
游学先后三年，于雍熙二年（985 年）随台州宁海县商
人郑仁德船归国。回国前，他请佛工摹刻西华门外圣禅
院的印度优填王所刻旃檀释迦像带回日本。这尊释迦像
保存在京都清凉寺。1955 年修理时，发现佛像腹中藏
有大批文物，包括经卷、版画、钱币、银器等，还有中
国台州开元寺僧鉴端所书奝然《入宋求法巡礼行并瑞像
雕造始末记》等珍贵文物。奝然带回日本的还有印本
《大藏经》五千卷和十六罗汉画像等。奝然在宋时间不
长，成绩可观，影响深远。

咸平六年（1003 年），寂照奉师源信之命，渡海来
华向四明名僧知礼问天台教义，《全宋文》卷一七九收
有源信来涵及知礼《答日本国师二十七问》。寂照来宋
后，也曾收集典集。如卿源从英曾给寂照家信，"所谘
唐历以后书籍及他内外经书，未来本国者，因寄便风为
望。商人重利，唯载轻货而来，上国之风绝而无闻，学
者之恨在此一事"。②

神宗熙宁五年（1072 年），成寻率弟子来华，居住
太平兴国寺传法院，经宋朝廷赐予，得到显圣寺印经院
的印本新译经 278 卷，《莲华心轮回文偈颂》1 部 25

---

① （宋）杨亿《杨文公谈苑·日本僧奝然朝衡》作《日本年代纪》。

② （宋）江少虞辑：《皇朝类苑》卷四十三，清宣统三年（1911年）武进董氏重刊本。

卷，《秘藏诠》1 部 30 卷，《逍遥咏》1 部 11 卷，《缘识》1 部 5 卷，《景德传灯录》1 部 33 卷，《胎藏教》3册，《天竺字源》7 册。《天圣广德录》30 卷，共 413卷册，寄回日本①。他还通过借抄，并在市间搜购汉文图书多种。这些书籍，都由他的弟子赖缘等人带回日本。此事例在《参天台五台山记》中屡有记载。

　　南宋以后，日本进入镰仓时代，对外政策较为开放，来华日本人增加，因此时，许多日本僧来华修习禅宗，把更多的佛教典籍传回日本。嘉定四年（1211 年），俊芿回国时，携回律宗大小部文 1327 卷、天台教观文字716 卷、华严章疏 175 卷、儒道书籍 256 卷、杂书 463卷、法帖御书堂帖等碑文 76 卷、水墨罗汉 18 幅及释迦牟尼佛像等。1241 年，日本名僧圆尔辩圆归国时带回典籍数千卷，其弟子师炼曾言：“盖尔师归时，将来经籍数千卷，见今普门院书库，内外之书充栋焉。”②

　　除了佛学典籍外，程朱理学著作也在日本流通。若上述圆尔辩圆回国时，在其携带约大批汉籍中，有不少儒家经典，如朱熹的《大学或问》、《中庸式问》、《孟子集注》等。

　　总之，通过入宋学僧的传播，大量宋刻本东渡日本，对日本后来的五山文化影响巨大，且也为江户时代儒学的兴盛，打下良好的基础。这些入宋学僧在宋，访求典籍的同时，也广泛学习中国的禅宗要义和制度，并在日本成功嫁接，形成有日本特色的“五山十刹制”。

　　“五山十刹”之“五山”源自佛祖释迦在世时说法的五个僧院，也就是后来所称的五精舍之义而定。十刹之名则以释迦圆寂后的项塔、牙塔、齿塔、发塔、爪

_____

　　①　彭斐章：《中外图书交流史》，（季羡林主编《中外文化交流史丛书》），河南教育出版社 1998 年版，第 76 页。
　　②　《元彦神书》卷七，转引自木宫泰彦《日中文化交流史》，商务印书馆，1980 年版，第 352 页。

塔、衣塔、钵塔、瓶塔、盥塔共十塔为依据。五山十刹
制度，是仿造中国封建社会官僚等级和晋升制度而建立
起来的官寺制度。它反映和体现了中国佛教发展的一个
重要阶段和相应特色。按照这一制度，把官寺分为五
山、十刹、诸山（甲刹）三个等级，禅僧要经历诸山、
十刹较低的任职后，才能到五山担任住持。这一制度的
建立是江南禅宗文化发达的结果。南宋宁宗时史弥远上
奏朝廷正式设立五山十刹制度来排定禅院等级。宋濂曾
说："乎宋季，史卫王（史弥远）奏立五山十刹，如世
之官署。其服劳于其间者，必出世小院，候其华彰著，
然后使之拾级而升，其得至于五名山，殆犹仕宦而至将
相，为人情之至荣，无复有所增加。"①五山十刹的寺
格等级制度实质是世俗等级制度深入禅门的反映和
表现。

南宋定都临安后，浙江成为当时全国最为繁荣的地
区。佛教文化在杭州、宁波等地也得以迅速传播，两地
成为江南佛教的中心。从五山十刹的地理分布来看，浙
江占五山全部、十刹之六及三十六甲刹之十一②。五山
和十刹到处可见日本入宋高僧的身影，日僧荣西
（1141～1215 年）曾两度来宋，访问育王寺、光慧寺和
国清寺，受传临济心印，归国开创了日本最早的禅宗派
别——临济宗。五山之首的径山寺是日本名僧参谒求学
的大本营。径山高僧无准师范就收有日僧徒弟七人。其
中有圆尔辩圆、性才法心、神子荣尊等名僧，这些人回
国后很多都成为日本名寺的开山祖。另一方面，径山高
僧东渡日本传教者也不少，其中以兀庵普宁、无学祖
元、大休正念、镜堂觉圆等出名，受到日本佛教界欢迎

---

① 《宋文宪公护法录》卷二《住持净寺禅寺孤欺峰德公塔铭》。
② 南宋时五山是余杭径山寺、杭州灵隐寺、净慈寺、宁波天童寺、
育王寺。十刹分为禅院十刹和教院十刹，禅院十刹是杭州中天竺寺、湖
州道场寺、温州江心寺、金华双林寺、宁波雪窦寺、台州国清寺、福州
雪峰寺、建康灵谷寺、苏州万寿寺、苏州虎丘寺。

和尊重。此外，在杭州灵隐寺、净慈寺、天竺寺、宁波育王寺和天童寺等五山十刹中的名寺，也都有日本高僧习经学佛。日本禅宗的源流大都在江南的五山十刹之中。

在学佛过程中，日本僧人还模写了中国禅宗五山十刹，据考证，其祖本当成于南宋淳祐八年（1248 年），这一阶段是江南禅寺从规模到形制达到成熟和完备的鼎盛时期。五山十刹图是南宋佛教禅宗对日本传播和影响的产物和写照①。日本正是以宋元五山十刹为祖形，移植和仿建起自己的禅宗寺院，也移植了五山十刹制度本身。

至 14 世纪时，日本五山文化形成。五山文化并不是一般意义上的宗教文化，而是包含了非宗教性质的中国文化中的儒学与汉文学等内容。五山时代的日本禅宗僧侣，广泛地从事儒佛兼营的文化事业，由崇尚汉文化的心态，发展起了"五山汉文学"。所谓"五山汉文学"泛指在 12 世纪末至 17 世纪初以五山十刹僧侣为主体的一切汉文化活动，包括汉文学（主要是汉诗）创作，中国程朱理学的研讨，汉籍的校注与印刷。从中国大陆传来的各种思想文化形态都在五山得到了很好的吸收和消化，其中最重要的就是程朱理学。到室町时代，五山不仅成为当时禅宗的中心，而且也成为宋学研究的中心。由春屋妙葩主持开印出版的"五山版"，不仅有大量的禅书，还有很多儒典。五山禅僧中更是涌现出不少精通宋学的学者。

在东亚汉字文化圈中，中国传统文化正是借助于入

---

① 五山十刹图从中世纪至近世倍受日本禅宗寺院珍重，各大禅寺多有摹写转抄以为宝，在室町时期（1333～1572 年）形成近三十种抄本，目的是在日本设立自己的五山十刹，仿建宋风禅寺的建筑样式，仿行禅门日常生活方式。所以中国禅门清规、生活起居制度、诗偈、语录之类，在日本禅寺中也照样流行。五山十刹图，自古被受日本禅寺珍重，近代以来，被指定为日本国宝。

宋学僧的传教求法运动而传到日本的。禅宗本身对中国
传统文化的吸收性、日本国民性格中"禅"的特质，
使禅宗文化能在宋及其以后的元、明时期成为中日文化
交流的载体。五山十刹不仅是在这一交流过程中的大本
营，而且其制度本身就是交流的内容。古代日本，在对
外交流过程中处于低势位的态势，他总能成功采用拿来
主义，吸收、消化、整和高势位的文化，这一切除了其
本身传统文化的特质之外，还与文化交流的中介或载体
的存在有关。五山十刹及其这一制度对于禅宗的光大和
东传、对于中国传统文化的东传都起着重要的作用。同
时，也正是由于日本对这一制度的成功嫁接，从而为其
吸收和变异中国的禅宗文化及其传统文化提供了条件。

再次，是对日本儒学的影响。

日本儒学是从中国儒学中吸取滋养，伴随着汉籍东
传，以中国儒学的发展为原动力而逐步成长的。公元5
世纪初的日本应神天皇十六年①，百济大王仁将《论
语》携入日本，揭开了日本儒学的发展史。奈良、平安
时代的日本早期儒学，主要受到中国原始儒学和汉、唐
经学的影响。进入镰仓时代后，中国的朱子学开始传入
日本。到了江户时代，日本朱子学成为官学。随着中国
阳明学和清代考证学的传入日本，又相继形成日本的阳
明学派、古学派、考证学派等儒学流派，造成了日本儒
学的全盛期。有的日本学者说，日本儒学史"可以看作
是带有相应变形而压缩地重复了"的中国儒学史②。

有上述诸多汉籍传入日本的文化背景，其中儒家经
典也是重要内容。日本主流文化禅宗僧侣阶层也兼研习

---

① 依照《日本书纪》的纪年，应神天皇十六年相当于 285 年。但
一般认为，《日本书纪》的纪年，在雄略天皇前的部分都不可靠。据应神
天皇的一些记事与较为可靠的朝鲜《三国史记》的有关记事相对照，依
《三国史记》纪年，应神天皇十六年应为 405 年。

② （日）永田广志：《日本哲学思想史》，商务印书馆，1978 年版，
第 61 页。

儒学。此外也有一些南宋学者去日本传授理学。若南宋
末年广东学者李用，于德祐二年（1276 年），让其婿熊
飞起兵勤王，兵败，李用东走日本，授《诗》、《书》
和濂洛之学，日人称为夫子，后卒于日本。这样日本的
儒学也在逐渐成长，并形成自己的本土特征。

　　在镰仓、室町时代，朱子学虽已传入日本，但它是
佛教的附庸，也罕见儒学的独立的抽象世界观思考。在
室町时代后期，儒学教育机构足利学校虽曾以易学作为
教学重点，但是，所进行的易学教育，与其说是作为儒
学世界观的易学，莫如说是作为占卜的易学①。足利学
校的不少毕业生利用其所学的易卜知识，为战国大名布
置军阵和攻守进退作占卜，实际上发挥了军事顾问的作
用。这些儒学者并无兴趣进行世界观的抽象思考。

　　中国儒学相较日本儒学，排他性较强。而日本儒学
则长期与佛教、神道等其他思想共存。这也是中、日儒
学的不同之处。日本儒学的共存性，实际是日本文化的
多元共存性格的表现。

　　中国儒学实际上具有强有力的包容能力，它是在不
断吸收、溶化其他诸家思想的过程中发展的。例如，董
仲舒包容法家、阴阳家的思想；宋明理学吸收佛、道思
想等。但是，中国儒学在外在形式上又具有强烈的排他
性，自守排他，经常进行论辩。诸如原始儒学时期的儒
墨、儒法之争，汉初的儒学与黄老刑名之学的斗争，汉
武帝以后的"独尊儒术，罢黜百家"，东晋、南北朝、
隋唐时代的儒、佛、道之争，宋明理学的排佛等。即使
在儒学内部，不同学派也不断展开论辩，争为正统。例
如，原始儒学的荀、孟之争，汉代经学的今、古文学派
之争，南北朝经学的不同风格，南宋朱熹和陆九渊的
"鹅湖之会"等。中国儒学的排他性是中国文化趋同性

---

　　① （日）和岛芳男：《中世的儒学》，吉川弘文馆 1965 年版，第
250～251 页。

格的体现。

与中国儒学不同，日本儒学对其他思想流派表现了明显的共存性。从日本早期儒学看，在儒学传入日本时，中国的荀、孟之争，儒法之争，经学的今、古文之争早已结束，对日本并无影响。当时传入日本的儒家典籍及其注释，主要属于中国南北朝的经学系统。对于风格不同的南朝经学和北朝经学，日本人一视同仁，无所偏重。《学令》规定的儒学教科书，既有南朝系统的，也有北朝系统的。日本早期儒学对佛教和日本固有的神祇崇拜（原始神道）也表现了共存性。在奈良、平安时代，没有发生儒、佛、神道间的思想对立，几乎看不到儒学对佛教和神道的严厉批判。就连历任大学头和文章博士、以儒学为业的菅原清公、是善父子，也"最崇佛道，仁爱人物"。在镰仓、室町时代，进而出现了主张神（道）、儒、佛三教一致的思想潮流。

日本儒学与其他思想的多元共存，以及与固有思想的融合，从思想这一侧面表明了日本书化多元共存的性格，反映了日本人在接受外来文化时十分注意保存固有文化并将它们互相融合的传统。

中国儒学与同时代的西方哲学相比较，是不太热衷于抽象的本体论的讨论的，而相对地注重人生哲学与人的修养的研究。日本儒学较之中国儒学则更为疏于抽象的世界观思考，这或许与日本书化的直观性格有关。日本儒学的特色，既是日本书化特异性格的产物，又是日本书化特异性格的表现。

最后，宋代雕版印刷出版物在日本的流布，也使日本社会的方方面面都深深地打上了中国文化的烙印，甚至成了一门具有现代价值的学问。另外，日本的宗教、书法、绘画、建筑、音乐、舞蹈、生活习俗等也都蕴涵着中国文化的特色。总之，汉籍的输入对整个古代日本社会都产生了重要影响，中国文化作为日本书化的母体传入扶桑后，被日本民族吸收、扬弃、发展，创造出独

具特色的日本书化。

宋代文化对日本的影响与唐代大不相同。唐代，日本书化非常落后，主要照抄、照搬唐代的政治法律制度、经济文化制度和与之相适应的儒学、佛教等。由于唐文化自身的贵族气，唐风文化也就主要在日本中上层贵族当中盛行，很少波及地方和中下层人民。宋代门阀贵族已经退出了历史舞台，"取士不问家世，婚姻不问阀阅"。特别是北宋中期，注重"修、齐、治、平"，讲求大义名分的宋学产生后，使宋代文化更具有人伦道德的平—民文化色彩。到南宋时期，以佛教禅宗和宋学为代表的宋代文化精华，对日本社会产生了深刻而全面的影响，渗透到日本的地方和中下层人民当中，并深入到日本人的价值观念、个人修养和审美情趣等方面，对陶冶日本人民的情操起了一定作用。

总之，通过汉籍的流布和广泛的文化交流活动，宋代文化对日本中世以来的社会方方面面都产生了深刻影响。由于这时的日本书化正在成熟和定型，对宋代文化是有选择的吸收，所以宋代文化对日本的影响与唐代相比是更加普及、层次更高，特别是宋学和禅宗强调人的自我修养、艰苦奋斗和从属关系、群体意识，追求一种淡泊宁静、克己自励的精神世界。这种精神深得武士阶层和下层民众的崇尚，直接影响着日本近世以来的社会变化。这种精神与日本固有文化融合后，渗透到日本人的价值观念、行为准则、社会意识和社会生活等各个方面，甚至在某些方面发展成为现在的日本书化。

2. 文化互动对中国的作用

宋代雕版印刷出版物在日本的流布，对中国文化也产生了积极影响。

其最重要的作用在于保存了中国的文化典籍。中国历经战乱，大量的典籍被焚毁失传，但其中却有相当数量的书籍，在日本尚保存有原刻本或翻刻本，以至中国方面反倒需要去日本寻找逸书。例如，北宋时期，日僧

奝然、寂照入宋时，都携有中国方面缺佚的书籍，如
《越王孝经新义》、《孝经郑氏注》和佛经《大方止观》、
《方等三昧行法》等。995 年，杭州奉先寺僧人源清委
托商人以经论十卷送到日本，交换中国已缺失的天台宗
始祖、智者大师所作的《仁王般若经疏》等书。到后
来更不断从日本重得中国佚书。

同时，中日之间的书籍之路并非单向通航，日本学
者的著作也通过这一通道经由商船不断地输入到中国。
北宋时期，日僧奝然将本国的《职员令》和《年代纪》
各一卷献给宋太宗①；宽建于 927 年入华巡礼，携有本
国名流诗集 9 卷、小野道风书法 2 卷；987 年，源信将
其著作《往生要集》及先师良源的《观音赞》等托宋
商朱仁聪带往中国②。宋代向中国传送日本典籍数量最
多的功臣当数成寻，据其旅行日记《参天台山记》所
载，他赴宋时随身携带了 600 余卷典籍。其中《南岳其
代记》（1 卷）与奝然的《在唐记》（4 卷），足可称为
奇书中的双璧③；日本京都建任寺禅忍就曾携带其师兰
溪道隆的著作《大觉禅师语录》入宋，请中国刻工刊
刻；著名的五山汉文学家义堂周信的《空华集》由搭
乘商船的入元僧携至中国后，嘉兴天宁寺的楚石梵琦曾
赞叹其"疑是中华人"手笔。

纵观宋时汉籍在日本的流布和中日间的文化交流，
尽管日本人被普遍认为是一个善于借用的民族，但由于
日本人所处的与世隔绝的地理环境，他们较之其他任何
人数和发展水平与其大致相等的民族，独立地发展起一
个更大部分是属于他们自己的文化。甚至可以说，他们

---

① 王勇、（日）大庭修：《中日文化交流史大系》（典籍卷），浙江
人民出版社，1996 年版，第 239 页。
② 王勇：《唐宋时代日本汉籍西渐史考》，见《中日关系史考》，
中央编译出版社，1995 年版，第 109 页。
③ 王勇、（日）大庭修：《中日文化交流史大系》（典籍卷），浙江
人民出版社，1996 年版，第 247 页。

对从国外引进的东西都异常敏感和警惕。在汉字文化圈内，中国文明传播的过程中，中国邻近的越南、朝鲜和日本三个国家中，日本无论在政治方面，还是在文化方面，最不受中国巨人的支配①。他们不断地调整转化，形成自己的特色。如在政治上，大化改新于 645 年开始。它试图以中国唐朝为模式，将日本改变为中央集权制国家。但实际上，执政的藤原家族完善了两头政治，即双重政府体制。在文化上，日本人同样改变了中国的模式。日本人借鉴了儒家学说，但更改了它的道德标准，调整了它的政治学说，以适应他们的社会结构。在保留其本民族的神道教的同时，日本人还接受了中国传来的佛教，但对之作了修改，以满足他们自己的精神需要。

三、南下越南

越南也是汉字文化圈在东南亚的一块文化重地。越南也是与中国有较早接触的国家之一。早在公元前 214 年，秦平南越，深入岭南，掠取陆梁地，设桂林、南海、象郡②，从此交趾之地开始处于中原封建王朝的统治之下，开始进入中国统治的郡县时期。唐朝灭亡后，中国进入了五代十国的混乱时期。五代十国之后是宋朝。

宋朝 300 多年间，国内战祸频仍，是中国历史上军力最弱的朝代，这时曾经内属于中国的越南乘机脱离中国而自立，开始进入自主封建王朝时期。但越南的统治者仍希望借助中国封建王朝的力量来维持自己的统治，于是提出愿世世受封为属国。越南自主封建王朝建立至清末，始终与中国封建王朝保持着具有东方色彩的"宗

---

① （美）期塔夫里阿诺斯：《全球通史·1500 年以前的世界》，吴象婴、梁赤民译，上海社会科学院出版社，1998 年版，第 445 页。

② 一般认为，象郡在今越南北中部和广西西南部。

藩关系"，直到沦为法国的殖民地才结束。从唐代 679
年开始，中国封建王朝把越南称作安南，设立安南都护
府。越南独立后，宋元明清时期中国史籍仍然称之为
"安南"。

公元 968 年，越南的丁部领建立"大瞿越"国，
此后，与宋朝相对应的是丁朝（968～980 年），前黎朝
（980 ～ 1009 年）、李 朝 （1010 ～ 1225 年）、陈 朝
（1225～1400年）。

两宋、越南与中国的经济文化联系非常频繁。据
《宋史》、《宋会要》不完全统计，交趾、占城入华朝贡
有五十多次。再加上，越南历代统治者提倡儒学，且仿
照中国科举士，汉字是越南的官方书写语言①，因此
对汉文典籍的需求量也很大。譬如，李朝李高宗李龙翰
（1175～1210 年）时，在宋淳熙六年（1179 年）试国中
黄男（即 18 岁男青年）写古人诗词和运算，以提高其
汉学的能力，一度确有成效。同年底，再一次令殿试三
教三弟书古汉文诗句、赋、经文、运算等科，比以前更
有发挥，为尔后学习汉文古诗、经、赋的推广莫下基
础②。13 世纪，安南在使用汉字的基础上，借用汉字并
仿照汉字的象声、假借、会意之法创造了喃字（nam-
chu），在安南陈朝部分文学界的知识分子中使用，后又
一度用喃字（字喃）书写碑铭、诗歌等。

中越两国之间有文化交流的社会需求，雕版印刷出
版物自然成为交流的一项重要内容。越南前黎朝时，黎
龙铁向宋真宗求赐《九经》和《大藏经》。到李朝，统
治者不断派遣学者及使节到中国宋朝京师开封索取古

---

① 越南学者裴磐世，认为自 10 世纪以后，越南各封建朝廷基本上
都用汉语、汉字作为正式的记叙字。见《越语——越南民族的统一语
言》，中国社会科学院历史研究所：《古代中越关系资料选编》，中国社
会科学出版社，1982 年版，第 75 页。

② 郭振铎、张笑梅《越南通史》，中国人民大学出版社，2002 年
版，第 304 页。

籍。宋元符二年（1099年）……交州南平王李乾德乞、
释典一大藏。诏令印经院印造，入内内侍省差使臣取
赐①。宋徽宗大观元年（1107年）李日尊特遣使节至
东京"乞市书籍"。宋朝下令，除禁书、卜筮、阴阳、
历算、兵书、敕令等书外，"余书许买"②。

此外，当时两国民间贸易也较发达。南宋时，从泉
州港前往越南的商贾船成群结队，从中国输往越南的货
物，其中很重要的一项就是纸笔书籍。尽管当时曾禁止
私人与蕃国贸易，"太平兴国初，私与蕃国人贸易者，
计直满百钱以上，论罪"，但"元丰中，禁人私贩，然
不能绝"③。

到了宋末，度宗咸淳十年（1274年），中国一大批
手工业者为躲避战祸，乘十三艘船舶，满载着妻孥、财
产移入安南。1279年南宋亡后，大批宋人相继进入安
南。他们进入安南时，都不是空手，而是携带着科学技
术——指南针、造纸术、印刷术、火药、陶瓷以及大批
文史古籍，进入安南④，这样对促进越南的科学技术的
发展，乃至儒家思想的传播都大有裨益。

由于宋代雕版印刷术和出版物的南传越南，使其文
化教育得到了迅速发展。也扩展了汉字文化圈的广度。

两宋时航海技术发达，"夜则观星，昼则观日，阴
晦观指南针"⑤，与东南亚及南亚诸国的经济文化交流
繁多，且"由于印刷术的发展，中国典籍的对外传播则
不是前代任何一朝所能比拟的"⑥，宋代雕版印刷出版

---

① 《续资治通鉴》卷七十三。
② 郭振铎、张笑梅：《越南通史》，中国人民大学出版社，2002年
版，第304页。
③ 《宋史》卷一八六《食货志》。
④ 郭振铎、张笑梅：《越南通史》，中国人民大学出版社，2002年
版，第359页。
⑤ 《萍州可谈》卷二。
⑥ 曾枣庄：《宋朝的对外文化交流》（《中国典籍与文化论丛》第
一辑），中华书局，1993年版，第357页。

物也必定会在这些国家流布，促进汉字文化圈的发展。但囿于文献记载甚略，考之难度甚大。

总之，中国古代文化发展至宋代已经进入兴盛和成熟阶段，无论是物质文化，还是制度文化、精神文化，均在当时的汉字文化圈中居于领先地位。宋代的出版传播，不仅提高了汉字文化圈内国家和地区的整体文化水平，而且在这种文化的交流和融合之中，使其自身的深度和广度得到了扩展，甚者对世界文明发展链的走向产生重要影响。

日本、朝鲜、越南等国由于在地理位置上邻近中国，自然最先成为汉字文化外辐射的整合性区域。各国在构建本民族的文化体系时，均以中国为文化母国，大规模地移植和受容汉文化的语言文字、思想意识、律令制度、宗教文化和科学技术，形成一个以中国文化为源头和核心的文化结构系统。宋文化输入日本、朝鲜和越南后，自然成为各国文化发展的范本和模式，对汉字文化圈的巩固和发展起着极其重要的作用。所以，如果说隋唐之际是汉字文化圈的总体形成阶段，那么，宋代则是汉字文化圈的发展和巩固阶段。这主要反映在律令制度、思想意识、宗教、科学技术等方面。

在律令制度方面，高丽王朝的律令制度兼取唐宋之制。成宗年间（962～997年），中央置三省，即内史门下省（统辖百僚事务）、尚书都省（统率百官）、三司省（总管钱谷出纳），其下设吏、兵、户、刑、礼、工六部，并仿宋枢密院之制，设中枢院掌管宿卫军机。此外，还设置御史台、礼宾司、大理寺、典医寺和艺文馆，几乎是宋代典章制度的翻版。越南的各种律令制度大多以宋制为模式，只不过根据其国情稍加斟酌损益。李朝（1009～1225年）的行政建置完全参照宋制，中央设文武两班大臣，分别以辅国太尉（即宰相）和枢密使为首，地方则建立一套路、府、州、县、乡、甲，逐级管理的行政机制。李朝兵制也模仿宋朝，中央设禁军，面额刺

字。李朝的《刑书》和陈朝的《刑律》、《国朝通礼》、《建中常礼》也是根据宋朝刑律礼制而制定的。

在思想意识方面，理学是宋文化辉煌成就中最突出的成果之一。自 13 世纪，理学作为一种新的哲学思想和伦理观念，不断被传播到朝鲜、日本和越南等国。在朝鲜，高丽文人安王向及其弟子白颐正在元朝深受理学思想熏陶后，回国后即成为程朱理学的积极传播者，培养了禹倬、权溥、李谷、李穑、郑梦周、郑道传等一大批著名的理学学者。至李朝时代，程朱理学在朝鲜全面走向繁荣，不仅占据官方哲学的正统地位，而且成为人们日常生活的伦理准则和行动指南。在日本，理学基本上是依附于禅宗而输入的。日僧俊芿、圆尔辨圆在宋朝参禅问道期间，常常涉猎世俗之学，回国时都携带了一大批理学著作。赴日宋僧兰溪道隆、兀庵普宁、大休正念等在传播理学方面也作出了重要的贡献，他们在弘布禅法时，往往援引宋儒的哲理来阐发禅学的机微，使理学思想在潜移默化中浸润着日本僧侣和民众。至 14 世纪，日本禅僧已经主动担负起传播和研究理学的重任，为后来理学在日本兴盛打下了坚实的基础。在越南，朱子理学是伴随着儒家教育体制的确立而传入的，经朱熹改造过的、以性命义理为核心内容的《四书》《五经》是越南士人朝夕诵读、应试科举的必读教材。至南宋末年，越南也出现了朱文安、黎文休、陈时见、段汝谐等理学名流，通过他们的身教言传，著书立说，朱子理学最终在越南这块肥沃的土壤上开花结果，成为越南思想意识和价值准则的核心。

宗教方面，唐宋之际，佛教支派禅宗在中国大地上兴盛一时，得到社会各阶层的普遍欢迎，并逐渐向朝鲜、日本和越南等国渗透。日本早在唐代前期就传入禅宗，但在较长一段时间内，禅宗始终被视为佛教的一个异派而备受冷落。至 12 世纪末，随着日本贵族政治向武家政权的转折，禅宗在日本终于获得了发展的机遇。

绍熙二年（1191 年），日僧荣西自宋学禅归国，在博多、镰仓和京都等地创建寺院，倡导禅风。其后，日僧希玄道元、圆尔辨圆等步荣西之后尘，入宋拜师学禅，南宋禅僧也纷纷赴日讲禅，禅悦之风空前高涨。禅宗不仅在日本上层社会广泛传播，而且被中下层武士普遍接受，成为武士阶层的精神支柱，为后来日本武士道的形成打下了良好的基础。越南禅宗的形成也完全得益于宋代禅僧的帮助。11 世纪中期和 12 世纪初，宋僧草堂和天封、德诚曾前往越南弘播禅法，分别创建了草堂禅派和竹林禅派，其教理和旨趣与宋代禅宗基本一致，可以说是宋代禅宗的延伸和发展。

科学技术方面，宋代是我国古代科学技术发展的巅峰时代，印刷技术、火药技术、造船技术、制瓷技术、纺织技术、建筑技术等均居于当时世界领先地位。在对外文化交流过程中，这些先进的技术曾不同程度地传入朝鲜、日本和越南。高丽早在 8 世纪就引进雕版印刷技术。13 世纪初，又引进了宋朝先进的活字印刷技术，并加以改进和创新，仿陶制活字铸成铜活字，使印刷技术取得了突破性的进展。日本印刷业的萌芽完全归功于宋代印刷技术的启迪。宋代佛教和儒家文献典籍的输入，使日本禅林得以仿效宋代版样和形体而刻印各种书籍。12 世纪末期，日僧大日能忍翻刻宋僧著作《沩山大圆禅师警策》，是日本第一部木版刻印的禅书，标志着宋代雕版印刷技术移植日本获得成功。越南 13 世纪出现了印刷术，同样是对宋代印刷技术的移植。

综上所述，两宋时期，朝鲜、日本和越南等国通过对宋文化的大规模移植和受容，在律令制度、思想意识、宗教文化、科学技术、文学艺术、生活习俗等方面均与中华文化保持较强的趋同和一致，形成一个以中华文化为内核的汉字文化圈，在世界文明体系中占有极其重要的地位。

余 论

　　宋代的雕版印刷术在某种意义上讲是空前绝后的，让中国出版进入历史上第一个黄金时代。以纸为介质的出版传播方式的进化，不仅带来了第四次传媒革命，其文化触角更是延伸到宋代文化的各个方面，并推动社会的全面发展。

一、宋人刻书出版的文化透视

　　出版是种打破时、空限制的传播。其传播者必是知识阶层，追求的是时空的无限。早在春秋，叔孙豹如晋，就和范宣子曾辨过何为不朽。叔孙豹直截了当地否定了范宣子认为"自虞以上为陶唐氏，在夏为御龙氏，在周为唐杜氏；晋主夏盟为范氏。其是之谓乎"①。叔孙豹回答说，这仅算世禄，不能称不朽。他说："太上有立德，其次有立功，其次有立言。历久不废，此之谓不朽。"② 所谓"立"，是指不以人之存亡而废绝。历代注疏说："黄帝尧舜谓之德，禹稷谓之功。"可见德、功高不可攀，不是一般读书人敢梦想的。所谓"言"，《左传》曰："鲁有先大夫曰臧文仲，既没，其言立。"注疏："其人既没，其言仍存立于世。"③ 相比之下，言

---

① 《春秋左传·襄公二十四年》。
② 同上。
③ 见《左传》，中华书局十三经注疏本。

是三者中较易做到的，也成为读书人所追求的。

后来司马迁撰《史记》，完成后，他在《报任少卿书》中说："所以隐忍苟活，幽于粪土之中而不辞者，恨私心有所不尽鄙陋没世而文彩不表于后世也。古者富贵而名磨灭，不可胜记；唯倜傥非常之人称焉。"进而谈到《史记》之成，"藏之名山，传诸其人，则仆偿前辱之责，虽万被戮，岂有悔哉。"又说"然此可为智者道，难为俗人言"①。这席话反映了历代读书人一种实现其人生价值的一种方式——"文彩表于后世"。西汉雕版印刷术尚未发明，所以司马迁"藏诸名山，以俟其人"。印刷诞生、普及后，就改用刻印，将原稿化身千百，以防湮没。因此历代士人的著述如果他生前没有钱刻印，遗嘱中头一条就是希望子孙、门人在经济容许时刻印其文稿。这也是中国传统文化给予雕版印刷在文化的延续、文明传承上的意义。

"印刷术原是手工抄写的机械延伸，是人类思想用文字交流的一种大众媒介，也是文化延续的一种纪录方式。但当印刷品的数量增加，流通广远后，它就成为传播思想、普及教育、影响社会变革的一种重要工具"②，宋代出版业在发展之始，自身就蕴含着诸多文化因素，其达到高峰，成为传播文化最重要的工具，更是实现了其自身的文化价值。而我们通过对宋刻之文化精神审视，可以见其对中国的传统文化的折射与影响的一斑。

两宋社会，尚文风气十分浓厚："其时君汲汲于道艺，辅治之臣莫不以经术为先务，学士缙绅先生，说道德性命之学不绝于口"。③在此种社会风尚之下，宋人

---

① 《古文观止》，卷六《汉魏文》。
② （美）钱存训：《印刷术在中国传统文化中的作用》，《文献》，1991年第2期。
③ 《宋史》卷二○二《艺文志》。

对图书产生一种神圣而虔诚的感情。尤袤爱书心切，曾说："饥读之以当肉，寒读之以当裘，孤寂读之以当友朋，幽忧而读之以当金石琴瑟也。"①苏轼更是赞美书："悦人之耳目而适于用，用之而不弊，取之而不竭，贤不肖之所得各因其才，仁智之所见各随其分，才分不同而求无不获者，惟书乎！"②费衮的《梁溪漫志》里，有对司马光爱书十分详细的记载③。

宋人爱书之切，以致藏书环境也优美极致。如陈宗礼的经畬："相彼寓居，岿然楼宇，据高面胜，开牖洞户。挹盱水于襟怀，纳军山于指顾。草木之华滋葱蒨，晓夕之烟霏吞吐。乃建庭阶，乃饰屏著。几席俨若，签庋得所。熟潢细素之前陈，绿幕黄帘之珍护。"④陈宗礼书楼雅致至极，不啻神仙居，足见其爱书之深。

宋人对书爱之近痴，政府鼓励刻印之举，士大夫更是视雕版印刷"播文德于有载，传世教于无穷"。⑤他们正是"凡有力好事之人，若自揣德业学问不足过人，而欲求不朽者，莫如刊布古书一法。但刻书必须不惜重费，延聘通人，甄择秘籍，详校精雕，其书终古不废，则刻书之于人终古不泯"。⑥

这样的社会价值取向使得"刻书这一不显于世的技艺，一跃成为社会所公认的大业"，⑦从而成为政府乃至士人的一项重要的文化活动。因此他们寄于刻书极大的热情，

---

① （宋）尤袤：《遂初堂书目序》，中华书局，丛书集成初编本，1985 年版。

② （宋）苏轼《李氏山居藏书记》，《苏东坡集》上海商务书馆"万有文库本"，1958 年版。

③ 《书林清话》卷一。

④ 《隐居通议》卷四。

⑤ （宋）王浦《五代会要·经籍》，上海古籍出版社，1978 年版。

⑥ 范希曾编：《书目答问补正·附一》，上海古籍出版社，1983 年版。

⑦ 澎清深：《宋明刻书文化精神之审视》，故宫博物院院刊，2001 年第 4 期。

对书籍的版式装帧追求精美完满。刻书已经升华成一种对
美的极致的探寻与品鉴享受。当时所刻图书"校仇镌镂,
讲究日精",① 为刻书"虽重有所费不惜也"②。地方官员
也"以校仇刻书为美绩"。③ 正是在此精神之下,才出现宋
刻的至美至精,"若果南北宋刻本,纸质罗纹不同。字画
刻手古劲而雅,墨气香淡,纸色苍润,展卷便有惊人之处。
所谓墨香纸润,香雅古劲,宋刻之妙尽之矣"。④

　　宋人爱书,所以赋于刻书精神上极大的追求,这使
得刻书业得到极大的发展,刻书业的发展又促进了文化
学术的勃兴。"宋代儒学的复兴,和两次大规模的刊刻
《九经》当有极大的关系"⑤。儒学复兴,理学成为社
会的主导思想,对宋乃至几百年后的传统社会影响深
远。当时的刻书业,深受尊重古代典籍的儒家思想影
响,因此其刻印行为中蕴含着一种强烈的道德观——刻
书是一种积善的行为。叶德辉在《书林清话》中引司
马光的"积金不若积为,积书不若积德"之后,又更
加阐述:"积书与积阴德皆兼之,而又与积金无异,则
刻书是也。"⑥ 叶德辉还举了历代刻书家子孙显达,或
乱世保家事迹,来证明刻书有善果。此外,洪迈《夷坚
志》里还记述了有刻工在刻淮南转运司的《太平圣惠
方》时私改字划及药味分量,而遭雷殛致死的故事⑦。
这是刻书时任意窜攻遭天惩的例证。这些都反映了宋代
的刻书事业中有着强烈的道德责任感,商业谋利的动机
相对较弱,这就使得宋版书精雕细镂者甚多,其后注重

---

① 《书林清话叙》。
② 于敏中:《天禄琳琅书目》,1932 年故宫博物院辑印。
③ 张秀民:《南宋刻书地域孝》,《图书馆》1961 年第 3 期。
④ (清)孙庆增《藏书记要》,古典文献出版社,1957 年版。
⑤ (美)钱存训《印刷术在中国传统文化中的作用》,《文献》
1991 年第 2 期。
⑥ 《书林清话》卷一。
⑦ 洪迈《夷坚志》丙集,卷十二,丛书集成本。

价格与销售量的明清版图书终不能及也。

宋代刻书业与后世最大的不同点，就是其作为文化事业的价值远远大于其作为工商业的价值。这是一种建立在较高文化层次上的文化行为。这种文化行为所产生的精神力量对宋刻的影响不亚于经济繁荣，技术纯熟等物质因素。也正是这种力量使我们在近千年后翻开宋版书，犹见其神韵淡雅，风骨雅致，墨香依旧，不禁为之倾倒！

二、后世的佞宋之风

在收藏界和文物界，历来有"宋版之书，寸版寸金"之说，讲的是宋版图书的珍贵。早在明代，相对普通中等家庭能够拥有诸如通俗文学和实用指南之类的书，宋本书籍的价格出奇的高：如明后期苏州著名的藏书家和家刻出版家毛晋，据说就以每页200两的白银购买了一个宋版珍本，而当时在市场价格较低的另一端，大致1两白银就能买到一本家用类书或小说①。

宋版之书如前文所述，凝聚了宋人的诸多精神文化追求，多为精刊精校本，极受历代藏书家和一些大学者的珍视，很多书林佳话和笑话都是围绕宋版书的珍藏、征购、鉴定而产生的，乃至成就了后世的"佞宋"之风。这也从一个角度反映出宋代出版业在中国出版文化史上空前的地位和影响。甚至在某种意义，如历史的不可重演性上，说其是"绝后"，也未尝不可。

具体而言，早在明末清初，宋版书日益减少，存世的宋版书的综合文化、收藏、治学等价值日益凸显，它也渐渐成为藏书家追求的目标。曹溶《绛云楼书目题辞》云钱谦益"太偏性，所收必宋元版，不取今人所刻及抄

① http：//cul. news. tom. com/1013/1015/2005324－11676. html

本"①。徐康《前尘梦影录》记载了自称"佞宋主人"的黄丕烈对宋版书的崇爱几乎到了迷信的程度："乾嘉时，黄荛圃翁每于除夕布列家藏宋本经史子集，以花果名酒酬之，翁自号佞宋主人。"②钱谦益和黄丕烈，或者是学者诗人，或者是藏书和版本专家，他们如此珍视宋版书是可以理解的。曹溶曰："宗伯（即钱谦益）每一部书能言旧刻若何，新版若何，中间差别几何。验之谶悉不爽。盖丁书无不读，去他人徒好书束高阁者远甚"③。王芑孙《黄荛圃陶陶室记》曰："今天下好宋版书未有如荛圃者也。荛圃非唯好之，实能读之。于其版本之后先，篇第之多寡，音训之异同，字画之增损及其授受源流、繙摹本末，下至行幅之疏密广狭、装缀之精粗敝好，莫不心营目识，条分缕析；积晦明风雨之勤，夺饮食男女之欲，以沉冥其中。"④

　　佞宋之风如果都弥漫着如此浓厚的为学旨趣，该是文化史上的幸事。遗憾的是其中不乏借宋版书附庸风雅装饰门面的门外汉或半门外汉面对宋版书闹出的许多颇显无知的笑话。清代陈其元《庸闲斋笔记》中所载的这则故事就明显透露出其中的类似倾向⑤：

　　　　今人重宋版书，不惜以千金数百金购得一
　　部，则什袭藏之，不特不轻示人，即自己亦不忍
　　数翻阅也。余每窃笑其痴。昆山令王鼎臣刺史定
　　安酷有是癖，偿买得宋椠《孟子》，举以夸余，
　　余请一观，则先负一椟出，椟启，中藏一楠木

①　叶炽昌：《藏书记事诗》，"钱谦益受之"条，中华书局，1991年版。
②　徐康《前尘梦影录》卷上，续修四库全书本。
③　叶炽昌：《藏书记事诗》，"钱谦益受之"条，中华书局，1991年版。
④　叶炽昌：《藏书记事诗》，"黄丕烈绍甫"条，中华书局，1991年版。
⑤　（清）陈其元：《庸闲斋笔记》卷八，续修四库全书本。

匣，开匣，乃见书。书之纸墨亦古，所刊字画
亦无异于今之监本。余问之曰："读此可增长智
慧乎？"曰："不能。""可较别本多记数行乎？"
曰："亦不能。"余笑曰："然则不如仍读我监
本，何必费百倍之钱购此也？"王恚曰："君非
解人，不可共君赏鉴。"急收弄之。余大笑去。

王定安执着而又盲目的佞宋，陈其元不乏自以为是
而又有点浅薄的武断，佞宋之风，可见一斑。不过他们
虽显一知半解，态度却是虔诚的。有的藏书者以宋版书
为手段，视宋版书为古玩，徒慕虚名甚至相互比富，显
示出佞宋之风中俗不可耐的一面。书林中曾盛传以美女
换宋版书的"佳话"，下面一则似颇为典型①：

《逊志堂杂钞》云：嘉靖中，朱吉士大韶
性好藏书。尤爱宋时镂版，遂以一美婢易之。
盖非此不能得也。婢临行题诗于壁曰："无端割
爱出深闺，犹胜前人换马时。他日相缝莫惆怅，
春风吹尽道旁枝。"吉士见诗惋惜，未几捐馆。

对此，叶德辉不无讽刺："夫以爱妾美婢换书，事
似风雅，实则近于杀风景，此则佞宋之癖入于膏肓。其
为不情之举，殆有不可理论者矣。"②处于承前启后位
置上的宋版书有其独具的文献学价值，且明末以后日渐
稀少，弥足珍贵，佞宋成风，本无可厚非，但由此导致
的泥古和盲从之风却不足称道。
实际上有些宋版书即使在宋人眼中也近于误本。叶
梦德《石林燕语》就曾谈到两宋之间的情况："版本初

① 叶德辉：《书林清话》，"藏书偏好宋元刻之癖"，中华书局，
1957 年版。
② 同上。

不是正，不无讹误"①。陆游在《跋历代陵名》中也说："近世士大夫，所至喜刻书版，而略不校雠，错本书散满天下，更误学者，不如不刻之为愈也。"②方家不仅注意到这一现象，而且能抱以正确科学的态度。叶德辉引明代陆贻典《管子校宋本后跋》云③：

> 古今书籍宋版不必尽是，时版不必尽非。然较是非以为常，宋刻之非者居二三，时刻之是者无六七，则宁从其旧也。余校此书一遵宋本。再勘一过复多改正。后之览者，其毋以刻舟目之。

王士禛《居易录》：今人但贵宋椠本，顾宋版亦多讹舛，但从善本可耳④。但一些学者倾浸于佞宋之风中，对宋版书的研究就少了科学的态度，从而在一定程度上把佞宋之风变成了盲目的泥古之风。

三、宋代出版与文化权利的扩张

在严格意义上，文化权利是近代的一个法律和政治概念，它往往与公民相关联。阅读是公民文化权利和享受精神产品的重要形式，出版物是公民的一种日常消费物品。只有社会综合各方面发展到一定的程度，才能出现大多数人能以较少的代价买得起书的局面。而宋代出版业的繁荣，正是一个契机，在中国历史上第一次冲击了少数掌握了破解和使用文字符号技术的人的文化特权。所以，可以说宋代出版扩张了文化权利。

---

① 《石林燕语》卷九。
② （宋）陆游：《陆游集》，第五册《渭南文集》，中华书局，1976年版。
③ 叶德辉：《书林清话》，"宋刻多讹舛"，1957年版。
④ 《居易录》，卷二。

　　在我们透视宋代出版与文化权利扩张之前，有必要先明辨"权利"与"权力"。

　　权利是"right"，它最初萌芽于爱琴海畔的古希腊和地中海岸的古罗马。尽管当时希腊语并没有产生"权利"这一单词，但他们已经有了由正义观念所支持的权利观念。这也正如在中国一些比较早的文献已经出现"权利"一词，如"或尚仁义，或务权利"①、"夫权利之处，必在深山穷泽之中，非豪民不能通其利"等②，它们与近现代法律上的"权利"概念是完全不同的。但作为社稷之本的百姓能做什么，却是客观的。尽管主体可能处于无意识的状态，但不能否认其行为社会法律允许的界限的存在。所以，我们的文化传统的事实并不能成为我们讨论与研究历史上某一时期文化权利的障碍。此外，更何况儒家中的"义"一词，在语义上内涵了"权利"与"义务"两层意思。

　　当前，法理学界和政治学界对于权利的定义，可以说是众说纷芸。《牛津法学大辞典》对权利的定义是："这是一个受到相当不友好对待和被使用过度的词。在法律上下文中是个法律的概念，它表示通过法律规则授予某人以好处或收益"，"与法定权利相关并相对应的是法定义务，两者之间是互动的关系"③。也有学者认为权利是在一定社会生活条件下人们行为的可能性，是个体的自主性、独立性的表现，是人们行为的自由④。总的看来，目前在学术界，有自由说、权利说、利益说、意思说、折衷说及法力说五种较为流行的定义方法。其中，利益说较有影响，但获得普遍认同的是法力说。按照法

　　①　（汉）恒宽：《盐铁论·杂论篇》，新编诸子集成本，中华书局，1992 年版。
　　②　同上。
　　③　《法学词典》，上海辞书出版社，1984 年版，第 267 页。
　　④　孙国华：《法的真谛在于对权利的认可和保护》，《时代评论》，1988 年创刊号，第 79 页。

力说，权利以利益为起因，利益是权利的目标指向，行为自由是权利的内容，国家法律的认可与保障是权利的实质。因此，权利是指由国家法律认可或确认，并予以保护的人们享有的自由和利益。可见，法力说将权利与利益、法力相联系，是诸说中更为全面、恰当的。

而权力，"power"，又分广义和狭义。广义上的权力，是社会所承认的迫使人们不得不服从的力量，或者是保障社会存在的根本手段，而社会又是人们对于各自利益的合作形式。所以，可以认为，权力是对社会公共利益的保障手段。权力属于强力范畴，凡是权力都是带有强力性质的东西，但强力并不都是权力。只有在社会公众普遍较为一致的认可下，才能将一种对所有人都具有强制作用的准则上升到国家意志的高度，进而成为用来约束、规范全体社会成员的行为的"权力"。权力的本质，在于支配、控制和管理；强制性，是其显著的特征。而狭义上的权力，则是人们通常所说的国家权力，其是以国家强制力为后盾，以决定权、制裁权为固有属性的，以法律为表现形式的。

尽管权利与权力是对立统一的，能够相互转化①，但我们从上述对二者概念明辨出发，显然文化权利更相扣我们的讨论②。

---

① 童之伟：《再论法理学的更新》，《法学研究》，1999 年第 2 期，第 15 页。

② 文化权利是个人人权的一部分，个人人权不仅包括公民权利和政治权利，还包括经济、社会和文化权利。1966 年 12 月 16 日由第二十一届联大通过的《经济、社会、文化权利国际公约》（International Covenant on Economic, Social and Cultural Rights）第一次在世界范围内以具有法律约束力的条约形式确立了经济、社会、文化权利，并第一次援引《世界人权宣言》，强调了经济、社会、文化权利与公民、政治权利的同等重要性和不可分割性，确立了民族自决的权利，对于维护和促进发展权和建立公正的国际政治经济新秩序产生了积极影响。1997 年 10 月 27 日，我国签署了《经济、社会、文化权利国际公约》，2001 年 3 月 27 日，我国政府批准了该《公约》，同年 6 月 27 日，《公约》对我国正式生效。

现代意义上的公民文化权利包括诸多方面的内容，如相当程度的文化生活的水准，充分的文化表达的空间，基本的文化需求的满足等。如果加以分类概括，应当包含以下三个基本层面的要求：一是享受文化成果的权利，这其中包括对影剧院、图书馆、博物馆等基本的文化场馆的建设与安排，对文学、戏剧、电影、音乐、舞蹈等多种多样文化产品的生产与供应等。二是参与文化活动的权利，通过开展各种各样、不同层次的社会文化活动，使广大人民群众能够得到充分的文化参与的权利。三是开展文化创造的权利，只有当全社会的资源被充分调动起来，并投入到文化创造活动中去，才能切实形成一个大规模的文化建设的高潮，才能使群众的文化创造热情和潜能得到极大的发挥。

此外文化权利与经济权利、政治权利有着紧密联系，但它具有独立性；由于一定的历史原因，以往文化权利常常被忽视；马克思主义对经济、政治和文化的理解以及当今世界对三者关系的认识，决定了在公民权利问题上，经济权利是基础，政治权利是保证，文化权利是目标①。

这些都对我们研究宋代的文化权利的内涵也很有借鉴意义。事实上，宋代经济社会有一个非常突出的特征就是市民社会初具规模。

"市民"或谓"市人"，在中国历史上出现很早，可以追溯到先秦时期。"市"的本义为聚集货物，进行买卖。《易·系辞》下载："日中为市，致天下之民，聚天下之货。"其引申义又有"贸易的场所"、"城镇"、"购买"等。有市必有民，故"市民"或"市人"即为城市居民。《吕氏春秋·简选》中就有"世有言曰：驱市人而战之"之语。而构成市民的主体，则是城市中广

<hr>

① 艺衡、任珺、杨立青著：《文化权利——回溯与解读》，社会科学文献出版社，2005 年版，第 1 页。

大的手工业者、商贩等。随着朝代的更迭，社会的演进，生产分工更加细致；而物品的交换（或以物易物或以币购物）也更为频繁，于是从事生产和经营的手工业者及专门从事贸易的行商坐贾大批涌现，由此也产生了许多人口密集、经济发达、商贸繁荣的大都市及小城镇。

而在中国历史上，只有到了宋代，手工业和商业更有长足的发展。农村中有些定期交换农产品和手工业产品的"墟"、"集"发展为市镇，居住着许多商贩和手工业者。他们大多在城市和州县附近，星罗棋布，数量很多。如东京开封府附近就有市镇二十多个。而经济繁荣的大城市数量也大大增加，如汴京、广州、泉州、杭州、明州（宁波）、密州（山东胶县）、扬州、真州、泗州、江陵、洛阳等都是当时重要的大城市。特别是汴京，人口达26万，工商业发达，生意兴隆，城市布局打破了里坊的局限，并出现了夜市。每年所征商税即达40万贯。南宋时，经济重心南移，手工业并未因此受到大的影响，例如制瓷、造纸、雕版印刷仍有很大进步。若干城市经济繁荣，商贸活跃，如首都临安，成为39万户、100余万人口的消费城市。城内有金银、珠宝、彩帛、饮食、铁器等各种商店，有早市和夜市，贸易昼夜不绝。

这样，宋代市民成为一个真正的社会阶层，社会地位上升。他们必然会有自身的文化需求，也就是其文化权利需要得到实现。他们即创造和参与着新的市井文化，也享受着这些文化成果，并且影响着主流的士人知识阶层的价值取向。在意识形态领域，也出现了反映市民意志愿望的新的人生观、价值观、婚姻观、友谊观等，如要求平等、自由、追求情欲和物质享受等。如李觏的义利思想就是其代表。市民的文化需求里，自然内涵着对知识的仰慕，这同时也是文化权利扩张的一项重要内容。

　　而当书籍的制作和复制方式还处于抄写阶段，知识更容易为特权阶层所垄断。宋代雕版印刷术的广泛运用，书籍的批量化复制成为可能，独一无二的"文本"成为泡影。这就在一定程度上打破了知识的权力垄断，文化的传播也成为一种破解和使用文字符号的技术，克服了人类文化交流中时空的限制，也使市民的文化权利在既定的历史环境下，得到最大的扩张。

　　凡是懂得阅读的人就都有能力可以有书并按照自己的兴趣和需要得到书；而且这种读书的便利又扩大并且传播了进行教育的愿望和手段。这些大大增多了的印本就以更大的速度在传播着，不仅是各种事实和发现获得了更广泛的公开性，而且它们还是以更大的敏捷性而获得的。知识变成了一种积极的、普遍的、交流的对象。印刷术使已往只是被某些个人所阅读的东西，至此已经有可能被所有的人都阅读了，并且几乎是在同时触及到每一个懂得那同一种语言的人①。

　　宋代出版的繁荣，还促进了文化的自我表达与公共传播。因为雕版印刷术无限扩大了一个作者所表达的思想的影响范围。作品应当被感觉、传播或以其他方式进行表达，这种表达至为重要。通过给予作者适当的权利，以及允许他们让度适当的权利，将促进文化的自我表达与公共传播。这不仅只是对市民阶层，可以说是对社会的每个阶层创作的文化权利的延伸都有重大的意义。

　　文化的充分表达与广泛传播又将极大地促进文化作品的商品化和产业化，从而促进经济和社会进步。

　　宋代，文化权利的扩张和城市文化的蓬勃兴起，发展，旺盛又促进了社会经济的发展，如汴京城内的瓦舍勾栏，就是适应市民阶层从事娱乐活动的特点而设。瓦

　　① 艺衡、任珺、杨立青著：《文化权利——回溯与解读》，社会科学文献出版社，2005年版，第141页。

舍既是娱乐中心，又是商业中心。娱乐活动和商业活动同时进行，因而又叫瓦市。瓦舍勾栏之外，还有临时搭设的小型戏棚，这样，屠沽工贾鱼龙混杂的市民各得其所，尽情游乐。有人做过一个粗略的估计，宋朝东京开封即汴京城里居民的户数，比汉唐京都的居民增加了十倍。城市人口剧增，与之相适应，在瓦舍勾栏间讨生活的民间艺人也越来越多，自然会有意无意兴起以技艺换取报酬之风，从而刺激了市民消费，促进社会经济，尤其是商品经济的长足发展。

而社会经济的繁荣，又大大丰富了城市文化的内容。这也是传世的宋人的笔记小说争奇斗妍，在文学史上一直能占有一席之地的一个重要原因。

总之，宋代出版的昌隆，使得书籍不再是奢侈品，阅读可以成为人们最基本的文化生活内容之一。不再是只有贵族士大夫的文化权利得到先天的保障，普通市民的文化权利，也得到了扩张。

附　录

表一　　《法苑珠林》刻工工价统计表

刻书时间	卷次	施主姓名	本卷字数	每字工价	全卷费资	刻工姓名	千字文号
绍定六年 (1233) 四月	第1卷	王显忠	约12000	约7.5文	90366文	傅必上刊	杜一
端平元年 (1234) 十月	第22卷	阮大异	约9400	约6文	56000文	傅方刊	钟二
嘉熙元年 (1237) 二月	第5卷	王显忠	约13468	约6.5文	87544文	高桂刊	杜五
同上	第4卷	王正甫	约11200	约7文	78320文	陈文刊	杜四
淳祐四年 (1244) 五月	第32卷	季礼	13426字	约35文	471060文	游谦刊	隶二
淳祐八年 (1248) 三月	第26卷	宗鉴	约7000	约65文	450000文	应为翁森刊	钟六
宝祐元年 (1253) 元月	第61卷	莫师旦	8650字	50文旧会	430500文		壁一
同上	第62卷	莫师旦	13490字	50文	674500文旧会	魏信刊	壁二
宝祐元年 (1253) 六月	第70卷	高妙真	10190字	50文	509500文旧会		壁十
宝祐元年 (1253) 七月	第66卷	徐氏六三娘	5516字	50文旧会	257800文旧会	龙文先	壁六
宝祐元年 (1253) 八月	第52卷	盛璇	10740字	50文	537000文十七界官会		书二

续表

刻书时间	卷次	施主姓名	本卷字数	每字工价	全卷费资	刻工姓名	千字文号
同上	第67卷	盛璇	8630字	50文	431300文十七界官会		壁七
同上	第68卷	盛璇	10920字	50文	546000文十七界官会		壁八
宝祐元年（1253）九月	第63卷	莫师旦	12746字	50文	623800旧会		壁三
说明	1、凡注有"约"字的均为推算所得数字，在"本卷字数"栏无有"字"字；未注明"约"者均为原文。数字，予以照录，"本卷字数"栏加注"字"字。 2、凡注明"旧会"、"十七界官会"者，均系照原文，原文未述明者不敢冒揣。						

表二　《碛砂藏》部分经卷工价统计表

刻书时间	施主	千字文号	经名	施钱数	经文字数	每字工价
端平元年（1234）四月	管行臻	养十二	佛说观无景寿佛经	50508文	约7500	约6.7文
端平二年（1235）三月	范传家	养七	如来庄严智慧光明人一切佛境界经	30000文	约8300	约3.6文
同上	耿氏夭娘	养十二	称赞净土佛摄受经	20,000文	约4500	约4.5文
嘉熙二年（1238）五月	张道明等	敢十	《太子慕魂经》等	55贯官会	约5000	约11文
嘉熙二年（1238）九月	马俊	毁一	大乘遍照光明藏无字法门经	30贯	约3000	约10文

刻书时间	施主	千字文号	经名	施钱数	经文字数	每字工价
嘉熙二年（1238）十二月	张窑	伤九	善恭敬经	30贯	约3000	约10文
嘉熙三年（1239）元月	张氏七娘等	毁七	《佛说德护长者经》卷上	60贯	约6000	约10文
嘉熙三年（1239）二月	妙实	伤五	《佛说无上依经》卷下	60贯	约6000	约10文
嘉熙三年（1239）十二月	唐思明	伤七	入法界本性经	454官会	约4300	约10.5文
嘉熙四年（1240）六月	钱妙坦	伤十	采华违王上佛受决经	10贯	约900	约11文
淳熙四年（1240）八月	顾楠	毁三	申日兜本经	18贯	约1100	约16文
淳祐元年（1241）五月	可涓	毁六	伽耶山顶经	53900文	约3700	约15文
淳祐三年（1243）十二月	金铸	菜五	《放光般若波罗密经》卷五	257730文	8591字	30文
同上	叶贲	兵一	《佛说大乘无量寿庄严经》卷上	366780文	12226字	30文
淳祐四年（1244）四月	周康年	男七	千眼千臂观世音菩萨陀罗尼神咒经	319620文	9132字	35文
淳祐五年（1245）元月	沈奂祐	重七	《放光般若波罗密经》卷十九	179000文	5694字	30文
淳祐五年（1245）十二月	叶葳	策四	《佛说光明童子因缘经》卷四	472710文	15757字	30文
说明	凡注有"约"者，系推算所得数字，未注"约"者是照原文登录的。					

表三 1233~1253年刻工工价表

时间	每字工价
绍定六年（1233）四月	7.5文
端平元年（1234）四月	6.7文
端平元年（1234）十月	6文
端平二年（1235）三月	3.6文、4.5文
嘉熙元年（1237）二月	6.5文、7文
嘉熙二年（1238）五月	11文
嘉熙二年（1238）九至十二月	10文
嘉熙三年（1239）一至二月	10文
嘉熙三年（1239）十二月	10.5文
嘉熙四年（1240）六月	11文
嘉熙四年（1240）八月	16文
淳祐元年（1241）五月	15文
淳祐三年（1243）十二月	30文
淳祐四年（1244）四至五月	35文
淳祐五年（1245）一至十二月	30文
淳祐八年（1248）三月	65文
宝祐元年（1253）一至九月	50文

参考文献

［1］（宋）窦仪等撰：《宋刑统》，吴翊如点校，中华书局，1984 年版。

［2］（元）马端临：《文献通考》，中华书局，1986 年影印本。

［3］（清）徐松：《宋会要缉稿》，中华书局，1957 年版。

［4］（元）脱脱《宋史》，中华书局，1985 年版。

［5］《宋大诏令集》，中华书局，1962 年版。

［6］（清）毕沅：《续资治通鉴》，中华书局，1964 年版。

［7］（明）李焘：《续资治通鉴长编》，中华书局，1993 年版。

［8］（宋）王应麟：《玉海》，上海古籍出版社，1992 年版。

［9］（宋）李枚：《宋朝事实》，中华书局，1955 年版，国学基本丛书本重印本。

［10］（明）黄淮、杨士奇编：《历代名臣奏议》，上海古籍出版社，1989 年版。

［11］（清）永瑢等：《四库全书总目》，中华书局，1965 年版。

［12］（宋）方勺著：《泊宅编》，许沛藻、杨立扬点校（唐宋笔记史料丛刊），中华书局，1983 年版。

［13］（宋）王銍撰：《默记·燕翼诒谋录》，朱杰人、王栐撰诚刚点校（唐宋笔记史料丛刊），中华书局，1981 年版。

[14]（宋）石介：《徂徕石先生文集》，陈植锷点校，中华书局，1984 年版。

[15]（宋）洪迈：《容斋随笔》，上海古籍出版社，1978 年版。

[16]（宋）魏泰：《东轩笔录》，李裕民校（唐宋笔记史料丛刊），中华书局，1983 年版。

[17]（宋）司马光撰：《涑水记闻》，邓广铭、张希清点校（唐宋笔记史料丛刊），中华书局，1989 年版。

[18]（宋）吴处厚：《青箱杂记》，李裕民点校，中华书局，1985 年版。

[19]（宋）祝穆：《宋本方舆胜揽》，上海古籍出版社，1986 年影印本。

[20]（宋）米芾《评纸贴》，《中华美术丛书第二辑》，北京古籍出版社，1998 年版。

[21]（宋）罗愿：《新安志》清光绪十四年刻本。

[22]（宋）沈括：《梦溪笔谈》，中华书局，1957 年版。

[23]（宋）苏轼：《东坡志林》，王松龄点校（唐宋笔记史料丛刊），中华书局，1981 年版。

[24]（宋）李心传：《建炎以来系年要录》，中华书局，1988 年影印本。

[25]（宋）乐史《太平寰宇记》，江苏广陵古籍刻印社，1991 年版。

[26]（宋）王闢之：《渑水燕谈录·归田录》吕友仁点校，（唐宋笔记史料丛刊），中华书局，1981 年版。

[27]（宋）庄绰：《鸡肋编》，萧鲁阳点校（唐宋笔记史料丛刊），中华书局，1983 年版。

[28]（清）江藩著：《宋学渊源记》上海书店，1983 年版。

[29]（宋）何薳：《春渚纪闻》，张明华点校（唐宋笔记史料丛刊），中华书局，1983 年版。

［30］（宋）孟元老：《东京梦华录》，邓之诚注，中华书局，1982 年版。

［31］（宋）叶梦得：《石林燕语》，郑世刚、杨立扬点校（唐宋笔记史料丛刊），中华书局，1984 年版。

［32］（宋）李心传：《建炎以来朝野杂记》，文物出版社，1991 年版。

［33］（宋）魏了翁：《鹤山集》，四部丛刊初编缩本，上海商务印书馆，1936 年版。

［34］（宋）邵伯温：《邵氏闻见录》，李剑雄点校，中华书局，1983 年版。

［35］（宋）王明清：《挥麈录》，中华书局上海编辑所，1961 年版。

［36］（宋）朱熹：《朱文正公集》，四部丛刊初编缩本，上海商务印书馆，1936 年版。

［37］（汉）王充：《论衡》，陈蒲清点校，岳麓书社，1991 年版。

［38］（宋）释志磐：《佛祖统记》，江苏广陵古籍刻印社，1991 年版。

［39］（宋）徐兢：《宣和奉使高丽图经》（丛书集成本），商务印书馆，1937 年版。

［40］（宋）苏轼：《苏东坡全集》，中国书店，1980 年影印版。

［41］（宋）梁克家：《淳熙三山志》，四部丛刊初编缩本，上海商务印书馆，1936 年版。

［42］（宋）晁公武：《郡斋读书志校证》，孙猛校，上海古籍出版社，1990 年版。

［43］（明）贾祁修：《万历湖州府志》，上海古籍书店，1963 年版。

［44］（清）吕化龙：（明修）《康熙会稽县志》（铅印本），绍兴县修志委员会 1936 年。

［45］（清）王夫之：《宋论》，舒士彦点校，中华书局，1964 年版。

［46］（清）顾炎武：《日知录集释》（外七种），黄汝成集释，上海古籍出版社，1985 年版。

［47］（清）陈云龙：《格致镜原》，江苏广陵古籍刻印社，1987 年版。

［48］（清）莫友芝：《藏园订补郘亭知见传本数目》，傅增湘订补、傅熹年整理，中华书局，1993 年版。

［49］（清）李慈铭：《越缦堂读书记》，由云龙辑，商务印书馆，1959 年版。

［50］（清）周中孚：《郑堂读书记》（附补遗），商务印书馆，1959 年版。

［51］（清）黄虞稷：《千顷堂书目》，瞿凤起、潘景郑整理，上海古籍出版社，1990 年版。

［52］（清）陆心源：《皕宋楼藏书志 · 皕宋楼藏书续志》，见《清人书目题跋丛刊1》，中华书局，1990 年版。

［53］叶德辉：《书林清话》，中华书局，1959 年版。

［54］傅增湘：《藏园群书题记》，大公报出版部，1934 年版。

［55］傅增湘：《藏园群书经眼录》，中华书局，1983 年版。

［56］王重民撰：《中国善本书提要》，上海古籍出版社，1983 年。

［57］王国维：《五代两宋监本考》见《王国维遗书》，上海古籍出版社，1983 年版。

［58］钱穆：《中国文化史导论》，商务印书馆，2000 年版。

［59］肖前、李秀林、汪永详主编：《历史唯物主义原理》，人民出版社，1983 年版。

［60］衣俊卿：《文化哲学——理论理性和实践理性交汇处的文化批判》，云南人民出版社，2005 年版

［61］许苏民：《文化哲学》，上海人民出版社，1990年版。

［62］张岱年、方克立主编：《中国文化概论》，北京师范大学出版社，1994年版。

［63］朱谦之：《文化哲学》，商务印书馆，1990年版。

［64］邹广文：《文化哲学的当代视野》，山东大学出版社，1994年版。

［65］庄锡昌等编：《多维视野中的文化理论》，浙江人民出版社，1987年版。

［66］李鹏程：《当代文化哲学沉思》，人民出版社，1994年版。

［67］夏建中：《文化人类学理论学派》，中国人民大学出版社，1997年版。

［68］衣俊卿：《回归生活世界的文化哲学》，黑龙江人民出版社，2000年版。

［69］刘进田：《文化哲学导论》，法律出版社，1999年版。

［70］杨启光：《文化哲学导论》，暨南大学出版社，1999年版。

［71］李燕：《文化释义》，人民出版社，1996年版。

［72］何九盈：《汉字文化学》，辽宁人民出版社，2000年版。

［73］方舟子：《进化新篇章》，湖南教育出版社，2001年版。

［74］方汉文：《比较文化学》，广西师范大学出版社，2003年版。

［75］艺衡、任珺、杨立青著：《文化权利——回溯与解读》，社会科学文献出版社，2005年版。

［76］中国社会科学院历史研究所：《古代中越关系资料选编》，中国社会科学出版社，1982年版。

[77] 王辑五：《中国日本交通史》，《中国文化史丛书》，上海书店，1984 年版。

[78] 王勇主编：《中日汉籍交流史论》，杭州大学出版社，1992 年版。

[79] 严绍璗：《汉藉在日本的流布研究》，江苏古籍出版社，1992 年版，

[80] 武斌：《中华文化海外传播史》，陕西人民出版社，1993 年版。

[81] 王勇、（日）大庭修：《中日文化交流史大系》（典籍卷），浙江人民出版社，1996 年版，

[82] 彭斐章：《中外图书交流史》，湖南教育出版社，1998 年版。

[83] 沈立新：《绵延千载的中外文化交流》，中国青年出版社，1999 年版。

[84] 郭振铎、张笑梅：《越南通史》，中国人民大学出版社，2002 年版，

[85] 王锋：《从汉字到汉字系文字——汉字文化圈文字研究》，民族出版社，2003 年版。

[86] 刘元满：《汉字文化在日本书化研究的意义》，北京大学出版社，2003 年版。

[87] 朱传誉：《宋代传播媒介研究》，载《先秦唐宋明清传播事业论集》（台湾）商务印书馆，1988 年版。

[88] 邵培仁、叶亚东：《新闻传播学》，江苏人民出版社，1995 年版。

[89] 葛兆光：《禅宗与中国文化》，上海人民出版社，1986 年版。

[90] 漆侠：《宋代经济史》，上海人民出版社，1987 年版。

[91] 任继愈主编：《中国道教史》，上海人民出版社，1990 年版。

[92] 陈植锷：《北宋文化史述论》，中国社会科学

出版社，1992 年版。

［93］顾吉辰：《宋代佛教史稿》，中州古籍出版社，1993 年版。

［94］龚书铎主编，任崇岳撰：《中国社会通史（宋元卷）》，山西教育出版社，1996 年版。

［95］陈钟凡：《两宋思想述评,》东方出版社，1996 年版。

［96］杨渭生：《两宋文化史研究》，杭州大学出版社，1998 年版。

［97］章权才：《宋明经学史》，广东人民出版社，1999 年版。

［98］周月亮：《中国古代文化传播史》，北京广播学院出版社，2000 年版。

［99］漆侠主编，李华撰：《中国改革通史：两宋卷·内外交困中的艰难抉择》，河北教育出版社，2000 年版。

［100］马茂军、张海沙：《困境与超越：宋代文人心态史》，河北教育出版社，2001 年版。

［101］刘炜主编，杭侃著：《中华文明传真——两宋卷》，商务印书馆（香港），上海辞书出版社，2001 年版。

［102］刘放桐等著：《马克思主义与西方哲学的现当代走向：当代哲学向何处去?》，人民出版社，2002 年版。

［103］葛兆光：《中国思想史》，复旦大学出版社，2004 年版。

［104］程登元：《中国历代典籍考》，（台湾）顺风出版社，1968 年版。

［105］章柳泉：《中国书院史话》，教育科学出版社，1981 年版。

［106］曹之：《中国古籍版本学》，武汉大学出版社，1982 年版。

[107] 王国良、王秋桂合编：《中国图书文献学论集》，（台湾）明文书局出版，1986 年版。

[108] 倪其心：《校勘学大纲》，北京大学出版社，1987 年版。

[109] 戴南海：《版本学概论》，巴蜀书社，1989 年版。

[110] 严佐之：《古籍版本学概论》，华东师范大学出版社，1989 年版。

[111] 张秀民：《中国印刷史》，上海人民出版社，1989 年版。

[112] 姚福申：《中国编辑史》，复旦大学出版社，1990 年版。

[113] 来新夏：《中国古代图书事业》，上海人民出版社，1990 年版。

[114] 方人定：《广东版刻纪事》，《历代刻书概况》，印刷工业出版社，1991 年版。

[115] 周宝珠：《宋代东京研究》，河南大学出版社，1992 年版。

[116] 程民生：《宋代地域经济》，河南大学出版社，1992 年版。

[117] 石训：《中国宋代哲学》，河南人民出版社，1992 年版。

[118] 何忠林：《历代家刻本脞谈》，辑自《装订源流和补遗》，中国书籍出版社，1993 年版。

[119] 顾吉辰：《宋代佛教史稿》，中州古籍出版社，1993 年版。

[120] 张海鸥：《两宋雅韵》，北京师范大学出版社，1993 年版。

[121] 姚伯岳：《版本学》，北京大学出版社，1993 年版。

[122] 江澄波：《江苏刻书》，江苏人民出版社，1993 年版。

［123］曾枣庄：《宋朝的对外文化交流》（《中国典籍与文化论丛》第一辑），中华书局，1993 年版。

［124］程焕之编：《中国图书论集》，商务印书馆，1994 年版。

［125］阳海清选：《版本学研究论文选集》，书目文献出版社，1995 年版。

［126］卢贤中：《古代刻书与古籍版本》，安徽大学出版社，1995 年版。

［127］李致忠：《古书版本概论》，安徽大学出版社，1995 年版。

［128］张振铎：《古籍刻工名录》，上海书店出版社，1996 年版。

［129］谢水顺：《福建古代的刻书》，福建人民出版社，1997 年版。

［130］王水照：《宋代文学通论》，河南大学出版社，1997 年版。

［131］黄建国、高跃新主编：《中国古代藏书楼研究》，中华书局，1999 年版。

［132］宿白：《唐宋时期的雕版印刷》，文物出版社，1999 年版。

［133］林申清：《宋元书刻牌记图录》，北京图书馆出版社，1999 年版。

［134］祝尚书：《宋人别集叙录》，北京图书馆出版社，1999 年版。

［135］郑士德：《中国图书发行史》，高等教育出版社，2000 年版。

［136］肖东发：《中国图书出版印刷史论》，北京大学出版社，2001 年版。

［137］李瑞良：《中国古代图书流通史》，上海人民出版社，2001 年版。

［138］倪延年：《中国古代报刊发展史》，东南大学出版社，2001 年版。

［139］苌岚著：《7～14 世纪中日文化交流的考古学研究》，中国社会科学出版社，2001 年版。

［140］张丽娟、程有庆：《宋本》，《中国版本书化丛书》，江苏古籍出版社，2002 年版。

［141］黄镇伟：《坊刻本》，《中国版本书化丛书》，江苏古籍出版社，2002 年版。

［142］章宏伟：《出版文化史论》，华文出版社，2002 年版。

［143］赵志伟：《书声琅琅》，上海人民出版社，2002 年版。

［144］周宝荣：《宋代出版史研究》，中州古籍出版社，2003 年版。

［145］刘方：《宋型文化与宋代美学精神》，巴蜀书社，2004 年版。

［146］《马恩全集》，人民出版社 1980 年版。

［147］（日）和岛芳男：《中世的儒学》，吉川弘文馆，1965 年版。

［148］（日）長澤規矩：《圖解書誌學入門》，汲古書院，1976 年発行。

［149］（美）摩尔根：《古代社会》，商务印书馆，1977 年版。

［150］（日）永田广志：《日本哲学思想史》，商务印书馆，1978 年版。

［151］（日）岩村忍：《東洋史の散步》，塚田印刷株式会社，昭和 45 年版。

［152］（日）木宫泰彦：《日中文化交流史》，商务印书馆 1980 年版。

［153］（美）威尔伯·施拉姆、威廉·波特：《传播学概论》，陈亮、周立方、李启译，新华出版社，1984 年版。

［154］（美）克鲁克洪著，高佳译：《文化与个人》，浙江人民出版社，1986 年版。

[155]（日）長澤規矩：《和刻本漢籍分類目錄》，汲古書院，1986 年第三刷発行。

[156]（法）罗贝尔·埃斯卡尔皮：《文学社会学》，上海译文出版社，1988 年版

[157]（日）森三樹三郎：《中国文化と日本書化》，人文書院，1988 年版。

[158]（美）卡特著，吴泽炎译：《中国的印刷术的发明与它的西传》，商务印书馆，1991 年版。

[159]（日）清水英夫：《现代出版学》，中国书籍出版社，1991 年版。

[160]（英）布林·莫里斯著，周国黎译：《宗教人类学》，今日中国出版社，1992 年版。

[161]（美）马文·哈里斯著，顾建光、高云霞译：《文化·人·自然—普通人类学导引》，浙江人民出版社，1992 年版。

[162]（日）忽滑谷快天：《中国禅学思想史》，上海古籍出版社，1994 年版。

[163]（日）壹歧一郎：《徐福集团东渡与古代日本》，天津人民出版社，1996 年版

[164]（法）布罗代尔著，顾良等译：《长时段：历史与社会科学》，中央编译出版社，1997 年版。

[165]（日）内藤湖南：《日本书化史研究》，储元喜、卞铁坚译，商务印书馆，1997 年版。

[166] 韩国哲学会编，龚荣仙译：《韩国哲学史》，社会科学文献出版社，1997 年版。

[167]（美）M. E. 斯皮罗：《文化与人性》，徐俊等译，社会科学文献出版社，1999 年版。

[168]（美）克利福德·格尔兹：《文化德解释》，纳日碧力戈译，上海人民出版社，1999 年版。

[169]（英）弗里德利希·冯·哈耶克：《法律、立法与自由》，邓正来译，中国大百科全书出版社，2000 年版。

[170]（美）乔治·巴萨拉:《技术发展简史》,周光发译,复旦大学出版社,2000年版。

[171]（澳）李瑞智、黎华论:《儒学的复兴》,范道丰译,商务印书馆,1999年版

[172]（英）罗素:《论历史》,何兆武、肖巍等译,广西师范大学,2001年版。

[173]（英）约翰·齐曼主编:《技术创新进化论》,孙喜杰、曾国屏译,上海科技教育出版社,2002年版。

[174]（德）卡尔·曼海姆:《文化社会学论要》,刘继同等译,中国城市出版社,2002年版。

[175]（加）罗伯特·韦尔、凯·尼尔森:《分析马克思主义新论》,鲁克俭、王来金、杨洁等译,中国人民大学出版社,2002年版。

[176]（美）萨斯林:《文化与实践理性》,赵丙祥译,上海人民出版社,2002年版。

[177]（英）雷蒙德·威廉斯:《文化与社会:1780—1950》,pXVI,引自韦森《文化与制序》,上海人民出版社,2003年版。

[178]（美）拉里 A·萨默瓦,理查德 E·波特主编:《文化模式与传播方式——跨文化交流文集》,麻争旗等译,北京广播学院出版社,2003年版。

[179]（美）田浩编:《宋代思想史论》,杨立华、吴艳红等译,社会科学文献出版社,2003年版。

[180]（法）弗雷德里克·巴比耶著,刘阳等译:书籍的历史》,广西师范大学出版社,2005年版。

[181]（日）和岛芳男:《中世的儒学》,吉川弘文馆,1965年版。

[182]（日）森克己:《日宋贸易の研究》,《森克己著作选集》,国书刊行会,1975年版。

[183]（美）钱存训:《中国古代书籍史》,宇都木章、沢谷昭次、竹之内信子、广濑洋子,法政大学出版

局，1980 年版。

[184]（日）江上波夫、上田正昭：《日本古代の文化成立》，每日新闻社，昭和四十八年版。

[185]（日）斎藤忠著：《日本と大陸文化》，日本書籍株式会社，昭和五十八年版。

[186]（日）井上光、笠原一男等：《详说日本史》，山川出版社，1983 年版。

[187]《南宋时代の市舶司贸易江关すゐ步百一考察：占城国的宋朝の朝贡を通して见た》，《青山博士古稀纪念·宋代史论丛》。

[188]（日）山口修：《東洋文明と日本》，PHP 研究所，1996 年版。

[189]（美）期塔夫里阿诺斯：《全球通史——1500 年以前的世界》，吴象婴、梁赤民译，上海社会科学院出版社，1998 年版。

[190]（日）井上進：《中国出版文化史——書物の世界と知の風景》，名古屋大学出版会，2002 年版。

[191]（日）吉田光南：《日韩中の交流》，山川出版社，2004 年版。

[192]（日）李相哲：《漢字文化の回路》，凯風社，2004 年版。

[193] Paul Heyer：Communication and History，Greenwood Press. 1938.

[194] Wm. Theodore Bary：Source of Chinese Tradition，Volum1，Clumbia University Press，1960.

[195] P·Gaskell：A New Introduction to Bibliograpgy，Oxford，1972.

[196] Clifford·Geertz：he Interpretation of Cultures. New York，1 973.

[197] Floyd A. Mclur：Chinese Handmade Paper，by e. Edited with a preface by Elaine Koretsky. Newton，Pa. : Bird & Bull Press，1986.

[198] Tsuenhuin Tsien, Paper and Printing, in Joseph Needham, Science and Civilisition in China, Vol. 5, Part I (Cambridge University Press, 1985; revised 3rd edition, 1988)

[199] George Basalla: The Evolution of Technology, Cambridge University of Technology. 1988.

[200] Hoyt Cleveland Tillman, "Intellectuals and Officials in Action: Academies and Granaries in Sung China", Asia Major, 3rd series, volume4. 2 (December 1991), Permission granted by Howard L. Goodman, Managin Editor.

[201] Umberto Eco, with Richard Rorty, Jonathan Culler and Christine Brooke - Rose, Interpretation and Overinterpretation, : Cambridge University Press, 1992 .

跋

信可慰生平

　　我和玲子是大学时的同学。1996年9月，我们到西北大学文博学院历史系读书，一个班里统共十五个人，大概只有她和我是自愿报的历史专业。虽说是自愿，但我那时对作为一门专业学科的"历史"实在是没有多少认识，只是凭着懵懵懂懂的意气和感觉，"自投罗网"于冷落的故纸堆，期望着能在古人的剑气长歌、关山冷月中翻出属于自己的新生命。所以在四年的学习成长中，既放纵又骄傲，荒腔走板，终于失败。而玲子则不同，她本就聪颖通透，而且功课扎实，阅览广博，待人接物大度宽厚，四年奠基，一路高歌，学有所成，终至方家。

　　在学校时，我们颇能谈得来，一度称兄道弟，在一起可以讨论任何一个我们所知的话题，可能没有深度，也不正确，但单纯而认真，自由轻松，有精神上的愉悦。有时候，我能看出她的矛盾，她对我内心的软弱也常一针见血地指出，使我对她既心生畏惧，又倍感亲切。我现在还保存着她当年对我的一封"批判书"。追寻人生友谊的缘起，我会感到困难，但那些友谊带给我的鼓励和安慰却是真实的，让我时常怀念，永远不能忘记。

　　时间过得很快，四个年头一眨眼就没了，多少美好也一下子风流云散，大家从此各奔东西。我混迹风尘，依然没有成就，只是逐渐学会偷懒，迷恋生活的平淡和安逸。玲子则继续由学士而硕士、由硕士而博士，由家

国故乡，以至于异国他乡，其间的孤苦、艰难和许多辛酸也都是她一肩扛过。她不是小器的弱女子，但在事过境迁的时候说起，也会黯然伤感，甚至伤心落泪。我听了，也不由觉得心痛，又不知如何劝慰她，只盼着玉汝于成的磨难于她早点儿结束。

细想起来，我和玲子已经有五六个年头没有再见面了，相忘江湖之余，却不免在树头花开、在月上中天、在一些无名的晨昏里突然泛起牵念，祈愿她心有吉祥，一切安好。

现在，她嘱咐我为她新出版的书写几句话，我听了，内心既觉得欢喜，又感到万分惭愧，不知道说些什么是好。想起离校两年后，我曾怀念在学校时的一些人和事，写过一首，《西园忆》，其中有几句记述我们的友谊。

> 谈书多快意，相交认弟卿。
> 推心忠诚古，信可慰生平。

那么，就让我把这句"信可慰生平"送给她，用它来纪念我们之间的友谊，并祝贺她新书的出版。因为我相信，她这么多年在学术领域的辛苦与付出终究不会白费，她终究会以自己的高度与实力为自己赢得一个值得欣慰的人生。

孔　睿
2012 年 3 月 28 日

后　记

　　时光荏苒，又是一年春暖花开，菊谢竹摇木棉尽落。光影斑驳，水色流转里，十多年过，恍然一梦里，我还是那个倚天仗剑、总把翠华做昆仑、满腔热血的懵懂少年。

　　那时长安太平坊故地紫藤园里，迎春、玉兰、紫藤、蔷薇、金菊、腊梅依时次第绽放，我刚刚迈入大学，在师长们的课堂上，在图书馆里的书影里，轻叩治学之门。从刚迈进门的无知无畏而大放厥词，大抵天下学问不过尔尔的无知竖子，到知而生畏，畏而敬前辈先贤学问为人，敬而慎言。然后这一路走来，各种机缘，先习史，兼修考古与文物，深感自己基础不够扎实之时，又师戴南海先生学版本、目录、训诂之小学，后又辗转随王德胜先生学哲学、新闻出版、政治之学。

　　这一路，十年游学，西安、北京、名古屋、厦门，有惠风和畅，也有云遮薄月。这一路，静安先生的做学问的三重境界感受体会颇深：上下求索而不得之后的惊觉"那人却在灯火阑珊处"里有来自灵魂深处的欣喜与相知。这一路上，有无数的风景与人物，这些风景给我无数美好和心胸的涤荡，这些人们给我的支持让我在路上不惧风雨。或方正或严谨或洒脱或大气或沉着的戴南海师、王德胜师田旭东师、黄怀信师、王子今师、郑万耕师给我一路求学的解惑提携历历在目。或蕙质兰心或冰雪聪明的王晓琪、尹夏清、丁海燕、何莉宏、胡少春、杨李、杜仪明、高艳红、张春娟、卜琳、肖雁、王秀丽这些不同时期和我一道走来的姐妹给我冬夜里的温暖。或温润如玉或性情刚烈的孔睿、李东、刘瑞、杨强、王红、马建昌、何建木、吕振合、孙建等同学学长

给我的治学良言美意颇多。在此一并谢过。

家人的舐犊情深与不计任何的支持，是我能坚持下来十年磨一剑的最大动力，愿他们平安喜乐，体健心宽。

小文最后能成书出版，首先要感谢的是篯笪书院。书院自创办以来，一直弘扬传统文化为己任，泽被一方。小文非常幸运，能入选，成为《篯笪文库丛书》中的一本。感谢王维生创院理事长为传播国学默默做的一切，感谢书院的柯虹、戴美玲女士，陈路加先生为本书出版做的工作。其次，本书的一些章节已经发表在《宁夏大学学报》（人文社科版），《自然辩证法通讯》等刊物，均有不同程度修改。最后，本书的前期收集资料与完稿，也受到了 2008 年度福建省社会科学规划项目《宋代出版文化》（项目编号：2008B2088）的支持，也是项目的成果。

又想起戊子孟夏，和睿兄的一首小诗：

> 三千明月不同地，万顷碧波只等里。
> 恰少年时花正红，无忧春风爱倚墙。
> 看朱成碧驹过隙，自顾小楼心神怡。
> 文章从来叹百事，哪里自得若兄熙？

这大概便是一路游学的感触。或许我们每个人小时候都是一片海，长大了才发现我们只是沙漠的。梦想太多，生活给我们的辗转腾挪又少的可怜。我们剩下的打算，就是建片沙漠之国，即使是海市蜃楼也要迷惑一生。

十年一觉大梦长，唯愿有生之年，始终能安得浮云过眼，见素而抱朴，万景皆是美景，拈花即是全世界。

杨 玲
2012 年 5 月 6 日于止风堂